中国文化软实力
发展报告2014

Report on Development of Cultural
Soft Power in China 2014

张国祚 主编

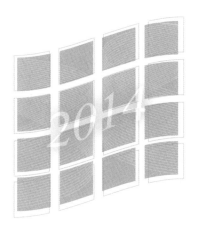

图书在版编目(CIP)数据

中国文化软实力发展报告.2014/张国祚主编.—北京:北京大学出版社,2015.5
(教育部哲学社会科学系列发展报告)
ISBN 978-7-301-25759-3

Ⅰ.①中… Ⅱ.①张… Ⅲ.①文化事业—建设—研究报告—中国—2014 Ⅳ.①G12

中国版本图书馆CIP数据核字(2015)第088653号

书　　　名	中国文化软实力发展报告2014
著作责任者	张国祚　主编
责 任 编 辑	闵艳芸
标 准 书 号	ISBN 978-7-301-25759-3
出 版 发 行	北京大学出版社
地　　　址	北京市海淀区成府路205号　100871
网　　　址	http://www.pup.cn
电 子 信 箱	minyanyun@163.com
新 浪 微 博	@北京大学出版社
电　　　话	邮购部62752015　发行部62750672　编辑部62750673
印 刷 者	北京宏伟双华印刷有限公司
经 销 者	新华书店
	730毫米×980毫米　16开本　20印张　370千字
	2015年5月第1版　2015年5月第1次印刷
定　　　价	52.00元

未经许可,不得以任何方式复制或抄袭本书之部分或全部内容。
版权所有,侵权必究
举报电话：010-62752024　电子信箱：fd@pup.pku.edu.cn
图书如有印装质量问题,请与出版部联系,电话：010-62756370

总　　序

　　哲学社会科学的发展水平，体现着一个国家和民族的思维能力、精神状态和文明素质，反映了一个国家的综合国力和国际竞争力。在社会发展历史进程中，哲学社会科学往往是社会变革、制度创新的理论先导，特别是在社会发展的关键时期，哲学社会科学的地位和作用就更加突出。在我国从大国走向强国的过程中，繁荣发展哲学社会科学，不仅关系到我国经济、政治、文化、社会建设以及生态文明建设的全面协调发展，而且关系到社会主义核心价值体系的构建，关系到全民族的思想道德素质和科学文化素质的提高，关系到国家文化软实力的增强。

　　党的十六大以来，以胡锦涛同志为总书记的党中央高度重视哲学社会科学，从中国特色社会主义发展全局的战略高度，把繁荣发展哲学社会科学作为重大而紧迫的任务进行谋划部署。2004年，中共中央下发《关于进一步繁荣发展哲学社会科学的意见》，明确了新世纪繁荣发展哲学社会科学的指导方针、总体目标和主要任务。党的十七大报告明确指出："繁荣发展哲学社会科学，推进学科体系、学术观点、科研方法创新，鼓励哲学社会科学界为党和人民事业发挥思想库作用，推动我国哲学社会科学优秀成果和优秀人才走向世界。"2011年，党的十七届六中全会审议通过的《中共中央关于深化文化体制改革、推动社会主义文化大发展大繁荣若干重大问题的决定》，把繁荣发展哲学社会科学作为推动社会主义文化大发展大繁荣、建设社会主义文化强国的一项重要内容，深刻阐述了繁荣发展哲学社会科学一系列带有方向性、根本性、战略性的问题。这些重要思想和论断，集中体现了我们党对哲学社会科学工作的高度重视，为哲学社会科学繁荣发展指明了方向，提供了根本保证和强大动力。

　　为学习贯彻党的十七届六中全会精神，教育部于2011年11月17日在北京召开全国高等学校哲学社会科学工作会议。中共中央办公厅、国务院办公厅转发《教育部关于深入推进高等学校哲学社会科学繁荣发展的意见》，明确提出到2020年基本建成高校哲学社会科学创新体系的奋斗目标。教育部、财政部联合印发《高等学校哲学社会科学繁荣计划（2011—2020年）》，教育部下发《关于进一步改进高等学校哲学社会科学研究评价的意见》《高等学校哲学社会科学"走出去"计划》《高等学校人文社会科学重点研究基地建设计划》等系列文件，启动了新一轮"高校哲学社会科学繁荣计划"。未来十年，高校哲学社会科学将着力构建九大体系，即学科和教材体系、创新平台体系、科研项目体系、社会服务体系、条件支撑体系、人才队伍体系、现代科研管理体系和学风建设工作体系，同时，大力实施高校哲学社会科学"走出去"计划，提升国际学术影响力和话语权。

当今世界正处在大发展大变革大调整时期，我国已进入全面建设小康社会的关键时期和深化改革开放、加快转变经济发展方式的攻坚时期。站在新的历史起点上，高校哲学社会科学面临着难得的发展机遇和有利的发展条件。高等学校作为我国哲学社会科学事业的主力军，必须充分发挥人才密集、力量雄厚、学科齐全等优势，坚持马克思主义立场观点方法，以重大理论和实际问题为主攻方向，立足中国特色社会主义伟大实践进行新的理论创造，形成中国方案和中国建议，为国家发展提供战略性、前瞻性、全局性的政策咨询、理论依据和精神动力。

自 2010 年始，教育部启动哲学社会科学研究发展报告资助项目。发展报告项目以服务国家战略、满足社会需求为导向，以数据库建设为支撑，以推进协同创新为手段，通过组建跨学科研究团队，与各级政府部门、企事业单位、校内外科研机构等建立学术战略联盟，围绕改革开放和社会主义现代化建设的重点领域和重大问题开展长期跟踪研究，努力推出一批具有重要咨询作用的对策性、前瞻性研究成果。发展报告必须扎根社会实践、立足实际问题，对所研究对象的发展状况、发展趋势等进行持续研究，强化数据采集分析，重视定量研究，力求有总结、有分析、有预测。发展报告按照"统一标识、统一封面、统一版式、统一标准"纳入"教育部哲学社会科学发展报告文库"集中出版。计划经过五年左右，最终稳定支持百余种发展报告，有力支撑"高校哲学社会科学社会服务体系"建设。

展望未来，夺取全面建设小康社会新胜利、谱写人民美好生活新篇章的宏伟目标和崇高使命，呼唤着每一位高校哲学社会科学工作者的热情和智慧。我们要不断增强使命感和责任感，立足新实践，适应新要求，以建设具有中国特色、中国风格、中国气派的哲学社会科学为根本任务，大力推进学科体系、学术观点、科研方法创新，加快建设高校哲学社会科学创新体系，更好地发挥哲学社会科学认识世界、传承文明、创新理论、咨政育人、服务社会的重要功能，为全面建设小康社会、推进社会主义现代化、实现中华民族伟大复兴作出新的更大的贡献。

教育部社会科学司
2012 年 7 月

文化软实力研究要矢志不移、循序渐进(代序)

张国祚

一般有鉴赏力的读者,想要阅读一本论著,首先都会认真琢磨一下书名。因为论著书名所透露的信息,可以使读者粗略知道该书作者想要写的主要内容。当《中国文化软实力发展报告》摆在读者面前时,敏锐的读者必然想到以下问题:什么是"文化"?什么是"软实力"?什么是"文化软实力"?为什么要强调"中国文化软实力"?中国文化软实力同美国人所讲的软实力有什么不同?为什么要发展文化软实力?文化软实力"研究报告"和文化软实力"发展报告"有什么区别?为什么要研究中国文化软实力发展状况?中国文化软实力发展现状究竟如何?如何增强文化软实力?为什么说《中国文化软实力发展报告》需要持续研究?我想针对上述问题,围绕本书内容,并结合某些学者的观点谈谈自己的看法。

1. 文化是个非常宽泛的概念,无时不在,无处不有。凡是人类思维扫描过的事物都不可避免地留下文化的印记。所以除精神领域的文化(包括非物质文化)外,还有物质文化。任何国家、任何民族,有历史就有文化;历史有多久,文化就多久;时间有多广,文化就多广。以中国文化为例,从空间分布上看,中国文化包括河洛文化、齐鲁文化、荆楚文化、巴蜀文化、江浙文化、闽台文化、岭南文化、秦晋文化、陇西文化、草原文化、西域文化、雪域高原文化等。从时间延续来看,中国在上下五千年不断开拓本土、吸收外来、借鉴同化的过程中,在改造自然、改造社会、发展经济、推动进步的过程中,先后创造出古代文化、近代文化、革命文化、建设文化和改革开放文化。这些文化一脉相承、与时俱进、光辉灿烂、博大精深。应当说,中国各个历史时期各个地区各个民族各类各种的文化,对于中华民族认识世界、改造世界、传承文明、创新理论、资政育人、服务社会、国际交往,都发挥了不可替代的巨大作用。

2. "软实力"是指一切无形的,难以量化的,表现为精神智慧、思想文化影响的力量。它是相对于"硬实力"而言的:一切有形的、可以计量的、表现为物质力量的实力,则都称之为"硬实力"。"软实力"这个概念是美国学者约瑟夫·奈最先提出的。他是哈佛大学肯尼迪政府学院的教授,曾任卡特政府的助理国务卿、克林顿政府的助理国防部长兼国家情报委员会主席。他提出此概念的初衷是反驳保罗·肯尼迪在《大国兴衰》中认为美国正在走向衰落的观点。约瑟夫·奈认为美国虽然因海外军事扩张可能在硬实力方面受到削弱,但美国软实力(制度、文化、价值观)强大,可以确保美国继续领导世界。20世纪90年代初,军事强大、令美国忧心忡忡的苏联轰然解体、世界社会主义运动突然跌落谷底,而美国则一霸独强,其影响力赫然达到顶峰。这一重大历史事件使越来越多的人意识到硬实力的局限性和软实力的巨大作用。但是,究竟什么是软实力?约瑟夫·奈并没有给出清晰明确的定义。

3. "文化软实力"凸显"软实力"的本质属性,是具有中国特色的理论概括。 在我们看来,硬实力与物质实体密切相关,软实力则与精神文化密切相关。因此,我们不是一般地谈论"软实力",而是强调"文化软实力"。党的十七大报告明确指出:"文化软实力是综合国力的重要组成部分。"这样强调的意义主要有两点:一是突出了"文化"在软实力中的核心地位,没有文化高度的软实力是短视的,没有文化深度的软实力是肤浅的,没有文化广度的软实力是狭隘的,没有文化开放的软实力是封闭僵化的,文化在软实力中处于"灵魂"和"经纬"的地位,而不是像约瑟夫·奈那样把文化仅仅看成是软实力中的一个方面;二是突出了"软实力"在综合国力中的地位和作用,它涵盖了社会主义精神文明建设、中国特色社会主义文化建设、社会主义意识形态与核心价值体系建设、社会主义文化强国建设,而不是像约瑟夫·奈那样仅仅把软实力作为外交战略和国际权谋的手段。

4. 文化软实力一旦衰落就会有亡党亡国的危险。 当今世界,综合国力竞争日趋激烈。越来越多的国家,特别是大国,在大力发展物质硬实力的同时,无不越来越重视文化软实力在国际竞争中的地位和作用,并将其纳入国家发展战略。苏联解体、东欧剧变、"颜色革命"、"阿拉伯之春",虽然导致这些政权更迭的重大国际事件发生的背景和具体成因各不相同,但它们都在昭示一个共同的规律:一个国家物质硬实力不行,可能一打就败;而如果文化软实力不行,可能不打自败。可见,文化软实力不仅关乎文化艺术的繁荣、关乎文化产品的吸引力、影响力、创造力、竞争力,而且关乎民族兴衰、国家强弱、政党存亡、人民安危。而文化软实力中的意识形态工作尤其重要。正如习近平同志指出:意识形态工作,关系党的前途命运,关系国家长治久安,关系民族的凝聚力和向心力。"我们必须把意识形态工作的领导权、管理权和话语权始终牢牢掌握在自己手里,任何时候都不能旁落,否则我们就会犯无法挽回的历史性错误。"如果仅仅认为"提出文化软实力是基于美国的文化扩张与文化殖民的思考",那其实还只是停留在法国人上世纪对美国文化的认识水平上。如果面临意识形态领域尖锐复杂的斗争和我国文化安全面临的严峻挑战,依然认为"文化软实力发展的研究应立足我国文化理论体系的构建"那其实多少有点书生气。

教育部哲学社会科学系列发展报告
MOE Serial Reports on Developments in Humanities and Social Sciences

5."**文化软实力发展报告**"**重在反映发展现状及其成因与对策**。"文化软实力发展报告",同"文化软实力研究报告"会有所不同。后者是要系统梳理以往关于文化软实力的研究状况,概括成果、分析进展、查找不足、提出深化拓展研究的对策建议。而前者,则是反映文化软实力发展的实际状况,分析文化软实力建设中取得的成绩和经验、存在的问题及原因、解决问题的对策建议;一些轻视对策研究、刻意追求"学术化"的人,往往轻视前者,甚至认为这是"工作总结"。其实,工作总结也是科研,而且如果写的好,则是务实管用的科研,会对做大做强我国文化软实力有实际推动作用,比那些看似"学理研究",实则空洞无用的学术有意义得多。特别应该指出的是,如果把"中国文化软实力研究"作为中国文化软实力发展的一项重要事业,则其基本理论研究当然也可以纳入发展报告。

习近平同志2013年12月30日在中央政治局集体学习会议上强调,提高国家文化软实力,要坚持走中国特色社会主义文化发展道路,深化文化体制改革,深入开展社会主义核心价值体系学习教育,广泛开展理想信念教育,大力弘扬民族精神和时代精神,推动文化事业全面繁荣、文化产业快速发展。强调,要使中华民族最基本的文化基因与当代文化相适应、与现代社会相协调,以人们喜闻乐见、具有广泛参与性的方式推广开来,把跨越时空、超越国度、富有永恒魅力、具有当代价值的文化精神弘扬起来,把继承传统优秀文化又弘扬时代精神、立足本国又面向世界的当代中国文化创新成果传播出去。强调,要注重塑造我国的国家形象,重点展示中国历史底蕴深厚、各民族多元一体、文化多样和谐的文明大国形象,政治清明、经济发展、文化繁荣、社会稳定、人民团结、山河秀美的东方大国形象,坚持和平发展、促进共同发展、维护国际公平正义、为人类作出贡献的负责任大国形象,对外更加开放、更加具有亲和力、充满希望、充满活力的社会主义大国形象。强调,对中国人民和中华民族的优秀文化和光荣历史,要加大正面宣传力度,通过学校教育、理论研究、历史研究、影视作品、文学作品等多种方式,加强爱国主义、集体主义、社会主义教育,引导我国人民树立和坚持正确的历史观、民族观、国家观、文化观,增强做中国人的骨气和底气。

显然,习近平所提出的关于提高国家文化软实力的任务,并非面面俱到,而是强调了一些最重要的领域。这些领域,也应该是文化软实力发展报告所要着重反映和研究的现状。而所有这些内容以往的研究基础都很薄弱,无论哪个领域,既没有现成的数据,也不是短期内所能搞清楚的,更不是可以一劳永逸的。特别是,由于文化软实力的"无形"、"难以计量"和仁者见仁、智者见智的意识形态属性,所以对文化软实力发展现状进行定量研究和评价非常困难,甚至在可预见的将来,我们都无法对我国文化软实力做出全方位的精确评价。有鉴于此,本报告只能先对影响我国当代经济社会发展和综合国力提升的若干重要文化软实力领域进行比较深入的调查研究,以便于总结经验、发现问题、提出对策、推动发展,并为未来向更多文化软实力领域延伸研究打下基础。

6. 如何确定"文化软实力发展报告"所要考察、研究的对象?可以从人本观角度和业务工作两个方面来探讨。例如,从人本观角度考察,文化强国必须落实在文化强人上,文化软实力的强弱最终取决于人的文化软实力素质。"以科学的理论武装人"的效果如何?"以正确的舆论引导人"的效果如何?"以高尚的精神塑造人"的效果如何?"以优秀的作品鼓舞人"的效果如何?"以丰富的智慧培育人"的效果如何?"以爱国的情操激励人"的效果如何?"以敬业的境界约束人"的效果如何?"以诚信的品格帮助人"的效果如何?"以友善的真情团结人"的效果如何?等等。上述问题均可成为中国文化软实力发展状况考察和研究的选项。

再例如,从业务工作角度考察,文化强国必须落实在有关文化领域的工作上,文化软实力的强弱主要取决于与文化密切相关领域的工作实效。社会主义核心价值体系建设深入人心程度如何?马克思主义中国化对巩固马克思主义指导地位的作用如何?中国政治体制改革在提高效率和顺应民心上成绩如何?中国传统文化的挖掘和梳理对增强中国文化的魅力效果如何?中国教育格局对于培养和造就优秀人才贡献有多大?中国新闻传媒在发挥正确舆论引导和舆论监督方面贡献有多大?中国文化产业及产品在体现商品价值和创造财富的同时,对发挥正面社会效益和提高国民素质的贡献又有多大?中国文学艺术对陶冶思想情操和引领社会风尚影响有多大?中国法治建设对增强中国制度的公信力作用有多大?中国宗教政策对引导宗教界爱国爱教、维护社会稳定发挥的作用有多大?中国民族政策对维护民族团结和国家统一的贡献有多大?中国思想政治教育对于引导广大干部群众和青年学生树立正确的世界观、人生观、价值观的作用如何?中国外交政策在营造中国和平发展的国际环境方面贡献如何?中国对外交往对于加深中外联系、树立中国形象贡献如何?中国汉语国际传播对于提升中华文化的国际影响力贡献如何?等等。上述问题更应该成为中国文化软实力发展状况的考察和评价的选项。

7. "中国文化软实力发展"研究刚刚起步,不可能一蹴而就。无论是决策部门,还是研究单位,其实证性调研资料都十分缺乏,绝大多数部门和单位的相关信息储备都是空白。即便抓主要矛盾,选重点领域做考察、评价的研究选项,也不可能大范围铺开,全面评价。《中国文化软实力发展报告》属于填补空白的奠基工程,也只能循序渐进。本课题组决定以准确为前提,从易做起,由点到面,由局部到总体,认认真真,踏踏实实,经过若干年的努力,建立起中国文化软实力发展系统、完备、滚动、开放的数据库,并在此基础上,为各级政府提供文化软实力发展决策咨询报告。

8. 文化软实力研究要坚持定量与定性相结合的原则。 由于文化软实力的"无形"和"难以计量",且具有复杂的内涵,所以完全量化研究,既不可取,也不可能。但是,必须看到,定量与定性并不存在不可逾越的鸿沟,一门学科只有成功地运用数学时,才能在质上产生飞跃。对于定量研究,什么是"成功使用"?就是当用则用,而且用得合理,恰到好处,可以使复杂的推理变得简洁明快、一目了然,令人信服。因此,《中国文化软实力发展报告》在进行深入的定性研究的同时,也开始探索构造相应的数学评价模型,希望能逐步得到读者的认可。

2014 年 12 月 22 日

目　录

总序 …………………………………………………………………………………… 1
文化软实力研究要矢志不移、循序渐进(代序) ……………………………… 1

2014年中国文化软实力发展总报告 ………………………………………… 1
中国传统文化软实力研究发展报告 ………………………………………… 15
社会主义核心价值体系建设发展报告 ……………………………………… 28
中国智库研究发展报告 ……………………………………………………… 61
中国舆论引导力研究报告 …………………………………………………… 98
我国高校思想政治教育现状调查报告 ……………………………………… 137
中国文化软实力之国家形象发展报告 ……………………………………… 178
中国电影软实力发展报告 …………………………………………………… 215
中国对非外交政策的文化软实力发展报告 ………………………………… 252
改革开放背景下中国演艺对外贸易发展研究报告 ………………………… 285

2014年中国文化软实力发展总报告

张国祚[*]

一、2014年中国文化软实力发展的宏观大略

2014年元旦前夕,习近平同志在中央政治局集体学习会上发表了关于提高国家文化软实力的重要讲话。自那以来,习近平同志又先后在不同场合发表了一系列与文化软实力密切相关的重要讲话,逐步形成了中国文化软实力发展的宏观大略。主要有以下几个方面:

(一)熔铸灵魂:为中国文化软实力确立核心价值观

社会主义核心价值观是社会主义核心价值观体系的集中体现,是其精髓,是兴国之魂,也是中国文化软实力的灵魂。但是,长期以来,一些干部群众,特别是一些知识分子,往往质疑社会主义核心价值体系和社会主义核心价值观的表述,而对核心价值观提出的重大意义认识不到位。而当今中国所有信仰信念、思想道德、精神文化、党风民风、国家认同、社会治安等文化软实力方面的问题,说到底,都与核心价值观密切相关。从长远来看,培育和践行社会主义核心价值观,确是攸关民族兴衰、国家存亡的重大战略问题。习近平同志审时度势,反复强调,核心价值观是文化软实力的灵魂、文化软实力建设的重点。这是决定文化性质和方向的最深层次要素。一个国家的文化软实力,从根本上说,取决于其核心价值观的生命力、凝聚力、感召力。习近平同志为什么如此强调核心价值观的极端重要性呢?

他在2014年"五四"青年节同北京大学师生座谈时,回答了这个问题。他指出:"人类社会发展的历史表明,对一个民族、一个国家来说,最持久、最深层的力量是全社会共同认可的核心价值观。"一是因为核心价值观事关一个民族、一个国家的精神追求:没有精神追求的民族和国家就没有信仰,没有敬畏,没有方向,没有目标,没有动力,没有激情,难免停滞和沉沦。二是因为核心价值观事关一个民族、一个国家是非曲直、真假善恶、正谬美丑的价值判断标准:一个没有价值判断

---

[*] 张国祚,中国文化软实力研究中心主任,教授,博士生导师。

标准、莫衷一是、行无依归、不讲原则、不敢负责、不懂爱憎、不知取舍的民族和国家,势必浑浑噩噩、良莠不分、无真理正义可言,无风骨、无血性、无骨气,不可能自立于世界民族之林,不可能赢得国际尊重。

因此树立全民族共同认可的核心价值观,对于当代中国来说,尤其具有重要启迪和警示的作用。我国是世界上人口最多的国家,国情复杂,发展不平衡、矛盾积累多,正面临社会转型、变革激烈的时期。特别是在互联网迅速发展的时代,各种信息蜂拥而来、真假难辨,使中国社会统一思想、凝聚共识的难度越来越大,非常需要确立一个全国各族人民普遍认同的核心价值观,否则就很难确立共同理想信念,很难维护社会安定团结,很难推动国家健康发展。

特别应该指出的是,不同的核心价值观对一个民族、一个国家会有不同的道德引领作用。某种核心价值观的引领可以是正向的,也可以是反向的;可以是加速的,也可以是减速的;可以是积极的,也可以是消极的;可以是提供正能量的,也可以是提供负能量的。那么,当代中国应该确立什么样的核心价值观才能确保其具有正向、加速、积极的正能量作用呢?党的十八大提出了三个倡导的24个字的核心价值观。从国家层面倡导"富强、民主、文明、和谐"的价值追求,从社会层面倡导"自由、平等、公正、法治"的价值追求,从公民个人层面倡导"爱国、敬业、诚信、友善"的价值追求。其中"富强、民主、文明、和谐"体现了社会主义现代化的本质要求,"自由、平等、公正、法治"借鉴了世界文明的有益成果,"爱国、敬业、诚信、友善"则完全吸取了中华民族优秀传统文化的精华。

显而易见,这24字的核心价值观所提供的都是正向、加速、积极的正能量,体现了中国先进文化的精髓。如果绝大多数中国人都认同并自觉践行这24字核心价值观,十三亿中国人将迸发出何等不可战胜的巨大能量!中华民族伟大复兴中国梦必将得到顺利推进而更早实现。这正是习近平强调培育和践行核心价值观的要义所在。

(二)固本培元:为中国文化软实力厘清根脉

中国传统文化博大精深,是中国文化软实力取之不尽、用之不竭的源泉。究竟应该如何对待传统文化?近代以来,一些忧国忧民之士一直在争论。我们党在不同历史时期都有明确的论述,总的主张是"取其精华,剔除糟粕"。面对改革开放和市场经济条件下一些人信仰缺失、思想混乱、道德滑坡、人格扭曲、国家意识淡薄、民族自尊自信失落的现状,习近平敏锐地意识到,为了实现中华民族伟大复兴,除坚持道路自信、理论自信、制度自信外,必须增强民族自信,而民族自信的关键是对民族传统文化的自信。因此,他在一系列关于文化强国战略的重要讲话中,频频提及中华文化,强调"中华优秀传统文化是中华民族的突出优势,是我们最深厚的文化软实力",强调"培育和弘扬社会主义核心价值观必须立足中华优秀传统文化",强调"建设文化强国,必须立足于中国优秀传统文化的根基,汲取营养,获取力量,赋予时代精神"。

习近平同志这些强调是非常必要的,抓住了文化强国战略的根脉。事实上,中华民族上下五千年,创造了光辉灿烂、博大精深的古代文化,包括很多可以跨越时空、超越国度、富有永恒魅力、具有当代价值的文化精髓。例如秦汉之际的儒学经典《礼记·大学》说:"古之欲明明德于天下者,先治其国;欲治其国者,先齐其家;欲齐其家者,先修其身;欲修其身者,先正其心;欲正其心者,先诚其意;欲诚其意者,先致其知,致知在格物。物格而后知至;知至而后意诚;意诚而后心正;心正而后身修;身修而后家齐;家齐而后国治;国治而后天下平。"这实际上是一个比较完整的核心价值观体系。北宋五大儒学家之一张载提出了四句名言,主张"为天地立心,为生民立命,为往圣继绝学,为万世开太平"。其实也是一种核心价值观的表达。随着时间的推移和文化的积淀,中国古代渐渐形成了全民族普遍认可的核心价值观,包括仁、义、礼、智、信、忠、孝、恕、廉、勇等一系列的表达,虽然主要是围绕着个人品德修养和行为规范,但同样影响着社会与国家,对今天培育社会主义核心价值观具有重要的参考价值。先秦以来,中国优秀传统文化,至少有以下九个方面的内容至今仍然富有生命力。一是自强不息的刚健精神:"天行健,君子以自强不息";二是崇尚气节的爱国精神:"三军可夺帅也,匹夫不可夺志也""人生自古谁无死,留取丹心照汗青";三是做人要有信仰、有气节、有操守:"富贵不能淫,贫贱不能移,威武不能屈";四是经世致用的务实精神:主张积极入世、报国救世;五是人定胜天的能动精神:"制天命而用之";六是厚德仁民的人本精神:"仁者爱人""有教无类""己所不欲,勿施于人""民为贵,社稷次之,君为轻";七是"天下为公"的"大同"理念:倡导"大公无私""先天下之忧而忧,后天下之乐而乐";八是包容多样、尊重他人的民主精神:"君子和而不同";九是"天人合一""和合"有为思想。

当然,中国优秀传统文化的精华远非仅仅以上九个方面,围绕治国、理政、统兵、作战、励志、勤学、礼贤、智谋、实践、哲理、文艺、体育、中医等方面还有很多深刻的思想,都是文化强国建设重要的文化资源。只要遵循习近平同志的思路,去粗取精、去伪存真,充分发掘和弘扬传统文化中的精华,文化强国建设必然拥有深厚的文化底蕴和富有民族特色的魅力。

(三)系统架构:为中国文化软实力谋篇布局

文化软实力涉及面最广、影响面最宽,无处不彰显,提高国家文化软实力是篇大文章,必须善于谋篇布局。习近平同志非常重视文化软实力,在我们党的历史上,他是全面系统地论述文化软实力的第一人。他指出:"一个国家综合实力最核心的还是文化软实力,这事关精气神的凝聚。"围绕建设社会主义文化强国和提高国家文化软实力,他提出稳固"根基"的大思路,主要包括"一条道路""一项改革""一个教育""四个自信""四种形象""树立四观"。

"一条道路",就是"要坚持走中国特色社会主义文化发展道路"。对文化发展道路的理解,要追溯到中共十五大。十五大报告明确指出:"建设有中国特色社会主义的文化,就是以马克思主义为指导,以培育有理想、有道德、有文化、有纪律的公民为目标,发展面向现代化、面向世界、面向未来的,民族的科学的大众的社会主义文化。"走这条文化发展道路的指导思想是马克思主义,遵循方向是"三个面向"(现代化、世界、未来),内涵要符合"三个属性"(民族的、科学的、大众的);目标是培育"四有"公民(有理想、有道德、有文化、有纪律)。偏离这条发展道路,就会动摇国家文化软实力的根基。

"一项改革"就是"深化文化体制改革"。要坚持以人民为中心的工作导向,坚持把社会效益放在首位、社会效益和经济效益相统一,以激发全民族文化创造活力为中心环节,进一步深化文化体制改革。按照政企分开、政事分开原则,推动政府部门由办文化向管文化转变,建立党委和政府监管国有文化资产的管理机构,实行管人管事管资产管导向相统一。坚持正确舆论导向,健全基础管理、内容管理、行业管理以及网络违法犯罪防范和打击等工作联动机制,健全网络突发事件处置机制,形成正面引导和依法管理相结合的网络舆论工作格局。没有这项改革,国家文化软实力就会缺少充满生机和活力的造血功能,也会缺少传播工具、平台和渠道。

"一个教育"就是"深入开展社会主义核心价值体系学习教育"。开展好这个教育,就是要讲清楚中国的革命、建设和改革为什么必须坚持以马克思主义为指导?为什么必须坚定中国特色社会主义理想信念?为什么必须弘扬以爱国主义为核心的民族精神和以改革创新为核心的时代精神?为什么必须树立和践行以"八荣八耻"为主要内容的社会主义荣辱观?为什么夯实国家文化软实力的根基必须从思想道德抓起,从社会风气抓起,从每一个人抓起?为什么必须弘扬中华民族传统美德?为什么必须坚持马克思主义道德观、坚持社会主义道德观?为什么必须在去粗取精、去伪存真的基础上,坚持古为今用、推陈出新,努力实现中华传统美德的创造性转化、创新性发展?只有回答清楚上述问题,才能形成统一思想、凝聚人心、提振精气神的文化软实力。

"四个自信",就是"我们要坚定理论自信、道路自信、制度自信,最根本的还要加一个文化自信。"习近平强调:"当代中国价值观念,就是中国特色社会主义价值观念,代表了中国先进文化的前进方向。我国成功走出了一条中国特色社会主义道路,实践证明我们的道路、理论体系、制度是成功的。"他之所以强调文化自信,首先,因为中华民族创造了博大精深的灿烂文化,拥有跨越时空、超越国度、具有当代价值的永恒魅力;其次,只要中华民族最基本的文化基因与当代文化相适应、与现代社会相协调,以人们喜闻乐见、具有广泛参与性的方式推广开来,就能使全世界感受到中华文化独特魅力。这正是中国文化软实力自信的底气所在。

"四种形象",就是文明大国形象、东方大国形象、负责任大国形象、社会主义大国形象。习近平同志分别从历史文化、国情特色、外交政策和中国特色社会主义本质四个角度强调,我们要建设好、向世界展示好中国的国家形象:"历史底蕴深厚、各民族多元一体、文化多样和谐的文明大国形象,政治清明、经济发展、文化繁荣、社会稳定、人民团结、山河秀美的东方大国形象,坚持和平发展、促进共同发展、维护国际公平正义、为人类作出贡献的负责任大国形象,对外更加开放、更加具有亲和力、充满希望、充满活力的社会主义大国形象。"这"四种形象"的提出,是习近平独到的理论贡献,果真能塑造起这四种"大国形象",中国文化软实力必然大大提升在全世界的影响力。

"树立四观",就是树立和坚持正确的历史观、民族观、国家观、文化观。习近平同志强调要用好新兴媒体,讲好中国故事,传播好中国声音,阐释好中国特色。对中国人民和中华民族的优秀文化和光荣历史,要加大正面宣传力度,要加强爱国主义、集体主义、社会主义教育,引导我国人民树立和坚持正确的历史观、民族观、国家观、文化观,"增强做中国人的骨气和底气。"这段话切中时弊,抓住了文化强国建设和提高文化软实力的要害。只有实实在在地引导国民特别是青年,正确看待历史、正确看待民族、正确看待国家、正确看待文化,才能"增强做中国人的骨气和底气。"无论对内对外,"骨气和底气"都是国家文化软实力的最强大的文化基因。

(四)清醒坚定:为做强中国文化软实力牢牢把握意识形态工作主导权

文化软实力具有鲜明的意识形态属性。意识形态工作是提高文化软实力头等重要的工作。1989年"六四风波"后,思想理论界渐渐出现一种淡化意识形态的倾向,一些人泛化邓小平关于"不争论"的观点,把这一针对经济体制改革的阶段性主张,扩大到思想文化领域,乃至使错误思潮和有害信息不断衍生和泛滥。为了扭转这种危险的局面,习近平同志围绕意识形态工作提出一系列旗帜鲜明、思想深刻的论述。这些论述,集中体现于2013年8月19日他在全国宣传思想工作会议上的讲话里。

一是强调意识形态工作的战略地位和意义。他指出,意识形态工作是党的一项极端重要的工作。因为历史和现实反复证明,能否做好意识形态工作,事关党的前途命运,事关国家长治久安,事关民族凝聚力和向心力;党的群众基础和执政基础包括物质和精神两个层面。精神上丧失群众基础,最后也要出问题。他还进一步指出:"一个政权的瓦解往往是从思想领域开始的,政治动荡、政权更迭可能在一夜之间发生，但思想演化是个长期过程。思想防线被攻破了，其他防线就很难守住。我们必须把意识形态工作的领导权、管理权、话语权牢牢掌握在手中，任何时候都不能旁落，否则就要犯无可挽回的历史性错误。"习近平同志的这一论断是清醒而及时的。苏联解体、东欧剧变、"颜色革命""阿拉伯之春"所出现的政治动荡和政权更迭，具体原因虽然不同，但手法很相似，反对派毫无例外都是从街头革命舆论战开始，首先把意识形态搞乱。

二是强调党员、干部都要树立远大的理想信念。他首先有针对性地指出："在我们党员、干部队伍中，信仰缺失是一个需要引起高度重视的问题。""理想信念是共产党人精神上的'钙'，没有理想信念，或者理想信念不坚定，精神上就会'缺钙'，就会得'软骨病'，就可能导致政治上变质、经济上贪婪、道德上堕落、生活上腐化。坚定的信仰始终是党员、干部站稳政治立场、抵御各种诱惑的决定性因素。"作为新任党的领袖，能够实事求是，敢揭自家之短，敢于直面问题，这需要政治勇气和魄力，这要有解决问题的决心。更为可贵的是，习近平同志敏锐地意识到：信仰是一切思想问题的根源，解决思想道德问题不能忽视信仰原因。

三是强调要坚持党性和人民性的统一。针对党内存在的"党不姓党""党不言党""党不管党"的现象，习近平同志强调，党性原则不仅要讲，而且要大张旗鼓讲、理直气壮讲、坚持不懈讲。不要躲躲闪闪、含糊其词。"坚持什么、反对什么，说什么话、做什么事，都要符合党的要求"。鉴于极少数党员干部心无群众、忽视人民、甚至以人民为对立面，习近平同志对全党强调："做好宣传思想工作，必须讲人民性。""必须解决好'为了谁、依靠谁、我是谁'这个根本问题。"习近平的确抓住了一个最根本的问题：只有解决好党性与人民性相统一的问题，我们党才能更好地带领人民同心同德、共同奋斗。

四是敢抓敢管，敢于亮剑。"对于那些恶意攻击党的领导、攻击社会主义制度、歪曲党史国史、造谣生事的言论"，一切媒体、一切平台"都不能为之提供空间""都不能为之提供方便"。"党委主要负责同志要带头抓意识形态工作，带头阅看本地区本部门主要媒体的内容，带头把住本地区本部门媒体的导向，带头批评错误观点和错误倾向"。"作为党的干部，不能用'不争论''不炒热''让说话'为自己的不作为开脱，决不能东西摇摆、左右迎合"！习近平这些严肃的告诫，恰恰是击中了近些年来宣传思想工作的软肋。我们的宣传思想工作当然要提倡民主讨论、求真务实、包容多样、鼓励创新，要倡导"百花齐放、百家争鸣"。但是一定要区分开学术问题和政治问题。对学术问题，就应该宽容、包容、保护。但对政治问题，必须清醒坚定，对心怀叵测的恶意言论当然要旗帜鲜明地进行批评，否则会误导舆论、扰乱人心、危害国家发展。

二、2014年中国文化软实力发展状况述评

在习近平同志关于文化软实力一系列重要思想的引领下,2014年中国文化软实力的发展,自上而下,高度重视,全面推进,成就显赫,同时需要解决的问题也渐渐厘清。但文化软实力发展需要假以时日,尽管文化硬件建设可以立竿见影,而思想素质、价值取向的转变则是较漫长的过程,全面开花则需更久。本报告关于中国文化软实力的发展,主要包括国际的外交领域和国内的五个重要领域:

(一)从国际来看,中国新外交思维从容大气、睿智远见、坚持原则、勇于负责、与人为善、追求合作共赢,成功地树立了良好的大国形象

2014年是中国国家形象空前提升的一年。由习近平同志亲自主导的中国外交闪亮登上国际舞台,引起全世界的高度关注,在发出中国声音、展现中国智慧、突出中国特色、坚持中国立场、维护中国利益、追求合作共赢等方面大显身手,成就辉煌,开启了中国国际战略新篇章,极大地彰显了中国文化软实力。

年初,习近平赴俄罗斯索契出席第二十二届冬季奥林匹克运动会开幕式,同普京举行会谈,使中俄达成了广泛共识,凸显了"高水平和特殊性"、突出了中俄关系具有"压舱石"作用的战略地位,格外引人瞩目。

3月,习近平欧洲之行到访欧盟总部,访问荷兰、法国、德国和比利时等国,受到所有受访国最高规格的礼遇,签署了120多项双边合作协议,彰显了中欧建立全面战略伙伴关系的全球影响力。

5月21日,习近平主持召开第四次亚信上海峰会,倡导共同、综合、合作与可持续的亚洲新安全观,强调亚洲事务应由亚洲国家主导解决,搭建起没有美国参加的26个成员国、涵盖90%亚洲人口的区域安全架构。对美国亚太再平衡战略形成强有力的牵制。

从7月3日到9月19日,习近平先后访问了韩国、蒙古国、塔吉克斯坦、马尔代夫、斯里兰卡、印度,充分展示中国"亲、诚、惠、容"的周边外交理念、加深了同周边国家的相互理解和信任,进一步树立了中国良好的国际形象。

7月15—23日,习近平出席金砖国家领导人第六次会议,并访问了巴西、阿根廷、委内瑞拉和古巴,阐述中国外交有原则、重情谊、讲道义、谋公正。对大国关系,中国主张不冲突不对抗、相互尊重、合作共赢,共同走和平发展之路。对金砖国家之间的合作,我们尤为珍视,列为外交优先领域,坚持同金砖国家做好朋友、好兄弟、好伙伴。在金砖国家中和拉美国家中产生十分积极的影响。

11月5—21日,习近平主持亚太经合组织(APEC)第22次峰会,首倡追求共同发展、繁荣、进步的亚太梦,主持通过《北京纲领:构建融合、创新、互联的亚太——亚太经合组织领导人宣言》和《共建面向未来的亚太伙伴关系——亚太经

合组织成立25周年声明》两个历史性文件,启动APEC自贸区进程和构建互联互通网络,使中国成为全球瞩目的新时期区域合作值得信任的设计师和倡导者。

11月下旬至12月初,习近平出席在澳大利亚布里斯班举行的二十国集团(G20)领导人第九次峰会,对澳大利亚、新西兰和斐济进行国事访问并在斐济同太平洋建交岛国领导人举行会晤。10天辗转3国7个城市,开展八十余场双多边活动,同近四十位国家领导人和国际组织负责人以及各界人士广泛接触、交流,对亚太、对世界的发展产生了重要而深远影响。

总之,2014年的中国外交工作充分展示了平等、友善、坚定、善谋、诚信、负责、立足全局、着眼长远的大国风范,前所未有地提升了中国文化软实力的国际影响。

(二)从国内来看,2014年中国文化软实力发展成绩很大,问题不少,挑战严峻,任重道远

2014年,面对风云多变的国际形势和全面深化体制改革的国内形势,本已多元多样的社会思潮更加活跃,良莠并存,错综复杂,交锋频发,亟需正确引导。为此,宣传思想文化工作深入贯彻习近平同志一系列重要讲话精神,积极稳妥亮剑,巩固马克思主义在意识形态领域的指导地位;采取多种形式,大力推进社会主义核心价值体系建设,推进社会主义核心价值观培育和践行;大力弘扬中华优秀传统文化,使其跨越时空、超越国度、富有永恒魅力、具有当代价值的思想精华得到广泛传播;坚持道路自信、理论自信、制度自信、文化自信,引导广大群众树立正确的历史观、民族观、国家观、文化观,增强做中国人的骨气和底气,提高了国家文化软实力;互联网管理和应用有新起色;文艺繁荣有新发展。纵观全年,虽然成就不凡,多有可圈可点之处,存在的问题也不容忽视、必须高度重视并加以解决。本报告重点阐述中国文化软实力以下五个最重要领域的发展状况。

1. 我国优秀传统文化的宣传、研究的力度不断加大,吸引学习者越来越多,其精华的普及渐渐深入民众,创造性转化和创新性发展已经迈开步伐

中国传统文化博大精深,学习和掌握其中的各种思想精华,对于加强修养、砥砺品格、树立志向、提升智慧、立身处事、治国理政,对树立正确的世界观、人生观、价值观,对于培育和践行社会主义核心价值观,都大有益处。习近平主持中央工作以来,十分重视弘扬优秀传统文化,发表过许多深刻的论述,极大地鼓舞了人文社科理论界,已经形成了研究热潮。国内学界围绕究竟什么是传统文化,如何对待传统文化,传统文化是否应该继承与弘扬,如何继承与弘扬,如何对传统文化进行创造性继承和创新性发展等问题发表了一批颇有价值的学术理论文章。一是学界对传统文化的界定,经过长期以来的讨论争鸣,认识越来越客观,主要形成宏观抽象界定和具体族别国别界定两种方式;对中国传统文化的界定也渐渐趋向科学的认识。二是评价传统文化,必须实事求是。此处所谓"实事求是",即要遵循

两条原则:其一是唯物论原则,其二是辩证法原则。前者要求尊重历史、正视现实;是则是,非则非,既不以古代今,也不以今衡古。后者则要求"一分为二",有扬有抑、有取有舍;既不以点代面、以偏概全,也不见玉讳瑕。

中国弘扬优秀传统文化最重要、最引人注意的是习近平围绕弘扬优秀传统文化提出一系列战略思想。主要强调以下要求:一是要把弘扬中国优秀传统文化作为民族振兴和国家强大的精神前提;二是要把中国优秀传统文化作为最深厚的文化软实力弘扬好;三是要把弘扬优秀传统文化作为涵养社会主义核心价值观的重要源泉利用好;四是要高度重视优秀传统道德在核心价值观培育过程中的地位和作用;五是要加大对中国优秀传统文化正面宣传的力度;六是要弘扬优秀传统文化必须坚持继承与批判相结合。

习近平上述战略思想给中国传统文化研究带来一股强劲的春风,形成了学习和研究的热潮。近年来,国内学界对弘扬优秀传统文化的意义进行了梳理和概括,本报告将其归纳成六个方面:(1) 弘扬中国优秀传统文化,有利于坚定为人民服务的宗旨;(2) 弘扬中国优秀传统文化,有利于提高党的治国理政水平;(3) 弘扬中国优秀传统文化,有利于增强公民社会责任感和历史使命感;(4) 弘扬中国优秀传统文化,有利于人际和合包容、构建和谐社会;(5) 弘扬中国优秀传统文化,有利于培养爱国主义精神;(6) 弘扬中国优秀传统文化,有利于提升公民个人的素质能力。上述六个方面,每个方面都包含优秀传统文化的若干思想精华。例如,仅关于提升公民个人素质能力,就包括倡导"修身为本"、荣辱观教育、自省自励、"慎独"、注重诚信、内外兼修、知行统一、谦虚谨慎、自力更生,崇尚"温良恭俭让",养成浩然正气,发扬"锲而不舍"的学习精神,提倡学思结合、注重积累的学习方法等等思想精华。在中国优秀传统文化创造性转化和创新性发展的实践中,深圳市委宣传部策划演出的交响乐《人文颂》是一个比较成功的典型案例。它以西洋交响乐演奏中国优秀传统文化,辅之以声光、电影等技巧,将"仁义礼智信"和"金木水火土"别具一格且生动进行演绎,走出国门,展示了中国传统文化的魅力,赢得了海外观众的好评。

2. 社会主义核心价值体系建设与核心价值观培育和践行意义重大,主题鲜明,宣传面广,但落实落细落小不够;要形成普遍共识,尚需时日

社会主义核心价值体系和核心价值观是当代中国文化的精髓、民族的灵魂、国家前进的方向。"社会主义核心价值体系"的内容主要包括:马克思主义指导思想、中国特色社会主义共同理想、以爱国主义为核心的民族精神和以改革创新为核心的时代精神、社会主义荣辱观。"社会主义核心价值观"是社会主义核心价值体系的集中体现,它所倡导的内容主要包括:富强、民主、文明、和谐;自由、平等、公正、法治;爱国、敬业、诚信、友善。习近平指出:"人类社会发展的历史表明,对

一个民族、一个国家来说,最持久、最深厚的力量是全社会共同认可的核心价值观。核心价值观承载着一个民族、一个国家的精神追求,体现着一个社会评判是非曲直的价值标准。"只要深刻领会社会主义核心价值观的要义,就不难发现,这一核心价值观蕴含着实现中国梦的价值追求、中国特色社会主义的本质要求、全人类发展的文明成果、中国优秀传统文化的精华。因此,也是中国文化软实力最有价值的核心、基石与灵魂。软实力的灵魂与经纬是文化,文化的精髓是价值观,核心价值观则是其他一切价值观的统帅,并制约着其他一切价值观的导向。因此,社会主义核心价值体系建设与社会主义核心价值观培育是中国文化软实力发展最根本的任务。2013年12月,中共中央办公厅下发的《关于培育和践行社会主义核心价值观的意见》,对培育和践行社会主义核心价值观做出了战略部署。

2014年以来,宣传思想文化系统对深入推进社会主义核心价值体系建设与核心价值观的培育,做了大量工作,理论阐释、画廊宣传、典型引领、媒体传播,形成了一定的声势;爱国主义精神得到进一步弘扬,法制观念日益深入人心,社会文明礼貌之风渐广,好人善举越来越多。但是,必须看到,社会主义核心价值体系和社会主义核心价值观远没有完全深入人心,远没有做到无时不有、无处不在,远没有变成全社会思想言行的自觉皈依,远没有融入到改革开放和社会主义现代化建设的各个领域。例如,虽然高校不断加强思想政治教育课,但马克思主义在意识形态领域的指导地位依然面临严峻的挑战;虽然中国特色社会主义的伟大成就已经得到国际社会的普遍赞许,但国内仍有相当多一部分人缺乏道路自信、理论自信和制度自信;虽然爱国主义精神依然是中国思想文化的主流,但无视或淡化爱国主义、诋毁爱国主义的思想意识、背离国家立场和国家利益的行为,时有发生;虽然依法治国的观念日渐深入人心,但违背民主法治、以言代法、以权压法、有法不依、执法违法、不尊法、不守法的现象依然存在;虽然制假贩假的行为已成"过街老鼠",但网上欺诈行为依然甚嚣尘上,诚信友善的社会风气有待于进一步形成;虽然社会主义核心价值观早已广而告之且普遍学习,但一些政策的制定和改革措施的出台并没有充分考虑与社会主义核心价值体系、核心价值观相适应。总之,社会主义核心价值体系建设与核心价值观培育成绩显著,但任务依然艰巨。

3. 中国特色新型智库建设意义重大,但认识尚待统一,规划尚未制定,体制尚未理顺,机制尚未健全,市场尚未形成

任何决策的做出,都是复杂的逻辑推理过程,都需要考虑各种因素的相互作用及可能产生的各种结果,并进行比较和选择,才能做出决策。为了能够在综合考虑各种因素、各种影响、各种结果的基础之上做出最佳选择、合理布局,必须集思广益。这就需要有一套制度来保障集思广益。决策咨询制度就是一种有组织的集思广益制度。集思广益所"集"之"思",应当来自相关专家的智慧;而由这些

为决策服务的专家所组成的群体便是"智库",也可称为"思想库""智囊团"。当今时代,经济全球化趋势不断增强,各国经济你中有我、我中有你;政治多极化格局日益凸显,国家利益多元多样、错综复杂;社会信息化程度迅猛提高,互联网无界无域、无孔不入;科技竞争持续加剧,高新技术异军突起、日新月异。可以说,影响决策的各种因素相互交织,非常复杂。如此纷繁复杂的形势,极大地增加了决策的难度和风险。仅凭个人决策,很难把失误降至最低限度。只有借助由多学科专家组成的智库,在充分调查研究的基础上深入研讨、民主协商、反复权衡、科学论证,才有可能提出可行的理论、策略、方案、规划和举措。因此,瞬息万变的国际形势、日益激烈的综合国力竞争、改革开放的繁重任务、实现"中国梦"的艰难征程,使我们党必须把加强智库建设作为一项重大的国家战略。习近平在2012年中央经济工作会议上指出,要健全决策咨询机制,按照服务决策、适度超前的原则,建设高质量智库。2013年4月,习近平做出关于加强中国特色新型智库建设的重要批示,指出:"智库是国家软实力的重要组成部分,随着形势的发展,智库的作用会越来越大。要高度重视、积极探索中国特色新型智库的组织形式和管理形式。"这一重要批示为进一步推动中国特色新型智库建设指明了方向。

当前,我国经济发展迅速、综合国力明显增强、国际地位显著提升。我国在面临许多良好机遇的同时,也面临许多严峻挑战。美国在亚太地区搞战略再平衡,剑锋直指中国;维护我国领土领海的主权面临不容忽视的安全问题;国内矛盾多发,改革任务十分艰巨,分配不公普遍存在,群众情绪有待理顺,思想领域多元交叉、良莠并存,干扰主旋律的噪音、杂音不断。为了科学决策、有效决策、高水平决策,更好地抓住机遇、妥善地应对挑战,顺利实现我国"两个百年"奋斗目标,必须积极推进中国特色新型智库建设。当前,我国国内有关智库的研究大体可以分为四类:一是比较单纯地对国外智库的发展状况进行编译和介绍;二是在编译、介绍外国智库的基础上试图为中国智库发展找出镜鉴;三是通过中外比较研究或国内调研来探讨中国智库发展存在的问题;四是对建设中国特色新型智库进行积极探索。从已有的研究成果来看,学者们普遍认识到,中国特色新型智库建设意义重大,但对中国特色新型智库究竟应该什么样,认识尚待统一;中国特色新型智库建设如何形成总体发展的格局,尚缺少系统规划;部门之间的壁垒和人才流动的瓶颈如何打通,体制尚未理顺;如何使社会主义核心价值观的培育和智库市场机制的建立相协调,尚无务实管用的研究成果。特别值得注意的是,个别研究单位的某些学者,试图完全照搬西方大国的智库模式和评价标准,无视中国已有的官方智库,而刻意青睐并无真知灼见、且效命某种西方势力的所谓"民营智库"。至于近年来有关部门、有关单位组织召开的关于智库建设的研讨会,理论阐发和宣传造势较多,务实管用深入研究较少。虽然提出不少有价值的思想观点,但缺少系统梳理和论证，更没有纳入中国特色新型智库建设的决策规划与实践。

4. 我国舆论引导，总的看，传统媒体导向正确，主旋律高扬，正能量鲜明，但思想性和吸引力有待进一步增强，而互联网管理依然面临严峻的挑战

"舆论"即群众的言论。群众的言论事关民心。"正确的舆论"与事实相符，可以正视听、可以正确引导民心。错误的舆论，违背事实、颠倒是非、放大局部、恶意炒作，甚至无中生有，必然误导民心。而得民心者，得天下；失民心者，必失天下。可见舆论导向事关人心向背、政权安危。正如毛泽东所说："凡是要推翻一个政权或巩固一个政权，都要先造成舆论。革命的阶级是这样，反革命的阶级也是这样。"苏联解体、东欧剧变、颜色革命、"阿拉伯之春"之所以发生，直接导火索都是舆论失控。当苏共仅拥有二十万党员时，就能推翻沙皇专制、夺取政权，不仅因为它的理论正确，而且因为它的舆论宣传是成功的，它对沙皇残暴欺压工农群众的揭露实事求是、能够引起广大工农群众的共鸣；它对社会主义和共产主义美好未来的宣传，满足了工农群众的渴望，因此赢得民心，深受广大工农群众的拥护。苏联解体前，虽然苏共党员已经多达2240万人，但是由于戈尔巴乔夫解除"报禁党禁"，受西方资助的私人媒体都堂而皇之地公开登台亮相了，过去只能在厨房、在卧室里私下谈论的反苏共反政府的言论，现在完全可以在报纸、广播、电视上公开讲、公开骂了，人民来不及辨别真假，苏共完全失去了舆论支持。结果，在没有外部侵略、没有内战的情况下，一个和美国并驾齐驱的超级大国苏联，却呼啦啦似大厦倾地解体了。颜色革命、"阿拉伯之春"，尽管具体成因不同，但共性都是反对派大造舆论抹黑当局，激发民众对政府的不满，造成族群分裂与对抗，反对派乱中夺权。可见，只有正确的舆论才能正确引领民心民意，形成维护中国社会健康发展的文化软实力。正如习近平总书记指出，提高国家文化软实力，发挥好新兴媒体作用，讲好中国故事，传播好中国声音，阐释好中国特色。

当前，我国传统媒体，特别是纸介媒体的舆论总体是好的，导向正确，尽管思想性和可读性有待提高。但网络媒体的管理依然面临严峻的挑战。在全球网络空间里，中国对外传播还面临相当的困局。美国兰德公司在给美国国防部的报告《美国信息新战略：思想战的兴起》中指出，当今国际政治斗争不限于军事斗争、领土占领和资源争夺，更注重争夺对网络、社交媒体等传播渠道的掌控权，争夺新闻和信息的话语权。事实上，美国正是凭借网络的优势，加强了美国文化和价值观念的远程操纵能力和破坏能力。而中国的舆论场，比以往任何时候都复杂，虽然广大新闻工作者在坚持"走转改"、实现"三贴近"、唱响主旋律、打好主动仗、提高公信力、传播正能量方面做了大量富有成效的工作；加强网络管理，占领网络阵地，先入为主、先声夺人，取得值得肯定的成绩。但是，一些对社会不满的情绪经过互联网的放大效应，往往使中国公众分辨不清，网络舆论场的声音哪些是代表

少数人的观点,哪些是代表多数人的观点。而某些敌对势力,往往通过网络制造议题、组织写手、发动炒作、误导舆论、扰乱民心,危及国家政治安全。近年来,一些所谓"历史考证"网贴以"学术"的假象出现,丑化党的领袖、歪曲党的历史、否定中国革命的伟大贡献,颠覆人们的历史观、政治观、价值观;一些所谓"权威揭秘"混淆真假、夸大事实、鱼目混珠,散布对中国特色社会主义的失望情绪;一些所谓"头条新闻",并非是对党和国家有重大影响的大事要事,而多数是社会负面的、灰色的、黄色的、丑陋的消息,或无关紧要的猎奇,甚至是冲击伦理道德的"故事";他们以这种所谓的头条新闻来冲淡党和政府宣传的主旋律。所有这些错误的、有害的、荒诞的网络信息,以潜移默化的方式破坏社会主义核心价值体系的建设、社会主义核心价值观的培育和践行。显然,我国网络舆论引导的任务十分艰巨。

5. 高校思想政治教育极端重要,近年来虽然已引起有关部门的重视,但起色不明显,效果不理想;真正要做到大学生喜闻乐见、入耳入脑入心,任务依然十分艰巨

思想政治教育是中国共产党长期坚持的对党员干部、青年学生和人民群众所开展的一种意识形态工作。高校思想政治教育的主要功能是,用一定的思想观念、政治观点、道德规范、历史知识,对大学生进行世界观、人生观、价值观教育,进行有目的、有计划、有组织的思想观念提升、转变和引导。高校思想政治教育内容主要包括:理想信念教育、马克思主义唯物论和科学精神教育、社会主义核心价值体系教育、党的基本知识和形势政策教育、民主法制教育、社会主义道德教育、爱国主义教育等,目的是使大学生坚持马克思主义指导思想、坚定中国特色社会主义理想信念、热爱祖国、关心集体、团结同志,做文明礼貌、遵纪守法、品德高尚、自觉回报社会的好党员、好干部、好青年、好公民。能否对当代中国大学生群体开展入耳、入脑、入心的思想政治教育,事关未来中国人的精神风貌,事关中国前途命运,事关中国长治久安。因为当代中国大学生是未来中国政界、商界、军界、科技界、社科界、教育界、文艺界的精英骨干。只有成功地对当代中国大学生进行思想政治教育,未来的中国各界精英才能具有坚定正确的政治方向和理想信念、勇敢无畏的意志品格、深厚扎实的理论素养、自省自励的道德情操、忠于祖国和报效人民的自觉坚守。中国文化软实力最终要体现在中国人的精神、品格和智慧上,既要体现在当代中国大学生身上,更要体现在当代中国大学生未来的思想言行中。可见,对于中国文化软实力来说,思想政治教育功在当代,利在千秋,关乎长远。

改革开放以来,国内政治日渐宽松,西方思潮纷纷涌来,大学生的思想空前活跃,大学生思想的独立性、选择性、开放性、多元性越来越强。他们对学校思想政治教育的内容和方式方法、对社会现实存在的问题都有自己的看法。他们的看法往往受到来自家庭、社会、学校、学术思潮等多种因素的影响,很容易产生一些困

惑和质疑。在这种情况下，很需要高校思想政治教育发挥好解疑释惑的功能，给大学生以正确的引领。应当说，近年来高校对抓好思想政治教育工作下了很大工夫，无论是理论研究，还是实践探索都取得不少成果。但长期以来高校思想政治教育工作是落后于形势发展需要的，可以说积重难返，扭转的效果很不理想。总的看，思政教育在高校总体教育边缘化的格局没有根本改变；教材观点正确，但可读性不强；老师的职业素养有待提高，有针对性地解疑释惑能力较差，对网络媒体的驾驭能力上很薄弱；社会实践活动缺少主题，或主题不鲜明，缺乏计划周密的组织安排，每每流于形式；班主任的作用明显被削弱；心理健康教育缺少针对性；学生社团活动偏重娱乐性、缺少思想性，等等。针对上述不足，一些高校已开始重视，但如何针对社会现实问题和学生的思想实际出实招、见实效、持之以恒，确需高校各级党组织高度重视，并进行坚持不懈、脚踏实地的探索和实践。

中国传统文化软实力研究发展报告

张国祚*

摘要： 中国传统文化博大精深，学习和掌握其中的各种思想精华，对于加强修养、砥砺品格、树立志向、提升智慧、立身处事、治国理政，对树立正确的世界观、人生观、价值观，对于培育和践行社会主义核心价值观，都大有益处。习近平主持中央工作以来，十分重视弘扬优秀传统文化，发表过许多深刻的论述，极大地鼓舞了人文社科理论界，并形成了研究热潮。围绕究竟什么是传统文化，如何对待传统文化，传统文化是否应该继承与弘扬，如何继承与弘扬，如何创造性继承和创新性发展等问题，理论界发表了一批颇有价值的学术理论观点。一是学界对传统文化的界定，经过长期以来的讨论争鸣，认识越来越客观，主要有宏观抽象界定和具体族别国别界定两种方式；对中国传统文化的界定也渐渐趋向科学的认识。二是评价传统文化，必须实事求是。此处所谓"实事求是"，即要遵循两条原则：其一是唯物论原则，其二是辩证法原则。前者要求尊重历史、正视现实；是则是，非则非，既不以古代今，也不以今衡古。后者则要求"一分为二"、有扬有抑、有取有舍；既不以点代面、以偏概全，也不见玉讳瑕。特别是习近平围绕弘扬优秀传统文化提出一系列战略思想。主要有要把弘扬中国优秀传统文化作为民族振兴和国家强大的精神前提；要把中国优秀传统文化作为最深厚的文化软实力弘扬好；要把弘扬优秀传统文化作为涵养社会主义核心价值观的重要源泉利用好；要高度重视优秀传统道德在核心价值观培育过程中的地位和作用；要加大对中国优秀文化正面宣传力度；弘扬优秀传统文化必须坚持继承与批判相结合。本报告最后还剖析了中国优秀传统文化创造性转化和创新性发展的一个典型案例——深圳市委宣传部推出的交响乐《人文颂》。

---

* 张国祚，中国文化软实力研究中心主任，教授，博士生导师。

中国传统文化博大精深，蕴含着极其丰富的软实力资源。正如习近平所说："中国优秀传统文化，是我们最深厚的文化软实力。"那么，究竟什么是传统文化？如何对待传统文化？传统文化是否应该继承与弘扬？如何继承与弘扬？这些都是1919年"五四运动"以来学界探讨的老问题。经过"文革"岁月和"自由化"思潮两个极端文化生态的洗礼，传统文化软实力相关问题，始终是思想文化领域的一个热点问题。中国进入文化强国建设以后新时期，关于传统文化这些老问题又被赋予新的时代内涵，特别是近两年来，关于传统文化的研究已经成为一个热点。根据中国知网（CNKI）数据库平台的"期刊数据库"的统计，国内期刊已经刊发三万多篇关于传统文化研究的文章。具体统计如下表：

表1 2013—2014年有关传统文化的文献

时间段	篇名	主题
2013.1.1—2013.12.31	2926	14367
2014.1.1—2014.12.9	2560	17614

从上表可以看出，传统文化研究的热点还在进一步上扬。仅截止到2014年12月9日，以传统文化为主题的文章就比2013年全年多了3247篇。如果从文章思想内容和观点贡献来看，两年来涌现出一大批新的研究成果，这些成果的理论贡献主要包括以下几个方面。

一、关于传统文化的界定

学界对传统文化的界定，经过长期以来的讨论争鸣，认识越来越客观。主要有宏观抽象界定和具体族别国别界定两种方式；对中国传统文化的界定也渐渐趋向科学的认识。

（一）宏观抽象界定传统文化并不困难

此时"传统文化"是指由历史沿革流传而来的、对后世人思想言行具有无形影响和制约作用、且为大多数后世人所接受的文化。主要包括从历史上沿传下来的风俗、道德、习惯、宗教、信仰、价值观念、文学、艺术、科学、技术、哲学和典章制度等。无论哪个民族哪个国家的传统文化的界定，都超越不了这种宏观抽象的范畴规定。

（二）具体界定中国传统文化则不易

中国有文字可考的历史长达五千年之久，不晚于何时存在并沿传至今的文化才被界定为中国传统文化呢？如果以不晚于春秋战国为下限，中国传统文化仅包括诸子百家。如果以不晚于秦汉为下限，中国传统文化还当包括由印度和波斯传入的佛教、音乐、舞蹈、雕塑、杂技和民间文学等。如果以不晚于隋唐为下限，中国传统文化又多了伊斯兰教,回族的形成和发展就是佐证。如果以不晚于宋代为下限,中国传统文化开始包融由日本传入的礼仪、工艺和科技。如果以不晚于元代为下限,耶稣教的渗入也是中国传统文化中不容忽略的成分;当时仅北京一城就有成千上万的耶稣教信徒。如果以不晚于明清为下限,中国传统文化中虽然比重不大,但却引人注目地出现了天文、地理、医疗、数学、力学、生物学等近代西方科技知识;以意大利的利玛窦,法国的白晋、巴多明、蒋友仁,德国的汤若望等人代表的数以百计的西方传教士都曾为此做过贡献。如果以不晚于清末洋务运动和戊戌变法为下限,西方社会政治思潮已开始在中国传统文化中形成一股冲击封建专制的力量:法国大革命和巴黎公社在中国知识界和上层人士中引起震动,乃至李鸿章亲赴德国向业已下台的"铁血首相"俾斯麦讨教"图治"之策,辛亥革命的先驱者之一邹容发出"执卢梭诸大哲之宝幡,以招展于我神洲土"的呐喊,就连改良派康有为也不得不承认"近世万国行立宪之政,盖皆由法国革命而来。"如果以不晚于"五四运动"为下限,中国传统文化理所当然地应该包括同样来自西方而给中国带来巨大影响的马克思主义以及由此引发了震撼世界的反帝、反封建、反官僚资本主义的新民主主义文化……更何况中国是多民族国家,五十六个民族的文化传统虽然有共性,但也有明显的个性。显而易见,中国传统文化的内涵是不断丰富和发展的,是多元的,其界定应该是开放的、随历史的发展而变动;中国传统文化不仅应该包括在中国各民族历史上本土产生并沿传下来的文化,而且还应该包括在中国历史上从国外移植进来并沿传下去的文化。

(三) 西方传统文化也曾在接受中国传统文化影响的同时而有所改变

世界上没有纯而又纯、一成不变的传统文化;任何国家、任何民族的文化都在外来冲击和内部反省中不断更新、丰富和发展,只是所取所弃所改内容和方式方法不同而已,因此更新、丰富和发展的速度不同而已。中国传统文化是这样,西方传统文化何尝不也是这样?自张骞出使西域、成吉思汗远征欧洲、郑和七下西洋、哥伦布发现美洲、麦哲伦实现环球航行以来,东西方文化便开始以各种方式相互吸收、相互影响。直到19世纪初,中国传统文化对西方文化的影响仍然大于西方文化对中国传统文化的影响。文艺复兴后,英国伟大的哲学家、近代实验科学的鼻祖弗兰西斯·培根在考察中国古代四大发明对西方文明的巨大推动作用时慨叹道:"没有一个帝国、没有一个宗教、没有一个显赫人物,对人类事业曾经比这些发明施展过更大的威力和影响。"17—18世纪德国著名的哲学家、微积分创始人之一、数理逻辑的前驱者莱布尼兹对中国的道德、秩序、哲学和文化热烈推崇,乃至他所致力创建的柏林科学院以发展中国式的艺术和科学为目的。对18世纪法国大革命产生过积极影响的杰出的启蒙思想家伏尔泰虽然嘲笑莱布尼兹的"单子说",然而却同样热烈推崇中国传统文化。他认为,无论在道德方面,还是在治理方面,中国都是"世界上最好的民族"。19世纪为振兴德国而功勋卓著的伟大教育家和政治家威廉·洪堡,近代自然地理学的奠基者,气候学、植物地理学、地球物理学的创始人亚力山大·洪堡,都对中国传统文化无限景仰、高度评价,乃至德国划时代的伟大诗人歌德深情地吟咏"视线所窥,永是东方"。谁能否认这些推动西方文明向现代迈进的佼佼者对中国传统文化的尊崇、赞美和宣传,无不以其特殊方式加入西方传统文化,并在一定程度上影响和改变着西方传统文化的发展。

(四)究竟应该如何科学地界定中国传统文化

中国传统文化的界定究竟应该以哪个历史时期为下限,究竟应该包括哪些内容呢?按照辩证唯物史观,今天的中国文化是由昨天的中国文化发展而来。因此,立足于改革开放的今天,中国传统文化的界定应该以不晚于"文化大革命"为下限。或者说,影响着今日中国政治、经济、风俗、道德、习惯、宗教、信仰、价值观念、文学、艺术、科学、技术、哲学和典章法规等一切从中国历史上沿传下来的文化都属于中国传统文化。只有这样界定中国传统文化,才能把五四以来,特别是中国共产党成立以来的优良传统纳入中国传统文化中。只有弘扬这样界定的传统文化之精华,只有反思这样界定的中国传统文化,才能更全面、更深刻地认识中国之国情,才能更好地为中国的改革与开放服务。如果仅仅把中国传统文化界定为某个民族、某个历史阶段的某种古老的、凝固不变的本土文明,那么弘扬和反思起来对于现实就会裨益不大,而且容易否定党的优良传统而滑向"历史虚无主义"。

二、关于对中国传统文化的评价

评价传统文化,必须实事求是。此处所谓"实事求是",即要遵循两条原则:其一是唯物论原则,其二是辩证法原则。前者要求尊重历史、正视现实;是则是,非则非,既不以古代今,也不以今衡古。后者则要求一分为二、有扬有抑、有取有舍;既不以点代面,也不以偏概全。

有位名叫鲁登道夫的德国将领读完《孙子兵法》后说道:"我佩服中国人,但我佩服古代中国人,不佩服现代中国人。"其实古代中国人也未必都值得佩服,现代中国人也未必都不值得佩服。仔细品味这段话,便会发现鲁登道夫笼统论证的弊病,查其病因,在于违背辩证原则。但他毕竟还明白:古代中国之先进并不代表今日中国之先进;同样今日中国之落后也并不意味着古代中国之落后。

14世纪末以来,意大利著名旅行家发表《马可·波罗游记》后,中国传统文化渐渐流入西方,其对西方文化的渗透和影响早已成为无须争辩的事实。察其因,盖源于中国传统文化在个人修养、处世智慧、治国理政等方面的思想魅力。即便在今天,中国传统文化也仍然潜伏着再度发扬光大之正能量。海外华人中的有识之士对此不乏真知灼见。一些著名华裔科学家如杨振宁、李政道等,既接受西方文化的熏陶,又有深厚的中国传统文化根基,当他们在西方学界竞争中脱颖而出时,无不感怀中国传统文化的滋哺。

这里需要特别提一下传统的中国古代哲学的功能,用冯友兰先生的话来说就是研究如何使人实现"内圣外王"的人格。"内圣"指自我修养之高,"外王"指对社会贡献之大。这种哲学具有坚忍深远、细致入微的特性,能使人达到理想主义与现实主义的统一,甚为西方世界所称道。许多政界要人和专家学者一致认为:中国传统文化及其哲学精义一旦与现代经营管理相结合,能使中国成为下个世纪世界上最强大的国家。饮誉全球、被称为"经营之神"的日本松下幸之助先生也非常崇尚中国传统文化中的古老哲学,他经常得心应手地引用中国古代的格言、警句、哲理、典故来阐述自己的管理思想。如果说具有中国血统的学者对中国传统文化的赞颂可能掺杂着民族自尊心的潜意识,那么前文所述西方古今智者对中国传统文化的评价总能促使"全盘西化"论者重新审视一下自己的主张吧?

当然,当我们讴歌中国传统文化博大精深、贡献辉煌时,切切不可忘记任何光明都伴之以阴影。因此,我们怎能期望制约着中国人思想风貌的传统文化只存精华而不含糟粕呢?事实上,在中国传统文化中,许多被认定为精华的内容都存在其对立面。例如,有"人言不足畏、祖宗不足法"的改革观念,也有"三纲五常"的守旧伦理;有"先天下之忧而忧,后天下之乐而乐"的爱国爱民之高贵品德,也有"各人自扫门前雪,休管他人瓦上霜"的自私心态;有"闻过则喜"的求实气度,也有"好大喜功"的虚妄心胸;有"任人唯贤"的用才之道,也有"任人唯亲"的组织路线;有"两袖清风、秉公执法"的廉明之政,也有"贪财受贿、徇私枉法"的腐败之治;有"宁为玉碎、不为瓦全"的铮铮铁骨,也有"圆滑世故,见风使舵"的墙头草,有"临危不惧,精忠报国"的民族英雄主义,也有"临阵叛逃、苟且偷生"的民族投降主义;有"不入虎穴,焉得虎子"的冒险精神,也有"知足长乐,随遇而安"的惰性心理……如果与现代西方先进文化相比,中国传统文化中的缺点恐怕不止于此,甚至某些精华也难免显得逊色。

尤其值得反思的是,以儒家思想为主要内容的传统文化,经过宋明理学以来,变得渐趋保守和僵化,越来越成为维持帝王统治的思想桎梏,连同这种文化所造就的国家社会制度,使整个社会失去创造的活力,越来越沉闷。清人龚自珍有诗云:"九州生气恃风雷,万马齐喑究可哀。我劝天公重抖擞,不拘一格降人才。"而此时西方,经过文艺复兴之后,人们眼界大开,心胸打开,充满创造性的生机和活力,产生一大批思想文化和科学巨匠。封闭沉闷的中国,怎能经得起西方携带着先进文化的坚船利炮的进攻呢?中国鸦片战争的失败,首先是中国传统文化的失败。

一个民族、一个国家,仅当它能不断地反思自己的文化,既知其优,又知其劣,才能不断地取他人之长补自己之短,才能更加自信、不断优化。对中国传统文化的自信,源于我们对中国文化和世界文化清醒地比较和认识。因此,在力戒全盘否定传统文化、批判民族虚无主义的时候,必须清醒地意识到中国传统文化还有相对落后的内涵。为了不偏离人类先进文化发展的主流,为了进一步缩短与世界先进文明的差距,为了更好地弘扬中国传统文化的精华,我们应该在马克思主义指导下,全方位地伸出渴求先进文化之手,不断吸收包括西方在内的全人类所建树的一切优秀的文化成果。"爱而知其丑,恶而知其善"。只要我们爱得真、恶得真,一切遵循唯物而辩证的原则,就一定能使中国传统文化放射出更加夺目的光彩,登上未来世界的文化峰巅。

三、关于弘扬中国优秀传统文化的意义

中国传统文化博大精深,学习和掌握其中的各种思想精华,对于加强修养、砥砺品格、树立志向、提升智慧、立身处事、治国理政,对树立正确的世界观、人生观、价值观,对于培育和践行社会主义核心价值观,都大有益处。近年来,国内学界关于弘扬优秀传统文化的意义,主要提出以下见解。

(一)弘扬中国优秀传统文化,有利于坚定为人民服务的宗旨

孔子"仁学"的核心宗旨便是"爱人",倡导"亲亲而仁民""修己以安百姓""博施于民";主张"节用而爱人,使民以时""其养民也惠"。孟子明确提出"民为贵,社稷次之,君为轻",认为"得天下"之道在于"得其民""得其心""乐民之乐者,民亦乐其乐;忧民之忧者,民亦忧其忧"。管子强调:"凡治国之道,必先富民。"荀子则认为君民关系是舟水关系,提出了"水则载舟,水则覆舟"的观点。《古文尚书·五子之歌》强调"民为邦本,本固邦宁"。汉代贾谊说:"民者,万世之本也。"柳宗元"官为民役":"凡吏于土者,若知其职乎?盖民之役,非以役民而已也"。甚至民众可以"怒而黜罚"犯错误的官吏。显然,民心向背事关国家兴亡,古代封建阶级尚明此理,何况今人!学习这些传统文化思想,可以使我们党员干部更自觉地践行全心全意为人民服务的根本宗旨。

(二)弘扬中国优秀传统文化,有利于提高党的治国理政水平

中国传统文化中治国理政思想非常丰富。例如,有主张遵循客观规律的"道法自然"思想;有追求世界大同的天下为公的思想;有"民为邦本"安民富民乐民的思想;有注重道德教化的思想,孔子认为,"不学礼,无以立""不知礼,无以立也""克己复礼,天下归仁焉""道之以政,齐之以刑,民免而无耻;道之以德,齐之以礼,有耻且格";有为政以德、"礼法合治"的思想,"明德慎罚""德主刑辅""缘法而治"、法与德相结合;有"尚中贵和"的和谐理政思想;有"公生明,廉生威""廉政勤政""重典治贪"的廉政思想;有借鉴历史经验的思想,"以铜为镜""以古为镜

"以人为镜";有与时俱进、创新改革的思想,"苟日新,日日新,又日新";有脚踏实地、实干兴邦的思想;有集思广益、群策群力的思想;有"天道忌盈"戒骄戒满思想;有俭约自守、力戒奢华的廉洁思想;有安不忘危、存不忘亡、治不忘乱、居安思危的思想,等等,对于提高我们党的领导能力和执政能力都有重要的借鉴意义。

（三）弘扬中国优秀传统文化,有利于增强公民社会责任感和历史使命感

秦汉之际的儒学经典《礼记·大学》说:"古之欲明明德于天下者,先治其国;欲治其国者,先齐其家;欲齐其家者,先修其身;欲修其身者,先正其心;欲正其心者,先诚其意;欲诚其意者,先致其知,致知在格物。物格而后知至;知至而后意诚;意诚而后心正;心正而后身修;身修而后家齐;家齐而后国治;国治而后天下平。"北宋五大儒学家之一张载提出了四句名言,主张"为天地立心,为生民立命,为往圣继绝学,为万世开太平"。《孟子·滕文公上》倡导"出入相友,守望相助";《孟子·梁惠王上》倡导"老吾老及人之老,幼吾幼及人之幼"等传统文化观点主张,对于当代中国人,特别是当今时代中国知识分子和青年学生仍然具有增强社会责任感的激励作用。

（四）弘扬中国优秀传统文化,有利于人际和合包容、构建和谐社会

儒家历来主张和谐,强调"和为贵""和而不同"。《左传·襄公十一年》记载,晋悼公因听从魏降"和诸戎狄以正诸华"的建议,与各诸侯国和谐相处,"八年之中,九合诸侯",感到很欣慰:"如乐之和,无所不谐。"而战国末宋玉以乐喻政,在其辞赋作品中也多次阐发和谐理念。例如"八音和调""其曲弥高,其和弥寡"(《对楚王问》)、"清浊相和,……更唱迭和,赴曲随流……旆合谐"。《中庸》则更明确地阐发了和合包容的和谐思想:"喜怒哀乐之未发,谓之中,发而皆中节,谓之和。中也者,天下之大本也;和也者,天下之大道也。致中和。天地位焉,万物育焉。"《左传》中晏子说:"若以水济水,谁能食之? 若琴瑟之专壹,谁能听之?"则符合孔子"和而不同"的思想。中国传统文化中更有"亲仁善邻,国之宝也""协和万邦""国虽大,好战必亡"等观点。显然,这些理念、思想和观点都有利于构建和谐社会及和谐世界。

（五）弘扬中国优秀传统文化,有利于培养爱国主义精神

《礼记·礼运》倡导的"大道之行也,天下为公"的爱国胸怀,岳飞"精忠报国"、诸葛亮"鞠躬尽瘁,死而后已"的毕生报国精神,范仲淹"先天下之忧而忧,后天下之乐而乐"的爱国情怀,文天祥"人生自古谁无死,留取丹心照汗青"的爱国绝笔,陆游"位卑未敢忘忧国"的爱国诗句,顾炎武"天下兴亡,匹夫有责"的爱国呼吁,林则徐"苟利国家生死以,岂因祸福避趋之"的爱国誓言,吉鸿昌"恨不抗日死,留作今日羞;国破尚如此,我何惜此头"的捐躯报国精神等,都体现了中华民族热爱祖国、报效祖国、献身祖国的风骨和情怀,对今天开展爱国主义教育、弘扬爱

国主义精神,依然有重要的现实意义。

(六)弘扬中国优秀传统文化,有利于提升公民个人的素质能力

中国传统文化,一是注重"以修身为本"、主张严于律己、宽以待人,"君子求诸己,小人求诸人""躬自厚而薄责于人""闻过则喜""过则勿惮改""过而不改,是谓过矣";二是重视荣辱观教育,认为"羞耻之心,义之端也","知耻即勇";国有四维,礼义廉耻,"四维不张,国乃灭亡";三是倡导自省自励,"吾日三省吾身""见贤思齐焉,见不贤而内自省也""择其善者而从之,其不善者而改之";四是倡导"慎独",儒家把"慎独"作为修身的最高境界,倡导"莫见乎隐,莫显乎微,故君子慎其独也。";五是注重诚信,强调诚是立人之本、诚是处世之道、诚是经商之宝、诚是治世之策;强调"言必信,行必果""人而无信,不知其可";六是崇尚"温良恭俭让"做人的标准;七是养成"宁为玉碎不为瓦全""富贵不能淫,贫贱不能移,威武不能屈"的浩然正气;八是重视学习积累和钻研精神,孔子说"学而时习之不亦乐乎"、荀子说"不积小流,无以成江海""锲而不舍,金石可镂";九是注意学习与思考相结合,孔子说"学而不思则罔,思而不学则殆";十是重视内外兼修、知行统一,强调"内圣外王";十一是强调成就大业不要拒绝小事,且要持之以恒,老子说:"天下大事,必作于细""合抱之木,生于毫末;九层之台,起于累土;千里之行,始于足下";十二是倡导谦虚谨慎的品格,"傲不可长,欲不可纵,志不可满,乐不可极";十三是强调自力更生,"天行健,君子自强不息"等等。传统文化这些教诲,对于每个人,特别是青年为人、为学、成才,具有重要的激励、警示和引领作用。

四、习近平关于弘扬优秀传统文化的战略思考

不同民族的历史传统,有不同的文化积淀,因而构成了不同的基本国情,进而影响各自的发展道路和发展前景必然也有所不同。正是基于这种宏大的战略思考,习近平主持中央工作以来,十分重视弘扬优秀传统文化,发表过许多深刻的论述,形成了一系列战略思考,主要有以下几个方面。

(一)要把弘扬中国优秀传统文化作为民族振兴和国家强大的精神前提

博大精深的中华优秀传统文化积淀着中华民族最深沉的精神追求,是中华民族生生不息、发展壮大的丰厚养料,是我们在世界文化激荡中站稳脚跟的根基。因此,中国优秀传统文化是中华民族的突出优势,是中国特色社会主义所植根的最深厚的文化沃土。中华优秀传统文化源远流长,孕育了中华民族的宝贵精神品格,培育了中国人民的崇高价值追求。自强不息、厚德载物的思想,支撑着中华民族生生不息、薪火相传,今天依然是我们推进改革开放和社会主义现代化建设的强大精神力量。

(二) 要把中国优秀传统文化作为最深厚的文化软实力弘扬好

中华文化源远流长,积淀着中华民族最深层的精神追求,代表着中华民族独特的精神标识。提高国家文化软实力,要努力展示中华文化独特魅力。在五千多年文明发展进程中,中华民族创造了博大精深的灿烂文化,要使中华民族最基本的文化基因与当代文化相适应、与现代社会相协调,以人们喜闻乐见、具有广泛参与性的方式推广开来,把跨越时空、超越国度、富有永恒魅力、具有当代价值的文化精神弘扬起来,把继承传统优秀文化又弘扬时代精神、立足本国又面向世界的当代中国文化创新成果传播出去。

(三) 要把弘扬优秀传统文化作为涵养社会主义核心价值观的重要源泉

中国传统文化博大精深,学习和掌握其中的各种思想精华,对树立正确的世界观、人生观、价值观很有益处。培育和弘扬社会主义核心价值观必须立足中华优秀传统文化。牢固的核心价值观,都有其固有的根本。抛弃传统、丢掉根本,就等于割断了自己的精神命脉。要讲清楚中华优秀传统文化的历史渊源、发展脉络、基本走向,讲清楚中华文化的独特创造、价值理念、鲜明特色,增强文化自信和价值观自信。要认真汲取中华优秀传统文化的思想精华和道德精髓,大力弘扬以爱国主义为核心的民族精神和以改革创新为核心的时代精神,深入挖掘和阐发中华优秀传统文化讲仁爱、重民本、守诚信、崇正义、尚和合、求大同的时代价值,使中华优秀传统文化成为涵养社会主义核心价值观的重要源泉。

(四) 要高度重视优秀传统道德在核心价值观培育过程中的地位和作用

一个国家、一个民族的强盛,总是以文化兴盛为支撑的,中华民族伟大复兴需要以中华文化发展繁荣为条件。道德在整个民族文化中居于核心理念的位置,是核心价值观的主要组成部分。国无德不兴,人无德不立。对历史文化特别是先人传承下来的道德规范,要坚持古为今用、推陈出新,有鉴别地加以对待,有扬弃地予以继承。因此,必须加强全社会的思想道德建设,激发人们形成善良的道德意愿、道德情感,培育正确的道德判断和道德责任,提高道德实践能力尤其是自觉践行能力,引导人们向往和追求讲道德、尊道德、守道德的生活,形成向上的力量、向善的力量。只要中华民族一代接着一代追求美好崇高的道德境界,我们的民族就永远充满希望。

(五) 要加大对中国优秀文化正面宣传力度

要系统梳理传统文化资源,让收藏在禁宫里的文物、陈列在广阔大地上的遗产、书写在古籍里的文字都活起来。要以理服人,以文服人,以德服人,提高对外文化交流水平,完善人文交流机制,创新人文交流方式,综合运用大众传播、群体传播、人际传播等多种方式展示中华文化魅力。要讲清楚中华优秀传统文化的历史渊源、发展脉络、基本走向,讲清楚中华文化的独特创造、价值理念、鲜明特色,增强文化自信和价值观自信。通过学校教育、理论研究、历史研究、影视作品、文学作品等多种方式，加强爱国主义、集体主义、社会主义教育，引导我国人民树立和坚持正确的历史观、民族观、国家观、文化观，增强做中国人的骨气和底气。

（六）弘扬优秀传统文化必须坚持继承与批判相结合

要处理好继承和创造性发展的关系，重点做好创造性转化和创新性发展。当我们大力弘扬优秀传统文化时，必须清楚，我们的传统文中也有糟粕。我们不仅要了解中国的历史文化，还要睁眼看世界，了解世界上不同民族的历史文化，从中获得启发，为我所用。对我国传统文化，对国外的东西，要坚持古为今用、洋为中用，去粗取精、去伪存真，经过科学的扬弃后使之为我所用。不忘本来才能开辟未来，善于继承才能更好创新。对历史文化特别是先人传承下来的价值理念和道德规范，要坚持古为今用、推陈出新，有鉴别地加以对待，有扬弃地予以继承，努力用中华民族创造的一切精神财富来以文化人、以文育人。

五、中国优秀传统文化创造性转化和创新性发展的一个典型案例——深圳市委策划组织的交响乐《人文颂》演出活动

实现中华民族伟大复兴中国梦的基本前提和重要标志之一，是当代中国文化创新成果畅行世界、广受欢迎。为何确立这样的标志？如何达到这样的标志？习近平同志在中央政治局的一次集体学习会上，明确地回答了这两个问题。他强调指出："提高国家文化软实力，要努力展示中华文化独特魅力。在5000多年文明发展进程中，中华民族创造了博大精深的灿烂文化，要使中华民族最基本的文化基因与当代文化相适应、与现代社会相协调，以人们喜闻乐见、具有广泛参与性的方式推广开来，把跨越时空、超越国度、富有永恒魅力、具有当代价值的文化精神弘扬起来，把继承传统优秀文化又弘扬时代精神、立足本国又面向世界的当代中国文化创新成果传播出去。"

这里所说的"博大精深"，主要包括中国传统文化儒释道中的精华，尤以儒学为重。中国传统文化儒学中虽有"三纲五常"等束缚思想、妨碍创造、窒息自由、违背民主的封建礼教和繁文缛节等糟粕，但也有大量值得继承弘扬的精华，诸如论人生、阐哲理、崇智慧、励志存、忠社稷、弘气节、尚礼仪、图报恩、重孝道、倡和谐、天人合一、经世致用等思想。这些儒学的精髓最终升华为古代中国的核心价值观"仁、义、礼、智、信、忠、孝、廉、勇"，而成为"中华民族最基本的文化基因"。

当代中国文化是从古代中国文化发展而来，当代中国文化最精华的内涵，必然包含古代中国的文化基因。因此，只要赋予"仁、义、礼、智、信、忠、孝、廉、勇"以新的时代内涵，这一文化基因依然能焕发出勃勃生机，成为当代中国文化的重要

组成部分,并能"跨越时空、超越国度、富有永恒魅力、具有当代价值"。而当代中国文化要想融入创新因素并成功走向世界,也必须熔铸这些文化基因、吸取别国之精华,并以恰到好处的形式感染世界、征服世界,使之在价值认同上与国际社会主流价值观取得最大公约数。

这是一个光荣的任务,这是一项艰巨的使命,它不仅需要以理服人,以文服人,以德服人,还需要以艺服人;它不仅需要提高对外文化交流水平,创新人文交流方式,还需要在价值观上占领制高点。令人欣喜的是,近些年来,国内一些文化理论艺术工作者不断为此努力着、尝试着、耕耘着,且不乏可喜成果。观看深圳大型儒家文化合唱交响乐《人文颂》便可窥豹一斑。《人文颂》选取儒家文化的核心要素,分"仁、义、礼、智、信"5个部分,前有序曲,后有尾声,共7个乐章;借用西方交响乐的形式,通过有形的"金、木、水、火、土",歌颂了无形的"仁、义、礼、智、信",充满新意地演绎了中华民族文化基因的片段,向世界传递了中华民族大地般广阔的仁爱胸怀(土)、烈火般慷慨的义勇气节(火)、森林般有序的礼让敬贤(木)、流水般顺畅的创新智慧(水)、金石般牢固的信守承诺(金)。这样的演绎未必是精准的,但却在西方交响乐中注入了浓浓的中国的文化基因元素。特别是,这些文化基因不仅可以和社会主义核心价值观找到逻辑衔接点,而且也都是具有一定普世性的人生理念、生命态度、品格情操、心智境界、行为规范。将这些文化基因植入交响乐,有利于将中华文化独具魅力的深刻内涵生动地展现在世界面前。正因为如此,《人文颂》的演出才能赢得好评。

法国文明对话音乐协会主席玛丽·玛达莎希女士说:"我自己很喜欢这部作品,我在法国的一些朋友知道这部作品要来巴黎演出也很期待,我相信他们会像我一样很享受这场音乐会的。""把中国元素的乐器和西方风格融合在一起,西方的观众会很喜欢的,这也体现出一种中西文化的对话。"法国《解放报》的特派资深记者和乐评人艾瑞克·达安说:"音乐是最好的世界语言,可以无界共通。《人文颂》这部东方韵味十足的交响乐因此充满了魅力。"美国辛辛那提音乐学院作曲系主任乔尔·霍夫曼说:"《人文颂》就像是中国送给世界的一份音乐礼物。"美国作曲家詹姆斯·史蒂芬森在听完整场音乐会后很兴奋,他认为中国的打击乐也非常出色:"滴水叮咚的声响真的太奇妙了,而融入其中的合唱,就像组成了交响乐队旁的另一支乐队。"普莱耶音乐厅、巴黎艺术城艺术总监爱努埃·昂德雷说:"《人文颂》作曲技巧非常新颖,又照顾了普通观众的欣赏口味,这与当今世界的主流音乐创作趋势是一致的,让我耳目一新。"法国知名的大提琴演奏家苏珊·拉蒙说:"《人文颂》的音程关系很新,对演奏者的技巧很有挑战。我认为,中国交响乐的创作水平已经可以和西方平等对话。"香港著名作曲家、香港中文大学教授陈永华说:"《人文颂》向世界传达了现代中国的声音。在今天,我们这个泱泱大国应该是要表现宽恕仁爱、友睦万邦的。而《人文颂》的配器与和声都采用了和谐的手法,很好地表达了儒家所崇尚的'乐至则无怨,礼至则不争'境界。我希望有更多这样的作品出现。"在当代中国,交响乐的观众比例还不算大,但放在世界范围来看则比例不算小。未来的中国,交响乐能否为人们喜闻乐见、具有广泛参与性?《人文颂》的成功演出使我们有理由对此充满期待。

《人文颂》何以能成功走出国门、赢得国际好评、为中国文化软实力加分?主要有三点经验可借鉴。

一是组织者要有提高中国文化软实力的自觉意识和战略眼光,跳出"为艺术而艺术""为音乐而音乐"的藩篱,敢于融重大的主题和深刻的思想于精美的艺术形式之中。艺术当然可以超越国界,但艺术家应该有敬祖国、爱祖国、不忘报效祖国的使命。正是因为《人文颂》的策划者具备这样的使命感,所以才能组织《人文颂》的创作团队以弘扬中华文化为己任,抱持为国争光的信心、众志成城、敬业奉献、集思广益、力推精品。

二是作曲家必须有深厚的文化底蕴和宽广的艺术视野,否则难以驾驭主题宏大的精品力作。中央音乐学院王宁教授把"外学西方技术,内习传统文化"作为自己专业精进的左右手;为了完成《人文颂》的创作,曾六访山东儒学圣地孔子故乡曲阜,接受洗礼,寻找灵感,辛勤耕耘,历时三年,数易其稿,先后创作了三个成型的版本。同时,为了使作品具有宽广的国际艺术视野,还邀请国内外一些知名的作曲家、指挥家加盟创作、评论指点、建言献策。这是《人文颂》在海内外赢得广泛赞誉的重要原因之一。

三是编导者、指挥者要富有综合创新的能力和敢为人先的精神,敢于并善于贯通古今、融汇中西、推陈出新。《人文颂》在哲理与音乐、民族器乐与西洋器乐、声乐与器乐、东方欣赏品味与西方欣赏品味之间架起了一座桥梁。尤其值得称道的是,《人文颂》的音乐风格恢弘而意远,古雅而清新,将中国民族文化底蕴与时代气息巧妙相结合、浑然若一体;重唱、合唱与乐队交相辉映,绚丽多彩。特别是声乐演唱还运用了古老的"吟诵",深沉、低徊、雄浑。序曲开篇舒缓低回的天籁之音由弱渐强,由远及近,从远古走来,颇具吸引力、感染力、庄严感、敬畏感。在乐器上使中国古代的编钟、编磬、古琴及笙、箫等民族乐器与西洋乐器和而不同、画龙点睛,既映衬了传统文化的隽永色彩和古代音乐的浑厚气韵,又融以西洋器乐大气磅礴的激越高亢,形成水乳交融的艺术之美,确令中外观众耳目一新、心灵震撼。

《人文颂》的创作和演出并非完美无缺,尚有改进完善的空间,但它借用西方艺术形式传播中国文化经典的比较成功的尝试却可以启迪我们：只要胸怀民族复兴之大义、继承传统文化之精华、开阔术业视野、突出民族特色、鼎力综合创新，当代中国文化一定会有更多的创新成果走向世界，展示独特魅力、赢得国际赞誉、广交各国朋友，扩大中国文化软实力的国际影响，为伟大中国梦的实现营造良好的国际环境。

社会主义核心价值体系建设发展报告

黄蓉生 白显良*

摘要：社会主义核心价值体系是兴国之魂，决定着中国特色社会主义发展方向，是社会主义制度的精神之魂和国家文化软实力的内核与根本。党的十六届六中全会以来，伴随着中国特色社会主义事业的发展和社会主义文化的大发展大繁荣，社会主义核心价值体系的建设有力推进，成效显著，体现在：一是得到强有力的政策支持，社会主义核心价值体系建设被多次写进了党中央的有关文件报告；二是被纳入单位、校园、社区的精神文明建设之中，被贯穿于党的建设、国民教育、社会文明建设全过程，取得了重要的实践进展，积累了宝贵的建设经验；三是开启了凝练社会主义核心价值观的实践探索，深化了对社会主义核心价值体系与社会主义核心价值观辩证关系及其建设培育实践规律的认识。2012年党的十八大明确提出了培育和践行社会主义核心价值观的"三个倡导"，2013年12月中共中央办公厅下发的《关于培育和践行社会主义核心价值观的意见》明确了"三个倡导"的24字表达是社会主义核心价值观的基本内容，对培育和践行社会主义核心价值观做出了系统安排和战略部署，标志着建设社会主义核心价值体系进入新阶段。当前，深入推进社会主义核心价值体系建设，要坚持以马克思主义为理论指南，捍卫马克思主义在我国意识形态领域的指导地位，也要把社会主义核心价值体系建设同社会主义精神文明建设、意识形态领域的宣传教育工作有机融合，以宣传文化教育为基础工程，以社会主义精神文明建设为重要载体，以全面深化改革发展为根本动力，同时以培育和践行社会主义核心价值观为着力点，努力构建长效机制，真正凝魂聚气、强基固本。

---

* 黄蓉生，西南大学马克思主义理论研究中心主任，教授，博士生导师；白显良，西南大学马克思主义理论研究中心教授。

自党的十六届六中全会提出社会主义核心价值体系以来,社会主义核心价值体系的建设已成为我国学术界广泛关注的课题。党的十七届六中全会将社会主义核心价值体系提升到"兴国之魂"后,学术界对社会主义核心价值体系的建设研究再次掀起了热潮,特别是党的十八大指出"倡导富强、民主、文明、和谐,倡导自由、平等、公正、法治,倡导爱国、敬业、诚信、友善,积极培育与践行社会主义核心价值观。"①这与中国特色社会主义发展要求相契合,与中华民族优秀传统文化和人类文明优秀成果相承接,是党凝聚全党全社会价值共识作出的重要论断。当前,关于建设社会主义核心价值体系的理论研究和实践发展都取得了重大进展。

一、对建设社会主义核心价值体系与增强国家文化软实力的认识深化

社会主义核心价值体系自提出以来,人们对社会主义核心价值体系的认识在不断深化,尤其是对建设社会主义核心价值体系的意义与价值的认识,形成了普遍共识。比如,党的十八大提出社会主义核心价值体系是兴国之魂,决定着中国特色社会主义发展方向,这较之于党的十六届六中全会、党的十七大关于社会主义核心价值体系的认识有了很大进步。习近平2014年在中央政治局第十三次集体学习时讲到,社会主义核心价值观的影响像空气一样,对于人们无处不在且须臾不能离,足见其重要而根本。截至目前,人们普遍认识到,社会主义核心价值体系是社会主义制度的精神之魂和社会主义意识形态的本质体现基石,是国家文化软实力的内核,是提升我国文化软实力的根本,建设社会主义核心价值体系,对于凝聚共识、推进深化改革和社会主义现代化建设的精神力量,具有十分重要的意义和作用。

(一)建设社会主义核心价值体系与巩固马克思主义在意识形态领域的指导地位

当今世界,意识形态领域的斗争十分激烈,西方国家竭力宣扬其价值观,散布各种版本的"中国威胁论",对中国的民主制度妄加指责,对我国的国际形象产生了一定的负面影响。与此同时,在国内,近年来一些非马克思主义思潮,如民主社会主义、自由主义等,大力倡导西方国家的意识形态,冲击了我国主流的价值观,削减了我国意识形态的作用,对马克思主义在意识形态领域的主导地位构成了严重的威胁和挑战。维护并坚定本国的意识形态与信仰,捍卫和巩固社会主义意识形态的领导权、话语权,这是我国国家利益最重要部分,也是提高我国综合国力和国际地位的必要之举。这要求必须采取有效措施,增强本国意识形态的吸引力和

---

① 胡锦涛:《坚定不移沿着中国特色社会主义道路前进为全面建成小康社会而奋斗》,人民出版社,2012年,第31—32页。

凝聚力，并以此提升文化软实力。社会主义核心价值体系反映了我国社会主义基本制度的本质特征，渗透于经济、政治、文化、社会建设的各个方面，在所有社会主义价值目标中处于统摄和支配地位，明确了我国社会共同的价值目标、价值标准，激励人们树立科学的价值追求，矫正人们的错误价值取向，是我国意识形态的本质反映，是社会主义制度的精神之魂，也是提升我国文化软实力的根本。因此，面对西方国家凭借其"普世价值"对我国发动攻击时，必须也只有通过大力推进社会主义核心价值体系的建设，才能在意识形态领域内这一场"没有硝烟"的战争中取胜，不断增强中华文化自身的力量，夯实中华文化自身的底蕴，从而有效抵御西方国家意识形态的扩张，巩固马克思主义在意识形态领域内的主导地位。

（二）建设社会主义核心价值体系与提升国家文化软实力

社会主义核心价值体系与文化软实力之间有着紧密的联系，社会主义核心价值体系在一定意义上是国家文化软实力的核心内容，要使我国文化软实力不断提升，必须紧紧抓住社会主义核心价值体系的建设。从另方面讲，积极建设社会主义核心价值体系，必然不断增强我国文化软实力。首先，社会主义核心价值体系指引着我国文化软实力的建设方向。与社会主义核心价值体系相似，文化软实力的核心也是意识形态和价值观，一个国家文化软实力如何，集中体现了该国家意识形态凝聚力量的强弱。作为我国的文化软实力，从根本上说必须要坚持马克思主义的指导思想。因此，马克思主义指导思想作为社会主义核心价值体系的灵魂，必然决定着我国文化软实力的性质，指导我国文化软实力建设的方向。其次，社会主义核心价值体系提供我国文化软实力建设的精神动力。社会主义核心价值体系所涵盖的内容非常丰富，涉及国内外政治经济文化社会等各个领域。中国特色社会主义共同理想作为社会主义核心价值体系的主题，是鼓舞全国人民齐心建设中国特色社会主义事业的精神旗帜和力量源泉。以爱国主义为核心的民族精神和以改革创新为核心的时代精神作为社会主义核心价值体系的精髓，解决的是应当具备什么样的精神状态和精神风貌的问题，同样为我国文化软实力建设及中华民族伟大复兴提供了精神动力。正因为中国特色社会主义共同理想及民族精神、时代精神所具有的这种凝聚力，赋予了社会主义核心价值体系以强大的精神动力，使之成为建设文化软实力的重要精神支撑。最后，社会主义核心价值体系奠定我国文化软实力建设的基础。这是由于社会主义荣辱观作为社会主义核心价值体系的基础，解决的是人们行为规范的问题，同样为建设我国文化软实力提供了道德准则和价值标准，督促人们自觉遵守社会主义基本道德操守，以社会主义荣辱观约束自身思想和行为，从而激励人们为建设中国特色社会主义而努力奋斗。

(三) 建设社会主义核心价值体系与维护中华文化的主体性

随着政治多极化、经济全球化的深入发展,世界范围内各种文化的交流、交融、交锋愈演愈烈,各个国家之间联系日益紧密,整个地球俨然成了一个"地球村"。在这种形势下,中华文化如何一方面顺应当今时代发展的要求,借鉴吸收外国文化以丰富发展自身文化,并将中华文化推向世界。另一方面又在各种相互交融的文化中保持自己的独立性和主体性,既不被西方国家的文化所侵蚀,也不独尊本国文化为大。亦即中华文化如何做到与西方文化霸权主义相抗争,为丰富世界文化的多样性做贡献,已成为摆在我国面前紧迫而现实的重大课题。在这种情境下,建设社会主义核心价值体系,是在吸收借鉴国外文化文明成果的基础上维护中华文化主体性的最佳路径选择。在经济全球化过程中,西方国家在世界范围内扩张资本的同时,也在扩大价值观和意识形态。因此,建设社会主义核心价值体系,就是对这一挑战的积极回应。可以说,建设社会主义核心价值体系,关系到社会主义在中国的命运与前途,是维护中华文化在国际上的独立性和主体性的重大问题。通过大力建设社会主义核心价值体系,一方面可以在坚持社会主义方向的前提下,对资本主义国家的文化进行合理的扬弃,取其精华去其糟粕,借鉴文化发展传播的有益经验;另一方面可以借助社会主义核心价值体系的形式,把中华文化推向国际舞台,向世界人民鲜明地展示出中华文化的魅力,并以其中国特色的内在本质对资本主义国家的文化产生影响,从而做到在文化竞争中占据优势地位,掌握主动权,维护中华文化的主体性并将其发扬光大。

(四) 建设社会主义核心价值体系与增强实现民族复兴的精神力量

在当代中国,能够引领人们正确选择思想文化,发展健康向上的精神生活的思想文化,只能是以社会主义核心价值体系为主导的社会主义思想文化。它主要包括引领社会发展的指导思想、共同理想、价值目标、道德规范、民族精神等内容。① 社会主义核心价值体系是全党全国各族人民团结奋斗的共同思想基础,指引全国人民沿着中国特色社会主义道路奋勇前进。因此,建设社会主义核心价值体系就有利于集聚全社会的力量,共同为实现社会主义现代化建设而团结奋斗。"我们实行改革开放,有利于人们开阔眼界,增加见识,活跃思想,但国外资产阶级腐朽思想文化也会乘机而入,我国社会长期存在的封建主义残余思想包括封建迷信和愚昧落后的思想观念,在新的历史条件下也会沉渣泛起,社会存在发生的变化,反映在人们的头脑中,必然引起思想意识的相应变化。"② 在这种复杂的形势下,要不断谋求发展,必须要有正确方向的引导。建设社会主义核心价值体系能

---

① 戴安良、刘德伦:《对建设社会主义核心价值体系的思考》,《探索》2013 年第 2 期,第 168 页。
② 《江泽民文选》第 3 卷,人民出版社,2006 年,第 82 页。

确保我国的社会主义现代化事业以及实现中华民族伟大复兴沿着正确方向前进。只有通过建设社会主义核心价值体系,才能在我国的价值需要、价值创造以及价值实现的过程中抓住关键问题,突破瓶颈谋求发展;才能在我国的文化建设以及意识形态建设过程中抓住根本,实现创新;才能进一步形成全社会共同的理想信念和道德规范,为激发全民族实现中华民族伟大复兴提供精神力量,才能为人们消除彼此间的分歧和隔阂,增强全社会成员的归属感和凝聚力,促进民族团结,维护社会稳定,指引全国各族人民不为任何风险所惧,不被任何干扰所惑,更好地投身改革开放和社会主义现代化建设。

（五）建设社会主义核心价值体系与构建全社会共同的价值观

社会主义市场经济体制建立完善期间,新情况、新问题不断涌现,给人们的思想意识特别是价值观念带来了巨大的冲击,导致社会意识更加多元。对于中国共产党人而言,建设中国特色社会主义是一项全新的事业,在推进这一事业的过程中会面临各种新形势和矛盾,这就需要构建、巩固党带领全国人民克服困难勇往直前的共同思想基础。因而现阶段,在推进经济快速发展的同时如何搞好精神文明建设,提升人们的价值追求,帮助人们树立科学的价值目标,促进人的全面发展是重大的时代问题。建设社会主义核心价值体系,正是对人们思想领域薄弱环节的关注与修复,鲜明地向人们指出在思想道德领域提倡什么、抵制什么,引导人们明确应该坚持什么、反对什么,从而凝聚全社会各方面的积极力量。通过建设社会主义核心价值体系,能有效应对不同群众价值观念多样化的现实挑战,满足不同利益群体的价值需求,构建起全社会共同的价值观,形成统一的价值追求,把中国特色社会主义事业不断推向前进。总之,推进社会主义核心价值体系的建设,可以对社会大众的价值观念进而对其行为取向产生重要的引导作用,使之对社会主义核心价值体系正确把握和积极践行,促进全党全社会在思想道德上共同进步。

二、建设社会主义核心价值体系的思想发展与政策演进

社会主义核心价值体系是党的十六届六中全会通过的《中共中央关于构建社会主义和谐社会若干重大问题的决定》提出的科学命题,它包括四个方面的基本内容,即马克思主义指导思想、中国特色社会主义共同理想、以爱国主义为核心的民族精神和以改革创新为核心的时代精神以及以"八荣八耻"为主要内容的社会主义荣辱观。同时第一次提出要"建设社会主义核心价值体系,形成全民族奋发向上的精神力量和团结和睦的精神纽带。"[①]自党的十六届六中全会提出社会主义

---

① 《中共中央关于构建社会主义和谐社会若干重大问题的决定》,人民出版社,2006年,第22页。

核心价值体系以来,党和国家下发若干重要文件,领导人发表了系列重要讲话,包含着丰富的社会主义核心价值体系建设思想。

2003年,中共中央在北京召开全国宣传思想工作会议,胡锦涛在会议上的讲话指出:"在当代中国,爱国主义同社会主义是紧密结合的。要在爱国主义、社会主义旗帜下,倡导一切有利于民族团结、祖国统一、人心凝聚的思想和精神,倡导一切有利于国家富强、社会进步、人民幸福的思想和精神,倡导一切用诚实劳动创造美好生活的思想和精神,把包括知识分子在内的工人阶级、广大农民以及社会各阶层人们的智慧和理论,都凝聚到全面建设小康社会的实践中来,不断增强中华民族的凝聚力。"①倡导弘扬爱国主义精神,凝聚人心,才能增强社会主义建设的凝聚力,同时指出"思想政治工作的核心是理论信念教育,基础是思想道德建设"。② 要求加强对广大干部群众政治理论知识的教育。这次会议强调的弘扬爱国主义和理想信念教育,为后来社会主义核心价值体系的正式提出奠定了理论基础。2006年,胡锦涛在《人民日报》上发表《牢固树立社会主义荣辱观》一文指出:"要教育广大干部群众特别是广大青少年树立社会主义荣辱观,坚持以热爱祖国为荣、以危害祖国为耻,以服务人民为荣、以背离人民为耻,以崇尚科学为荣、以愚昧无知为耻,以辛勤劳动为荣、以好逸恶劳为耻,以团结互助为荣、以损人利己为耻,以诚实守信为荣、以见利忘义为耻,以遵纪守法为荣、以违法乱纪为耻,以艰苦奋斗为荣,以骄奢淫逸为耻。"③正式提出了"八荣八耻",并号召全国人民践行。"八荣八耻"为社会主义核心价值体系的建设奠定了舆论基调。

2006年,党的十六届六中全会通过的《中共中央关于构建社会主义和谐社会若干重大问题的决定》正式提出了社会主义核心价值体系,并将其作为构建和谐社会的根本,强调要建设社会主义核心价值体系,凝聚民众精神,以此来巩固社会和谐的思想道德基础。《决定》把社会主义核心价值体系的基本内容概括为"马克思主义指导思想、中国特色社会主义共同理想、以爱国主义为核心的民族精神和以改革创新为核心的时代精神、社会主义荣辱观"。④ 同年11月,在中国文联第八次全国代表大会上,胡锦涛强调"要牢牢把握社会主义先进文化的前进方向,建设社会主义核心价值体系,弘扬民族优秀文化传统,发掘民族和谐文化资源,借鉴人类有益文明成果,倡导和谐理念,培育和谐精神,营造和谐氛围。"⑤进一步强调了社会主义核心价值体系的重要性,表明了大力推进社会主义核心价值体系建设的

---

① 《胡锦涛在全国宣传思想工作会议上发表重要讲话》,《人民日报》2003年12月8日。
② 同上。
③ 胡锦涛:《牢固树立社会主义荣辱观》,《人民日报》2006年4月28日。
④ 《中共中央关于构建社会主义和谐社会若干重大问题的决定》,人民出版社,2006年,第22页。
⑤ 中共中央文献研究室:《十六大以来重要文献选编》(下),中央文献出版社,2008年,第753页。

决心。

2007年，党的十七大指出"社会主义核心价值体系是社会主义意识形态的本质体现。要巩固马克思主义指导地位，坚持不懈地用马克思主义中国化最新成果武装全党，教育人民，用中国特色社会主义共同理想凝聚力量，用以爱国主义为核心的民族精神和以改革创新为核心的时代精神鼓舞斗志，用社会主义荣辱观引领风尚，巩固全党全国各族人民团结奋斗的共同思想基础。"①明确指出要建设社会主义核心价值体系，增强社会主义意识形态的吸引力和凝聚力。切实把社会主义核心价值体系融入国民教育和精神文明建设全过程，转化为人民的自觉追求，积极探索用社会主义核心价值体系引领社会思潮的有效途径。

2008年，中共中央召开全国宣传思想工作会议指出"必须在中国特色社会主义理论体系指引下，把建设社会主义核心价值体系作为长期的战略任务和现实的紧迫工作切实抓紧抓好。要深入持久地开展社会主义核心价值体系宣传教育，把社会主义核心价值体系融入国民教育和精神文明建设全过程，把社会主义核心价值体系的要求贯穿到媒体传播之中，落实到精神文化产品创作生产之中，融会到日常工作生活之中，体现到政策法规制定和社会管理之中，使之转化为人民的自觉追求。"同时要求深入马克思主义理论研究，赋予中国马克思主义于实践特色、民族特色和时代特色，以此为建设社会主义核心价值体系奠定坚实的理论基础。同年10月在党的十七届三中全会上强调，要推动中国马克思主义大众化，巩固其根本的指导地位，夯实全党全国各族人民的共同思想基础。2008年11月7日，胡锦涛在庆祝神舟七号载人航天飞行圆满成功大会上指出了改革创新精神对社会进步的不可或缺。同年12月15日在北京召开的纪念中国科协成立50周年大会上要求将社会主义核心价值体系作为社会主义精神文明建设的基本内容，以增强民族凝聚力和国家软实力客观需要为目标，进一步推进社会主义核心价值体系的建设。

2010年，在党的十七届政治局第22次集体学习时胡锦涛指出："要引导广大文化工作者和文化单位自觉践行社会主义核心价值体系，坚持社会主义先进文化前进方向，坚决抵制庸俗、低俗、媚俗之风。"②将文化工作者和文化单位作为践行社会主义核心价值体系的重要力量，并提出了坚决反三风。

2011年7月1日，中共中央召开庆祝中国共产党成立90周年大会。大会强调，要推进社会主义核心价值体系建设，将之融入到国民教育、精神文明建设以及党的建设三个过程中。同年8月召开的十七届六中全会，审议通过了《中共中央

---

① 《中国共产党第十七次全国代表大会报告》，人民出版社，2007年，第34页。
② 胡锦涛：《在十七届中共中央政治局第22次集体学习时的讲话》，《人民日报》，2010年7月24日。

关于深化文化体制改革、推动社会主义文化大发展大繁荣若干重大问题的决定》,要求进一步从坚持马克思主义指导地位、坚定中国特色社会主义共同理想、弘扬以爱国主义为核心的民族精神和以改革创新为核心的时代精神以及树立和践行社会主义荣辱观四个方面扎实推进社会主义核心价值体系的建设,凝聚全民族的文化共识。

2012年,党的十八大强调,加强社会主义核心价值体系建设,"倡导富强、民主、文明、和谐,倡导自由、平等、公正、法治,倡导爱国、敬业、诚信、友善,积极培育和践行社会主义核心价值观。"①通过"三个倡导"对社会主义核心价值体系作了凝练表达,表明对社会主义核心价值体系的认识达到了新的境界。

2013年,党的十八届三中全会通过的《中共中央关于全面深化改革若干重大问题的决定》强调,建设社会主义文化强国,增强国家文化软实力,必须坚持社会主义先进文化前进方向,坚持中国特色社会主义文化发展道路,培育和践行社会主义核心价值观,巩固马克思主义在意识形态领域的主导地位,巩固全党全国各族人民团结奋斗的共同思想基础。

2013年12月中共中央办公厅印发《关于培育和践行社会主义核心价值观的意见》,提出了培育和践行社会主义核心价值观的重要意义、指导思想、基本原则、实现路径和职责要求,对培育和践行社会主义核心价值观这一重要战略工程作出了部署,以此来"强化人人都是社会主义核心价值体系建设的'筑堤人'与受益人、都是中华民族精神家园的呵护者等思想观念,使共建共享成为全社会积极培育社会主义核心价值体系过程中的基本共识"②,集聚全面建成小康社会、实现中华民族伟大复兴中国梦的强大正能量。

2014年2月24日,习近平在中共中央政治局第十三次集体学习时强调要把培育和弘扬社会主义核心价值观作为凝魂聚气、强基固本的基础工程。他指出:"要切实把社会主义核心价值观贯穿于社会生活方方面面。要通过教育引导、舆论宣传、文化熏陶、实践养成、制度保障等,使社会主义核心价值观内化为人们的精神追求,外化为人们的自觉行动。"③意在从多个方面为社会主义核心价值体系的建设提供良好的舆论环境和完善的法律法规保障。

总之,自党的十六届六中全会第一次提出社会主义核心价值体系这一科学命

---

① 胡锦涛:《坚定不移沿着中共特色社会主义道路前进为全面建成小康社会而奋斗》,人民出版社,2012年,第31页。
② 张贺:《人人都是社会主义核心价值体系建设的"筑堤人"——访武汉大学社会科学部部长沈壮海》,《人民日报》,2014年1月23日,第2页。
③ 习近平:《把培育和弘扬社会主义核心价值观作为凝魂聚气固本强基的基础工程》,《人民日报》,2014年2月26日。

题以来,一直受到党和政府的高度重视,从提出到四个基本内容的解读,再到三个倡导的凝练,其发展过程蕴含着党中央的集体智慧,构成了建设社会主义核心价值体系的完整思想谱系。

三、建设社会主义核心价值体系在不同领域的实践进展

建设社会主义核心价值体系是一项系统工程,社会主义核心价值体系建设的实践探索,既要通过理论教育提高民众对社会主义核心价值体系的认知认同,将其内化为自身的思想观念,也要通过各种实践活动引导民众将内化的思想观念外化为自身的行为并养成行为习惯。近年来,建设社会主义核心价值体系,重点是通过党的建设、国民教育、精神文明建设等,抓好党员干部、学生以及普通民众的社会主义核心价值体系建设。

(一)将社会主义核心价值体系建设贯穿党的干部队伍建设各方面

为了响应党中央关于社会主义核心价值体系建设的号召,中央和地方各机关单位根据自身的实际情况采取适合自身特点、内容丰富且形式多样的学习、宣传教育方式,增强党员干部的马克思主义理论水平,积极践行社会主义核心价值体系。社会主义核心价值体系建设涵盖政治建设、经济建设、文化建设等多个方面,涉及党员干部、青年大学生等不同群体。要让广大人民群众自觉自愿地践行社会主义核心价值体系,党员干部的带头作用至关重要。党员领导干部作为社会主义核心价值体系建设的带头践行者,要从自身做起,做好本职工作,维护好人民群众的利益,将人民群众团结到社会主义核心价值体系建设中。自2012年党的十八大召开以来,主流媒体揭露了多起腐败案件,多名高官落马,2012年12月中央政治局会议审议通过了改进工作作风、密切联系群众的"八项规定",再次推动党内作风改进,不仅为党员干部自身社会主义核心价值体系的建设创造了良好的环境,同时也为人民群众作出了榜样,引导人民群众提高践行社会主义核心价值体系的积极性和自觉性。把建设社会主义核心价值体系与党的干部队伍建设结合起来,主旨在强化党员干部对社会主义核心价值体系的认知与践行。

与党员干部反腐倡廉相结合。党员干部既是社会主义核心价值体系的大众践行者,同时又是社会主义核心价值体系的带头践行者,因此要将党员干部作为社会主义核心价值体系建设的重点对象,使之在坚定理想信念、弘扬民族精神、发扬时代精神以及树立高尚的道德情操等方面起到榜样示范作用。党员干部的社会主义核心价值体系建设首要集中于坚定理想信念,与2007年6月25日胡锦涛在中央党校发表重要讲话提出的反腐倡廉建设有着紧密的联系。反腐倡廉就是筑牢党员干部的思想道德防线,即坚定共产主义的理想信念。将党员干部的社会主义核心价值体系建设与反腐倡廉建设结合起来,既使社会主义核心价值体系培

育更具有实践性,同时又推进了党员干部的廉政建设。反腐倡廉必须常抓不懈,拒腐防变必须警钟长鸣。目前一些腐败现象仍然在某些领域大量存在,一些腐败案件更加智能化,"一方面,腐败多发高发的领域主要体现在工程建设、企业改制、土地出让、产权交易等领域;另一方面,出现了一把手腐败的问题,很多案件呈现出以一把手为核心的集团化腐败趋势。"①因此,党员干部建设社会主义核心价值体系应坚定不移地与反对腐败结合起来。各党政机关主要通过以下途径开展工作:第一,依靠主流媒体营造浓厚的舆论氛围,将社会主义核心价值体系融入党员干部的日常生活中,使党员干部能够更加直观地感受到社会主义核心价值体系在当下的具体要求,从而更加自觉地认同、接受。除了中央电视台一直致力推出的《感动中国》《永远的丰碑》《时代先锋》以及《新闻联播》中关于党的先进人物等栏目外,一些主流媒体相继制作了有关优秀党员干部的文艺作品,如电影《雨中的树》等,通过回顾历史,再现先进人物优秀事迹的方式来弘扬社会主义核心价值体系。第二,突出爱国主义教育,增强党员干部的民族自豪感和社会责任感,不少单位借重大纪念日、节庆日组织党员干部参观历史陈列馆、博物馆、纪念馆等公共文化设施,激发党员干部的社会责任感,认同社会主义核心价值体系。第三,加强"人民公仆"教育,做好本职工作。在社会主义核心价值体系建设过程中,引导党员干部立足本职岗位,明确职责,当好人民公仆。例如2010年1月3—9日,人民日报社、光明日报社、中央电视台等10多家中央主要新闻单位和重点网站对凤阳县小岗村党委第一书记、村委会主任沈浩因积劳成疾猝逝在工作一线进行了集中报道,在党员干部队伍中引起了十分强烈的反响,人们感受到了社会主义核心价值体系的真实存在。

　　与加强党员干部理论学习相结合。受社会大环境中一些不良因素的影响,党员干部中出现了一些负面现象,表现为思想观点混乱,主流价值观模糊,社会主义核心价值体系的认同和践行偏移。具体讲来,主要表现为一些党员干部对社会主义核心价值体系建设的认识不够到位,理论水平较低,存在功利主义、官僚主义等思想行为。调查数据显示,一些党员干部关于社会主义核心价值体系的相关理论知识缺乏,对社会主义核心价值体系的基本内容认识模糊,"在回答'社会主义核心价值体系四个基本内容'时,有54.74%的人选择马克思主义指导思想,63.16%的人选择中国特色社会主义共同理想,有91.58%的人选择以爱国主义为核心的民族精神和以改革创新为核心的时代精神,57.89%的人选择社会主义荣辱观,全

---

①　赫曦滢:《社会主义核心价值体系在反腐倡廉建设中的地位及实现途径》,《延边党校学报》,2010年第6期,第16页。

部选对的比例为38.04%"①。还有部分党员干部因自身理论水平低,直接影响了对社会主义核心价值体系的接受度以及践行能力,为此全国各机关单位采取一系列措施将社会主义核心价值体系建设与加强党员干部的理论知识结合起来,开展广泛的社会主义核心价值体系宣传教育活动,如更新教育培训手段,采用现代化多媒体技术,改变往日自上而下纯粹灌输的教育方式,增强与学员的互动,引入实践案例,引导党员干部将所传授的理论知识内化为自身的思想观念,真懂真信,并转化为实际行动。福建省在对党员干部进行理论教育中提出了"五带头"要求:"带头学习提高、带头争创佳绩、带头服务群众、带头遵纪守法、带头弘扬正气"②,并开展了一系列创先争优活动,使广大党员干部对社会主义核心价值体系有了更加深入的了解,提高了党员干部的理论水平。近年来,全国各地广泛建立了针对党员干部培训教育的"十百千万"工程,以领域、类别及层次为划分对象,以省、市、县(区)、村为单位建立党员干部培训教育点,使广大党员干部能够全方位地感受到社会主义核心价值体系的具体体现。同时,运用典型事例促进理论学习。据共产党员网统计,自2010年4月起,全国各地区各单位认真贯彻落实中央的统一部署和要求,表彰先进、弘扬正气,营造崇尚先进、学习先进、争当先进的浓厚氛围,至2012年共有1000个基层党组织、100名共产党员、100个县(市、区、旗)党委得到中央表彰,2013年期间有近300名党员干部获得"全国优秀共产党员"的称号,85名党员干部获得"优秀党务工作者"荣誉称号,240个基层党组织获得"优秀基层党组织"称号。中央通过大力表彰优秀党员干部,宣传优秀事迹,使社会主义核心价值体系生动化、具象化,进一步促进了广大党员干部相信、认同和践行社会主义核心价值体系。

　　与党员干部工作考核相结合。党员干部工作在各个不同的岗位,因岗位职责的不同,对党员干部进行社会主义核心价值体系建设也要分岗位进行,并与工作考核挂钩,促进党员干部将社会主义核心价值体系建设的要求转化为日常工作的行为准则,更好地做好本职工作。2009年4月22日人民银行机关党委在井冈山举办了青年干部深入学习社会主义核心价值体系的培训班,人民银行党委委员、副行长、机关党委书记马德伦在培训班上指出:"青年干部要有坚强的意志、高尚的品德和强健的体魄,勤于学习,善于思考,敢于创新,在努力做好本职工作的同

---

① 王天旺、李南阁、吕丽梅:《关于社会主义核心价值体系的分析——以公务员为例》,《经济学研究导刊》,2013年第31期,第4页。
② 福建省委组织部:《把社会主义核心价值体系融入党员队伍建设全过程》,《福建日报》,2013年2月5日。

时实现自己的人生价值。"①并对青年干部提出了六点告诫——磨炼意志、崇尚品德、志存高远、独立思考、严以律己、忠实履职。这六点告诫实际上是将干部的岗位职责与社会主义核心价值体系的要求融合了起来,让青年干部在做好自身本职工作中建设社会主义核心价值体系。福建省在对广大党员干部进行社会主义核心价值体系建设的过程中也采取了此种做法,通过细化要求、设岗定责,在全省根据不同的岗位需求设定不同的工作机制,如:"168"农村党建、"135"社区党建以及机关党建等共7.6万个党员先锋岗,95.2万名党员在岗履行职责,学习和践行社会主义核心价值体系,同时还制定了《党员干部直接联系群众工作制度》等工作规范,以此为对照,接受群众对社会主义核心价值体系建设的评议,"在创先争优活动中,全省189.1万名党员被评议,占总数的99.6%。各地各部门普遍建立健全对党员干部践行社会主义核心价值体系的评价和考核,推动党员领导干部带头践行社会主义核心价值体系,把社会主义核心价值体系的要求,融入到对干部的选拔、任用、考察、监督等工作中,作为选拔、任用干部的依据之一。"②同时,福建省在党员干部队伍中广泛开展"为当地作贡献、为家乡添光彩、为自身增活力"实践活动,让党员干部在自身岗位为人民群众作贡献中学习和践行社会主义核心价值体系。(见表1)全国各地通过把社会主义核心价值体系建设与党员干部实际岗位挂钩,将社会主义核心价值体系的建设融入到岗位制度、岗位规范中,引导广大党员干部按照社会主义核心价值体系的要求开展工作,促进党员干部既了解社会主义核心价值体系的科学要义,又明确实际工作中如何践行社会主义核心价值体系,从而真正实现党员干部在社会主义核心价值体系建设中先行者、引导者角色的担当。

表1 福建省党员干部队伍开展"为当地作贡献、为家乡添光彩、为自身增活力"实践活动成果统计表

数目	参与的党员干部	引进项目	引进资金	创办生产服务项目	创业带动就业
	6.5万	1189个	76.04亿	1841个	97142人

(二)将社会主义核心价值体系建设融入国民教育全过程

党的十七大报告提出要把社会主义核心价值体系融入国民教育和精神文明建设全过程,转化为人民的自觉追求。青年大学生作为祖国的未来、民族的希望,

---

① 甘新莲、邓慧萍:《央行举办青年干部学习社会主义核心价值体系培训班》,《金融时报》,2009年4月23日。

② 福建省委组织部:《把社会主义核心价值体系融入党员队伍建设全过程》,《福建日报》,2013年2月5日。

是社会主义核心价值体系的重要践行者,高校作为青年大学生的培养单位,理所当然地成了社会主义核心价值体系建设的重要阵地。社会主义核心价值体系进校园,是近年来社会主义核心价值体系建设的显著标志。对大学生进行社会主义核心价值体系的建设,突出表现在理论教育与实践教育两个方面。首先,理论教育集中于对社会主义核心价值体系的研究探索,社会主义核心价值体系的提出引起了学界的广泛关注与研究。据不完全统计,自2006年以来,关于社会主义核心价值体系的理论著作已有三十余部。以中国知网期刊数据库为统计分析源,以"社会主义核心价值体系"为关键词检索相关文献,时间从2006年到2013年12月,共检索到相关文献5579篇,其中核心期刊上的文献共1679篇。其次,实践教育主要表现在通过思想政治理论课这一主渠道对大学生进行社会主义核心价值体系的教育,推进社会主义核心价值体系进教材、进课堂、进头脑;充分利用网络这一载体,与青年大学生在互动的过程中对其进行社会主义核心价值体系教育,引导青年大学生正确认识历史,看待社会现实,教育青年大学生不仅要将社会主义核心体系作为社会对自身的要求,更要作为自身所应担负的一种社会责任和历史使命,等等。这一系列的社会主义核心价值体系进校园的措施随着社会的发展和青年大学生的发展而与时俱进,社会主义核心价值体系建设取得显著成效。在高校开展了大量社会主义核心价值体系学习教育活动,用社会主义核心价值体系引领社会思潮、凝聚社会共识。

在高校,通过课堂教学和实践活动深入开展社会主义核心价值体系教育。大学生作为祖国的未来、民族的希望,肩负着社会主义现代化建设的重任,大学生正处于立德立志的年龄阶段,迫切需要加强对他们的社会主义核心价值体系教育。对大学生进行社会主义核心价值体系教育的主渠道是在课堂上,以思想政治理论课为依托,将社会主义核心价值体系的科学内涵渗透到思想政治理论课中,让学生在学习思政课理论中了解并接受社会主义核心价值体系。也就是说,高校思想政治理论课在教学过程中不仅要求学生学习掌握有关的政治理论知识,培养学生的辩证思维能力、观察问题、分析问题、解决问题的立场观点方法,而且要对学生进行社会主义核心价值体系教育,"展现出社会主义核心价值体系本身的逻辑运动规律,使学生基本理解社会主义核心价值体系的学理完整性,也让学生初步掌握系统的理论思考方法"[①],引导学生在实际生活中践行社会主义核心价值体系,提高社会主义核心价值体系建设的实效性。

与此同时,发挥实践教育在社会主义核心价值体系建设中的主阵地作用。学

---

① 王双群:《浅析思想政治理论课教学内容的层次性》,《学校党建与思想教育》,2013年第11期,第48页。

校是学生的主要活动场所,在对学生进行社会主义核心价值体系建设中,组织开展各种实践活动,以引导学生在实践感受中深入理解理论知识,提高实践运用能力,达到认知与实践的统一。首先,创建良好的育人环境。学校的育人环境主要分为管理育人环境、文化育人环境两大方面。管理育人主要是学校依照社会主义核心价值体系建设的要求制定相应的校纪校规,规范行为奖励先进,如北京大学每年都要评选学生"五四"奖章以及"十佳学生党支部书记"等,通过树立学生身边的榜样,让学生能够更加真切地感受到社会主义核心价值体系在这些榜样身上的具象化表现,从而达到真实真切的示范效应。文化育人环境的营造侧重于积极组织引导学生主动参与社会主义核心价值体系的相关理论学习与实践活动,如组织学生参观各种爱国主义纪念馆等,发挥学生社团作用,鼓励学生创办有关理论学习的社团,如毛泽东思想研究会、邓小平理论研究会、中国特色社会主义理论宣讲团等,这些学生社团活动在大学校园里,很好地促进了社会主义核心价值体系在校园中的传播。其次,组织好第二课堂。在思想政治理论课第一课堂之外,积极发挥实践教育这一第二课堂的作用。组织学生参与各种公益活动,引导他们在实践活动中潜移默化地学习社会主义核心价值体系,并将自己在课堂上接受到的理论知识转化为外在行为。如一些高校利用假期组织大学生支教活动、科技三下乡活动等。如北京大学每年都开展暑期社会实践活动。"2012 年以'牢记五个坚持、矢志成才报国'为主题,共组织 293 支实践团队、3110 人次参加实证求真知、深处看中国、深入基层、服务百村、牵手城乡、和谐发展等社会实践项目。2012 年 11 月,开展'爱在中国·青年使命公益服务实践月'活动,组织公益性学生社团为残疾人提供志愿服务。2013 年寒假,积极开展走基层看变化学习宣传党的十八大精神主题寒假社会实践,组织学生宣讲团进社区、回家乡宣讲十八大精神;组织 1000 名志愿者开展温暖冬衣微公益活动;继续开展春燕行动,学生在敬老爱老服务老人的过程中受教育。"①事实表明,学生在社会实践活动和公益活动中能了解社会,加深对社会主义核心价值体系的理解,增长才干,塑造人格。第三,充分利用新兴媒体。2008 年,胡锦涛在《人民日报》创刊六十周年纪念活动中指出:"必须加强主流媒体建设和新兴媒体建设,形成舆论引导新格局。"随着时代的发展,网络在青少年学生的主要生活中扮演着十分重要的角色,甚至成为了青少年相互交流的主要平台。高校根据这一特点,充分运用网络平台,积极开设社会主义核心价值体系网络课程,建设网络案例,以青年大学生喜闻乐见的方式呈现社会主义核心价值体系。例如,当前不少高校的思想政治教育工作者利用飞信、QQ 等与学生交

---

① 北京大学党委学生工作部:《抓好"四大课堂"、"三大群体"、"两种环境"持续开展社会主义核心价值体系教育》,《思想教育研究》2013 年第 3 期,第 38 页。

流,及时把握学生的思想动态以便及时引导,同时还利用微博、微信、校园 BBS 等,针对一些时事热点吸引学生参与讨论,从中给予正确的引导。除此之外,绝大多数高校的网络主页均设有教学资源板块,用于"提供或整合包含社会主义核心价值体系思想的网络音乐、网络视频等的下载服务,并组织影音评论活动"[①],让学生在进行网络娱乐活动时接受社会主义核心价值体系,达到寓教于乐的效果。

(三)将社会主义核心价值体系建设渗透社区精神文明建设

社区是一个社会的细胞,居民的价值观离不开所住社区的影响,因此建设社会主义核心价值体系离不开社区这一重要的载体,应将其渗透于社区精神文明建设各个方面。社会主义核心价值体系建设进社区主要渠道表现为社会主流媒体的宣传。如近年来,主流媒体对正能量的传播卓有成效,像对感动中国人物、全国道德模范等典型榜样的宣传。数据显示"2007 年,中央宣传部、中央文明办、解放军总政治部、全国总工会、共青团中央、全国妇联 6 个部委联合发起全国道德模范评选表彰活动。每两年评选表彰一届,前三届评选出 162 名全国道德模范和 776 名提名获得者,在全社会引起热烈反响。"[②]全国各地社区加强对居民社会主义核心价值体系的建设。如天津市南开区以全民读书的形式对居民进行社会主义核心价值体系的建设,2006 年成立了天津市第一家公民读书促进会,并且协调新蕾出版社、教育出版社等多家出版社深入社区举办好书联展,举办一系列优秀学习型社区、优秀学习型家庭等评选活动,通过此举来推进社会主义核心价值体系建设进社区、进家庭。

一方面,社区以生动形象的图片展、通俗易懂的宣讲活动以及文艺表演活动等,调动社区居民参与的积极性,使之在轻松的环境氛围中接受社会主义核心价值体系教育。例如,有的社区利用"七一""十一"等重大纪念日开展各种爱国主义教育活动,以此强化社区居民的爱国情怀;有的社区与少数民族人口较多的社区联合举办活动,以此培养社区各民族居民的民族自豪感,增进各民族人民之间的团结,自 2010 年 7 月起武汉市启动民族团结宣传教育进社区活动,围绕"3364"工程("以民族政策进社区、民族文化进社区、为少数民族服务进社区为总体目标,摸清社区少数民族三个方面[常住少数民族、流动少数民族和他们的诉求]的基本情况,开展六项活动[制作宣传栏、悬挂标语、发放材料、举办培训、举办联谊、举办联欢],为少数民族办四件实事[建服务窗口、建服务联系点、建结对子制度、建扶贫济困绿色通道],在社区建立健全信息报送、目标责任、协调服务、动态管理四项长

---

① 孙建伟:《网络文化视角下的大学生社会主义核心价值体系培育——以华东师范大学为例》,《山东青年政治学院学报》,2012 年第 1 期,第 51 页。
② 中共中央宣传部理论局:《理性看齐心办》,学习出版社、人民出版社,2013 年,第 99 页。

效制度。"①),打造102个试点社区,社区居民踊跃参加并留言表达自身维护民族团结和祖国统一的良好愿望。另一方面,部分社区凭借与高校相邻的优势,借高校的力量加强精神文明建设,开展针对社区居民的社会主义核心价值体系建设活动,如邀请高校参与社区的党员学习日、十八大宣讲活动等,引导社区居民学习和践行社会主义核心价值体系,同时借助高校丰富的阅读资源,组织社区居民阅读,在阅读中学习社会主义核心价值体系。至2013年,天津市已有万名来自高校的宣讲员深入各社区进行社会主义核心价值体系的宣讲,"根据市文明办的数字,已经有一万多名基层宣讲员,依托全市3800所市(村)民学校、671个各级道德讲堂以及社区城市书吧等载体,面对面地向广大市民开展宣讲"。②天津市普遍设立市民学校、社区教育中心、城市书吧、道德讲堂等基层宣讲阵地,将高校的力量引入社区,助推社区精神文明活动,丰富居民精神文化生活,提升社会主义核心价值体系建设水平。

四、基于核心价值体系凝练社会主义核心价值观的探索历程

在推进社会主义核心价值体系建设中,人民群众普遍反映社会主义核心价值体系内涵丰富、体系完整,但不便记忆和掌握,希望能进一步凝练。由此,基于社会主义核心价值体系凝练社会主义核心价值观,成为建设社会主义核心价值体系的时代要求。

(一)深入探讨社会主义核心价值体系与社会主义核心价值观的辩证关系

纵观人类社会的历史发展,任何一种社会制度都有它的核心价值体系与核心价值观,核心价值体系是一个社会居于核心地位、起主导和统领作用的价值观念体系,核心价值观是一个社会中居于统治地位、起支配作用的核心理念,是一个社会制度长期普遍遵循的相对稳定的根本价值准则。

对于社会主义核心价值体系与核心价值观的辩证关系,研究者认为,两者在根本上是一致的,有着紧密的内在逻辑关联,都是建设中国特色社会主义事业不可或缺的重要组成部分,是社会主义意识形态的本质体现,统一于全面建设小康社会的生动实践。但两者又各有侧重,彼此区分。从切入点来说,社会主义核心价值观从理念入手,更倾向于立场、观点、态度等总的价值理念的建构,而社会主义核心价值体系则从体系着手,倾向于层次明确、内容具体、更加直观的价值意义的整体建构;从目标来说,社会主义核心价值观强调对社会主义的认识有一个更加深入准确的理解和把握,而社会主义核心价值体系则强调实践上的操作性;从

---

① 孙沐沂:《武汉市启动民族团结宣传教育进社区活动》,中国民族宗教网,2010年7月21日。
② 刘晓艳:《万名宣讲员分享"价值观"》,《城市快报》,2014年3月4日。

内容来说，二者有从属关系，社会主义核心观从属于社会主义核心价值体系，是社会主义核心价值体系的核心和灵魂，是社会主义核心价值体系最基础、最核心的部分。学者们普遍认为，从一定意义上讲，没有社会主义核心价值体系就不可能产生社会主义核心价值观，就不会有社会主义核心价值观的发展演进；另方面，社会主义核心价值观是社会主义核心价值体系的内核、高度概括和最高抽象，体现了社会主义的价值本质，决定着社会主义核心价值体系的基本特征和基本方向。研究者认为，在提出社会主义核心价值体系的基础上，应进一步提炼社会主义核心价值观，概括社会主义核心价值观，是建设社会主义核心价值体系的根本内容。如果没有社会主义核心价值观，社会主义核心价值体系就没有灵魂，就会显得庞杂、分散而不集中、不精练。

正是基于对社会主义核心价值体系与核心价值观辩证关系的深刻理解，学界形成共识，应进行社会主义核心价值观的提炼研究，为此不少学者撰文予以探讨，中国社会科学院马克思主义研究院曾召开专门的研讨会，围绕社会主义核心价值观的新观点新进展、社会主义核心价值观与价值观教育的方法论等展开研讨。尤其是在2008年年底军队的一次重要会议上，胡锦涛提出并系统阐述了"忠诚于党，热爱人民，报效祖国，献身使命，崇尚荣誉"的当代革命军人核心价值观，开启了核心价值观提炼的创新实践。

（二）深刻把握提炼社会主义核心价值观的基本准则

提炼社会主义核心价值观，需要明确提炼社会主义核心价值观应遵循什么样的基本准则。研究者普遍提出，提炼社会主义核心价值观要遵循其固有的生成规律。大家一致认为，社会主义核心价值观是一个历史范畴，是一个不断生成的概念，在不同国家不同历史时期有着不同的内容与形式，反映着社会主义基本的、长期稳定的社会关系及价值追求的价值观，是社会主义价值体系中最基础、最核心的部分，是在社会主义革命、建设和改革开放历程中逐步形成和发展起来并指导社会主义健康发展的价值目标和价值观念，是中华民族长期秉承的反映社会主义本质和建设规律的根本原则和价值观念的理性集结体。它支撑着人们在建设社会主义长期实践中的行为指向，从更深层次影响着人们在建设中国特色社会主义伟大征程中的思想方法与行为方式。因此，提炼社会主义核心价值观，要遵循理论与实践、历史与逻辑相统一的基本准则。

研究者提出，提炼社会主义核心价值观应当揭示社会主义最本质的永恒的精神要素，不切断中华民族历史文化的血脉和价值传统，要防范价值观上的历史虚无主义和民粹主义两种风险和错误，努力建设与传统美德相承接的社会主义核心价值观，此外还应当关照时代和人们大众的现实需求。有学者认为，提炼社会主义核心价值观要坚持马克思主义的指导地位，要体现社会主义性质，要与中国共产党的执政理念相一致，要传承、借鉴传统价值观和外来价值观的合理因素，要获得广大人民群众的普遍认同。社会主义核心价值观的提炼应当以社会主义基本价值取向为内核和基点，在既继承传统价值观合理的方面又借鉴外来价值观积极元素的基础上，形成符合时代要求的中国特色社会主义核心价值观。有学者强调，提炼社会主义核心价值观，应观照人类社会的价值共识，要与世界各民族文明发展进程中的价值共识进行交流、碰撞，并加以批判继承与融合。还有学者指出，提炼社会主义核心价值观要注重文化整合，要整合传统文化与现代文化，使社会主义核心价值观中的文明与和谐既具有深厚的根基，又包含现代性；整合民族文化和国际文化，使社会主义核心价值观既能保持中国特色，又增加开放性和包容性；整合大众文化与精英文化以形成"合力"，使社会主义核心价值观充分发挥引领作用，在社会各层面产生"共振"效应。具体来说：有的主张应以马克思主义的人的自由全面发展为依据，突出社会主义核心价值追求的终极性；有的主张应以马克思主义中国化的最新成果，即中国特色社会主义理论体系为依据，突出现实性；有的主张社会主义核心价值观应当既是社会主义的，又是中国的，还应具有鲜明的时代性；有的主张应当注重对当代世界文明精华的汲取，诸如民主、自由、人权、公平正义等都是当代世界文明的精华，不是资本主义的专利；有的认为中国传统文化蕴藏着丰富的价值理念如民本、关爱、仁义理智信等，社会主义核心价值观应当直接从中国传统文化中提取；有的主张应综合考虑马克思主义、社会主义、中国特色时代发展、传统文化等多个方面；有的主张应充分考虑与社会主义核心价值体系的关系，与社会主义核心价值体系的四个方面相贯通。① 此外，还有些学者主张要着眼于"人民要什么"与"要人民干什么"的一致性，考量这一价值观体系的建设主体；有的主张要着眼于国家、社会、公民三大层面的价值规制和价值追求；有的主张要着眼于学术学科方法，讲求范畴概念最大限度的包容性和解释力。② 这些观点都从不同角度反映出了学术界的探索思考，各有千秋，但这其中委实包含着富有借鉴和启迪意义的观点，为社会主义核心价值观的凝练提供了丰富的参考资源。

（三）广泛探索社会主义核心价值观的概括表达

据不完全统计，到目前为止，学者们共提出了 74 种有关社会主义核心价值观的看法与表述，涉及 100 多个具体范畴（或判断）。其中，主张用一个范畴或词语作表达的有 9 种，分别是：发展、公平正义、以人为本、共同富裕、普遍幸福、正义或

---

① 杨兴林：《关于社会主义核心价值观的研究现状与思考》，《理论探索》，2010 年第 1 期，第 23 页。
② 杜鸿林：《关于培育和践行社会主义核心价值观的若干思考》，《理论与现代化》，2013 年第 2 期，第 7 页。

社会正义、人的自由全面发展、和谐或社会和谐、"三个代表"等。主张用两个范畴或词语作表达的有2种,分别是:人道共赢、互惠互利;以人为本、和谐富强。主张用3个范畴或词语作表达的有7种,分别是:民本、人道、共赢;和谐、平等、以人为本;为公为民、团结互助、和平和谐;以人为本、共同富裕、公平正义;共同富裕、公正民主、人本和谐;以人为本、和谐、幸福;以人为本、平等互助、实现人和社会全面发展。主张用4个范畴或词语作表达的有46种,代表性的分别是:富强、民主、文明、和谐;人权、道德、法制、和谐;发展、赋予、民生、文明;人本、和谐、幸福、持续;和谐、公正、仁爱、共享;民主、平等、公正、互助;民主、平等、集体主义、人的自由全面发展。主张用5个及5个以上范畴或词语作表达的代表性的有10个,代表性的是:尊严、自由、正义、和谐、仁爱;自由、民主、平等、公正、和平;富强、民主、文明、和谐、自由;民生、富强、公正、和谐、自由;民主、平等、自由、服务、人权;人本、公正、仁爱、和谐、共享;仁、义、礼、智、信;以人为本、公平正义、共同富裕、民主法制、科学文明、和谐共生;以人为本、以和为贵、以法为基、以公为善、以劳为美、以家为安;可持续发展、民主政治、公平正义、社会和谐、以人为本、人的全面发展。①(见表2)学者们的这些主张和看法虽不完全统一,但都为进一步提炼社会主义核心价值观提供了丰富的素材,具有重要的参考价值。

表2 关于社会主义核心价值观表达的范畴与种类

范畴(词语)数量	1	2	3	4	5个及以上
种类数量(种)	9	2	7	46	10

通过以上梳理发现,其中大多的表达都是围绕着以人为本、民主法治、公平正义、富强文明、社会和谐等能够直接体现社会主义本质要求的范畴而进行的简洁组合。总体而言,有如下几个侧重点:一是强调社会主义条件下的个体修养。具体表述如建设中国特色社会主义、共产主义的社会政治理想,为人民服务的人生观,坚持真理崇尚科学的科学观,集体主义的道德观,真善美相统一的健康、高尚的审美观等。②二是强调社会主义核心价值体系,围绕社会主义核心价值体系的四个方面进行提炼,或直接把社会主义核心价值体系四个方面作为核心价值观。三是强调中国共产党的执政宗旨,集中表达就是"三个代表"。四是强调中华民族优秀传统文化的继承与创新,实现内容与形式的有效结合。具体表达是仁爱、尚义、诚信、自强等。五是强调要涵盖社会主义社会政治、经济、文化、社会发展等领

---

① 杜鸿林:《关于培育和践行社会主义核心价值观的若干思考》,《理论与现代化》,2013年第2期,第6页。

② 杨兴林:《关于社会主义核心价值观的研究现状与思考》,《理论探索》,2010年第1期,第22页。

域的价值诉求。具体表达是诸如和谐社会、科学发展等。

归纳起来,目前学术界对社会主义核心价值观表达,可以简要概括为三论:对应论、要素论和结构论①。对应论,顾名思义就是说社会主义核心价值观的提炼要与某种逻辑相对应,主要有两种情况:一是有些学者强调提炼社会主义核心价值观要与社会主义核心价值体系的四个方面相对应。二是有些学者认为社会主义核心价值观的提炼应当与社会主义现代化建设奋斗的五个方面即经济、政治、文化、社会、生态相对应。要素论,指的是社会主义核心价值观应该包含几个要素或范畴。属于要素论的多数学者主张使用两个汉字构成的词语或四个字两个词语的表达方式。结构论,强调构成社会主义核心价值观的要素之间要有严谨的结构关系。有三种主要观点:一是强调社会主义核心价值观要实现马克思主义理论、西方理论和中国优秀传统文化三者的有机结合,也就是说必须在坚持马克思主义的同时,借鉴西方理论,并使之蕴含中国优秀传统文化。二是强调社会主义核心价值观当以马克思主义中国化最新成果为主线,如有学者指出,社会主义核心价值观的基本内涵应该是"以人为本""共同富裕""公平正义"。其中"以人为本"是社会主义核心价值观的基点,"共同富裕"是社会主义核心价值观的目标,"公平正义"是社会主义核心价值观的追求。② 三是强调社会主义核心价值观要突出与资本主义核心价值观之间的关系。社会主义核心价值观是对资本主义核心价值观的积极扬弃,"科学、民主、法制、自由、人权,并非资本主义所独有,而是人类在漫长的历史进程中共同追求的价值观和共同创造的文明成果。只是在不同的历史阶段、不同的国家,它的实现形式和途径各不相同,没有统一的模式。"③有学者提出"人本、公正、民主"的社会主义核心价值观,有学者将"自由民主""公平正义""人权"等作为社会主义核心价值观,诸如何建华就主张把"公平正义"作为唯一的社会主义核心价值观。

（四）社会主义核心价值观的培育与践行

李长春指出:"在征求意见和起草调研过程中,一些同志建议对社会主义核心价值体系概括,提出简明扼要、便于传播践行的社会主义核心价值观。文件起草组进行了深入调研,多方听取意见,委托有关部门和单位进行专题研究,梳理关于社会主义核心价值观的各种表述。从调研情况看,概括出能够得到广泛认同的社

---

① 全燕黎:《近年来国内学者"提炼社会主义核心价值观"研究综述》,《探索》,2012年第3期,第135页。
② 陈静、周丽:《社会主义核心价值观基本内涵探要》,《马克思主义研究》,2007年第6期,第87页。
③ 温家宝:《关于社会主义初级阶段的历史任务和我国对外政策的几个问题》,《人民日报》,2007年2月27日。

会主义核心价值观,需要在实践中继续探索。"①正是在全党和全国上下的共同努力下,社会主义核心价值观的凝练取得了显著的成效,党的十八大用"三个倡导"予以表达。"三个倡导"提出以后,在全社会范围内掀起学习研究、培育践行社会主义核心价值观的热潮,特别是习近平围绕社会主义核心价值观发表了一系列重要讲话。在十八届一中全会上,习近平说到"我们要继续坚持走中国特色社会主义文化发展道路,推动社会主义文化大发展大繁荣,深化文化体制改革,提高国家文化软实力,加强社会主义核心价值体系建设,丰富人民群众精神文化生活,增强人民精神力量。"2013年4月28日,习近平在同全国劳动模范代表座谈时明确要求他们"要自觉践行社会主义核心价值观,发扬我国工人阶级的伟大品格,用先进思想、模范行动影响和带动全社会,不断为中国精神注入新能量,始终做弘扬中国精神的楷模。"②2013年8月19日,习近平在全国宣传思想工作会议上讲话时再次指出,"要加强社会主义核心价值体系建设,积极培育和践行社会主义核心价值观,全面提高公民道德素质,培育知荣辱、讲正气、作奉献、促和谐的良好风尚。"③2013年12月23日,为深入贯彻落实党的十八大和十八届三中全会精神,积极培育和践行社会主义核心价值观,中共中央办公厅下发了《关于培育和践行社会主义核心价值观的意见》,强调:"培育和践行社会主义核心价值观,是推进中国特色社会主义伟大事业、实现中华民族伟大复兴中国梦的战略任务。"④《意见》在深刻总结近年来建设社会主义核心价值体系、培育和践行社会主义核心价值观经验的基础上,结合新的发展实际,着眼新的发展要求,全面阐述了培育和践行社会主义核心价值观的重要意义、指导思想和原则要求等,对培育和践行社会主义核心价值观这一铸塑国魂民魂的宏伟工程作出了新的战略部署,从理论与实践两个维度对社会主义核心价值观的培育和践行问题作出了一系列新的、系统化的概括与阐述,为培育和践行的深入推进确立了重要的遵循依据。⑤

党的十八大以来社会各界围绕社会主义核心价值观,一方面理论研究不断深化,致力于十八大提出的"三个倡导"内涵解读,作深入研究,以更加明确社会主义核心价值观的内在要求及价值诉求;另一方面实践探索持续推进,开展一系列宣传教育、培育践行社会主义核心价值观的实践活动,标志着培育和践行社会主义核心价值观进入新的发展阶段,呈现出良好发展态势。

---

① 李长春:《关于〈中共中央关于深化文化体制改革推动社会主义文化大发展大繁荣若干重大问题的决定〉的说明》,《人民日报》,2011年10月27日。
② 习近平:《在同全国劳动模范代表座谈时的讲话》,《光明日报》,2013年4月29日。
③ 《胸怀大局把握大势着眼大事努力把宣传思想工作做得更好》,《光明日报》,2013年8月21日。
④ 《关于培育和践行社会主义核心价值观的意见》,人民出版社,2013年12月版,第3—4页。
⑤ 沈壮海:《培育和践行社会主义核心价值观的重要遵循》,《光明日报》,2014年1月29日。

一是理论研究不断深化。关于社会主义核心价值观的理论研究,不管是在凝练核心价值观上,还是在培育和践行的路径探究上,都已经取得了不少成果,十八大以后重在对"三个倡导"的具体阐释上。关于"三个倡导"的理解,目前社会各界不完全一致。一种观点认为:"三个倡导"分别是从国家、社会、个人三个层面进行的概括。从国家层面看,是富强、民主、文明、和谐;从社会层面看,是自由、平等、公正、法治;从公民个人层面看,是爱国、敬业、诚信、友善。① 这一阐释在目前具有相当程度的权威性,是认同很高的观点。另一种代表观点认为:"三个倡导"中的第一个倡导,指明了社会生活四大领域的价值目标,第二个倡导是第一个倡导的深层本质,第三个倡导是对个人提出的道德观念和道德准则要求,是前两个倡导得以实现的主体性和道德性保障。"三个倡导"中的第二个倡导作为深层价值不仅统摄着第一个倡导,也统摄着第三个倡导。② 第三种观点认为:"第一个倡导"是立足于国家层面,"第二个倡导"是立足于社会集体层面,"第三个倡导"是立足于公民个人层面。③ 第四种观点认为:"第一个倡导"是中华民族共同的理想,"第二个倡导"是制度的价值沉淀,"第三个倡导"是中华民族共同的道德。④ 还有学者认为,"三个倡导"仍然不够凝练,还需进一步提炼,如杜鸿林认为可从"三个倡导"中提炼出"科学、幸福、鼎新、厚德"这四个价值范畴。⑤ 由此可见,对核心价值观的研究十分活跃,都在对"三个倡导"作科学分析,推动着社会主义核心价值观理论研究深入发展。

二是实践探索持续推进。党的十八大以来,培育和践行社会主义核心价值观的实践探索,在各行各业展开得如火如荼。比如,高校作为培育与践行社会主义核心价值观的重要阵地,它既担负着对青年学生进行社会主义核心价值观培育的重任,同时还在培育和践行社会主义核心价值观中起着引领和示范作用,能推动社会主义核心价值观的大众化和社会化。⑥ 为此在推进实践探索同时,一方面要注意加强对青年学生进行社会主义核心价值观的宣传及其培育,推进学生对社会主义核心价值观的认同;另一方面要提高教师队伍素质,建设师德高尚、业务精湛的高素质教师队伍⑦,从而形成高校领导干部和教师以身作则、积极践行社会主

---

① 施芝鸿:《党的十八大报告中的八大关键词》,《中国教育报》,2012 年 11 月 10 日。
② 刘进田:《"三个倡导":社会主义核心价值观的重大理论创新》,《中国社会科学报》,2012 年 11 月 28 日。
③ 韩振峰:《社会主义核心价值观的三个基本层次》,《光明日报》,2012 年 12 月 8 日。
④ 徐显明:《十八大报告关于法制建设的十大亮点》,《光明日报》,2012 年 12 月 3 日。
⑤ 杜鸿林:《关于培育和践行社会主义核心价值观的若干思考》,《理论与现代化》,2013 年第 2 期,第 9 页。
⑥ 王翠萍:《高校——培育与践行社会主义核心价值观的重要阵地》,《长春理工大学学报》(社会科学版),2013 年第 11 期,第 174 页。
⑦ 《关于培育和践行社会主义核心价值观的意见》,人民出版社,2013 年,第 6—8 页。

核心价值观的良好局面。在持续推进社会主义核心价值体系建设中,逐步建立健全培育和践行社会主义核心价值观的长效机制和制度保障。①"加强社会主义核心价值观宣传教育""开展涵养社会主义核心价值观的实践活动"。不管是进行宣传,或者是开展相关活动,都是社会主义核心价值观融入实践活动的表现,都需要建立长效机制。十八大以来,学者们普遍认为应充分利用新闻媒体以及网络,加强正面宣传、正面引导、正面教育,特别是发挥先进典型的示范作用。不少地方"精心设计活动载体,构建吸引广大群众参与核心价值观培育和践行的平台",把开展培育和践行社会主义核心价值观活动同解决人民群众普遍关心的实际问题结合起来,同促进经济发展和社会进步结合起来,不断提高群众参与的积极性。②"利用丰富多彩的民族风俗习惯活动,为核心价值观的培育和践行提供重要渠道"③,推动培育和践行社会主义核心价值观活动常态化。

五、深入推进社会主义核心价值体系建设的问题与对策

社会主义核心价值体系是兴国之魂,是社会主义制度的内在精神之魂,决定着中国特色社会主义发展方向。没有社会主义核心价值体系的引领,全面建设小康社会、社会主义现代化建设乃至整个社会主义建设都会迷失方向。而社会主义核心价值体系重在建设和落实。社会主义核心价值体系建设,既是一个重大的现实问题,又是一项艰巨的、长期的历史任务,依靠的不只是一部分人的努力和奋斗,而是全党全社会的共同努力、不断创新推进,并贯穿于社会生活的方方面面。因此,社会主义核心价值体系建设需要多措并举,它既需要马克思主义为其指导方向、提供理论武器,又需要同社会主义精神文明建设、宣传教育工作相融合,同时不断推进社会主义核心价值观的凝练,实现凝魂聚气、强魂健体、强基固本。

(一) 建设社会主义核心价值体系存在的突出问题

尽管建设社会主义核心价值体系已取得重要进展,发展态势良好,但也还存在一些突出的问题。深入推进社会主义核心价值体系的建设,需要深刻认识现存的问题,有针对性地予以解决。归结起来,当前建设社会主义核心价值体系存在以下主要问题:

1. 认识不到位阻碍社会主义核心价值体系建设。不可否认,在党和政府的大力宣传下,社会各界特别是党政系统和高校系统认识到建设社会主义核心价值体

---

① 王永贵:《社会主义核心价值观培育的目标指向和实现路径》,《思想理论教育》,2013 年第 2 期(上),第 14 页。
② 苏振芳:《培育和践行社会主义核心价值观要坚持正面引导》,《思想理论教育导刊》,2014 年第 2 期,第 105 页。
③ 同上文,第 106 页。

系的重要性,并积极推进。但由于文化软实力理论传入我国的时间较短,加之长期以来我们国家把重心放在发展经济上,对文化软实力重视不够,对建设社会主义核心价值体系的战略意义理解不够深刻,认识不到位,社会主义核心价值体系宣传教育存在走过场、搞形式及一阵风的情况,缺乏必要的制度保障。支撑社会主义核心价值体系建设的相关法律法规和制度机制不完善,体系不健全,这在一定程度上制约了社会主义核心价值体系建设的进程以及我国文化软实力的提高。

2. 多元文化交织干扰社会主义核心价值体系建设。文化具有社会性、历史性和继承性,这就决定了任何一种文化都应注意其历史形态和现实形态的统一融合,价值观亦然。就历史文化形态来说,我国经历了奴隶社会、封建社会、新民主主义社会和社会主义社会阶段,在每一个历史发展阶段都有其独特的文化价值,诸如封建文化、半殖民半封建文化、新民主主义文化和马克思主义文化等,并且这些文化价值会随着时间的推移逐渐积淀下来,影响至今。就现实文化形态来说,改革开放以来,全球化浪潮席卷我国,西方国家各种文化思潮纷纷涌入国门,有的在我国的价值领域占据了重要位置。这些外来文化侵蚀着我国传统文化,冲击着我国社会主义核心价值体系。各种文化价值交织在一起相互碰撞冲突,文化环境必然会对国人的价值观念产生影响,使一些人价值观念模糊,难以形成共同的价值观念。一般而言,多元的文化价值不利于公众对社会主义核心价值体系的认同,加之有的公众本身对社会主义核心价值体系认识不够深刻,这在一定程度上阻碍着社会主义核心价值体系的建设。

3. 大众传媒影响社会主义核心价值体系建设。建设社会主义核心价值体系需要借助外界力量来增加社会成员对社会主义核心价值体系的认知认同,大众传媒以其前所未有的深度和广度影响着公众生活,潜移默化地改变社会成员价值观念的形成,而且能够对社会舆论进行监督,警戒不良价值观念的萌生,成为推动社会主义核心价值体系建设的强而有效的力量。大众传媒"作为一种文化的技术逻辑和力量,无情地塑造着大众的文化习性,人们通过媒介接受文化已为社会教育的普遍方式"[1]。所以人们价值观念的形成、社会主义核心价值体系的建设都有赖于大众传媒的有效传播。然而大众传媒也是把双刃剑,它在推动社会主义核心价值体系建设的同时,也不可避免地带来一些消极影响。时下大众传媒存在一些庸俗化、娱乐化的倾向,削减了传递社会正能量的功能,导致公众价值判断功利化,疏远社会主义核心价值体系的建设,甚至导致社会公众整体心态浮躁,严重影响社会主义核心价值体系的建设。

4. 文化市场中的竞争冲击社会主义核心价值体系建设。自实行改革开放发

---

[1] 陈正良:《冲突与整合:德育环境的系统建构》,中国社会科学出版社,2005年,第198页。

展市场经济以来,文化市场在推动价值观念等精神文化发展方面起到了举足轻重的作用。然而一度时间,在建设社会主义核心价值体系问题上,往往忽略了文化市场作为思想意识形态领域的重要作用,以至于在文化市场上充斥着各种消极落后的价值观念,比如实用主义、功利主义等。如果先进的价值观念不去占领文化市场这块阵地,那么消极落后的价值观念就会占据。一方面,文化市场在发展过程中产生了不少迎合社会低级趣味需要的东西,如影视作品,一些庸俗低级趣味的影片纷至沓来,冲击着人们的思想,对大众的价值观念产生误导,主流价值观念难以彰显,社会主义核心价值体系的建设障碍重重。另一方面一些单位和地方在宣传、推广社会主义核心价值体系过程中,缺乏与文化市场有机结合的意识,单纯靠政府力量推动,使社会主义核心价值体系在文化市场的竞争中处于被动状态,缺乏竞争活力。所有这些来自文化市场竞争中的问题,都或多或少地阻碍了社会主义核心价值体系建设的进程。

(二)建设社会主义核心价值体系必须坚持以马克思主义为根本灵魂

建设社会主义核心价值体系,坚持马克思主义指导地位是根本和灵魂。在党的十六届六中全会第一次提出建设社会主义核心价值体系命题时,就明确指出了马克思主义在核心价值体系建设中处于"指导地位"。因为马克思主义是全国人民在革命、建设、改革的历史实践中选择的,是立党立国的根本指导思想,是社会主义意识形态的旗帜和灵魂,是全体社会成员形成正确的价值观理论基础,是有效应对意识形态领域各种新旧挑战的思想武器。只有坚持马克思主义在社会主义核心价值体系建设中的指导地位,才能保证社会主义核心价值体系建设的正确方向,巩固马克思主义在意识形态领域的指导地位,实现社会主义核心价值体系的"精神力量"和"精神纽带"功能,促进社会主义文化繁荣发展、提升文化软实力。

1. 坚持马克思主义在意识形态领域的"一元"主导。"社会主义核心价值体系是社会主义意识形态的本质体现"。[①] 这一论断,说明了社会主义核心价值体系建设与社会主义意识形态建设二者之间的紧密联系。一方面,凸显了建设社会主义核心价值体系对于社会主义意识形态建设的重要意义;另一方面,强调了社会主义意识形态建设对于建设社会主义核心价值体系的重大影响。社会意识形态作为一种观念上层建筑,系统地反映社会经济形态和政治制度的思想体系,是统治阶级意识的反映,服务于统治阶级。因此,自从意识形态产生以来,意识形态领域就是各个阶级争夺的焦点,尤其是在以"和平与发展"为主题的时代,意识形态领域成为无硝烟战场,受到社会和国家的广泛关注。社会主义是人类历史上迄今

---

① 胡锦涛:《高举中国特色社会主义伟大旗帜为夺取全面建设小康社会新胜利而奋斗》,人民出版社,2007年,第34页。

为止最先进的社会形态,有自己的意识形态,正确的思想观点不去占领,错误的思想观念必然会长驱直入。如果马克思主义在社会主义意识形态领域的指导地位动摇了,社会主义核心价值体系就会失去方向。因此,建设社会主义核心价值体系,必须坚持马克思主义在意识形态领域的指导地位,反对指导思想多元化。马克思主义认为社会存在决定社会意识,经济基础决定上层建筑,每一社会起主导作用的经济基础不可能是多元的,因而,任何阶级社会的主导意识不是也不可能是多元的,只能是一元的。我国实行的是以公有制为主体、多种所有制共同发展的经济制度。虽然存在着经济成分、分配方式和利益关系多样化,但我国的主导经济基础仍然是公有制,仍然是以按劳分配为主要分配方式,人民的利益在根本上是一致的。这就决定了我国的指导思想只能是马克思主义,离开马克思主义的一元主导是绝对不行的。因此必须积极主动地用马克思主义占领意识形态领域制高点,巩固马克思主义在意识形态领域的"一元"主导地位。正如江泽民所说:"马克思主义是我们立党立国的根本指导思想,是全国各族人民团结奋斗的共同理论基础。马克思主义的基本原理任何时候都要坚持,否则我们的事业就会因为没有正确的理论基础和思想灵魂而迷失方向,就会归于失败"。① 坚持马克思主义在意识形态领域的指导地位毫不动摇,必须旗帜鲜明地反对一切错误的思想观念。有一部分人打着学术自由的幌子,大肆地宣扬西方新自由主义、"普世价值"、宪政民主等资产阶级的价值观。与此同时,国内文化保守主义者不遗余力地宣扬以儒学代替马克思主义,提出"儒学大陆""用儒学取代马列主义""重建儒教"等主张。虽然这些看似是学术探讨,实则是妄图篡夺马克思主义在意识形态领域的指导地位。因此,必须在认清坚持马克思主义"一元"指导的必然性和必要性的同时,批判一切错误的价值观念,揭示一切非马克思主义思潮的实质,时刻保持清醒头脑,自觉加以抵制。

2. 推进马克思主义中国化时代化大众化更加深入人心。理论是行动的指南,"没有革命的理论,就不会有革命的运动"。② 要推动社会主义核心价值体系建设进程,必须推进马克思主义中国化时代化大众化,为社会主义核心价值体系建设提供坚实的理论基础。马克思主义是与时俱进、不断发展的科学理论。自20世纪初马克思主义开始传入中国以来,中国共产党人就不断地将马克思主义基本原理、方法、观点,运用于解决中国革命、建设、改革的问题中,与中国实际相结合,与中国优秀传统文化相融合,实现了马克思主义中国化的两次飞跃,形成了毛泽东思想和中国特色社会主义理论体系两大丰硕成果。"实践发展永无止境,认识真

---

① 《江泽民文选》第3卷,人民出版社,2006年,第282页。
② 《列宁全集》第2卷,人民出版社,1984年,第443页。

理永无止境,理论创新永无止境。"①推进马克思主义中国化,就是要立足中国国情,着眼于全面小康社会的建设和社会主义现代化建设,实现与中华民族的优秀文化相融合。推进马克思主义时代化,就是要顺应时代主题,敏锐地发现时代需要,积极地回应时代挑战,契合时代形势的要求。推进马克思主义大众化,就是要推进马克思主义通俗化,用通俗易懂的语言、人民群众喜闻乐见的形式呈现马克思主义,使人民群众能很好地理解、接受马克思主义,对马克思主义听得懂、信得过、用得上。伴随着马克思主义中国化时代化大众化的推进,通俗朴实的马克思主义必须深入群众,为广大人民群众所认识、掌握,实现马克思主义掌握群众,巩固马克思主义在意识形态领域的主导地位,为社会主义核心价值体系建设提供更加坚固的理论基础、更加强大的精神动力。

(三) 建设社会主义核心价值体系必须以宣传教育为基础工程

宣传教育是社会主义核心价值体系建设的基础工程。2014年2月24日,习近平在中共中央政治局就建设和弘扬社会主义核心价值观、弘扬中华传统美德进行第十三次集体学习时强调,社会主义核心价值体系的建设和弘扬,要通过教育引导、舆论宣传、文化熏陶、实践养成、制度保障等,使社会主义核心价值观内化为人们的精神追求,外化为人们的自觉行动。"正确的世界观、人生观、价值观的确立,民族优良传统的发扬,共同理想和精神支柱的形成和巩固,科学文化水平的提高,都离不开教育工作。"②建设社会主义核心价值体系,引导人民群众认同、践行社会主义核心价值观,这是一个长期的宣传教育过程,必须充分发挥宣传教育工作的基础性作用。也就是说,建设社会主义核心价值体系,一方面需要依托以学校为主阵地的教育途径,把社会主义核心价值体系融入国民教育的全过程,开展形式多样的教育活动,将社会主义核心价值体系的要求注入每个公民头脑,外化为现实行为追求;另一方面需要通过以大众传媒为主介质的宣传途径,以社会主义核心价值观引导社会舆论,引领社会思潮,凝聚社会共识。

1. 把社会主义核心价值体系融入国民教育的全过程。国民教育有广义和狭义之分,广义的国民教育是指家庭教育、学校教育、社会教育等教育的各个方面和层次。狭义的国民教育专指学校教育。建设社会主义核心价值体系,需要社会的方方面面共同努力。把社会主义核心价值体系融入国民教育的全过程,是要把社会主义核心价值体系融入到教育的方方面面和各个阶段,实现社会主义核心价值体系建设和国民教育的有机、有效融合,实现人民群众对马克思主义的坚定信仰,对社会主义共同理想的坚定信念,对民族精神、时代精神的传承和弘扬,对社会主

---

① 胡锦涛:《在庆祝中国共产党成立90周年大会上的讲话》,人民出版社,2011年,第11页。
② 《江泽民文选》第2卷,人民出版社,2006年,第331页。

义荣辱观的自觉践行。在此过程中,必须注意这样几个问题:一要突出重点。从教育类型来说,学校教育是建设社会主义核心价值体系的主阵地,必须构筑合理的教育体系,将社会主义核心价值体系分层次、分阶段地融入到学校教育教学中去,做到社会主义核心价值观进教材、进课堂、进头脑,帮助学生形成科学的思想观念结构和行为模式。从教育对象来说,党员干部和青少年是重点。党员干部是学习、建设社会主义核心价值体系的先行者和示范者,其言行举止在很大程度上影响着社会成员对核心价值体系的认同。因此,必须突出对广大党员、干部的教育,"使广大党员、干部成为实践社会主义核心价值体系的模范,做共产主义远大理想和中国特色社会主义共同理想的坚定信仰者、科学发展观的忠实执行者、社会主义荣辱观的自觉实践者、社会和谐的积极促进者"①,带头学习和践行社会主义核心价值观,用模范行为和高尚人格感召群众、带动群众。青年是国家和民族的希望,承担着社会主义现代化建设、中华民族伟大复兴的历史使命和重担,这就决定了对青年进行核心价值观教育是社会主义核心价值体系融入国民教育的重点。二要注意方法。一定的教育方法是社会主义核心价值体系与国民教育相融合的桥梁和纽带,只有方法科学,才能更好地实现二者的有机融合。在二者的融合过程中,应注意规避形式主义、教条主义,做到生动活泼、群众喜闻乐见,坚持灌输与渗透相结合、理论传授与实践指导相协调、典型树立与自我教育相统一。三要注重培养教育者的引领素质。在社会主义核心价值体系建设中,教育者作为社会主义核心价值体系的宣传者,应当高举马克思主义伟大旗帜,用自己的文章、作品、教学、讲演教育和引导学生的思想观念、价值取向,鼓舞学生立志和发奋成长为"有理想、有道德、有文化、有纪律"的社会主义建设者和接班人。同时教育者是社会主义核心价值体系的践行者,应自觉传承和弘扬民族精神和时代精神,践行"八荣八耻",以身为教,激励学生建设和践行社会主义核心价值观。

2. 用社会主义核心价值体系引导社会舆论。舆论"是显示社会整体知觉和集体意识、具有权威性的多数人的共同意见"②,是思想价值观念、社会意识形态传播的重要途径,反映着一个国家的文化现象、精神风貌、社会风尚。舆论具有强大的凝聚力、影响力和感召力,"舆论引导正确,利党利国利民;舆论引导错误,误党误国误民。"③因此,必须坚持正确的舆论导向,为社会主义核心价值体系建设提供有力的舆论保障。媒体作为"第四权力",是社会舆论的主导者。21世纪步入了信息时代,媒体的影响无处不在,无时不在,对于社会心理、社会价值观念、社会意识

---

① 胡锦涛:《高举中国特色社会主义伟大旗帜为夺取全面建设小康社会新胜利而奋斗——在中国共产党第十七次全国代表大会上的报告》,人民出版社,2007年,第50页。
② 刘建明:《基础舆论学》,中国人民大学出版社,1988年,第11页。
③ 胡锦涛:《在人民日报社考察工作时的讲话》,人民出版社,2008年,第4页。

形态有着强大的影响力。这表明社会主义核心价值体系的建设离不开大众媒介，要求我们重视大众媒体的影响，加强对大众媒体的引导和监管，善于利用大众媒体弘扬主旋律，形成舆论强势，宣传社会主义核心价值体系，让广大人民群众在正确的导向中接受、认同、践行社会主义核心价值观，真正实现社会主义核心价值体系入耳、入脑、入心。整合大众媒体资源，推动传统媒体和新兴媒体融合发展，服务于社会主义核心价值体系建设。一方面，要继续加强传统媒介阵地的建设。报纸、广播、电视等传统媒介是党的意识形态宣传的传统阵地，有着丰富的实践经验和理论成果，深得广大群众的信任，具有举足轻重的感知力和影响力。在新的历史条件下，建设社会主义核心价值体系，传统媒体需要创新内容、形式和机制，发展技术手段。另一方面，要积极占领新媒介阵地。随着科学技术的发展，大众媒体的形式在不断更新换代，出现了以互联网为代表的新兴媒介，"互联网已成为思想文化信息的集散地和社会舆论的放大器"。因此，"要充分认识以互联网为代表的新兴媒体的社会影响力，高度重视互联网的建设、运用、管理，"[①]遵照积极开拓、加强监管、为我所用的方针，充分发挥新兴媒体覆盖广、速度快、吸引力大、感染力强的优势，服务于社会主义核心价值体系的建设。

（四）建设社会主义核心价值体系必须以精神文明建设为重要载体

建设社会主义核心价值体系，以精神文明建设为载体，有着坚实的依据。精神文明建设是在精神领域搞建设，直接涉及人们的思想观念、价值判断、道德行为。建设社会主义核心价值体系是为了做好社会意识形态整合、引导和建设工作，扩大马克思主义意识形态的影响力，引导人们讲道德、遵道德、守道德，追求高尚的道德理想，不断夯实中国特色社会主义的思想道德基础，凝聚社会力量，推动发展，二者都是在精神领域做文章、搞建设，这就为以精神文明建设为载体提供了可能性。同时，精神文明建设和社会主义核心价值体系建设是相互包容的，使社会主义核心价值体系建设以精神文明建设为载体成为现实。一方面，二者相互依托。精神文明建设是社会主义核心价值体系的重要载体和外在体现，社会主义核心价值体系又是社会主义精神文明建设的精髓和灵魂。另一方面，二者具有共同价值基础，本质一致。不论是社会主义核心价值体系建设，还是精神文明建设，都是以马克思主义为指导思想，以中国特色社会主义为共同理想，以社会主义荣辱观为基本内容；都是为人民服务、为社会主义服务；都是为了推动社会主义文化大发展大繁荣，提高国家文化软实力。

1. 把社会主义核心价值体系融入到精神文明建设的全过程。以精神文明建设为载体，需要把社会主义核心价值体系融入到精神文明建设的主要内容、基本

---

① 胡锦涛：《在人民日报社考察工作时的讲话》，人民出版社，2008年，第7页。

要求和实践活动中,指引精神文明建设的方向和性质,衡量精神文明建设的效果,发挥"主线"作用。社会主义核心价值体系融入到精神文明建设的全过程,需要注重方式方法,确保二者共同发展。虽然社会主义核心价值体系和社会主义精神文明建设相互包容,价值取向一致,但是,二者也是有差异的。精神文明建设就是思想道德建设和教育科学文化建设,不仅提高人民群众的思想道德素质,同时注重科学文化素质的提高。社会主义核心价值体系,以理论层面为主导,统领理想、精神、道德等不同层面,充分调动积极因素,凝聚力量、激发活力,进一步夯实全党全国各族人民团结奋斗的思想道德基础,形成全民族奋发向上的精神力量和团结和睦的精神纽带,为构建社会主义和谐社会提供精神动力支持。精神文明建设范围更广、内容更丰富、层次更复杂,社会主义核心价值体系是其重要部分。因此,在社会主义核心价值体系融入精神文明建设的过程中,不能简单机械、生硬粗暴地将二者强制融合在一起,必须着眼于二者共同发展,充分考虑二者在内容、任务、目标等各环节的特殊性,结合建设实际,因地、因时、因人设计融合的方式方法。

2. 大力发展社会主义先进文化,培育积极健康的文化环境。价值观是文化的核心和灵魂,文化是价值观塑造和传播的载体。一些文化产品、文化现象、文化活动本身就蕴含着价值观,同时,价值观的塑造和教育宣传一般都以文化的形式进行。建设社会主义核心价值体系必须依托于大力发展社会主义先进文化,构建马克思主义主导的,百花齐放、百家争鸣、学术民主、艺术民主的文化环境,运用各类文化形式,生动形象地呈现社会主义核心价值观,用高质量高水平的作品告诉人们什么是真善美,什么是假恶丑,什么是值得肯定和赞扬的,什么是必须反对和否定的,最大限度地促使全体社会成员的思想认识和价值观念形成共识,坚定地认同和自觉地接受社会主义核心价值体系。

3. 大力开展群众性精神文明创建活动,扩大社会主义核心价值体系的影响力和感召力。"群众性精神文明创建活动,是人民群众移风易俗、改造社会的伟大创造,是推进社会主义精神文明建设的重要举措,也是建设社会主义核心价值体系的重要载体。"①用社会主义核心价值体系指导群众性精神文明创建活动,突出群众主体性,围绕"民主法治、诚信友爱、充满活力、安定有序、人与自然和谐相处",开展形式多样、内容丰富的创建活动,如"知荣辱、树新风、促和谐"主题教育活动,学雷锋教育活动,"文明城市"、"三爱三节"教育活动,使社会主义核心价值观更加形象生动、通俗易懂地呈现,与人们日常生活紧密联系起来,实现贴近实际、贴近生活、深入基层、深入群众,夯实社会主义核心价值体系的群众基础,让人们在实践中感知它、领悟它、践行它。

---

① 韩震:《社会主义核心价值体系研究》,人民出版社,2007年,第226页。

（五）建设社会主义核心价值体系必须以全面深化改革为根本动力

全面深化改革，是党在新的历史条件下，总结改革开放35年来的伟大历程做出的战略部署。在新的历史起点上锐意全面深化改革，是"两个一百年"目标、全面建成小康社会、建成富强民主文明和谐的社会主义现代化国家，实现中华民族伟大复兴的中国梦的迫切要求。全面深化改革，是在已有的中国特色社会主义制度的前提下，在已取得的经济社会改革成果基础上，进一步解放思想、解放和发展生产力、解放和增强社会活力，锐意推进经济体制、政治体制、文化体制、社会体制、生态文明体制和党的建设制度更加深层次的、全面的改革，坚决破除各方面体制机制弊端，努力开拓中国特色社会主义事业更加广阔的前景，实现经济社会的进一步发展。社会主义核心价值体系发挥着对全面深化改革和社会经济建设的引导作用，全面深化改革和社会经济的发展激发社会主义核心价值体系建设的活头源水。全面深化改革，既包括经济基础的改革，也包括上层建筑的改革，涉及政治、经济、文化、社会等方面，推动着社会主义核心价值体系的建设进程。

1. 全面深化改革，推动经济社会繁荣，为建设社会主义核心价值体系奠定经济基础。社会存在决定社会意识，经济基础决定上层建筑，这是马克思主义经典作家的重要阐述。社会主义核心价值体系的建设，不可能脱离一定的经济基础而独立地开展，必然是以一定社会的生产力发展状况为前提，与一定的生产力和生产关系相适应发展的，即使社会主义核心价值体系有超前的发展也必须要有生产力的发展作为保障。面对新的形势、新的任务，全面深化改革的核心目标、任务就是解放和发展社会生产力，让一切劳动、知识、技术、管理、资本的活力竞相迸发，让一切创造社会财富的源泉充分涌流，加快经济建设，将经济发展推向新的阶段，使国家富强、社会繁荣、人民富裕。这样的发展条件，为社会主义核心价值体系建设增强了盎然的生机活力。同时，全面深化改革和社会经济建设成效如何、进程怎样都是对社会主义核心价值体系建设的一种检验和审核。这在无形和有形中给社会主义核心价值体系建设施加了压力，促使其不断创新、激发活力。

2. 全面深化改革，破除体制机制弊端，为社会主义核心价值体系建设提供制度保障。良好的社会制度，是一个社会良性运行的保证，也是整个社会风气的导向标。社会制度直接规范着人们的行为习惯，决定着人们各自的政治、经济社会地位，对人们价值观念、价值判断起着直接的、决定性的制约作用。社会主义核心价值体系的建设，目的是为建设中国特色社会主义提供精神支柱，离不开一定社会制度的保障。社会主义基本制度的确立和发展为社会主义核心价值体系建设提供了坚实的制度保障。全面深化改革，破除体制机制存在的弊端，推动中国特色社会主义制度体系不断完善，特别是文化制度的完备。一方面，文化制度的完善使社会主义核心价值体系建设更加常态化、制度化，更好地发挥政策导向作用，整合社会各方力量、各种资源,集思广益、凝聚共识、统筹谋划、协同推进,同心合力地推动社会主义核心价值体系的发展。另一方面,中国特色社会主义制度的完善和发展,为社会主义核心价值体系建设奠定了基础、增强了保障。不断完善的社会制度和社会管理,使符合核心价值观的行为得到鼓励、违背核心价值观的行为受到制约。更重要的是,伴随着制度的不断完善和发展,社会各方面运行势必更加有序,社会更加和谐。社会成员在自觉遵守社会规范的同时必然会更加自觉地学习和践行社会主义核心价值观。

(六)建设社会主义核心价值体系必须以践行社会主义核心价值观为工作重点

社会主义核心价值观的践行和建设是社会主义核心价值体系建设的工作重点,这是由社会主义核心价值观在社会主义核心价值体系中所处的地位和功能决定的。一方面社会主义核心价值观是社会主义核心价值体系的内核,它处于核心价值系统的最中心;另一方面,社会主义核心价值观是社会主义核心价值体系的精神之魂和最高抽象,决定着社会主义核心价值体系的根本性质、基本特征、基本方向,统领着社会主义核心价值体系中各层次的价值观,影响着其他价值观的形成和发展。因此,要抓好社会主义核心价值体系的建设,正如习近平2013年8月19日在全国宣传思想工作会议上指出的那样,"要加强社会主义核心价值体系建设,积极培育和践行社会主义核心价值观,全面提高公民道德素质,培养知荣辱、讲正气、作奉献、促和谐的良好风尚。"①要在党的十八大和十八届三中全会精神的指引下,积极培育和践行社会主义核心价值观,将社会主义核心价值观融入社会生产生活的方方面面,从而推动整个社会主义核心价值体系的建设。

1. 社会主义核心价值观的培育和践行要立足于中华民族优秀传统文化的沃土之中,以之为源。中华民族的文化源远流长,成长于中华民族几千年的土地中,凝聚了长久以来中华儿女的思想观念、价值观念以及风土人情等,积淀了中华民族最深层的精神追求,代表着中华民族独特的精神标志。江泽民说:"在五千多年的发展中,中华民族形成了以爱国主义为核心的团结统一、爱好和平、勤劳勇敢、自强不息的伟大民族精神……必须把弘扬和培育民族精神作为文化建设极为重要的任务,纳入国民教育全过程,纳入精神文明建设全过程,使全体人民始终保持昂扬向上的精神状态。"②我国优秀传统文化中蕴含着社会主义核心价值观所倡导的以爱国主义为核心的民族精神和以改革开放为核心的时代精神,为社会主义核心价值观的培育提供了丰富的思想道德资源。社会主义核心价值观的培育和践行必须立足于中华民族优秀传统文化,充分发掘并利用这一丰富资源,使社会主

---

① 《胸怀大局把握大势着眼大事努力把宣传思想工作做得更好》,《光明日报》,2013年8月21日。
② 《江泽民文选》第3卷,人民出版社,2006年,第559—560页。

义核心价值观在培育和践行中更加贴近社会生活,提高社会主义核心价值观培育和践行的实效性。习近平在中共中央政治局第十三次集体学习时指出:"要认真汲取中华优秀传统文化的思想精华和道德精髓,大力弘扬以爱国主义为核心的民族精神和以改革创新为核心的时代精神,深入挖掘和阐发中华优秀传统文化讲仁爱、重民本、守诚信、崇正义、尚和合、求大同的时代价值,使中华优秀传统文化成为涵养社会主义核心价值观的重要源泉。"①

2. 社会主义核心价值观的培育和践行要融入国民教育全过程,以之为基。列宁在《怎么办》一书中指出:"工人本来也不可能有社会民主主义的意识。这种意识只能从外面灌输进去,各国的历史都证明:工人阶级单靠自己本身的力量,只能形成工联主义的意识。"②同样,社会主义核心价值观作为一种合乎社会发展需要的科学价值观,也不能自发地在人们头脑中形成,需要从外面灌输,促使它内化为人们的思想品德,这就需要将社会主义核心价值观的培育和践行融入到国民教育当中。中共中央办公厅印发的《关于培育和践行社会主义核心价值观的意见》就明确指出,要将其融入到国民教育当中,并强调"培育和践行社会主义核心价值观要从小抓起,从学校抓起。"③因此,要将社会主义核心价值观的培育和践行融入到国民教育的全过程,构建小学、中学以及大学逐层推进的社会主义核心价值观培育践行体系。

3. 社会主义核心价值观的培育与践行要充分发挥思想政治教育的作用,以之为径。思想政治教育的根本任务是用马列主义、毛泽东思想以及中国特色社会主义理论体系教育广大人民群众,培养和造就有理想、有道德、有文化、有纪律的社会主义新人。在完成这一任务的过程中所传授的重点内容就是社会主义核心价值体系的重要内容,而社会主义核心价值观是社会主义核心价值体系的精髓,由此,思想政治教育成为了社会主义核心价值观培育与践行的基本途径。加之思想政治教育既是一项实践活动,又是一门科学化的学科,在培育和践行社会主义核心价值观的过程中,不仅能够贯穿学生在学校接受教育的全过程,当学生走出校门步入社会后,依然能够发挥培育社会主义核心价值观的重要作用。因而培育和践行社会主义核心价值观要充分发挥思想政治教育的作用,要以它为途径,积极培育和践行社会主义核心价值观,为全面建成小康社会,实现中华民族伟大复兴中国梦集聚强大正能量。

---

① 习近平:《把培育和弘扬社会主义核心价值观作为凝魂聚气固本强基的基础工程》,《人民日报》,2014年2月26日。

② 《列宁选集》第1卷,人民出版社,1995年,第317页。

③ 中共中央办公厅:《关于培育和践行社会主义核心价值观的意见》,《党建》,2014年第1期,第9页。

中国智库研究发展报告

张 娜[*]

摘要：智库是国家文化软实力的重要组成部分，建设中国特色高水平的新型智库是服务党和政府科学民主决策、破解发展难题的迫切需要，对于坚持和发展中国特色社会主义、提升国家软实力、全面建成小康社会具有重要意义。2013年是中国智库发展具有重要意义的一年，国家主席习近平同志做出关于加强中国特色新型智库建设的重要批示，指出："智库是国家软实力的重要组成部分，随着形势的发展，智库的作用会越来越大。要高度重视、积极探索中国特色新型智库的组织形式和管理形式。"这是迄今为止中央最高领导专门就智库建设做出的目标最为明确、最为重要的批示。鉴于此，本报告对中国智库研究进行了梳理和归纳总结。现阶段，国内有关智库的研究大体可以分为四类：一是比较单纯地对国外智库的发展状况进行编译和介绍；二是在编译、介绍外国智库研究的基础上试图为中国智库发展找出镜鉴；三是通过中外比较研究或国内调研来探讨中国智库发展存在的问题；四是对建设中国特色新型智库进行探索性研究。自2013年来国内学术界开始广泛召开研讨会，多角度地探讨中国特色新型智库的建设。现阶段的中国智库研究呈现出以下特点：研究成果日渐增多，研究内容逐渐丰富，研究队伍逐步扩大，学术活动明显增多。但仍存在一些问题，如对中国智库发展现状的分析不够，对中国特色新型智库建设的认识不够，对国外智库建设和研究缺乏辩证认识，对中国特色新型智库建设缺乏总体架构，制度性研究不够，定量研究不足。因此，应从以下几个方面加强智库研究：清晰界定"中国特色新型智库"的概念，全面认识中国智库研究和发展现状，辩证分析国外智库发展，站在国家长远发展的战略高度上进行研究，科学合理地系统构思中国特色新型智库建设，加强量化研究。

---

[*] 张娜，北京交通大学经济管理学院讲师、北京产业安全与发展研究基地副主任，硕士生导师。

一、中国智库研究的主要学术成果与观点

从已有研究来看,国内有关智库的研究大体可以分为四类:一是比较单纯地对国外智库的发展状况进行编译和介绍;二是在编译、介绍外国智库的基础上试图为中国智库发展找出镜鉴;三是通过中外比较研究或国内调研来探讨中国智库发展存在的问题;四是对建设中国特色新型智库进行探索性研究。

(一)对国外智库的发展状况进行编译和介绍

这类研究,主要是介绍国外智库的发展经验、国外有关智库论著的要义,包括对国外智库成立的背景、智库类型、发展规模、组织机构、人才选任、社会功能等情况加以编译、介绍。

国内第一本介绍美国智库的著作是吴天佑、傅曦(1982)主编的《美国重要思想库》[①]。该书简要介绍了美国60个主要的智库机构,但对于美国智库的发展演进以及在美国对外政策中的作用等问题未作相关论述。

国内第一部比较全面系统介绍当代西方智库的著作是朱锋、王若丹(1990)的《领导者的外脑——当代西方思想库》[②]。该书对世界智库的介绍,已经超出美国的局限,视野覆盖更多西方国家。

李光(1991)的《现代思想库与科学决策》[③]和鲍宗豪(1997)的《决策文化论》[④]也属于这类研究。这两本书的研究开始注重吸收国外智库发展的经验,但对我国政治和社会环境的特殊性有所忽略,因而所提出的建议和中国国情尚难吻合。

乔迪(1998)的《兰德决策——机遇预测与商业决策》通过案例分析来阐述兰德的决策技术与决策能力[⑤]。

北京太平洋国际战略研究所(2000)的《领袖的外脑——世界著名思想库》[⑥]对世界主要国家智库的运作机制等问题作了综合介绍,并专门分析了美国的几个官方与非官方智库机构的特点。

冯仲平和孙春玲(2004)的《欧洲思想库及其对华研究》[⑦]对英、法、德、意等国家的30多个智库机构作了全面阐释,并重点介绍了这些智库关于中国的研究。

[①] 吴天佑、傅曦:《美国重要思想库》,时事出版社,1982年。
[②] 朱锋、王丹若:《领导者的外脑:当代西方思想库》,浙江人民出版社,1990年。
[③] 李光:《现代思想库与科学决策》,科学出版社,1991年。
[④] 鲍宗豪:《决策文化论》,上海三联书店,1997年。
[⑤] 乔迪:《兰德决策——机遇预测与商业决策》,天地出版社,1998年。
[⑥] 北京太平洋国际战略研究所:《领袖的外脑——世界著名思想库》,中国社会科学出版社,2000年。
[⑦] 冯仲平、孙春玲:《欧洲思想库及其对华研究》,时事出版社,2004年。

（二）在编译、介绍外国智库的基础上试图为中国智库发展找出镜鉴

薛澜（1996）较为全面地分析了美国公共政策的形成过程、政策参与者、智库发展历程及成长背景,在此基础上建议我国应该建立一个有利于各种思想和观点接受挑战、接受考验的智库市场,为国内智库的成长营造良好的社会环境[①]。

丁煌（1997）对美国智库的发展过程、分类、基本特点做了细致的考察,着重探讨了智库与政府的关系和发挥作用的方式,认为对我国建立科学、民主的决策体制具有参考和借鉴意义[②]。

薛澜、朱旭峰（2006）在吸收国外研究的基础上,对中国智库的组织界定构建了一套标准,提出了自己的定义,并进行了分类,认为中国智库在管理制度、法人地位、评价指标和资料库建立等方面有待突破[③]。

朱旭峰（2009）的《中国思想库:政策过程中的影响力研究》,在研究国外智库的基础上,对中国智库在政策过程中实现影响力的机理进行了阐述,该书吸收国外相关成熟的理论,采用定量研究方法对5年来收集的相关数据进行了分析[④]。

李建军,崔树义（2010）的《世界各国智库研究》,对美国、英国、德国、俄罗斯等国家的智库进行了深入的考察和分析[⑤]。

李轶海（2010）的《国际著名智库研究》在全球范围内按地域选取了36家较有实力的著名智库,对这些智库的发展历程、运作方式以及影响力等问题进行了较为系统的梳理与分析[⑥]。

金芳（2010）的《西方学者论智库》以国外第一手学术文献为基础,介绍和分析国外学者有关智库研究的思想、观点和分析方法[⑦]。

王莉丽（2010）的《旋转门:美国思想库研究》围绕美国思想库为什么具有强大影响力这一核心问题,对其影响力形成机制、传播战略、影响力产生基础以及影响力评估进行系统研究,并且对如何打造具有国际影响力的中国思想库提出了政策建议[⑧]。

于今（2011）主编的《中国智库发展报告》,在对中国智库发展现状及制约中国智库发展的主要因素剖析的基础上,借鉴国外著名智库的成功经验,探索中国智

---

① 薛澜:《美国的思想库及对中国的借鉴》,《科技导报》,1996年第11期,第18—23页。
② 丁煌:《美国的思想库及其在政府决策中的作用》,《国际技术经济研究》,1997年第3期,第31—37页。
③ 薛澜、朱旭峰:《"中国思想库":涵义、分类与研究展望》,《科学学研究》,2006年第6期,第321—327页。
④ 朱旭峰:《中国思想库:政策过程中的影响力研究》,清华大学出版社,2009年。
⑤ 李建军、崔树义:《世界各国智库研究》,人民出版社,2010年。
⑥ 李轶海:《国际著名智库研究》,上海社会科学院出版社,2010年。
⑦ 金芳等:《西方学者论智库》,上海社会科学院出版社,2010年。
⑧ 王莉丽:《旋转门:美国思想库研究》,国家行政学院出版社,2010年。

库的发展模式与发展道路①。

冯叔君等(2012)的《智库谋略——重大事件与智库贡献》纵览了世界各地各种具有影响的智库机构,分析了这些智库如何发挥影响力并在一定程度上左右各国政治经济发展的②。

王佩亨、李国强(2013)等著的《海外智库——世界主要国家智库考察报告》,对美国、英国、法国、德国、日本、韩国、俄罗斯、巴西、南非等国家智库的发展历程、发展现状、主要智库等情况进行了介绍并归纳整理了对我国智库建设的启示③。

褚鸣(2013)的《美欧智库比较研究》收录了美国智库的发展概况与样本选择、美国样本智库的基本情况、美国样本智库的类型、组织基础和功能、美国智库发展的社会基础、美国智库发挥影响的途径与方式、2001—2010 年美国媒体引述智库状况分析等内容④。

(三) 通过中外比较研究或国内调研来探讨中国智库发展存在的问题

对中国智库发展现状及存在的问题的研究一直是专家学者们关注的问题之一,已有的文献从中国智库发展的历程、分类、对政策决策的影响力、发展中存在的问题等方面进行了分析。

赵志耘和杨朝峰(2011)通过中美智库的比较分析认为,智库发展的外部环境存在的不足严重制约了我国智库的发展,如决策咨询尚未形成制度、政府信息共享存在诸多障碍、尚未形成有利于捐赠的社会环境;运行机制还处在探索阶段:中国智库缺乏个人、公司或基金捐助的机制和环境,经费来源渠道单一;由于智库预算主要依赖政府拨款,政府直接或间接影响着这些智库的生存和发展,因此这些智库的课题研究往往容易偏向于对政府政策的宣传和诠释;不擅长推广自身的研究成果,尚未形成竞争机制,在拓展公众舆论影响力方面非常薄弱⑤。

东西部区域发展和改革研究院(2011)在《中国智库发展报告》中,对智库产生发展的背景,中国智库的萌芽、发轫、现有的著名智库,制约中国智库发展的因素等进行了概述和描述性分析,并探讨了中国智库的性质与定位,发展的理念与导向以及发展需要解决的若干问题⑥。

王莉丽(2012)归纳了中国大学智库存在的问题:第一,大学内研究机构众多,缺乏清晰的思想库定位,资源分散,研究水平良莠不齐,影响力难以充分发挥,组

---

① 于今:《中国智库发展报告》,国家行政学院出版社,2011 年。
② 冯叔君等:《智库谋略——重大事件与智库贡献》,生活·读书·新知三联书店,2012 年。
③ 王佩亨、李国强:《海外智库——世界主要国家智库考察报告》,中国财政经济出版社,2013 年。
④ 褚鸣:《美欧智库比较研究》,中国社会科学出版社,2013 年。
⑤ 赵志耘、杨朝峰:《中美思想库比较研究》,《中国软科学》,2011 年第 7 期,第 17—23 页。
⑥ 东西部区域发展和改革研究院:《中国智库发展报告》,国家行政学院出版社,2011 年。

织架构和管理机制上存在问题;第二,大学教师承担教学、科研、学生服务、社会服务四重任务和角色,严重缺乏在政策研究上的时间与精力;第三,大学的科研考核体系普遍以学术研究、基础研究为重,对思想库所从事的政策研究与战略研究缺乏科学、灵活的考核机制,缺乏对思想库研究人员思想成果和社会贡献的应有认可与重视。这些严重影响了大学教师从事思想库研究的积极性,制约了大学思想库的创新能力和发展潜力①。

李凌(2012)的《智库产业——演化机理与发展趋势》将智库产业作为研究视角,分析和比较了国内外智库产业的发展模式与演化机理,提出了以产业集群战略推进中国智库产业发展的对策建议②。

王健、沈桂龙等(2012)的《智库转型——理论创新与实践探索》从我国实际出发,探讨了智库服务政府决策的能力以及地方社科院在经济、社会转型中的智库作用③。

徐光裕(2013)指出,中国民间智库不发达,原因就在于从决策层到经营层,到大众,承受力不够。因为一旦出现非常繁荣发达的民间智库,就会出现不同的声音,就会出现正面、反面的争论,于是乎在网络和媒体上就会出现完全打破人们原来思维模式的一种习惯④。

纪明葵(2013)比较分析了中国智库和国际智库的不同之处,他认为中国智库前端论证的东西比较少,后端论证的已经太多,也就是说能给国家提供决策支持建议不够,反过来国家决策以后论证国家决策的优点的很多⑤。

金家厚(2014)指出,无论从组织的结构、规模还是影响力来看,中国民间智库的发展水平与正在崛起的大国地位是不相称的。从整体上看,民间智库自20世纪80年代末产生以来,经过20多年的发展,至今仍未摆脱"侏儒症"的生存困扰,且陷于严重的困局之中。民间智库的突出问题表现在:管理混乱、经费困难、人才匮乏、公信力较差、影响力有限⑥。

上海社科院智库研究中心(2014)在《中国智库报告》中指出,中国智库的发展仍处于成长阶段,与国际一流智库相比,中国智库全面参与公共政策形成过程的体制机制尚未健全,各级党政军智库和社会科学院智库的行政色彩还十分浓重,民间智库赖以生存的资金筹措机制和信息共享机制相当欠缺,智库创新成果的评

---

① 王莉丽:《中国大学思想库建设的未来发展图景与路径》,《武汉大学学报(哲学社会科学版)》,2012年第4期,第126—129页。
② 李凌:《智库产业——演化机理与发展趋势》,生活·读书·新知三联书店,2012年。
③ 王健、沈桂龙等:《智库转型——理论创新与实践探索》,生活·读书·新知三联书店,2012年。
④ 徐光裕:《智库是国家发展与安定的稳定器》,《中国智库》,2013年第12期,第110—112页。
⑤ 纪明葵:《智库建设要引领时代的发展》,《中国智库》,2013年第12期,第117—118页。
⑥ 金家厚:《民间智库发展:现状、逻辑与机制》,《中州学刊》,2014年第1期,第561页。

价考核机制缺乏激励性,公众利益表达渠道有失通畅;同时,标签化、边缘化和无实质内容的智库泛起,影响了整个智库的生存与竞争环境,这些因素都使得中国智库的影响力和创新力受到制约,也进一步影响了中国社会"智政"结合的程度,影响了公共政策变迁的方向,不利于社会进步和抢占国际话语权①。

(四) 对中国特色新型智库建设的探索②

中国学界关于中国特色新型智库的探索,从21世纪前十年的中期就已开始。当时这种探索只是个别的、零散的。这种状况到2013年4月发生了重大变化。因为就在这一月,中共中央总书记习近平对建设中国特色新型智库做了重要批示,他明确指出:"智库是国家软实力的重要组成部分,随着形势的发展,智库的作用会越来越大……"。为了贯彻习近平同志的重要批示精神,2013年5月30日,刘延东副总理主持召开了"繁荣发展高校哲学社会科学 推动中国特色新型智库建设座谈会",并强调指出,建设中国特色新型智库是服务党和政府科学民主决策、破解发展难题的迫切需要,对于坚持和发展中国特色社会主义、提升国家软实力、全面建成小康社会具有重要意义。发展智库产业,建设思想市场,必将为实现民族复兴中国梦贡献积极的力量。教育部副部长李卫红也在人民日报发表文章强调高校在新型智库建设中的重要担当。教育部社科司司长张东刚在接受媒体访谈时,围绕"应对全球化挑战""为政府出谋划策"等方面深入阐述了建设中国特色新型智库的重要意义,强调高校加强智库建设有利于推进国家治理体系和治理能力现代化,同时也明确指出我国高校智库建设与国家经济发展需求相比存在很大不足,对推进中国特色新型高校智库建设的总体思路和主要举措,从五个方面提出了建议。中央领导和教育部有关负责同志的重要批示、讲话、文章、答记者问,为中国特色新型智库建设提供了精神动力,指明了研究方向,明确了研究重点。使中国学界对智库研究很快形成了热点。

回顾近十年来对中国特色新型智库建设的探索,主要在以下三个方面取得一些进展。

1. 关于建设"中国特色新型智库"的意义

河南省社会科学院课题组(2013)从推进中国特色社会主义事业发展的基本经验结论、增强中国特色社会主义"三个自信"的迫切需要、当前所处发展阶段与面临任务的客观要求、新时期全面深化改革的必然选择、提高决策科学化、民主化

---

① 上海社会科学院智库研究中心:《智库报告:2013年中国智库报告(影响力排名与政策建议)》,上海社会科学院出版社,2014年。

② 对中国特色新型智库建设的有关成果与观点,在此只梳理了报刊、著作中的观点,为全面展示有关学术会议的成果,学术会议中专家学者的观点在第二部分"智库研究的重要学术活动"中列示。

的必由之路等方面阐述了中国特色新型智库建设的意义①。

胡鞍钢(2013)从国际竞争、国内发展需求、党和国家决策需求等方面分析了为什么要建设中国特色新型智库②。

顾海良(2014)从政治体制改革的思想力量、中国特色社会主义协商民主两个方面阐述了中国特色新型智库建设的重要意义③。

张卓元(2014)以最大数量的经济领域决策咨询工作为例,说明了为建立健全决策咨询制度,推进国家治理体系和治理能力现代化,中国特色新型智库建设要以搞好科学研究工作为基础④。

2. 关于"智库"和"中国特色新型智库"内涵的界定

薛澜、朱旭峰(2006)对国外各种定义进行了分析,在此基础上提出,需要从智库的本体——政策研究机构、目标——影响政策制定、地位——独立性、状态——稳定性等四方面进行界定,才能将智库的内涵表达清楚。他们将中外智库的现实情况从以上四方面进行对照之后,将智库定义为一种相对稳定且独立运作的政策研究和咨询机构⑤。

陈卓武等(2007)认为,智库主要是指那些以政策研究为核心、以影响政府公共政策选择为目的、非营利的、独立的研究机构⑥。

承婧(2007)认为,智库相对稳定并独立于政治体制之外,是政策决策过程的重要参与者,是一种以政策研究为中心,以直接或者间接方式服务于社会为目的的非营利性独立研究机构⑦。

刘波(2008)认为,智库这一术语用来指称那些政府之外的、充满意识形态色彩的、主张自由市场的机构,这些机构的主要内容是为政府决策提供思想支持⑧。

张新霞(2009)认为,智库是以从事多学科研究为依托、以对公共政策施加影

---

① 河南省社会科学院课题组:《关于加强中国特色新型智库建设的思考》,《中国社会科学报》,2013年11月27日。
② 胡鞍钢:《建设中国特色新型智库》,《清华大学教育研究》,2013年第10期,第1—4页。
③ 顾海良:《新型智库建设与思想力量彰显》,《人民论坛》,2014年第3期,第38—40页。
④ 张卓元:《智库建设要以搞好研究工作为基础》,《全球化》,2014年第2期,第122—124页。
⑤ 薛澜、朱旭峰:《"中国思想库":涵义、分类与研究展望》,《科学学研究》,2006年第6期,第321—327页。
⑥ 陈卓武、韩云金、林逢春:《试析美国思想库的运行机制——兼论其对中国发展思想库的启示》,《华南农业大学学报》,2007年第1期,第54—58页。
⑦ 承婧:《政府的外脑:美国思想库取得成功的制度性分析》,《社科纵横》,2007年第2期,第44—45页。
⑧ 刘波:《英国两大政党的决策机制分析——思想库、压力集团和政党领袖对社会政策的影响》,《广东技术师范学院学报》,2008年第10期,第74—77页。

响为目的、以提供思想支持为基本方式的非营利性组织、团体和机构①。

王莉丽(2009)认为,智库是指从事公共政策研究的非营利性组织,其目标客户是政策制定者和社会大众,智库力图通过各种传播渠道影响公共政策的制定和社会舆论②。

以上学者从研究对象、目标客户、研究目的和性质等方面对智库的概念进行了界定,自中国特色新型智库明确提出后,一些学者也尝试对中国特色新型智库进行了解释。

河南省社会科学院课题组(2013)研究指出,要科学理解中国特色新型智库的内涵,需要把握两个关键词,即"中国特色"和"新型"。所谓"中国特色",就是要始终坚持以中国特色社会主义理论体系为指导,以维护国家和民族利益为出发点,以推动实现"两个一百年"奋斗目标、实现中华民族伟大复兴为己任,深入探讨改革开放和社会主义现代化建设重大问题,以高质量、高水平的研究成果服务于党和政府的决策,促进党委、政府决策科学化民主化水平和国家治理能力的提升;所谓"新型",是相对于"传统"而言的,即要以理论创新为基础,以服务科学决策为目的,以前瞻性研究为重点,以成果的实践对接效应为标准,在国家和区域发展的关键时刻能够提出重大理论概念和重大战略对策,切实为解决全面建设小康社会进程中的重大理论和现实问题服务。中国特色新型智库的特点应具备建设性、战略性、独立性、开放性和多元性③。

黄意武(2013)认为,中国特色新型智库要具有"中国特色",体现"新型"。"中国特色"主要表现为三个方面:其一是智库的发展理念要坚持"中国特色",也就是要坚持中国社会主义方向、坚持中国特色社会主义道路、坚持中国共产党的领导;其二是智库的组织架构要突出"中国特色",中国特色新型智库不同于西方智库,组织机构的发展要结合中国国情的制度体系;其三是智库的科研成果要具有"中国特色",中国智库研究的科研成果必须围绕中国特色社会主义建设过程中的问题,结合中国发展的实际,研究出对我国的经济社会发展的变革会产生积极影响的科研成果。"新型",主要表现为三个方面:其一是智库的发展理念要"新",在新的历史发展时期,各种智库必须科学定位,明确各自的发展优势和主攻方向,围绕新时期党委政府对智库建设的新要求,形成具有前瞻性的发展理念;其二是智库的制度体系要"新",打造新型智库是要突破原有的体制障碍,探索新型智库

---

① 张新霞:《英国思想库在公共政策形成过程中的作用》,《石家庄学院学报》,2009年第1期,第11—14页。
② 王莉丽:《美国思想库发展历程及面临挑战》,《红旗文稿》,2009年第14期,第33—36页。
③ 河南省社会科学院课题组:《关于加强中国特色新型智库建设的思考》,《中国社会科学报》,2013年11月27日。

的管理体系;其三是科研成果要求要"新",这个包含两层含义,一方面是党委政府要求智库形成的研究成果要新、要快,另一方面也就是对成果的质量要求越来越高。总之中国特色新型智库必须要研究"新问题"、形成"新思路"、结合"新情况"、探索"新路径"、提出"新对策"①。

胡鞍钢(2014)在《建设中国特色新型智库:实践与总结》中认为,中国特色新型智库除具备智库的共同特点外,还应具备"特""专""新""优"的鲜明特征。一是"特",即要有中国特色。中国特色新型智库相比其他智库,首先是国家不同,中国是社会主义国家,不是资本主义国家;其次是客户不同,我们最大的客户就是党中央、国务院,这就决定了我们必须急国家之所急、想国家之所想,还要想国家之所未想;再次是客户的价值与需求不同,这就决定了我们所提供的决策知识,一定是"知识为民、知识报国"。二是"专",既要专业化,又要职业化。这是一流智库的最重要的特点。作为专业化,就是某一领域权威的专家,能够与同行竞争和对话,也能够为同行所认同和尊重。作为职业化,就是在专业化的基础上,长期专题研究、深度研究、跟踪研究,做到融会贯通,不仅高出一筹,还要独树旗帜。三是"新",既要创新理念,又要创新组织形式。不拘一格办智库,集思广益谋创新,集学术智慧、人民智慧、国家智慧之大成,还要集历史智慧、世界智慧之大成。四是"优",不断创新质量高、影响深远的思想和智慧。及时提供高水平、可行性的发展思路或政策方案,不断发表有深度、有影响、有标志的优秀学术成果、代表作。概括地讲,中国特色新型智库的主要作用是:提供"两个服务",即全心全意服务人民,服务国家;争做"两个一流",即做中国一流和世界一流的专业化与职业化的智库;实现"两个贡献",即为中国、为全人类贡献知识、思想和智慧②。

3. 关于建设"中国特色新型智库"的对策建议

李安方(2010)以借鉴国际智库发展经验,提升中国智库建设水平为基本方向,创新性地将企业竞争力理论应用于中国特色社会主义新智库的建设进程之中,在对智库竞争力的概念内涵进行界定和系统分析的基础上,试图探索一个评估中国智库综合竞争力的指标体系框架,以期为今后开展中国智库建设成效评估奠定理论基础③。

朱旭峰、礼若竹(2012)认为,智库要发挥作用,一是加强能力建设,提高学术能力和政策研究能力,提高决策研究能力以及提高舆论引导能力;二是提高国际化水平,参与国际事务、引进人才资源的同时要加强国际流动,最好能吸引西方学

---

① 黄意武:《探索中国特色新型智库建设的实践路径》,《发展研究》,2014 年第 2 期,第 75—78 页。
② 胡鞍钢:《建设中国特色新型智库:实践与总结》,《上海行政学院学报》,2014 年第 2 期,第 4—11 页。
③ 李安方:《中国智库竞争力建设方略》,上海社会科学院出版社,2010 年。

者为中国思想库服务,充分利用互联网来提升中国智库影响力;三是对研究思想库影响力本身做一定尝试,研究中国思想库,研究公共议题问题,参加国际交流①。

谭维克(2012)的《建设首都社会主义新智库研究》在收集了国内外有关智库的大量文献、资料基础上,提出建设首都社会主义新智库的重要意义、总体思路、功能设计、制度建设、学科建设等相关内容②。

朱光磊(2013)认为,中国智库建设要坚定为人民服务、为社会主义现代化建设服务的方向,坚持国家需求和问题导向,选择重大理论和现实问题作为主攻方向,妥善处理基础理论研究和应用对策研究、应用成果中学术成果和咨询报告的关系,深化体制机制改革,提供良好的制度保证。此外,他还特别强调了社会科学发展对智库建设的重要意义。他认为,要促进智库的发展,很重要的一个条件是社会科学的发展。基于中国智库发展对社会科学发展的要求,要做好以下几个平衡:中国意识与国际意识的平衡、问题意识与学科意识的平衡、人文做精与社科做强的平衡③。

国务院发展研究中心公共管理与人力资源研究所"国外智库管理体系研究"课题组(2013)在研究中指出,管理者对智库这个特殊行业的管理要基于"管人才"和"不批评"的原则。"管人才"原则是指,智库研究人员必须认同中国特色社会主义道路和中国共产党的领导。在此基础上,管理者以宽广心怀包容各类智库中的研究人才,体现在尊重智库研究人员的研究结果,并且给智库研究人员充分了解基本国情的机会等方面;"不批评"原则是指,在最终决策出台之前,不轻易对某个智库成果进行公开评价,目的是让智库与智库之间充分竞争,在此基础上,结合当前形势对国内智库建设和发展的要求,鼓励国内智库多元发展、扩大国内智库发展空间、通过人力资源和国际交流等手段保障智库发展等④。

胡锐军、宝关成(2013)认为,创建中国特色新型智库应重点加强整合机制、准入机制、竞争机制、供给机制、转化机制、共享机制和培育机制的建设⑤。

于今(2012)主编的《中国智库发展报告(2012)》明确了智库产业的理论来源,初步构建了智库产业研究的理论体系,对智库产业研究主要解决的问题进行

---

① 朱旭峰、礼若竹:《中国思想库的国际化建设》,《重庆社会科学》,2012年第11期,第101—108页。
② 谭维克:《建设首都社会主义新智库研究》,中央文献出版社,2012年。
③ 朱光磊:《中国社会科学发展与智库建设》,《中国智库》,2013年第12期,第79—80页。
④ 国务院发展研究中心公共管理与人力资源研究所"国外智库管理体系研究"课题组(2013):《需要一流智库提供一流思想产品》,《中国发展观察》,2013年第3期,第31—32页。
⑤ 胡锐军、宝关成:《创建中国特色新型智库——完善智库建设七项机制》,《人民论坛》,2013年第12期,第24—27页。

了界定,基本规范了智库产业研究的范式①。

杜宝贵和隋立民(2014)认为,高校智库建设中应处理好以下几个关系,智库建设与核心职能的关系、与基础科学研究的关系、特色资政建议与一般性资政建议的关系、短期应急性资政报告与长期接续性资政报告的关系、高校各自为战与协同资政的关系、国内高校智库建设与国际智库建设的关系②。

胡鞍钢(2014)的《中国特色新型智库:胡鞍钢的观点》阐述了作者对于建设一流高校决策思想库的观点和看法,是国内第一部专门讨论中国高校智库建设的著作③。

王辉耀、苗绿(2014)的《大国智库》通过对国际上三十多家一流智库的实地考察和研究,并结合运营国内国际化智库的经验和体会,研究和分析了全球化时代的智库发展背景、世界智库发展概况及中国智库发展所处的地位,深刻分析了中国智库的成长历程和环境、角色定位和功能,尤其总结和分享了中国民间智库的实践经验,指出了中国智库发展存在的困境与挑战,勾勒了未来中国智库发展的路径和前景④。

二、智库研究的重要学术活动

(一)繁荣发展高校哲学社会科学推动中国特色新型智库建设座谈会

2013年5月30日,"繁荣发展高校哲学社会科学推动中国特色新型智库建设座谈会"在北京召开,会议由刘延东副总理主持。北京大学、中国人民大学、武汉大学等8所高校代表围绕中国特色新型智库建设进行了探讨。

刘延东指出,建设中国特色新型智库是服务党和政府科学民主决策、破解发展难题的迫切需要,对于坚持和发展中国特色社会主义、提升国家软实力、全面建成小康社会具有重要意义。高校作为我国哲学社会科学事业的生力军和各学科人才聚集的高地,是建设中国特色新型智库的重要力量,要以服务决策为导向,以提升能力为核心,以改革创新为动力,以哲学社会科学繁荣发展为依托,努力打造一批在国内外具有重要影响的高端智库。

专家学者们认为,建设中国特色新型智库,是高校义不容辞的重要责任,高校哲学社会学工作者要增强责任感和使命感,聚焦重大问题,服务国家战略,深入开展应用对策研究,积极建言献策,为全面推进小康社会建设,增强国家软实力,提

---

① 于今:《中国智库发展报告(2012)》,红旗出版社,2013年。
② 杜宝贵、隋立民:《正确认识中国高校智库建设中的几个关系》,《高校教育管理》,2014年第2期,第29—32页。
③ 胡鞍钢:《中国特色新型智库:胡鞍钢的观点》,北京大学出版社,2014年。
④ 王辉耀、苗绿:《大国智库》,人民出版社,2014年。

高党和国家决策科学化水平,为实现中华民族伟大复兴的中国梦贡献智慧和力量。

中国人民大学副校长王利明从服务国家法治建设的角度谈了法学智库的建设问题,他认为,智库建设要坚持问题导向,深化对策研究;坚持立足中国,确立世界眼光;坚持严谨学风,提供真知灼见。

南开大学副校长朱光磊认为,中国智库建设要坚定为人民服务、为社会主义现代化建设服务的方向,坚持国家需求和问题导向,选择重大理论和现实问题作为主攻方向,妥善处理基础理论研究和应用对策研究、应用成果中学术成果和咨询报告的关系,深化体制机制改革,提供良好的制度保证。此外,他还特别强调了社会科学发展对智库建设的重要意义。他认为,要促进智库的发展,很重要的一个条件是社会科学的发展。基于中国智库发展对社会科学发展的要求,要做好以下几个平衡:中国意识与国际意识的平衡、问题意识与学科意识的平衡、人文做精与社科做强的平衡。

清华大学国情研究院院长胡鞍钢(2013)指出,建设新型高校智库需要做到"三个定位""两个结合"和"四个建设"。"三个定位"是指"中国特色""高校品牌"和"世界一流","两个结合"是指"基础研究与政策研究相结合""决策咨询与教书育人相结合","四个建设"是指"文化建设""团队建设""平台建设""机制建设"。

北京交通大学校长宁滨指出,建设有特色、质量高、竞争强、影响大的科技智库,需要做好以下几方面工作:一要注重发挥自然科学家的专业优势,二要注重加强高水平政策研究,三要注重突出科技的特色优势,四要注重构建高效的协同创新机制。

南京大学副校长杨忠介绍了中国南海研究协同创新中心的运营机制,并提出智库建设一要更加明确需求导向,二要加强前瞻性研究,三要体现出高校智库的特点和优势。

北京大学国际关系学院院长王缉思指出,高校国际问题研究智库具有学科基础雄厚、人才力量充足、适合做战略性研究、研究成果多用途等优势,建设高校国际问题研究智库,一要结合若干重点高校已经形成的国际问题研究比较优势,由教育部牵头,配合相关国家部委统筹安排,综合布局,制定长远而分工明确的研究规划,突出重点,加快发展。若干重点高校的智库,应当建成人数少而精的实体,直接归属学校管理。二要加大经费支持力度。三要加强合作关系。支持高校智库与世界一流智库建立合作关系,组织联合课题研究。通过合作研究,加强自身实力和队伍建设,提高我国在国际事务中的话语权。

华中师范大学政治学研究院院长徐勇以华中师范大学中国农村研究院的工

作思路和方法为例,阐述了高校智库建设的要点:建立有效的需求对接机制,搭建稳定的社会调查平台,形成科学的决策服务系统,打造稳定的科研创新团队,构建协同创新的合作方式。

(二)智库筑基"中国梦":中国智库国际学术研讨会

2013年6月30日,由东中西部区域发展和改革研究院、联合国开发计划署、中华全国归国华侨联合会特聘专家委员会联合主办的"2013智库筑基'中国梦':中国智库国际学术研讨会"在北京召开。

全国人大常委会副委员长陈昌智向会议发来贺信。第九、十届全国人大常委会副委员长成思危、联合国副秘书长彼德·朗斯基·蒂芬索、国务院参事室副主任方宁参加了学术研讨会,成思危作题为"中国智库的责任和素质"的主旨报告。国务院参事、《国家智库》《中国智库》主编、东中西部区域发展和改革研究院院长任玉岭、中国经济体制改革研究会名誉会长高尚全代表会议组委会致辞。

陈昌智在贺信中说,当前中国的改革开放再次进入关键时期。实现民族复兴、国家富强、人民幸福已经成为每一个中国人的梦想。智库作为科学决策的重要元素,理应在实现中国梦的过程中发挥重要作用。中国中央政府强调要按照"服务决策,适度超前"的原则,建设高质量智库。此次研讨会汇聚了海内外众多知名智库专家,共商中国特色社会主义新型智库的建构大计,适逢其时。期望"中国智库国际学术研讨会"坚持举办下去,通过研讨会这个窗口和平台,发展智库产业,让世界了解中国智库,让中国智库走向世界。

成思危强调,智库的责任一是要支持决策,具体体现为探讨理论基础、评鉴国外经验、完善政策框架、分析实施难点;二是要对决策可行性进行评估。而智库需要具备的素质有四方面,分别是实事求是的态度、科学合理的方法、兼容并蓄的精神、人才合理的结构。另外,他提及,当前民间的第三方智库需要加强建设,希望能够通过基金的方式在资金上进行支持,希望社会各界加强对智库的认识和重视,促进智库发展壮大。

彼德·朗斯基·蒂芬索代表联合国热烈祝贺研讨会召开。他说,在现在改革和变化的时代,我们需要非常高质量的研究,而在政府部门和国际组织之外,智库实际上形成了一个智力、知识的骨干系统,聚集知识、专长以及经验,使政府和社会都能从中受益。希望这种高级别的智库研讨会能加强智库的力量,引导更多研究,尤其是指引"中国梦"和中国智库产业发展壮大。

任玉岭指出,最近一个时期,党和国家领导人习近平总书记、李克强总理和刘延东副总理都对建设新型智库给出了重要指示。中国的智库发展将迎来美好的春天。目前,必须认识到中国的智库仍存在独立性不强、研究水平和影响力不足等问题。各级政府必须强化智库意识,请智库机构参与到决策的依据、思路和框架中,确保政府决策的科学性;同时也要大力发展智库机构,对国有的智库机构松绑、放权,大力发展民间的智库机构。另外,智库要保持独立性,力排利益博弈的干扰,避免为既得利益者代言。

高尚全提出对于建设中国特色新型智库的几点思考:一是要用改革的理念办好智库,用创新的精神做好研究;二是要探索有活力的智库建设组织形式;三是要在国际合作当中提高中国智库的学术水平;四是政府要引导支持智库建设,这是建设中国特色新型智库的重要保证。

国内学者段应碧、卢中原、曲星、王绍光、胡鞍钢、朱光磊、于今、金灿荣、王辉耀、朱旭峰、殷仲义等来自中央、国务院有关智库部门和部分高校、科研院所、非政府智库、港台智库等全国各地的百余名专家学者和理论工作者出席了会议,海外学者郑永年、詹姆斯·麦甘、克里·布朗、李成等来自美国布鲁金斯学会、美国宾夕法尼亚大学、新加坡国立大学东亚研究所、俄罗斯科学院、加拿大西安大略大学、悉尼大学以及联合国开发计划署、欧盟等国家20多位著名国际智库机构的代表应邀参加本次会议并做主旨报告。会议期间,代表们以"推动中国特色新型智库建设"为主题,围绕"中国智库的挑战与前景""思想市场与智库产业"两个议题,对"中国梦"与中国特色新型智库发展的内在逻辑、为什么要建设中国特色新型智库、全球化背景下中国智库面临的问题、怎样开展中国特色新型智库建设、如何发展思想市场及智库产业、如何发挥好智库的作用、中国智库的职责和道德、国际领先智库的发展经验、中国民间智库的发展、以及与智库发展相关的体制机制等若干重大理论和实践问题进行了多视角、宽领域、广泛深入的探讨,对中国特色智库发展提出了建议和对策。

1. 智库筑基"中国梦"

中国国际问题研究所所长曲星教授认为,实现中国梦需要从政治、经济、文化、环保等多方面去努力,其中每一个方面都应该发挥智库的作用。布鲁金斯学会约翰·桑顿中国中心研究主任李成认为,"中国梦"不仅是经济的发展,中产阶级的壮大,还包括法治和政治方面的进步。美国纽约规划局前局长饶及人提出,房改、医改、教改应该作为"十二五"规划、"十三五"规划的三大目标;中国城市建设要成为中国软实力的展现,未来中国几十年的城市建设趋势就是后续发展。国务院发展研究中心原副主任卢中原指出,在巨大变革的背景下,中国的智库要有担当:第一,要告诉公共权力和决策当局,经济的未来趋势是什么;第二,智库要彼此竞争同时又互相包容,提出建设性的意见;第三,智库要研究怎么使中国的发展与全球化进一步衔接,更加积极利用全球化对中国的促进,防范可能带来的风险。新加坡国立大学东亚研究所所长郑永年强调,智库建设不应追求数量,而要追求质量。智库需要在"知"(知识体系)和"行"(行动体,行动人物)之间搭一座桥。

智库不仅要做短期回应战术上的东西,更要侧重于做中长期的分析。香港中文大学王绍光教授指出,要搞清楚智库的定义、内涵和外延,纠正对国外智库的态度,对中国智库多一些自信。台湾财团法人长城基金会董事长耿荣水认为,"中国梦"一定要把台湾这个因素包含进去,只有"中国梦"真正实现了,"台湾梦"才可能成真。未来智库之间中国大陆和台湾合作,人才交流很重要,可以考虑两岸合资、合股来办一个智库。

2. 当前中国智库的不足

郑永年指出,思维方法是中国智库现在面临最大的缺陷,没有思维方式。中共中央党校国际战略研究所副所长周天勇提出了当前中国智库的调整思路:第一,要去意识形态化,在思想上百家争鸣、百花齐放,科学、独立、自由地进行研究;第二,去行政化、部门化;第三,在资金渠道上,要让社会资金进入;第四,政策研究一定要客观、独立、中立。北京大军智库经济咨询有限公司仲大军认为,中国智库,特别是民间智库要想上升到影响决策层的层次,需要进一步在机制、体制上进行改革。民间智库的态度应该要把握两个原则:合作性、专业化。中国人民大学国际关系学院副院长金灿荣指出,外交智库民间比较弱,主要还是政府的,这和外交性质有关系。他提出了六条发展建议:官方要多投资,增加容忍度,智库本身要有专业性、独立性,要有思想意识。《国家智库》首席专家徐光裕少将认为,中国民间智库不发达,原因就在于从决策层到经营层,到大众,承受力不够。台湾财团法人两岸交流远景基金会副执行长孙扬明认为,智库几乎是没有边界的思想,在这种情形下,必须要求社会环境宽容,还要有自己的资金支持。克危克险总经理兼高级分析员袁铁成指出当前智库发展面临的问题,第一,当前智库的建立是人治,而非法治和市场治;第二,刚开始目标远大,但后来无法实现;第三,很多智库研究都是大而无当的,很多在低层次的无序研究,缺乏市场检验;第四,很多智库本身缺乏造血功能,缺乏独立性和持续性。中国当前大环境中的认知观念问题和消费观念问题,也阻碍了智库的发展。对于未来发展,他提出了以下建议:国家对智库观念要包容、开放,不要有敌意,要善意一些;取消限制政策;政策可以有取向,研究不能有禁区;智库应该全程引入市场机制;鼓励社会资源进入智库。

3. 如何发挥好智库的作用

中国经济体制改革研究会名誉会长高尚全指出,我们已经建立了不少智库但发挥的作用还不够。美国宾夕法尼亚大学智库与市民社会项目主任詹姆斯·麦甘认为,智库面临的持续挑战是如何在关键政策问题上及时有效地影响决策者、媒体和公众。国家行政学院丁元竹教授提出对于智库未来的发展方向:第一,事业单位要改革;第二,要创新,按市场角度按市场标准不统一的情况,按事业和产业进一步区分,对于真正推动智库的发展,十分重要。清华大学朱旭峰教授认为,智库要发挥作用,一是加强能力建设,提高学术能力和政策研究能力,提高决策研究能力以及提高舆论引导能力。二是提高国际化水平,既参与国际事务,引进人才资源的同时要加强国际流动,最好能吸引西方学者为中国思想库服务。充分利用互联网来提升中国智库影响力。三是对研究思想库影响力本身做一定尝试,研究中国思想库,研究公共议题问题,参加国际交流。

4. 中国智库的挑战与前景

中国机构编制管理研究会执行副会长于宁指出,当前中国智库的发展存在着资金不足、发展滞后等问题。中国智库要步入良性发展道路,不但要最大限度地争取政府的资金支持,而且要与基金会、公司、大学等非官方机构保持密切联系,沟通研究信息,以便更多地获取各方资金支持。中国侨联特聘专家委员会秘书长李曙光教授提到,中国的改革需要高端的智库,高端的智库当然要有高端的思想。但是很重要的一点是,需要形成高端智库的政策法律和体制环境,这就需要我们做好四个方面的工作:第一,需要公平公正的政策法律环境;第二,要形成多元的政策利益集团;第三,形成高端智库公共政策决策环境,决策机制更加民主、公开和透明;第四,形成高端智库的社会环境,包括大的企业更愿意投入支持高端智库的出现,以及整个社会环境能够更有利于高端智库意见市场和产品的形成。南开大学副校长朱光磊教授认为,要促进智库的发展,很重要的一个条件是社会科学的发展。要做好以下几个平衡:中国意识与国际意识的平衡、问题意识与学科意识的平衡、人文做精与社科做强的平衡。国防大学纪明葵少将建议,智库建设要有全局性、操作性、特色性、超前性以及科学性,要尽可能利用现有的科技手段。军事科学院单秀法教授提出,要建立中国智库协会,其主要作用是代表政府对国内智库进行弹性管理,以适应互联网对社会意识形态建设和管理带来的新情况、新问题;提升各智库的质量,疏通智库和政府之间的对接渠道。国防大学朱成虎少将认为,为了促进智库的发展,政府层面,不要把决策权当作自己的私人权力,要愿意听智库的建议;智库自身方面,要培育智库文化。

5. 怎样开展中国特色新型智库建设

军事科学院黄星少将认为,中国的历史为中国的智库赋予了独特的理论内涵,中国当代新型智库最主要的特色应该是跨域整合。建设智库要站在国家和人民整体利益、全局利益的高度进行总体设计,跨部门、跨系统地整合资源。陕西省公安厅副厅长陈里指出,要科学把握智库的本质以及智库的组成要素。在智库发展中,要注意几方面问题:建立开放的公共决策体制、引入决策咨询的优胜劣汰、建立智库成果的独立评估体系、推进民间智库的多元发展等。《领导者》杂志社社长周志兴提出了民间智库的农业八字宪法,即"土、肥、水、种、密、保、管、工"。他认为,中国已经具备了智库生长的土壤,种子也有了,还缺肥料。要让民间智库能在这个土壤上生长,国家要支持,不仅允许它注册,还要采购它的产品。察哈尔学会秘书长柯银斌认为,中国民间智库的发展需要开放和创新。各级政府,尤其中国政府在政策方面对民间智库有所开放,包括:注册、资金、人才、外事等。而创新方面则要学习西方发展经验和治理经验,战略定位必须聚焦、创新治理结构、组织机构等。中国(海南)发展研究院常务副院长殷仲义提出了智库发展的七点建议:第一,要把服务改革决策、凝聚改革共识、营造改革氛围作为智库的使命、责任和自己的基本追求。第二,民间机构也要急国家之所急,急社会之所急。第三,改革研究机构必须把握改革的趋势性走向,前瞻性研究全局性、战略性、基础性、储备性改革政策。第四,必须努力建设改革研究品牌,提升改革研究成果在服务改革决策当中的影响力。第五,要主动适应自身生存和发展环境的变化,用改革的办法办改革研究机构。第六,坚持小机构大网络。第七,要加强国际合作交流,提升改革研究成果的国际影响。清华大学国情研究院院长胡鞍钢教授提出,要从学术影响力、政策影响力、社会影响力、国际影响力四个方面建设一流高校智库。中国社会科学院继续教育学院院长董礼胜提出,完善智库的评价机制,可以从以下几方面来做:第一,在各个地区构建智库成果评价专家组,智库成果评价专家组归属于官方,应该包含不同学科,不同层次的专家;第二,把市场机制纳入到成果过程当中;第三,采用新的评审方式。中国与全球化智库主任王辉耀认为,中国急需多元化的智库,包括民间智库加强政府决策的多元化和它的充分论证。此外,还应该探索多家智库的合作、寻求智库的资金支持等。加拿大西安大略大学阿贝尔森教授提出,中国需要认真思考如何借鉴他国的成功经验。

6. 以智库产业为依托构建中国思想市场

英国智库研究专家恩里克·蒙迪扎巴尔认为,智库最重要的因素是人,智库要想发展好,就必须要有许多同僚机构,要做好八个方面的工作:劳动市场和劳动政策必须灵活以支持智库所需要的人才,税收政策需要支持智库的资金来源,健康的政治辩论的环境,进行公共服务的改革,信息技术足够支撑,良好的沟通方式,城市必须要有创新能力,有很好的教育体系和系统来支撑。上海大学经济学院副院长聂永有认为,智库产业要能够持续地发展,需要具备四方面的条件和基础:充分的市场需求,竞争性的市场环境,高质量、专业化的智慧产品,产业资本的持续支持。要从五方面来促进智库产业的发展:大力发展各类智库机构、制定智库产业发展的总体规划、引入智库产业发展的竞争机制、建立科学的智库产业发展评估体系、完善智库产业发展的社会配套环境。东中西部区域发展和改革研究院院长助理王大伟提到,推出智库产业区的核心理念是,集中精力探索和实践创新能力建设和环境建设的改革、发展试验区,探讨智库产业区既是对现有的技术成果和人才的集聚,更是对创新活动必要的重要支撑条件的一种努力。智库产业最重要的作用是人才集聚与开发。智库产业园区评价指标体系，主要包括五部分内容：智库基础设施的投入与创新、智库人才与资源的吸引与整合、智库成果的产出与辐射、智库产业的服务与支撑、智库的配置与管理。中国新生经济研究院院长郭夏认为，今后的智库发展至少要有三个发展方向：全球化、网络化、多元化。东中西部区域发展和改革研究院执行院长于今强调，对于未来智库的发展，一方面是智库自身的发展，另一方面是环境的问题：包括思想市场机制健全，竞争机制完善。

此次会议还发布了《2013年中国智库国际学术研讨会北京宣言》，共同承诺从加强智库国际间的合作、提高影响力、完善捐款机制、成立智库行业协会、筹备智库发展基金等方面共同努力[①]。

（三）打造高校教育智库为教育改革发展作贡献——贯彻落实高校智库建设座谈会精神为教育改革发展贡献智慧座谈会

2013年7月16日，教育部社科司召开教育学、心理学学科专题座谈会，组织高校专家学者围绕教育改革发展重大问题，研讨发挥高校咨政建言智库作用的新思路新举措。教育部社科司司长张东刚出席座谈会并讲话。来自部分教育部人文社科重点研究基地、重大攻关项目、发展报告项目负责人和高校科研管理负责人八十余人参加了会议。东北师范大学农村教育研究所主任邬志辉、华东师范大学基础教育改革与发展研究所主任杨小微、厦门大学高等教育发展研究中心主任史秋衡、北京大学佟新、北京师范大学王善迈、南京师范大学吴康宁、浙江大学沈模卫、武汉大学赵世举、华中师范大学范先佐、西南大学宋乃庆、武汉大学沈壮海等11位专家学者，就服务教育改革发展方面取得的成绩和经验、如何发挥高校咨政建言思想库作用做了重点发言。

对如何打造高校教育智库，推动教育改革发展，与会专家提出了很多富有见解的意见建议。一要聚焦重大问题，服务教育改革发展大局。高校学者要进一步树立理论联系实际优良学风，坚持个人兴趣与国家需求相结合、学术研究与政策研究相结合、专业研究与跨学科研究相结合，主动加强与相关决策部门对接，深入社会调查研究，主动提供管用实用的对策建议。二要发挥高校优势，加强高端教育智库建设。重点建设一批服务教育改革发展重大需求的"2011计划"协同创新中心和重点研究基地，通过制度改革与创新，打造定位明确、运行独立、发展多样的教育类新型高校智库。三要积极引导舆论，及时传递正能量。高校学者要急政府所急，急人民群众所急，保持高度的政治敏感性和责任感，及时针对政府关切、

---

① 智闻：《智库筑基"中国梦"——首届中国智库国际学术研讨会综述》，《中国智库》，2013年第3期，第11—22页。

群众专注的重大事件,解答群众思想困惑,引导舆论走向,凝聚激发人民精神力量。四要建立需求对接新模式,确保咨政建言长效化。围绕教育改革发展重点难点热点问题主动策划,提供优质服务,健全成果评价激励机制,及时将研究成果转化为党和政府决策,为实现"教育梦"贡献智慧①。

(四)第五届中国文化软实力研究高层论坛

2014年6月13日,第五届中国文化软实力研究高层论坛在北京召开。本次论坛由中国文化软实力研究中心、中国社会科学院马克思主义研究院、人民日报理论部、光明日报理论部、中国社会科学报联合主办。会议的主题是"**文化软实力与中国特色新型智库建设**"。来自中央党校、中央文献研究室、《求是》杂志社、教育部、文化部、中国社会科学院、清华大学、北京大学、中国人民大学、北京师范大学、武汉大学、吉林大学、厦门大学、上海交通大学、天津大学、大连理工大学、湖南大学、北京交通大学、西南大学、北京第二外国语大学、深圳市社科院等三十多家单位共二百余位专家学者出席。会议由中国文化软实力研究中心主任张国祚教授主持。与会专家围绕文化软实力与智库的关系、中国特色新型智库的界定、如何建设新型智库、建设什么样的新型智库等主题发表了演讲,主旨鲜明,讨论热烈,观点新颖。

1. 智库是国家软实力的重要组成

全国政协委员、军队战略规划咨询委员会副主任刘继贤中将认为,建设具有中国特色的新型智库,既是发展中国文化软实力的内在要求,更是进行科学决策的需要。国家教育行政学院原院长顾海良教授认为,智库是国家软实力的象征和体现,加强中国特色新型智库建设是凝聚民智民力、彰显思想力量、全面深化改革、共图发展大业、实现中华民族伟大复兴中国梦的重要举措,是解放和增强社会活力、激扬思想活力的重要载体和通道。中国文化软实力研究中心主任张国祚教授在主持会议中强调,中国特色新型智库的建设,对于抢占国家战略制高点、处理好当代中国改革发展稳定的关系、做大做强国家文化软实力、实现中国"两个百年奋斗"目标和中华民族伟大复兴"中国梦"、提高领导水平和执政能力具有重大的意义。同时,他还指出,文化软实力和中国特色新型智库建设有着不可分割的内在联系。国家文化软实力水平高,智库就会有高水平的人才储备;智库水平高,国家能够直接转化为政策的文化软实力就会更强。

2. 中国特色新型智库要突出"中国特色"

利用智库提高决策水平的做法,古已有之,但历史上"智库"的称谓和运作与现代智库有很大的不同。当代"智库(Think Tank)",亦称"智囊团""思想库",是

---

① http://www.sinoss.net/2013/0719/46744.html.

专门服务决策的咨询研究机构。当代西方发达国家智库尤其是美国智库发展迅速、影响较大,为政府决策提供了大量的有建设性的咨询意见,已经成为国家软实力的重要表现。与会专家一致认为,我们要建设社会文化强国,实现中国民族伟大复兴梦,建设具备中国特色的新型智库势在必行。这一新型智库,既不同于古代"智库",也不同于西方的智库,必须要具有"中国特色"。

张国祚教授认为,中国特色新型智库要在研究宗旨、专家素质、站位视野、研究要求、机制运行等方面与西方智库和中国传统智库相区别。上海交通大学城市科学研究院院长刘士林教授认为,中国特色新型智库在提供咨询的过程中要有中国意识、秉持中国立场、立足中国国情、突出自身特色、坚持中国特色社会主义道路。中央文献研究室副主任孙业礼认为,中国的智库有自己独特的历史任务和时代背景,它的发展必然也要有自己的特色,要在阐释和宣传党和政府的政策、依靠的主体以及倡导和践行社会主义核心价值观方面保持中国特色。教育部高等学校社会科学研究中心原主任田心铭认为,智库虽以对策研究为主,但理论建设对于智库建设具有重要意义,认为理论咨询也应成为中国特色新型智库建设的一大特色。厦门大学马克思主义学院特聘教授、中国特色社会主义研究中心主任贺东航认为,中国特色新型智库的"中国特色"要立足中国实际,服务于国家发展和战略的大局;要在组织机构管理模式、组织建设、人员构成、经费来源的体制机制方面进行创新。大连理工大学人文与社会科学部部长洪晓楠教授认为,中国特色新型智库建设必须坚持以中国特色社会主义理论体系为指导,以社会主义核心价值体系为引领。

3. 如何建设新型智库

决策的科学化、民主化是中国特色社会主义政治建设的重要任务,也是实现科学发展观的先决条件和实践前提。改革开放三十多年来,中国智库发展取得长足进步,特别是在经济运行速度放缓、社会矛盾凸显的关键时间点上,公共问题的讨论就进入了所谓的"政策之窗(policy window)",由此,为科学解决各类政策问题提供策略、方法、措施和建议的智库应运而生,成为推动中国特色社会主义建设的"思想源泉"。然而,中国智库的发展仍处于成长阶段,与国际一流智库相比,中国智库全面参与公共政策形成过程的体制机制尚未健全,各级党政军智库和社会科学院智库的行政色彩还十分浓重,民间智库赖以生存的资金筹措机制和信息共享机制相当欠缺,智库创新成果的评价考核机制缺乏激励性,公众利益表达渠道有失通畅,这些因素都使得中国智库的影响力和创新力受到制约,也进一步影响了中国社会"智政"结合的程度,影响了公共政策变迁的方向,不利于社会进步和抢占国际话语权。对于建设什么样的新型智库、如何建设新型智库,与会专家进行了深入、全面的探讨。

刘继贤中将结合中外古今著名的战略案例，从政治性、战略性、创新性、对策性、实用性等方面强调了中国特色新型智库建设中应注意的问题。顾海良教授认为，中国特色新型智库要在理论研究、战略研究、对策研究、社会引导方面发挥应有的作用；同时，他还着重强调了高校如何有效利用自身所拥有的智力资源加强智库建设。中国人民大学党委书记靳诺、湖南大学党委书记刘克利、北京交通大学校长宁波分别从人才培养、加强投入、发挥优势学科等方面谈了高校智库建设的问题。清华大学国际传播研究中心主任李希光教授以涉藏涉疆这一智库建设的紧迫性为例，分析了攸关国家重大利益的新型智库建设的必要性；对于民间智库的建设，李希光教授着重强调了民间智库在人才聘用机制和机构运营方式方面的创新，他认为，民间智库要探索一条灵活的人才聘用机制，跨学科、跨行业不拘一格地吸引和使用高端人才，这些人才不论在学识、气度、语言表达上都能够在国际舞台展现中国的软实力；在运营上，民间智库要注重独立性、专业性、权威性，研究人员不受部门利益的干扰、不受学术评级的拖累、不受世俗众议的左右，用专业的态度、科学的方法收集、分析、提炼信息，发现问题绝不避讳，并且能够提出操作性强的解决方案。洪晓楠教授认为，新型智库要充分发挥生产"思想"的社会功能，要有明确的"问题意识"和强烈的责任意识，要有宏观的战略视野，要延揽高水平一流人才，要有自己的网络系统，要形成自己的鲜明特色。吉林大学马克思主义学院院长韩喜平教授认为，新型智库要强化问题意识、推进理论创新。中国与全球化智库主任王辉耀教授认为，中国智库建设要重视国际影响力的提升，要逐步走出去就要特别重视智库人才的培养和引进。北京师范大学于丹教授认为，新型智库在研究中要做到基础理论研究和策略应用研究并重；此外，要逐步地构建和完善智库的评价体系。

此外，专家学者们还探讨了传统文化与文化软实力、社会主义核心价值观与文化软实力、文化产业与文化软实力等问题。

本次论坛还推出了《中国文化软实力发展报告 2013》。《中国文化软实力发展报告》在分析论证文化软实力考察评价特殊性、规律性的基础上，有计划地依次总结我国各个领域文化软实力发展的年度状况，包括规模、特点、主要成绩、现存问题及解决问题的对策建议。2013 年度报告共包括总报告、文化软实力基础理论研究发展报告、中国文化产业软实力发展报告、网络舆情与中国文化软实力发展报告、我国文化典籍对外翻译出版国际影响力发展报告、"985"高校网络思想政治教育发展报告、爱国主义教育基地与中国文化软实力发展报告、"汉语桥"文化软实力发展报告——"汉语桥"国际影响力回顾与前瞻等七个子报告。《中国文化软实力发展报告》为中国文化软实力研究提供了具有准确性、全面性、系统性、权威性的研究资料。

（五）国研智库论坛 2014 年会

2014 年 9 月 13 日，国研智库论坛 2014 年会在北京举行。本次"国研智库论坛 2014"由国务院发展研究中心指导，中国发展出版社主办，国研文化传媒股份有限公司、中国发展观察杂志社承办。论坛对"国家治理现代化与中国特色新型智库发展"进行了探讨。

国务院发展研究中心主任李伟在论坛开幕式上发表主旨演讲，就探索中国特色新型智库发展之路、推进国家治理体系和治理能力现代化作了系统阐述。国务院发展研究中心副主任韩俊、张军扩，民建中央副主席、全国人大财经委员会副主任委员辜胜阻，国务院发展研究中心党组成员、办公厅主任隆国强出席论坛。来自中央级官方智库、高校智库、地方智库、民间智库以及其他智库机构的代表共约三百人参加论坛。

与会代表围绕"国家治理现代化与中国特色新型智库发展"这一主题，就现阶段中国智库发展存在的问题，智库应发挥的作用，国家治理现代化与智库的关系，如何建设中国特色新型智库等问题进行了探讨。

李伟指出，我国智库现状难以满足提高治理能力现代化的迫切需求，智库发展还相对滞后：一是智库作为国家软实力的重要组成部分既缺乏制度性保障，也未能得到系统性体现；二是智库对决策的影响多处于若即若离状态，在党和国家科学、民主决策体系中缺乏制度化、规范化、程序化的安排。三是我国智库多以官方、半官方为主，智库本身难以平衡体制属性与政策研究独立性之间的关系；四是智库研究成果向决策咨询、社会效益转化的渠道不够畅通，效率有待提高；五是我国智库总体而言战略谋划和综合研判能力不足，政策研究质量和水平有待提高，尚不适应新时期决策的需要；六是党政机构与社会对智库建设的重视程度有待提高，智库发展还面临很多体制性障碍。建设高质量的中国特色新型智库，推进国家治理现代化，智库要在四个方面发挥重要作用：资政辅政，启迪民智，平衡分歧，聚贤荐才。国务院发展研究中心党组成员、办公厅主任隆国强认为，全世界成功的智库，在文化上有很多共性，包括客观性、中立性、科学性、专业性、建设性。但不同的智库还有文化的个性，所强调的核心价值观有区别。智库的文化是智库的灵魂。中共中央党校经济学部主任赵振华认为，我们建国以及改革开放以来，在某些方面有失误甚至有一些重大的错误，在某种程度上跟我们的智库不发达有关系。国家发展和改革委员会宏观经济研究院副院长马晓河认为，中国的智库既要影响决策，也要影响社会。智库的责任是要说真话、科学说话，不要跟着别人后边说废话，说自己都不相信的大话、空话。中国社会科学院财经战略研究院院长助理夏杰长认为，学术型智库需要储备丰富的人才，这些人才首先要有坚实的学术基础，同时要深刻理解中国的国情，还要有对政府运行、政府决策的初步了解。中共中央党校哲学部教授赵建军认为,要让智库成为思想火花的引爆库、政府执政的锦囊库、百姓声音的发音库、智慧人生的思想库。从这个角度打造国家队,站在学术前沿,引领时代发展。国家行政学院经济学部教授许正中认为,战略是智库研究的基点,制度、规则、概念的巧实力是战略的交汇点。他非常赞成智库是软实力,而巧实力支点的寻找是最重要的。国家战略要文化、政治、地缘、外交多维联动,正向跟进。财政部财政科学研究所所长刘尚希认为,大国治理和小国治理不是一个数量级的概念,大国治理对大国智库提出的任务与小国给智库提出的任务也不一样。我国智库的发展应当从大国智库角度考虑大国治理。清华大学公共管理学院院长薛澜认为,智库为公共政策提供研究服务,这里边有三个要素:供给方——做公共政策研究的智库;需求方——政府;还有把供需双方联结在一起的纽带,可以称之为供需市场。推动智库的发展,要考虑政策研究市场的基础设施建设和生态环境培育。真正制约中国智库发展的更多因素可能是在智库本身之外。中国发展研究基金会秘书长卢迈认为,从世界趋势看,整个的治理产生了更多问题,决策有更民主化的趋势,所以国内国际都处在智库逐渐发展、相互之间增强联系、网络进一步扩大的过程中。建设一流智库,定位不是国内智库之间的竞争,而是国际一流智库,在国内对政府决策要有影响,在国际上要享有应有的学术地位,有国际影响力。中国人民大学经济研究所所长毛振华认为,中国的智库建设要更好地在"中国特色"上下工夫,使我们的智库有别于、甚至更高于西方国家的智库,使智库这种来自西方的事物在中国的土壤上,为中国的现代化事业发展和现代化进程起到不可替代的作用。中国人民大学重阳金融研究院执行副院长王文用八个字来说明智库到底是干什么的:资政、启民、孕才、伐谋。"伐谋"是大国崛起的标配,要设置全球议程,影响国际舆论,广交国际朋友,发出中国的声音。北京师范大学新兴市场研究院院长胡必亮认为,要发挥高校作为智库的作用,首先要为高校智库创造必要条件。实际上现在我们的高校没有条件。如果大干快上,最后会是自我娱乐,浪费资源。国务院发展研究中心资源与环境政策研究所所长高世楫认为,智库是进行公共政策设计的机构,智库研究人员是政策工程师,他们要利用各种知识,在给定的条件下提出解决现实问题的最优方案,而条件是因时而动、因地不同。上海社会科学院智库研究中心副秘书长权衡认为,中国要从智库大国走向智库强国,各类智库要明确分工,分类发展。党政军系统的智库侧重选题,还可组织社会资源;高校智库发挥多学科以及国际交流的优势,把政府课题拿来和社科院进行协同创新,提出有针对性的政策建议;对民间智库,让他们有更宽松的发展环境,使之和官方智库有竞争,形成多元化发展的格局。深圳市政府发展研究中心主任南岭认为,从深圳的研发机构,可以视野更开阔地观察未来中国智库的发展,一是智库发展的形式、架构、方式是多样的;二是在全球配置智力资源；三是要有一个可持续的自我强化、自我放大的激励机制，不断使研究机构实现良性循环。宁波市政府发展研究中心副主任陈利权认为，地方智库在战略性、前瞻性、长期性的研究方面相对较弱，建议强调智库特别是政府研究机构的评估功能，希望在智库建设中加强培养、储备干部的功能，把智库建设与干部人事制度改革结合起来，包括通过挂职等形式，实现类似于"旋转门"的作用。北京国际城市发展研究院院长连玉明认为，民间智库是中国特色新型智库发展的风向标，代表中国智库的未来发展前景。民间智库是中国特色新型智库的重要组成部分和"新型"的重要标志。民间智库应当回归民间的本质，这种本质中最重要的是独立性：一是必须有独立的主体资格，二是有独立的研究方向，三是有独立的人才机制，四是有独立的资金渠道，五是有独立的管理模式和运作方式。北京万通宜金投资管理有限公司董事长韩惠敏认为，中国确实需要一批具有国际影响力和话语权的高水平、高质量的智库。作为企业家，要肩负起社会责任，不仅要参与研究，还要将智库成果落地，在服务国家、服务社会、服务经济上做出不懈努力。国务院发展研究中心副主任韩俊认为，中国智库的发展要重视战略层面问题研究，增强战略谋划能力；智库要加强自身的能力建设，增强服务决策能力，同时政府也要创造更多的条件，让智库有更多机会和渠道来服务国家决策；智库之间需要加强交流与合作；智库发展需要有高水平的人才支撑；智库要创新、建立多元化筹资机制；重视民间智库发展，为民间智库发挥应有的作用创造更多的平台和更宽松的环境；完善中国智库的评价体系；中国智库要走向世界，参与全球治理的研究，增强话语权和影响力，为增强国家软实力做贡献①。

在本次论坛上，国务院发展研究中心发布了国研中心过去一年的重要课题研究成果和《国务院发展研究中心研究丛书2014》。这是国研中心首度集中、公开地向社会发布其研究成果。

（六）"科技创新与人才战略"——高层智库论坛（2014）

2014年12月22日，由中国浦东干部学院、光明日报社、上海社会科学院、中共上海市委党校联合举办的"科技创新与人才战略"——高层智库论坛（2014）在上海举行。来自国务院发展研究中心、国家行政学院、中国科学院、中国人事科学院等单位智库机构的专家学者及上海高校中青年教师智库人才培训班学员数十人参加论坛。

与会学者就智库建设的实务经验、中国特色新型智库建设现状与展望、国际化智库建设、创新人才激励与成长等进行介绍与阐释。

---

① 车海刚、张玉雷：《智库代表话智库——"国研智库论坛2014"嘉宾演讲撷英》，《中国发展观察》，2014年第10期，第15—17页。

上海社会科学院副院长黄仁伟认为,中国智库的数量很大,但是质量不高,真正由智库提出来的创新点不多,智库大部分是追随中央已经提出的东西做解释,然后再有一点点自己当地的应用。中国与全球化智库主任王辉耀介绍了全球智库发展的趋势和特点,包括研究领域国际化、研究的视角全球化、人才队伍的高度的流动性,走国际化路线。他认为,现阶段中国智库中官办智库比重达到95%,处在优势的地位,民营智库比较弱,官办智库更多是促进学术教育,但是偏重影响学术比较多,民营智库是在弱小的阶段;我们的国家智库处在大而不强的状态,国际影响力方面比较弱。高校智库处在一个曲高和寡的阶段,不接地气。他建议,尽快发展政策研究市场,开放研究的平台。国家行政学院决策咨询部主任慕海平认为,建设中国特色新型智库要尊重一般规律,首先要明确智库的定位,要推进官办智库向公共智库的转型。上海视觉艺术学院校长王荣华指出,改革开放三十多年来,中国现代意义上的智库建设与改革开放同步发展,不断提高,但影响力还不够;智库全面参与公共政策形成过程中体制机制尚未健全,社科院、高校智库行政色彩还比较浓厚,民间智库赖以生成的资金筹措机制和信息共享机制相当欠缺,缺乏平等竞争的机会;智库创新成果的考核评价机制,缺乏激励性,公众利益表达渠道不够通畅,一些智库小散弱,导致在决策过程中,被边缘化,缺乏话语权。中国的智库要发展,要树立独立意识,要借助新技术来提高公众影响力,加强协同创新,提高智库成果的转化。中国人事科学研究院院长吴江认为,智库的思想要实现从学界的承认到社会的承认,要解决的一个关键问题是,其思想必须能够交换,科研创新和社会活动的交换,即维持智库创新的投入和成本,同时又能发挥社会作用,真正成为独立的社会劳动。原中共浙江省委常委、杭州市委书记王国平认为,要建设中国特色新型智库,就要对智库有准确的定位,他认为,首先,智库是生产和销售组织,智库必须要生产和销售产品,生产和销售的产品是智慧型或思想型的产品;其次,智库是服务组织,智库是用智慧型或者思想型的产品来提供服务,是专门为各级各类的决策者提供最佳的智慧思想理念策略战略规划方法的服务组织。建设中国特色新型智库需要解决好八个问题:服务理念的问题、专业化与职业化相结合的问题、服务对象的问题、服务特点的问题、服务载体的问题、服务力量的问题、服务资金问题、服务方法问题。求是杂志社内参编辑部主任、副编审孙广远认为,媒体具有天然的智库功能,媒体要依托自身基础,建设媒体型智库;智库要抓住新媒体异军突起,以智库为依托,打造媒体高地,建设智库型媒体;智库和媒体应该积极寻求相互发展的空间;高层需要重视智库和媒体的发展①。

三、国外智库研究的主要学术成果与观点

国外对智库的研究大体可从以下五个方面来考察：

（一）对有关智库理论的研究

在理论层面，国外学者应用精英理论、多元理论等理论对智库地位进行了解释。精英理论认为，首先，社会中存在这样的利益集团，他们在智力、性格、能力、财产等方面要优于一般大众，他们掌握着重大决策权，根据其所在的领域，又可以被划分为政治精英、经济精英、知识精英等。依照精英理论来分析，智库当属于知识精英集团，它通过自己所掌握的知识和话语权与政治领域、经济领域的精英集团展开对话与合作，以起到影响政治、社会发展的作用。其次，多元文化主义是近二十多年来活跃于美国学术界、教育界和政治界的一种政治和社会理论，在政治领域，多元主义的体现就是"多头政治"，或称多元民主。罗伯特·达尔（Robert Alan Dahl）的多元政治理论认为，多元民主是一种现代代议制民主，其中包括官员选举、表意自由、信息对称、社团自治等要素。在多元政治的理想状态下，各类利益集团都有机会参与竞争之中。智库既作为一个单独的利益集团，也作为表意群体参与到政策制定中，其掌握的广博的知识和海量信息是它们参与现代政治的利器。

（二）对有关智库实践的研究

在具体内容的研究上，部分西方研究者们侧重于历史路径的分析方法，研究智库发展的政治背景和社会思潮。

美国学者迪克逊（Dickson Paul，1971）的《智库》（*Think Tanks*）一书，介绍了美国智库的形成和发展②。

到了20世纪90年代，史密斯（James A. Smith，1993）的著作《思想掮客：思想库和新政策精英的兴起》（*Think Tanks and the Rise of the New Policy Elite*）③、布鲁斯金学会（Brookings Institution）研究员瑞西（Ricci, D. M. 1993）的著作《美国政治变革：新华盛顿和思想库的兴起》（*The Transformation of American Politics：The new Washington and the rise of think Tanks*）分析了作为政策精英的智库专家在美国形成

---

① 王思敏、曲一琳：《专家研讨科技创新、人才战略与智库建设》，《光明日报》，2014年12月22日，第4版。

② Dickson, Paul. *Think Tanks*, New York：Atheneum, 1971.

③ James A. Smith. *Think Tanks and the Rise of the New Policy Elite*, Free Press, 1993.

并得以发展的政治背景①。

英国学者克科特(Richard Coekte,1994)的著作《思考那些不能思考的:思想库与经济反革命》(Thinking the unthinkable: think-tanks and the economic counter-revolution),将智库的发展历程和社会思潮的更替结合起来,勾勒出社会思潮发展的历史轨迹②。

英国学者邓汉姆和加耐特(Denham, A. and Garnett, M,1998)在《英国智库和思潮》(British Think Tanks and the Climate of Opinion)一书中对过去影响社会思潮的多元主义的观点提出了质疑③。

美国学者霍华德(Howard J. Wiarda,2008)在论文《新的强大的组织:智库和外交政策》("The New Powerhouses: Think Tanks and Foreign Policy")中阐述了智库是什么、做什么、为什么会有如此大的影响力等问题,还分析了美国二战后的外交决策制定模式是如何逐渐形成的,并认为,美国智库已经从中间派别转变成更具有意识形态的政治化智囊团④。

美国学者科切特科夫和孙岩(G. B. Kochetkov and V. B. Supyan,2010)在论文《美国的智库:公共政策的科学工具》("Think Tanks in the USA: Science as an instrument of Public Policy")中论述了美国科研单位系统的组织结构,并探讨了美国智库的分类以及其在科研和促进公共政策发展过程中所起的作用。他们认为,美国智库一方面为美国科技的发展奠定了基础,另一方面由于它们反映了不同的政治方向和社会想法,因此也扮演着十分重要的政治角色⑤。

（三）对智库影响力的研究

英国学者斯通(Diane Stone,1996)在《俘获政治意象:智库与政策过程》(Capturing the Political Imagination: Think Tanks and the Policy Process)一书中,提出了知识交流在政策过程中的重要作用,并对智库的组织管理和认知网路进行了详尽的分析⑥。

---

① Ricci, D. M. *The Transformation of American Politics: The new Washington and the rise of think Tanks*, New Haven: Yale University Press, 1993.

② Richard Cockett. *Thinking the unthinkable: think-tanks and the economic counter-revolution*, Fontana Press, London, 1994.

③ Diane Stone, Garnett. *Think Tanks, Policy Advice and Governance*, New York: St. Martin's Press, 1998.

④ Howard J. Wiarda, "The New Powerhouses: Think Tanks and Foreign Policy," *American Foreign Policy Interests*, 2008(30).

⑤ G. B. Kochetkov and V. B. Supyan, "Think Tanks in the USA: Science as an instrument of Public Policy," *Studies on Russian Economic Development*, 2010, 21(5).

⑥ Diane Stone. *Capturing the Political Imagination: Think Tanks and the Policy Porcess*, London: Frank-Cass,1996.

现美国宾夕法尼亚大学智库项目负责人詹姆士·麦甘(James G. McGann,1995)则率先将定量分析方法用于思想库的研究,在其著作《公共政策研究产业中经费、学者和影响力的竞争》(The Competition for Dollar, Scholars and Influence in the Public Policy Research Industry)中,通过调查问卷的方式罗列比较了7个美国智库的基本数据,但没有阐明数据的意义及因果关系[1]。

加拿大学者阿贝尔森(Abelson D. E,1996)在其著作《智库与它们在美国外交政策中的重要》(American Think Tanks and Their Role in U. S. Foreign Policy)中,以美国外交决策过程为案例,详细分析了智库在政策决策过程的影响机制,它们还特别介绍了网络在智库影响政策过程中的作用,并指出媒体网络已成为智库能够借助宣传其政策思想并影响外交政策的新渠道。

英国学者菲利帕·谢灵顿(Philippa Sherrington,2000)在论文《英国智库:提高了高水平的争论?》("British Think Tanks:Advancing the Intellectual Debate?")对英国智库的影响问题作了较为全面的总结。他认为,影响力问题是英国智库研究的一个关键问题(也许是最主要的难题),因为它在任何背景下都很难证明;而且这种困难并不仅限于英国,在美国和太平洋沿岸国家有关智库的文献中,规范性研究的局限也非常明显[2]。

阿贝尔森(Abelson D. E,2002)在其专著《智库重要吗？公共政策研究机构影响力评价》(Do Think Tanks Matter? Assessing the Impact of Public Policy Institute)中探讨了评价思想库影响力的方法,其创新之处在于通过数据库的检索,定量地比较了不同思想库的政策影响力[3]。

瑞奇(Andrew Rich,2004)在前人研究的基础上,在《智库——公共政策和专家政治》(Think Tanks, Public Policy and the Politics of Expertise)一书中,第一次把回归分析的定量方法用于分析数据,并研究了不同类型智库实现影响力的行为的差异[4]。

托马斯(Thomas Medvetz,2012)在《美国智库》(Think Tanks in America)一书中分析了智库作为一种新型的组织形式出现在美国并有效地解释了为什么它们减

---

[1] JamesG. McGann. The Competition for Dollar, Scholars and Influence in the Public Policy Research Industry, Newyork:University Press of America1995.

[2] PhilippaSherrington, "British Think Tanks: Advancing the Intellectual Debate?," British Journal of Politics and International Relations. 2000,2(2).

[3] Abelson D. E. Do think tanks matter? Assessing the impact of public policy institute, Montreal: McGill-Queen's Universtiy Press,2002.

[4] Andrew, Rich. Think Tanks, Public Policy and the Politics of Expertise, London: Cambridge University Press, 2004.

少了大多数学院派知识分子对政策制定的影响①。

美国学者里森·莱恩和威廉姆森(Peter T. Leeson, Matt E. Ryan, Claudia R. Williamson, 2012)在《智库》(Think Tanks)一文中,第一次对智库和经济政策之间的关系进行了实证检验。他们运用1997—2009年美国45个州的51个智库的面板数据检测了国有非市场化的智库与八个主要经济政策目标之间的关系,结果显示,几乎没有任何证据表明国有非市场化智库与意图对政策维度产生影响的"亲市场"政策有关。然而,在政府与市场在经济政策的主导选择方面,另一结果表明国有非市场化智库与"亲市场"民众的态度关联很大。这些结果表明如果智库与经济政策的联系是重要的,这一重要性可能会是长期的并通过"智库建议"的渠道发挥作用②。

美国学者克拉克和路德曼(Julia Clark, David Roodman, 2013)在向全球发展中心(Center for Global Development,简称 CGD)提交的论文《智库绩效的测度:公众视角的分析》一文中,关注智库绩效如何更好测度这一问题,指出可以通过应用现代工具来测度新老传媒和学术界的引用次数。他们认为如果把当前投入到成百上千的专家来为机构进行排名的资金和精力转投入搜集和分析更多目标主体和智库绩效评价方法的研究的话,专家和大众对智库的理解支持程度将会更高③。

库比拉伊·宿·阿林(K. Y. Arin, 2014)在《新保守派智库在美国外交政策中的作用》("The Role of Neoconservative Think Tanks in US Foreign Policy")一文中分析了美国新保守派智库产生发展的历程、新保守派智库主要对外政策主张及影响。指出:美国新保守主义崛起于20世纪60年代末70年代初,就其内在逻辑而言,它既是对传统保守主义的继承,同时又是对古典自由主义的回归。其外交政策主要有增加军事开支,加强国防;鼓吹"霸权稳定论",追求美国一家独霸的"单极世界";强烈反对孤立主义,鼓吹"积极的行动主义",主张美国应该积极参加国际事务以确保其世界领导地位;顽固坚持反共主义,把苏联代表的共产主义看做对美国民主自由的最大威胁,这样就使得美国的对外政策中的意识形态因素突显;巩固同盟关系,建立美国领导下的地区力量平衡。持有新保守主义思想的智库对美国的外交政策的制定产生了巨大影响,特别是在冷战结束、共和党人相继夺取了国会和白宫的领导权后,新保守主义已经成为华盛顿的官方政治哲学、共

---

① Thomas Medvetz, *Think Tanks in America*, Chicago: University of Chicago Press, 2012.3(1).

② Peter T. Leeson, Matt E. Ryan, Claudia R. Williamson, "Think tanks," *Journal of Comparative Economics*, 2012, 40(1).

③ Julia Clark, David Roodman. "Measuring Think Tank Performance: An Index of PublicProfile," CGD Policy Paper 025. Washington DC: Center for Global Development. 2013.

和党高层的政治理念①。

库比拉伊·宿·阿林(K. Y. Arin,2014)在专著《智库:美国外交政策的智囊团》(Think Tanks:The Brain Trusts of US Foreign Policy)阐述了智库的类型、政治影响力、基金、企业慈善与政治宣传的关系、美国政治体制的碎片化、精英理论、新保守主义智库对美国外交政策的影响等内容,分析了克林顿和布什政府时期美国智库对外交政策的影响。作者认为,由于美国政治体制的碎片化,政策制定者需要向智库寻求政策建议,智库可以通过多种渠道与立法者进行沟通②。

(四)对智库的国际比较研究

此外,国外学者在研究过程中还采用了国际比较研究的方法,即通过比较各国智库在本国的政治地位的不同和影响力的差异、不同国家智库发展的差异找出影响思想库发展暗含的主要因素。

斯通、邓汉姆和加耐特(Diane Stone,Denham, Andrew and Garnett,1998)合编的《世界各国思想库的比较研究》(Think Tanks across Nations:A Comparative Approach),是第一部比较全面地对比分析世界各国智库产生、发展的著作。这方面相关的论述还有一些智库国际会议的论文集③。

奥尼尔(Robert O'Neill, 2008)在论文《新的强大组织:智库及其影响》(The New Powerhouses:Think Tanks and Their Impact)中,介绍了美国、德国、英国等国家智库的发展历程,以及它们之间的不同点和其在政策制定过程中的重要作用;同时,以美国的兰德公司为例说明了"智库"一词的来源,并和德国智库相比较说明美国智库更具有党派色彩。作者还认为,全球性的智库研究机构对保持世界的和平,促进世界的和谐具有重大意义④。

美国学者宽和魏(Tom Kwon, Jennifer Wei,2013)在报告《智库组织的眼神:美中韩智库的比较研究》中(The Expanding Field of Think Tank Organizations:A Comparative Study of the US, China, and Korea)指出,针对当前在智库特征和其作用方面缺少实证研究的问题,他们对跨文化领域的美国、韩国和中国的智库进行了对比分析,涉及了三国智库的建立日期、隶属关系、董事会联动机制和宗旨声明中的

---

① K. Y. Arin,"The Role of Neoconservative Think Tanks in US Foreign Policy,"*Think Tanks*,2014,1(1).
② K. Y. Arin Think Tanks, *the Brain Trusts of US Foreign Policy*, Springer Fachmedien Wiesbaden, 2014.
③ Diane Stone,Denham, Andrew and Garnett, Mark(eds.), *Think Tanks across Nations:A Comparative Approach*, Manchester and New York:Manchester University Press,1998.
④ Robert O'Neill, "The New Powerhouses:Think Tanks and Their Impact," *Asia-Pacific Review*, 2008,15(2).

不同,并指出未来智库将由美国老式组织机构转变为亚洲新兴结构①。

(五)对中国智库发展的关注

近年来,一些国外智库专家开始关注中国智库的发展,对中国智库的发展现状进行了分析并提出一些对策建议。

布鲁金斯学会约翰—桑顿中国中心主任、华裔学者李成(2010)认为,中国智库今后会遇到结构上的挑战。对智库发展而言,人才是最主要的,中国的智库都有一两个领军人物,而这几个领军人物都有他们自己的背景和声望,这些智库也因此会成名。但问题是随着一两个优秀人才的离去,中国智库就会受到影响;其次,中国智库的独立性问题会直接影响一个智库的声誉和可信度。

新加坡国立大学东亚研究所所长郑永年(2013)指出,思维方法是中国智库现在面临最大的缺陷。无论是做建模,还是做定量、定性分析,这些都不难。这些是工具,最主要的,还是思维方式最重要。没有思维方式,各种工具也没用。现在大家把作为工具的东西变成目标了,用这些工具造出了很多东西来。这是本末倒置,做不出东西来。智库不是为了追求影响,智库就是说真话。如果为了追求影响,为了获得领导人的批示,肯定做不好智库。

美国宾夕法尼亚大学智库项目负责人詹姆士·麦甘(James McGann,2014)在接受采访时指出,世界智库界很难通过互联网了解中国智库,这些智库要么没有自己的网站,要么网站是纯中文界面,这让很多国外学者很难通过互联网了解其信息。毕竟,全球智库高度依赖互联网技术,我们每年都有很多通过互联网视频进行的国际会议,但中国智库却难以通过这种形式介入。针对中国智库的未来发展,他指出,第一,在智库的组建和架构上真正体现多学科、现代化的特点。第二,在智库的架构上搭建起两个层次的人才队伍:一是专业化的研究人员,他们坐在书斋里长期对固定问题进行研究;二是聘请一支流动人才队伍,对新出现的问题进行研究,从而构建一个有活力的研究环境。第三,必须在信息技术上投入更多精力,并由此实现建立其在世界范围内的可信度。

英国智库研究专家、On Think Tanks创始人恩里克·蒙迪扎巴尔(Enrique Mendizabal,2013)在首届中国智库国际学术研讨会上指出,智库最重要的因素是人,智库要想发展好,就必须要有许多同僚机构。需要做好八个方面的工作:1. 劳动市场和劳动政策必须灵活以支持智库所需要的人才;2. 税收政策需要支持智库的资金来源;3. 健康的政治辩论的环境;4. 进行公共服务的改革;5. 信息技术足

---

① Kwon T, Wei J. "The Expanding Field of Think Tank Organizations: A Comparative Study of the US, China, and Korea," 2013.

够支撑;6. 良好的沟通方式;7. 城市必须要有创新能力;8. 有很好的教育体系和系统来支撑。

美国宾夕法尼亚大学"智库与公民社会研究组"(Think Tanks and Civil Societies Program,University of Pennsylvania)自2007年开始发布《全球智库报告》(*Global Go To Think Tank Index & Abridged Report*),对各国智库水平进行衡量。2014年1月22日,其发布的《2013年全球智库年度报告》显示,2013年全球共有6826家智库,我国智库从数量上讲已经在世界上排名第二(426家,美国以1828家排在第一位)。但问题是,我国仅一家智库(中国社会科学院,CASS)进入综合影响力前十名,而美国有6家,英国有2家;综合影响前100名的智库中,中国只有6家。智库层次低,成果质量不高,影响力不强,战略谋划能力不足,已经成为制约我国软实力提升的重要因素。

四、中国智库研究的基本特点与存在的问题

(一)中国智库研究呈现的基本特点

1. 研究成果日渐增多。本报告选用中国知网(CNKI)数据库平台的"期刊数据库"作为数据来源进行检索,文献采集的时间范围从2000年1月1日至2014年12月31日,采用检索策略为题名字段中含有"智库""思想库"的文献进行检索,各年文献数量如表1所示。自2000年以来,共有相关文献4065篇,2008年之后,学界的相关研究成果逐渐增加,尤其是2013年以来,相关文献增加迅速。有关智库的学术专著也是近五年来逐渐增多,如表2所示。

表1　2000—2014年智库(思想库)研究学术文献检索统计

年份	2000	2001	2002	2003	2004	2005	2006	2007
智库	1	1	3	6	8	10	41	75
思想库	18	15	10	28	50	40	42	54
总计	19	16	13	34	58	50	83	129
年份	2008	2009	2010	2011	2012	2013	2014	
智库	133	353	352	390	403	693	882	
思想库	67	69	67	88	75	53	38	
总计	200	422	419	478	478	746	920	

表 2 近年来有关智库（思想库）的学术专著

书名	作者	出版社	出版时间
美国重要思想库	吴天佑 傅曦	时事出版社	1982
领导者的外脑：当代西方思想库	朱锋 王丹若	浙江人民出版社	1990
现代思想库与科学决策	李光	科学出版社	1991
决策文化论	鲍宗豪	三联书店上海分店	1997
兰德决策——机遇预测与商业决策	乔迪	天地出版社	1998
领袖的外脑——世界著名思想库	北京太平洋国际战略研究所	中国社会科学出版社	2000
欧洲思想库及其对华研究	冯仲平 孙春玲	时事出版社	2004
中国思想库：政策过程中的影响力研究	朱旭峰	清华大学出版社	2009
国际著名智库研究	李轶海	上海社会科学院出版社	2010
中国智库竞争力建设方略	李安方	上海社会科学院出版社	2010
旋转门：美国思想库研究	王莉丽	国家行政学院出版社	2010
西方学者论智库	金芳	上海社会科学院出版社	2010
世界各国智库研究	李建军 崔树义	人民出版社	2010
中国智库发展报告	于今	国家行政学院出版社	2011
智库产业——演化机理与发展趋势	李凌	生活·读书·新知三联书店	2012
智库转型——理论创新与实践探索	王健 沈桂龙等	生活·读书·新知三联书店	2012
智库谋略——重大事件与智库贡献	冯叔君等	生活·读书·新知三联书店	2012
建设首都社会主义新智库研究	谭维克	中央文献出版社	2012
美欧智库比较研究	褚鸣	中国社会科学出版社	2013
中国智库发展报告（2012）	于今	红旗出版社	2013
海外智库——世界主要国家智库考察报告	王佩亨 李国强	中国财政经济出版社	2013
智库报告：2013年中国智库报告（影响力排名与政策建议）	上海社会科学院智库研究中心	上海社会科学院出版社	2014
大国智库	王辉耀 苗绿	人民出版社	2014
中国特色新型智库：胡鞍钢的观点	胡鞍钢	北京大学出版社	2014

2. 研究内容逐渐丰富。在中国知网检索的文献中,包括表2所列示的关于智库和思想库的学术专著中,我们发现,在很长一段时间内,国内关于智库和思想库的研究成果以介绍欧美等国智库发展经验居多。近年来,随着相关研究的增多,研究内容逐渐丰富,从关注、借鉴国外智库发展到逐渐探讨中国智库的发展;对于中国智库的研究包括:中国智库的发展历程、发展现状、智库的分类、不同类型智库的发展、智库的运行、智库融资,自2013年来,越来越多的研究开始探讨中国特色新型智库的界定、如何建设中国特色新型智库等。

3. 研究队伍逐步扩大。前几年,中国智库研究处于起步阶段,规模较小,研究人员主要集中在北京、上海等大城市,相关研究活动很少。近年来,专门探讨智库建设的研讨会开始出现(详见第二部分"智库研究的重要学术活动"),研究队伍日益增大,如上海社科院成立了智库研究中心,上海大学成立了智库产业研究中心,上海市教委依托复旦大学成立了上海市高校智库研究和管理中心,国务院发展研究中心公共管理与人力资源研究所成立了"国外智库管理体系研究"课题组,山东省社科院成立了"世界各国智库研究"课题组,研究队伍明显壮大。尤其值得一提的是,一些博士研究生、硕士研究生还把智库(思想库)研究作为自己学位论文的选题,从中国知网"中国博士、硕士学位论文全文数据库"中可检索到的硕士、博士论文有45篇,标志着智库研究的影响已经波及青年学子,呈现出兴旺之势。

4. 学术活动明显增多。如前所述,自2013年以来,由政府部门、高校与科研单位主办的全国性的智库研究学术会议就有6次,参加的专家学者众多,学术水平较高。会议内容涉及"高校智库建设""中国梦与智库建设""文化软实力与智库建设""国家治理与智库建设""科技、人才与智库建设"等诸多方面的问题。特别是由中国文化软实力研究中心联合人民日报理论部等单位主办的"第五届中国文化软实力研究高层论坛",会议主题是"文化软实力与中国特色新型智库建设",国内相关领域的知名专家学者都参加了此次研讨会,从文化软实力与智库的关系、中国特色新型智库的界定、如何建设新型智库、建设什么样的新型智库等方面进行了深入研讨,较为全面地反映了我国智库研究的进展情况,探讨了中国特色新型智库建设的诸多问题。会后中央电视台、人民日报、光明日报、人民网、光明网等国家媒体都做了相关报道或会议成果的转载,对于推动中国智库研究产生了积极而广泛的影响。

(二)中国智库研究存在的问题

自2013年以来,国内智库研究越来越广泛、深入,但还存在一些问题:

1. 对中国智库发展现状的分析不够。国内学者对中国智库发展的历程、类型、发展现状、发展中存在的问题如资金来源、意见表达、参与咨询渠道、影响力等进行了概括和分析,但不全面、不深入,尤其是对发展中存在问题的分析,大多仅是指出存在的问题,而对于问题产生的原因却缺乏深入、系统的分析。由于认识上的不足,很难提出解决这些问题的针对性措施。

2. 对中国特色新型智库建设的认识不够。智库在我国古已有之,但现代意义上的智库起源于西方国家,国外学者从不同角度对其进行了界定,我国学者也在借鉴国外学者的基础上对智库的内涵进行了阐释,但尚未有被国内学界认可的定义;而对于中国特色新型智库,与一般意义上的智库、与国外的智库有何区别?其"中国特色"和"新型"的具体含义如何?如何界定?中国特色新型智库在当代中国担负着什么样的角色?功能如何?无论学界还是政界都未给出明确的、规范的解释。同时,党和国家领导人指明了建设中国特色新型智库的意义,但具体体现在哪些方面?如何理解智库建设是服务党和政府科学民主决策、破解发展难题的迫切需要?如何理解智库建设与国家文化软实力提升的关系?还可以从哪些方面深化对中国特色新型智库建设的重大意义?对此,学界也没有进行深入的探讨和解释。而这些问题如不解决,无疑会制约中国特色新型智库建设工作的开展。

3. 对国外智库建设和研究缺乏辩证认识。无论是智库建设的实践还是智库的理论研究,国外尤其是英美等国家都走在前列,对此,国内学者通过翻译国外文献、到国外进行实地考察等方式获取了大量的相关信息,也逐步结合中国实践总结了自身智库建设的一些启示和经验;但需要注意的是,国外智库建设也并非尽善尽美,也存在一些问题;同时,我国的社会制度、发展体制与其他国家有着很大的差别,别国的经验只能借鉴,我国智库建设还应探索中国特色发展的道路。

4. 对中国特色新型智库建设缺乏总体架构。自中国特色新型智库建设的要求提出以来,诸多学者对如何开展建设工作从不同的角度提出了对策建议,包括官方智库和民间智库的建设、高校智库的建设、智库建设的管理运营等方面。但是,这些对策建议存在两个关键的问题:第一,并未体现出"中国特色""新型"的内涵,很多仅仅是一般意义上智库建设的、放之四海而皆准的建议;第二,研究较为分散,不成体系,缺乏总体架构。对于如何在新的发展环境、面临的国内外挑战和体制条件下去构建中国特色的智库体系研究还不够。特别是对于当前中国需要什么样的智库,如何建设智库方面,存在薄弱环节。

5. 制度性研究不够。"市场在资源配置中起决定性作用",智库在市场经济体制中如何生存和发展?在智库建设中如何处理政府和市场的关系?作为市场主体,智库的服务对象、经营模式、运营机制如何确定?智库的研究方向、专业分工如何确定?智库内部建设与外部环境的关系如何处理?如何使智库的内部机制更好地适应外部环境,满足社会需求?如何处理人员的专职与兼职的关系,如何科学设计人员构成?如何科学评价智库的工作和影响力?关于这些问题,制度层面的设计和研究都还很少。

6. 定量研究不足。国外学者在 20 世纪 90 年代中期已经开始把定量研究引入智库影响力的评价中，而我国学者在这方面的深入研究较少，个别学者如朱旭峰全面吸收国外成熟理论和模型，首次对中国思想库的影响力进行了实证分析；上海社会科学院智库研究中心沿用美国宾夕法尼亚大学"智库与公民社会研究组"的方法，首次对中国智库的影响力进行了综合排名。但需要注意的是，国外智库影响力测度的模型是否能直接用于中国智库的评价中，这本身是个值得商榷的问题。

五、对加强中国智库研究的建议

（一）清晰界定"中国特色新型智库"的概念

要建设中国特色新型智库，首先要在理论上界定清楚究竟什么是"中国特色新型智库"？它同一般意义上的智库、与西方智库有什么异同？如何给出"中国特色新型智库"以系统完备的公认定义？

（二）全面认识中国智库研究和发展现状

研究智库当然也要增强问题意识，要厘清中国智库发展存在的问题。要从中国国情出发，对中国智库发展中存在问题产生的原因进行深入细致的分析，分清哪些是必须改革的，哪些是必须放弃的，哪些是需要完善的，那些是必须坚持的，不能只"破"不"立"。

（三）辩证分析国外智库发展

现代智库的发展源自西方，西方智库确实走在前面，在面向市场、多元发展、研究独立等方面确实有值得我们学习借鉴的地方。但国外智库建设也并非尽善尽美，也存在一些问题，而且与中国国情有不适应之处。不能不加分析地把西方智库作为中国智库发展的标尺，主张把所谓"去意识形态化""去行政化""去部门化"作为中国智库学习的模板，而应辩证、全面地分析国外智库的发展。

（四）站在国家长远发展的战略高度上进行研究

建设"中国特色新型智库"，当然有利于科学决策民主决策，但绝不仅仅止此。对其意义的认识，应该着眼于中华民族伟大复兴，有更宽的视野，更高的站位，更深的理解，更长远的思考。

（五）科学合理的系统构思中国特色新型智库建设

中国现有哪些种类智库？这些智库应该如何围绕国家核心利益开展研究？应该建立什么样的人才管理机制、科研管理机制、经费筹措机制、成果宣传推介机制？这些机制如何在智库产业市场中顺畅运行、合理互动、有机协调？这都是未来研究应重点关注的问题。

（六）加强量化研究

智库所提供的决策建议效果如何？成果影响如何？影响力如何？这些都需要进行实践检验、成果评价、媒体反映，以便反馈后的信息为下一轮智库系统运作储备参考信息。而要实现这一目标，需要通过定量化的研究来测定智库的影响力，不仅需要构建相应的智库影响力模型，还需要加强相关的数据库建设。

中国舆论引导力研究报告

李希光　顾小琛[*]

摘要：习近平总书记指出，提高国家文化软实力，要努力提高国际话语权。要加强国际传播能力建设，精心构建对外话语体系，发挥好新兴媒体作用，增强对外话语的创造力、感召力、公信力，讲好中国故事，传播好中国声音，阐释好中国特色。由此可见，国家舆论引导力是国家文化软实力的核心要素。当前，国家软实力的竞争在三位一体的全球网络空间、信息空间和思想空间里。为增强中国舆论引导力，在全球三维空间战中赢得胜利，本报告研究了舆论引导力的重要构成元素，并以此为标准，在此基础上分析了中国对外传播面临的困局，以及在互联网环境中国家舆论引导力面临的挑战与困境，同时给出相应的解决途径与方法。本报告对中国舆论引导力做了全面的评估和考量，最后提出，中国应当在全球网络、信息空间、思想空间中塑造"中国梦"，并以"中国梦"为核心诉求开展价值观外交，主动高调地说明中国的政治理念与实践，将自身经验作为人类共享价值进行推广，让国际社会能够更加客观地看待中国改革开放取得的成就，并接受这样的中国，并为这样的中国所吸引。

---

[*] 李希光，清华大学国际传播研究中心主任，教授，博士生导师；顾小琛，清华大学国际传播研究中心博士研究生。

教育部哲学社会科学系列发展报告
MOE Serial Reports on Developments in Humanities and Social Sciences   99

引言:用习近平讲话精神健全党正确引导舆论的体制机制

十八届三中全会提出要"健全坚持正确舆论导向的体制机制",是基于对当前我国舆论形势所面临的挑战和迫切需要改革的正确认识和准确判断。习近平同志的8·19讲话和在中央党校省部级研讨班的2·17讲话等系列重要讲话深入剖析了当前我国在舆论导向方面存在的重大问题和难点,从体制和机制方面找到了问题的症结所在,是指导改革和健全新闻宣传体制机制的思想基础和内在要求。

(一) 党的宣传工作改革与创新的重要性与紧迫性

习近平同志紧密联系实际,以问题为导向,在对当前我国面临的舆论形势的清醒判断的基础上,从党和人民的根本利益角度出发,指出了改革和健全坚持正确舆论导向的体制机制为出发点和落脚点,对健全坚持争取舆论导向的党的新闻宣传工作的体制机制指明了改革的方向。

新闻宣传体制机制改革依赖的是党的大政方针——政治路线、思想路线、组织路线。新闻宣传体制机制是党的政治路线、思想路线和组织路线的结果。宣传体制不是空中楼阁。新闻宣传的改革目标之一是增强党设置政治议程、公共议程和新闻议题的能力,从而主导社会舆论力,让党设定的改革发展方向和改革日程主导社会舆论发展方向。新闻宣传体制机制改革也是确保党未来改革的设计既有顶层的科学设计,也走群众路线,听取民众的呼声,打破少数精英和资本集团试图在改革问题上搞话语霸权和暗箱作业。

习近平同志在8·19讲话中明确指出,意识形态工作关系党的前途命运和国家长治久安,关系民族凝聚力和向心力,是党的一项极端重要的工作。面对当前社会舆论存在的错误认识,例如,否定中国发展模式和发展道路、倡导资本主义化中国、用西方标准评判中国、用西方的意识形态对付中国的意识形态、用西方政体取代中国政体、用历史虚无主义否定中国共产党的革命历史和政权合法性,习近平要求宣传思想部门必须守土有责、守土负责、守土尽责。

党的宣传部门当前急需要做的具体工作是,首先要摸清自己的思想意识形态的领土在哪里、阵地在哪里、主炮台在哪里、主力军在哪里、守土的将士在哪里、盟军在哪里。党的宣传部门要对当前中国共产党在新闻宣传和舆论引导方面的优势、劣势、机会和威胁进行清晰的判断和分析。例如,当前中国共产党在舆论引导方面的优势、劣势、机会和威胁在哪里?要从资源、技术、资金、意见领袖、政治动员力、群众动员力等方面分析。党的舆论资源的社会分布如何?党的拥护者和反对者其意见领袖力量对比?为什么会出现"公知"和大V现象?今年以来,网上大量的爱国群众,如"自干五"为什么突然崛起?他们来自哪里?为什么党的宣传工作的资源与阵地显得贫瘠？新媒体对当前的舆论引导机制体制带来哪些机遇和挑战？如何利用新媒体（尤其是移动互联网）重新占领舆论阵地并凝聚人心？如何重建党的基层群众宣传阵地？中国共产党有八千多万名党员。但是，为什么近些年来，在关键时刻，几乎听不到有人喊"共产党员跟我上！"这样鼓舞人心、凝聚人心的口号？

习近平同志有关舆论引导的两次重要讲话帮助我们为当前的宣传体制机制和舆论引导能力进行诊断并找出症结，在新闻宣传体制和机制改革与创新中，应强调"问题意识"，抓"主要矛盾"。

（二）党的宣传工作改革与创新的目标

通过新闻宣传体制机制改革，确保人民群众切实的言论表达权利。党和政府鼓励而不是限制人民群众就国家未来发展方向、政治与经济改革等大事上自由表达思想观点。只有人民群众的呼声在媒体上合乎比例地得到自由传播，党的高层方能准确了解民意，真实把握中国社会现状和民心趋势。当前，党亟需明晰自己的执政基础和群众基础在哪里。党的领导干部不要恐惧网络和微博上的群众言论。对于群众的愤怒言论，不要堵，不要采取鸵鸟态度。大多数民众对党和政府发自肺腑的激烈批评，更多地是他们对党和政府还存有期盼，他们是在争取一个惠及大多数中国人民的改革，而不是服务小集团的改革。

根据习近平同志的讲话精神，宣传工作改革与创新的目标是：思想上，坚持马克思主义的指导地位；行动上，坚持为人民服务、为社会主义服务的方向；组织上，确保各级各类宣传文化机构的领导权掌握在忠于党和人民的人手里，在行动上与党中央保持最高度的一致；目标上，构建起具有中国特色、中国风格、中国气派，具有强大吸引力、说服力、凝聚力的新闻与宣传话语体系，打造融通中外的新概念、新范畴、新表述，以解读中国的基本国情、价值理念、发展道路、内外政策，形成能够准确、流畅、简明传播中国特色社会主义的"新闻宣传话语体系"和评判标准。

党的宣传部门要针对党面临的国际、国内政治形势和社会舆论形势进行深入透彻地分析，研究如下紧迫任务：当前思想意识形态的重大问题的正确舆论引导、历史性重大问题和历史人物的评价上的正确舆论引导、突发事件与公共事件的舆论引导、社交网络和移动网络的舆论引导、下层与底层群众的舆论引导、中间阶层的舆论引导、知识分子和社会精英的舆论引导，以及在"中国梦"的政治共识基础上，通过舆论引导在中国社会的左中右各界建立一个新的统一战线的政治构想。

（三）宣传体制从"科层体系"转向"扁平组织"

在新闻宣传的管理层面，宣传工作要从科层体系的行政主导转向扁平组织的政治主导，这是做好党的宣传工作的基础设施。党的新闻宣传体制的扁平化改革还包括组织、培育和壮大党的基层宣传组织和宣传员队伍。

新闻宣传体制和机制的组织扁平化，是革命战争和建设时期我党新闻工作的优良传统。例如，在革命的重大关头或重要战役时，毛泽东同志亲自撰写或修改新华社新闻稿。中国共产党在革命时期曾经是扁平组织，所以极为亲民，专为百姓办小事。干部战士要保证"缸满院净"，还要"为家家户户排忧解难"。这是党和人民血肉联系的来源。在社交网络媒体时代带来的社会民心分化和碎片化时代，更要积极发现和培育党的基层社区的宣传积极分子，这些人是基层社区的舆论领袖，也是党的宣传工作创新实践的沃土。扁平化宣传机制的设立，是恢复党的群众路线，重新把人民群众动员起来、组织起来，让人民在社会改革和经济改革的进程中当家做主，重振人民群众对党的信任和信心。

通过扁平化宣传机制，党重建与民众的线下联系和线上链接。党的宣传部门要重建基层党组织的群众宣传。党的领导干部要勇于走线下的群众路线，防止党在线上的政治衰败最终导致线下的衰败。要尽快把"微博问政"转向"问政于民"，比如"田头问政""村头问政""工地问政""车间问政""街头问政"。只有摆脱被资本利益集团操控的"微博问政"，到现实的生活中去听取各个阶层真实的经济诉求和政治诉求，承认观点和思想的多元化，直面舆论界政治斗争和路线斗争的现实，执政党才能创新群众工作，找到网络时代群众工作和政治动员的策略。如果执政党利用媒体加强党建，必须立足于媒体为党的深思熟虑的议程设置服务，而不让媒体及其背后的资本利益集团设置的议程牵着鼻子走。

党的宣传工作直接面向大众服务，同时也面向不同社区的窄众的新媒体服务。新媒体的大发展让新闻宣传的形式、新闻宣传产品、新闻宣传的生产过程、新闻宣传的渠道多彩多姿。党的宣传工作者通过借新媒体这艘大船出海，把群众的宣传工作开展到移动终端的自媒体圈内。通过走群众路线，党的方针路线被群众理解和接受，于此同时，广大人民群众的社会变革声音传达到党的高层，让人民群众的声音在改革话语中占有一席之地，扭转中国目前的话语权资源在社会各个阶层的政治力量分配严重失衡的局面，从而消除潜在的政治和社会不稳定因素。

"舆论引导的扁平化"也借鉴了白宫的新闻办公室和白宫的全球传播办公室引导舆论的做法，即通过设置新闻议程、新闻议题和报道立场，来影响媒体选题、报道方向和舆论走势。党的宣传部门要设立"战略议程与新闻议题策划办公室"，围绕当前的一些国内外重大新闻事件，根据党的发展议程，直接为媒体和国内外新闻界设置新闻议程。通过这种体制机制的改革，使中宣部决策层和媒体操作层之间发生了紧密的业务联系，使媒体快速地将党的宣传部门的决策权延至新闻生产、宣传营销的最前线，从而为提高舆论引导效率和准确性建立起富有弹性的新型舆论引导体制和机制，实现各级宣传部门不再是高高在上的金字塔，而是变得灵活、敏捷的富有创造性的操作部门。

（四）建立党外的宣传工作统一战线、培育自己的舆论领袖

党的新闻宣传工作改革的一个具体目标就是建立党外的新闻宣传工作统一战线。党在基层和党外一旦失去了舆论空间，宣传和舆论真空自然会有人去填补。无数中国的、外国的、友好的、中立的、敌对的势力在而今一盘散沙的社会中看到了实现自己理念的机会。这些组织大多是扁平的，以组织人民为本业，非常贴近民众。党通过重建自己的扁平化宣传队伍，把人民通过舆论引导重新组织起来，让自己的朋友越来越多，敌视自己的人越来越少。党在自己的政治主张和政治宣传中，亟需建立自己的政治同盟和新的统一战线。如果一个政党远离政治并主动放弃自己的主流意识形态，放弃培育并呵护自己的舆论领袖，将会导致一些党内思想领袖和党外的政治同盟者弃党而去，带来党的政治衰退。而这将导致政党与大众、尤其是与处于中下层的大众疏远，难以发现工人和农民的政治与政党政治之间的有机关联。这也是为什么习近平同志在党的"十八大"后的第一个五一劳动节座谈会上，代表党中央旗帜鲜明地重新强调，"必须充分发挥工人阶级的主力军作用。工人阶级是我国的领导阶级，是我国先进生产力和生产关系的代表，是我们党最坚实、最可靠的阶级基础，是全面建成小康社会、坚持和发展中国特色社会主义的主力军"。

党的各级组织要培育代表国家意志和最广大人民群众根本利益的自己的舆论领袖。作为舆论领袖，他们拥有影响和改变群体态度和行为的能力，通过其对社会问题或突发事件判断性和评价性的意见，成为社会舆论的重塑者和追随者。舆论领袖要从多行业培养。知名学者、知名记者、政府官员、党内学者型新老干部以及其他知名人士都可以吸纳为意见领袖，使他们在不同的领域发挥舆论引导的作用。党的宣传部门需要在各个领域培育舆论领袖，需要在网络中有自己的舆论领袖，在博客中有自己的舆论领袖，在微博中有自己的舆论领袖，在微信里有自己的舆论领袖，在传统媒体中有自己的舆论领袖，在新闻记者群中有自己的舆论领袖，在专栏作者队伍中有自己的舆论领袖，在非政府组织中有自己的舆论领袖。在各个舆论场都有自己的代言人，中国共产党才能占领舆论的制高点，掌握舆论引导力。

（五）以国家认同为目标，通过网络共治，实现网络共识

以国家认同为目标，通过网络社会共治，实现网络社会共识。网络社会共治是党在网上的群众路线，目标是通过日新月异的社交网络、移动互联网和即将到来的穿戴互联网，对现实舆论和未来舆论进行引导、共享理念、凝聚人。党在宣布自己是执政党后，绝不意味着党放弃自己的群众基础。正相反，党在网络时代应通过网上的社会运动重建自己的执政基础。

网上的群众不是"网民"这个模糊的概念所暗示的一个整体。由于社会经济地位、价值观和个人兴趣的差异,群众在网上通过一个个微博圈、一个个微信群、一个个论坛、一组组邮件群,形成不同的社会群体。这些群体和圈子是网络时代的执政基础。网络的社会共治就是党和政府的领导人或代言人在这些网络群中与群众发生对话和交流。党和政府的领导人要能听到这些圈子里的群众就公共政策问题发表的不同意见,而不是像前两年那样,动不动就"网络交通管制",甚至封号封网。

党的宣传部门要坚持道路自信,粉碎"乌克兰化中国"或"南斯拉夫化中国"的图谋;纯洁政府网管队伍,确保那些在政治上坚定站在党中央一边的人牢牢把握互联网信息的管理和治理,把那些丧失了基本信念,在政治上摇摆、观望、骑墙的网络官僚清除出网管队伍;为确保党和政府获得的网络舆情真实、可靠、完整,要纯洁舆情报告撰写人员队伍。在重大事件中,严防西方资本集团和国内资本利益集团对舆情报告的渗透,用他们制造的政治和经济议程左右党和政府的议程,绑架党和政府的决策过程。建设党在政府、军队、学界、商界和文化界公开而强大的代言人队伍;党和政府的领导人和代言人要在网络上唱响中国建立在国家认同、中国道路、中国制度和中国发展模式之上的中国梦;在各种已经引发或可能引发质疑中华民族国家认同的突发事件和大事大非的问题上,党的各级领导人和代言人要毫不含糊站在与党、国家和人民一致的立场上通过传播平台发声。

(六)以国家认同为目标,通过网络共治,实现网络共识

从当前国内外政治与新闻话语看,由于中国政治话语缺乏独立自主的创新、在政治正确性标准上受制于西方政治话语体系,西方的政治话语体系成为了中国政策和行为的判断标准,中国的政治和新闻话语体系在国际传播体系中总处于边缘,总是处在防御状态,不停地遭到合法性的质疑。结果,在很多重大事件中,中国在国际传播中的确显得"支支吾吾"。中国理论界和新闻界丧失了民主、自由和人权这些概念的定义权和解释权。中国学界能否通过制定核心概念的新标准,争取到核心概念的定义权和利用核心概念观察问题的框架权,将最终涉及正确引导舆论机制体制的合法性问题。

习近平同志的系列讲话为我们重新制定中国自己的新闻标准、新闻报道的政治正确性标准和新闻教育标准增加了信心。既然中国人民有自主地选择国家发展道路和制度的权利,中国人就有制定自己的新闻标准和拥有自己的新闻立场的权利。根据习近平同志的讲话精神,世界上没有放之四海而皆准的具体发展模式。历史条件的多样性,决定了各国发展道路的多样性。一个国家的治理体系的形成,是由这个国家的历史传承、文化传统、经济社会发展水平决定的,是由这个国家的人民决定的,不能不顾国情地照搬照抄他国模式,更不能丢掉我们自己的制度优势。如果全盘西化,搞西方那一套,就会党争不断,内斗不止,社会再次变

成一盘散沙,国将不国。西方运用这套标尺也是"看人下菜碟"的,顺我者昌、逆我者亡。对甘当他们仆从的国家,一切都可以不闻不问;对不肯听命于他们的国家,就挥舞价值观念的大棒进行打压、策动"颜色革命",甚至动用武力推翻其政权。眼前的乌克兰危机,就是最生动鲜活的教材。

习近平的讲话明确了我国的新闻报道标准、新闻政治正确性标准、新闻的学术研究标准和和新闻教育标准,为培养和建立一支坚持中国立场的作风正派的记者队伍和媒体从业队伍服务。在西方强势的新闻话语和学术话语影响下,国内一些人,包括管理部门的一些人认识发生了偏差,盲目跟风。对我国发生的事情自觉不自觉地以西方意识形态和制度模式为标准来评判。西方垄断资本集团重金雇用大批思想舆论精英,把资本主义意识形态像当年十字军东征异教徒那样包装成"普世价值",在国内通过新闻界、学术界、教育界向民众长期宣传灌输,搞意识形态禁锢,凡不符合主流意识形态的就被视为"政治不正确";在国际上按照西方的标准进行意识形态划线,不遗余力向中国输出西方意识形态,用西方标准评判中国发生的一切事情,符合西方标准的就被视为好的,不符合的就加以妖魔化。在很多国内外事件的报道中,如当前的乌克兰内战报道上,中国的某些媒体已经失去了自己的新闻标准,看不出中国的立场、中国的利益和安全在哪里。西方媒体在涉疆、涉藏和乌克兰报道中,不追求真实,更不是传递真实信息,而是把他们的政治使命用其"普世的标准"加以包装。即使他们被捉到在"说谎",他们根本不放在心上,因为,他们掌握新闻标准,真理是他们定义的。涉及中国和世界其他国家的新闻报道标准的正确性掌握在他们手里,他们把住舆论导向的舵。为此新闻造假也无关紧要。

为此,党的宣传部门在正确引导舆论上,必须坚守新闻报道和新闻立场的独立性,要用新的观念和标准指导我国新闻宣传改革和新闻改革的方向。党的宣传部门和智库要研究中国自己的新闻报道标准、新闻政治正确性标准、新闻学术研究标准、新闻教育标准等,重塑新闻理论的基本观念。当前我国缺乏自己的新闻标准,从根源上讲是缺乏自己的新闻教育和新闻学术标准。

(七)确保新闻媒体的公共事业属性

新闻宣传体制机制改革另一重要目标是确保媒体的公共事业属性。

媒体公共性的基本原则是各个阶层的民众在重大议题上的知情权、在各类主流媒体上的民主表达权和平等对话权。媒体上的平等权利体现在,无论是在传统主流媒体,还是在新兴意见领袖媒体,任何人都是平等的理性对话成员。面对中国媒体公权被资本严重侵蚀的现实,党要确保新闻媒体能像教育事业和卫生事业等公共事业那样,为社会提供均等化新闻与言论服务,保障最广大的人民群众的知情权、意见表达权、人民的意见对公共政策的塑造力和影响力。

通过新闻宣传机制改革,还要加速媒体权力的透明化。今天的媒体拥有强大的政治权力去影响决策、影响政治结果。但媒体的政治权力不需要民主选举和绩效考核。媒体拥有过高的政治权力就会变得跟任何不受监督的权力一样,带来另外一种权力腐败——制造虚假新闻、媒体事件,愚弄人民,欺压无权阶层。

一、文化软实力与舆论引导力

(一)舆论引导力:文化软实力的核心要素

中共中央总书记、国家主席习近平在中共中央政治局第十二次集体学习中指出,提高国家文化软实力,关系"两个一百年"奋斗目标和中华民族伟大复兴中国梦的实现。加强文化软实力早已被提升到国家战略的高度。

"实力"与"权力"在英语中均用 power 表示。历史学家亨廷顿将权力理解为"一个人或群体改变另一个人或群体行为的能力"①。政治学家罗伯特·达尔(Robert Dahl)则将权力界定为"使得他人做其不愿意做的事情的能力"②。可见,拥有实力即意味着拥有影响力。

实力分"软""硬"。硬实力实现影响主要依靠"威逼和利诱",更多依赖军事干涉、强制外交,以及经济制裁③。软实力则主要依靠"吸引",并通过占有能够"产生吸引力的有形和无形资产"④实现影响。

国家的崛起离不开硬实力的基础,然而软实力亦不容忽视,它是获得持续影响力的保障。美国依靠军事力量获得独立,依靠对黄金、石油的开采赢得经济发展,美国强大的硬实力对于美国霸权的实现起到重要作用。然而,美国今天的实力更多来自思想、文化的输出,美国的实力从早期的"威慑力"转变为一种同化的力量,也越来越倚重软实力。

文化软实力是软实力的一种表现,是一种赢得人心和人脑的力量。这种力量,运用说服和吸引的手段,目的是赢得对手。发展文化产业、开发文化产品在某种程度上,有助于提升国家形象,然而提升国家文化软实力,单纯依靠文化产品的输出是不够的。

据中国外文局对外传播研究中心主导发布的《中国国家形象全球调查报告2013》数据显示,"历史悠久的文明古国"是中国最受国际民众认可的属性,具有

---

① 塞缪尔·亨廷顿:《文明的冲突与世界秩序的重建》,周琪等译,新华出版社,1998年,第78页。
② Robert A. Dahl, *Who Governs? Democracy and Power in an American City*, New Haven: Yale University Press, 1961. 转引自约瑟夫·奈:《硬权力与软权力》,门洪华译,北京大学出版社,2005年,第113页。
③ Ernest J. Wilson III, "Hard Power, Soft Power, Smart Power", *The ANNALS of the American Academy of Political and Social Science*, 2008, 616(1): 110-124.
④ 约瑟夫·奈:《灵巧领导力》,李达飞译,中信出版社,2009年5月,第28页。

62%的国际认可度。然而,很多国际受访者仍然认为中国存在较多问题,如贫富差距大(41%)、封闭守旧(33%)、社会冲突剧烈(26%)等。此外,约1/4的国际民众认为中国具有一定威胁性;更多的民众认为中国对国际事务负责任(15%),认为贡献不大的有12%。

可见,中国在很多方面还没有得到国际的认可,尤其是中国的社会体制与政治制度对世界尚缺乏足够的吸引力和说服力。因此,提升国家文化软实力还需要多种途径。

习近平主席曾在讲话中指出,提高国家文化软实力,要努力提高国际话语权。要加强国际传播能力建设,精心构建对外话语体系,发挥好新兴媒体作用,增强对外话语的创造力、感召力、公信力,讲好中国故事,传播好中国声音,阐释好中国特色①。

这段话即点明了文化软实力的重要核心要素——国家舆论引导力。

所谓舆论引导力,即通过媒介传播的力量影响公众的感知,使一国的文化、政治理念和政策得以"合法化",并得到认可。

事实上,一个国家的软实力资源再强大,也需要通过有效的传播手法和有效覆盖的媒介传播出去。用于软实力传播的媒介不一定是大众媒体,而是包括产品、公共外交、大型活动、公民个人等多种形式的媒介渠道。无论是政治制度、政治理念还是国内外政策,只有通过媒介渠道传播出去,才能影响到他人(包括国际、国内的民众),进而达到预期的影响效果。

钱其琛在他的《外交十记》中指出了西方的这种传播力,"虽然表面上是自由地发布、自由地接受,但终究是谁的钱多,谁就有更大的能力来发布自己的信息;谁的声音大,能让更多的人听到,它就掌握了发布的网络,当然它的发言权就大,声音就高,听到的人多,它的影响就大。所以,信息也有霸权,""只要能快,能先入为主,能做到铺天盖地,就会形成一种巨大可怕的力量。大家开始会有些怀疑,慢慢地也就人云亦云了。这就是潜移默化,就是主导媒体、塑造舆论,就是渗透、影响,就是抢占先机"②。

(二)舆论引导力实现影响的途径

一个国家的舆论引导力是重要的软实力来源。舆论引导的重要性从三方面体现。第一,今天的时代已经成为一个"媒介化事实"的时代,新闻媒体几乎成了事实的同义词;第二,在这个全球传播时代,舆论的同化又是如此严重,全球传播几乎变成了西方传播;第三,信息革命才刚刚开始,对于软实力在新闻传播领域的

---

① 新华网:http://news.xinhuanet.com/politics/2013-12/31/c_118788013.htm。
② 钱其琛:《外交十记》,世界知识出版社,2003年,第377页。

有效研究和战略,意味占领日后的先机。

媒介影响人们感知的一种方式是构建"媒介化现实"。1922 年,美国学者李普曼(Walter Lippmann)就提出了"拟态环境"的概念,以解释媒介对于公众感知的影响。他认为,人们由于实际活动的范围、精力和注意力有限,不可能对与他们有关的整个外部环境和众多的事情都保持经验性接触,对超出自己亲身感知以外的事物,人们只能通过各种"新闻供给机构"去了解认知①。换句话说,人们生活在"拟态环境"中,在这个环境中,人们看到的是经过媒介选择、加工后的信息,而所有的判断也是依据这种媒介化现实做出的。

媒介对于公众感知与判断的另一影响是通过"议程设置"实现的。根据议程设置理论,媒介通过事实的筛选、选题的角度、报道的位置等影响受众对新闻与信息重要性的判断,并影响其思考方式。"受众通过媒介不仅了解公众问题以及其他事情,而且根据大众媒介对于一个问题或论题的强调,学会应该对它予以怎样的重视"②。

议程设置的能力由于新闻生产过程中的二元法得以加强。从新闻景象、新闻源,到受害者、抗议、新闻用语,所有新闻生产的元素均被分为"有价值的"和"无价值的"两类。有价值的被予以应用、甚至放大,无价值的则被舍弃,将无机会呈现于受众面前。而关于价值的判断,则由新闻生产者或其背后利益集团的目的所决定。这些新闻报道无一不服务于本国国家安全需求、政党政策,以及政府对外政策,目的在于通过议程设置,将其政策合法化。

由于当前全球传播体系是围绕美国建立的,因此,在美国及西方其他国家强大的议程设置下,全球舆论也出现一边倒的同化现象,而传播内容也局限在几个西方设定的框架中——这就是舆论同化,中国建设舆论引导力亟需突破的禁锢。

实际上,舆论控制与舆论同化是软实力战略的一个重要手段和方式。在全球化时代同化公众思想的具体手法和技巧有:1. 科学策划、精心选择用语;2. 媒体高举独立的大旗,增加公信度;3. 在国际报道上贯彻国家利益至上的原则;4. 占领道德高地;5. 策划新闻用语;6. 策划标签化用语;7. 排除不符合自己价值标准的信息;8. 通过媒体轰炸把受众变成一边倒新闻的囚徒;9. 避重就轻,转移视线;10. 策划误讯;11. 选用刺激画面,进行煽情描写;12. 学校教育配合媒体宣传;13. 坚决否认自己是宣传工具③。

控制舆论也就是控制人心,控制政治动向。这是一场舆论战争,战争争夺的

---

① 沃尔特·李普曼:《公众舆论》,阎克文、江红译,上海人民出版社,2006 年。
② McCombs, M. E., and Shaw, D. L., "The Agenda-Setting Function of Mass Media", *Public Opinions Quarterly*, 1972. 转引自李希光,周庆安:《软力量与全球传播》,清华大学出版社,2005 年,第 60 页。
③ 李希光:《媒体的力量》,南方日报出版社,2002 年。

不是资源和财富,而是人心。

因此,中国欲建设软实力,势必要重视"舆论引导力"的建设,在全球媒介中形成自己的话语体系,推广中国文化,并使中国的内政外交政策及核心价值观得以认可。

合理有效地传播信息,就是在使用软实力。

二、评估国家舆论引导力

(一)衡量软实力效果的维度

对于任何一种形式的软实力,我们都可以从空间和时间两个维度来衡量其效果。

1. 软实力的空间效果

软实力是用以实现一个国家自身目标的一种权力。软实力的使用并不限于国际政治中,对于国内政治,软实力同样可以发挥效用。因此,评估一国软实力首先需界定空间范围。

相同的软实力在国际、国内政治上使用,其所能够发挥的作用是不同的,原因在于国内、国际形势的不同,软实力发挥作用的机制也不同。例如,中国共产党领导的中国所奉行的是共产主义理念,其建设社会主义初级阶段的政策在国内有着巨大的影响力,国内公众多认同这种理念,有人被这一事业所吸引,而主动投身到这一建设的过程中去。但是同样因素在国际的吸引力却变得有限,而对于"北京共识"这种所谓的经济发展模式的讨论明显吸引了更多的目光,但是国内一些学者对"北京共识"并不以为然,认为这不过又是一次以西方人的视角在审视中国罢了。

2. 软实力的时间效果

时间效果是指对于具体软实力在未来可能产生效果所需时间的一种预期。时间效果的评估包含两个影响因素。

第一,产生效果需要的时间。有些软实力可以立竿见影地产生效果。但更多的软实力需要较长的时间,以一种润物细无声、潜移默化的方式来体现它的效果。对外传播中有"入耳、入脑、入心"三个词,恰好体现了软实力产生效果的三个时间阶段。

图1 软实力体现效果的三个阶段(比较心理学家的12阶段)

"入耳"是通过传播手段,将软实力传播出去;"入脑"是通过规则说服别人;

"入心"则是最终达到吸引的效果。三者之间的关系依次递推,体现了软实力由基本到高级的关系。从图1可看出,三者之间前者是后者的基础;在满足了前者的基础上,才有可能达到后者的效果,是时间上的递进关系。

以美国为例,作为当今世界软实力最强大的国家,它首先通过覆盖全球的传播体系,让自己的声音"入耳"。在这个过程中,英语作为全球普遍使用语言,是美国进行软实力传播的得力推手。在传播出去的基础上,美国借助自己在国际组织中的影响力,左右议程设置,并制定游戏规则,使得其他国家被说服跟随美国的做法,达到了"入脑"的效果。最终,美国创造的所谓"普适"的价值观和流行文化产生了巨大影响力,做到"入心",使美国的价值体系嵌入到世界人民的内心中。三个步骤缺少其中一环是无法想象的。当然,现在已经有人开始反思美国所倡导的这种"普适价值"是否真的普适,并质疑其虚伪性;这里我们无意推崇西方的价值观,但是,美国早期传播软实力的方式给我们确实带来一些启发。联想中国当下情况,在第一、第二步较弱的情况下,希望一步达到入心的效果是很难的。

第二,效果所能持续的时间。当软实力产生一定效果之后,这种效果持续的时间越长越好。效果持续时间长,有利于激发公众将友好的态度转变为实际支持的行动。然而,在信息急速裂变的社会中,公众时刻被海量信息所包围着,这不仅导致公众注意力频繁转移,同时,由于信息的多元性与不确定性,也可能导致公众对某一特定事物、甚至某个国家的认知与态度发生变化。因此,为巩固软实力所产生的效果、延长效果持续的时间,需要一个国家持续地进行软实力传播,同时应及时评估当前国家所面临的舆论环境与社会压力,调整自己的软实力传播策略,以保持国家对公众的吸引力。

(二) 衡量舆论引导力的维度

舆论引导力作为国家文化软实力的核心组成部分,在评估的过程中,结合空间和时间双项效果指标,可以发展出以下参考维度:(1)三维空间的传播渠道建设;(2)议程设置能力;(3)传播内容的说服力与吸引力。

1. 三维空间的传播渠道建设

舆论引导需要传播平台,因此,衡量舆论引导力的首要维度是传播渠道的建设。

数据显示,我国中央媒体正不断拓展国际传播渠道,新华社海外分社已达171个,驻外机构数量居世界首位。中国国际广播电台使用64种语言对外播出,是全球语种最多的媒体机构。中央电视台开播9个国际频道,成为全球唯一用中、英、法、西班牙、俄、阿拉伯6种联合国工作语言播出的电视机构①。

---

① 中国政府网:http://www.gov.cn/jrzg/2014 - 01/31/content_2579103.htm。

数字看起来喜人,但这并不意味着我国在对外传播渠道的建设上有了突破性的进展。因为当前的软实力之战,早已超越单一的媒体平台,演化成在全球网络空间、全球信息空间,以及全球思想空间的三维空间战。

20世纪末,美国国防部部长办公室委托兰德公司完成了一份名为《美国信息新战略:思想战的兴起》的报告,就美国开展网络空间战提出5项政策建议①:1. 在世界各地扩张网络连接,特别是把网络连接到那些不喜欢美国思想观念的国家;2. 把在世界范围推行信息自由传播作为美国的权力;3. 开发多层次的信息分享系统,不仅是确保信息安全,更重要的是制造一个全球性的信息分享空间,以便公开讨论某些问题;4. 创建一个"特种媒体部队",可以随时派遣到发生冲突的地区,搜集与传播信息;5. 在国家与非国家组织,特别是与非政府组织建立一个更紧密的协调行动机制。通过这样一种机制和网络运作方式,确保在网络空间中,美国的价值观念、行为准则、道德标准以及其他能够提升美国软实力的思想要素得到他国的分享、认同、采纳并渗透到这些国家的制度建设中。

随后,这篇报告的作者又进一步提出了全球范围内开展三维空间战的美国软实力建设新战略。② 根据文章描述,三维空间战包括全球性网络空间战、全球性信息空间战和全球性思想空间战。全球网络空间战的组织形态是互联网,功能是社交媒体、博客、微博和短信等信息联络与传递渠道;全球信息空间战的组织形式是CNN、时代周刊、好莱坞大片等,其作用是思想观念的放大器;全球思想空间战的组织形式是非政府组织、大学、智库、基金会、宗教团体、联合国,其功能是策划和生产各种思想观念。

表1 三种空间的组织形态及功能

	组织形态	功能
全球网络空间	互联网、社交媒体、博客、微博、短信	信息联络与传递渠道
全球信息空间	CNN、时代周刊、好莱坞大片	思想观念放大器
全球思想空间	非政府组织、大学、联合国	思想观念策源地

当前,三维空间战的策略已全面应用于美国的国家政策中。三维空间战是一种社会网络战,美国在信息网络、组织网络、学术网络、国家网络等领域全面出击,迫使其他国家改变对内政策、对外政策,甚至改变政权。

在针对中国的三维空间战中,美国对中国进行了全面的思想观念围堵,通过

---

① John Arquilla, David Ronfeldt, *The Emergence of Noopolitik: Toward An American Information Strategy*, RAND Corporation. 1999. http://rand.org/pubs/monograph_reports/MR1033/index.html.

② David Ronfeldt, John Arquilla. "A New Paradigm for Public Diplomacy", In Nancy Snow, Philip M. Taylor, *Routledge Handbook of Public Diplomacy*, New York & London: Routledge, 2008.

价值和观念垄断,让中国在政治上和思想上没有突破的机会。这正是三维空间战的意义所在。

西方将国家利益划分为三个层次:地质圈(关系能源的物质要素)、生物圈(关系民生的物质要素)、思想圈(价值、文化等软实力要素)。三维空间战的意义就在于赢得思想圈的霸权,通过公共外交、文化外交、教育外交和媒体外交,大力开发思想界的资源,建立一个在思想上、政治上属于自己的网络帝国。

我国在地质圈、生物圈的硬实力增长上取得惊人成就,这已是不争事实。然而,在思想圈中,我国的软实力没有以同等速度增长,这导致对内缺乏具有凝聚力的理论指导,对外缺乏具有信服力的话语体系。

因此,我们在建设国家舆论引导力或评估其效果的时候,不仅要考虑传统媒体全球覆盖范围,还要考虑我们在互联网、社交媒体等开放网络上的接轨、渗透程度;考虑我们是否掌握足够多元、丰富的媒体传声工具;考虑我们有没有充分利用非政府组织、大学、其他民间机构等,在全球网络空间中,进行有效的思想传播,利用开放性论坛、讲座、报告、会议等来影响和塑造舆论,从而获得国家影响力。总之,我们需要考虑,在三维空间战中我们是否已经积累、掌握了足够的思想资源。

2. 议程设置能力

议程设置能力是舆论引导力的重要体现,主要由于国家或政府需要通过议程设置使其政策、价值、理念、观点为人所熟悉、接受。

通常情况下,议程设置是指新闻的选择与决定过程:媒体编辑部决定发表带有某些内容的文章并决定如何表达这些内容,同时决定新闻的优先度和选择性。公众在接受信息时,既可能是被动的,也可能是主动的,这取决于公众拥有的信息量和判断力,公众的情绪反过来又会影响国家或政府的政策选择。在这个过程中,国家和政府要通过媒体表达政治意图或价值理念,媒体在权衡了声誉、市场和受众需求后,将信息传递给受众,受众在接受各种直接或间接信息后所形成的公众情绪又反过来影响国家和政府,在国家、政府、媒体和公众之间的信息传播形成一个微妙的心理过程。在这个过程中,国家和政府意图可能会变成媒体的核心议题,媒体的核心议题可能会转化成公众的核心议题。

我们应认识到,媒体并非是一面真实反映社会实貌的镜子,它更像是一盏探照灯,照到哪里,公众的视线就跟到哪里。它所选择照耀的地方往往被某一国家或特殊利益集团所引导;议程设置,往往体现的是国家利益、政治目标或政策诉求。因此,凭借议程设置,那些操控全球传播体系的国家可以决定大多数人如何看待一个事件,如何评价一个事件。在不符合它们自身利益的情况下,其他国家的软实力资源根本无法进入别人的视野。因此,议程设置的能力,直接决定了一个国家软实力、尤其是舆论引导力的大小。

完美的议程设置是：将国家、政党或政府要说的（政策议程）转化为媒体感兴趣的（媒体议程），并最终成为公众所关心的（公共议程）。议程设置所塑造的舆论民意更可以使社会内部成员获得强烈的政治认同感，进而在国际社会上产生强大的软实力。

对于中国，这并非易事。由于国家利益和政治诉求的差异，对于同一事件，中国往往面临来自西方的、强大的、截然不同的议程设置。例如，在涉及中国边疆的新闻中，当我们将其定义为"恐怖暴力事件"时，西方却称之为"争取自由的抗争"；当我们在新闻中描绘少数民族干部为促进民族融合所做的努力和所取得的成就时，西方却在描绘实施恐怖袭击的暴力分子从小的生活是多么悲惨，并将其归因为中国共产党在边疆实行的高压政策。

因此，能否打破西方的话语垄断，在全球传播体系中设置中国自己的议程，是衡量舆论引导力是否提升的关键指标。

3. 传播内容的说服力与吸引力

当建立起三大空间传播渠道并明确议程设置的目标后，需要加以配合具有说服力和吸引力的传播内容，才能真正获得舆论引导力。

当前，中国面临的是网络空间、信息空间、思想空间三维一体的思想战，因此软实力传播内容也是基于思想的两个层面设计的——观念和故事。我们要在全球的思想战中赢得两大舆论战场："观念战"和"故事战"。

观念战需要凭借学术界和理论界的力量，在全球思想观念市场中塑造中国梦，清晰地表达中国社会主义核心价值观，还要以此争夺如"自由""民主""人权"等核心概念的定义权、解释权和创新权。我们必须通过学术界和理论界设计构建有关中国特色社会主义的核心观念，建立起中国特色社会主义实践的合法性和权威，并在国内外媒体上用简单有力的语言表达出来，只有这样才能获得观念战的胜利。

故事战需要凭借新闻界和网络界的力量。美国软实力来自一个开放的全球网络世界，在这个网络世界里，传递的是美国的思想观念，传递的是美国人编的故事。在全球网络和信息空间中，缺少中国的故事，而很多关于中国的故事不是中国人自己讲的。例如关于西藏，世界听到的是达赖编的故事，他在世界各地宣讲民主自由，讲自己促进西藏和平的故事，讲自己慈悲的胸怀和散播爱的故事，并使得全世界都了解"中国政府不让达赖喇嘛回西藏"，让国际舆论得出"西藏没有自由"的结论。中国媒体应敢于按照自己的独立议程独立地采写自己的故事。例如关于边疆，藏族人在1959年民主改革后的真实生活。中国要获得更多的吸引力和说服力，需要按照自己独立的议程，深入采写出自己的真实的故事，而不是让西方或其他利益方按照他们的议程和框架去报道新闻。

全球网络、信息、思想空间几乎被美国的故事、美国的价值理念、美国的成功模式所垄断。然而,近年来已有国家、尤其是发展中国家开始反思,美国模式是一种值得全球推广的好模式吗?中国能否创新一种新的人类发展和进步模式?

习近平主席曾提出"世界梦"的概念,梦实现的基础是承认世界文化和思想的差异性、多样性。不同的文明、文化和思想应该和平共处,不应为了追求单向度的"人类思想圈"而发动文明冲突的战争。人类思想圈不应是单一的知识和智慧。世界也需要中国讲述自己的故事、分享自己的经验、传递自己的智慧,让声音更加多元。

综上,文化软实力和舆论引导力的胜利就是在全球网络、信息和思想空间里,通过最佳的传播渠道,以吸引人的叙事方式,将策划的议程通过新闻产品、影视作品、思想观念、故事等传播出去,最终赢得人心,获得影响力。

三、国家对外传播的困局与出路

(一)国家对外传播的困局

作为文化软实力核心要素的舆论引导力,其影响力首先体现在国际舆论中。通过对外传播,争取话语权,使本国政策合法化,赢得民意,是舆论引导力的重要目标。

中国在对外传播力建设上存在三大困境:1. 缺乏核心政治概念定义权;2. 在涉及国家核心利益的重大问题上缺少话语权,议程设置能力亟待建设;3. 西方"普适价值"单向输出,中国亟需把自身经验作为人类共享价值推广。

困局一:缺乏核心政治概念定义权

2014年5月22日,新疆乌鲁木齐发生"5·22"汽车炸弹袭击事件,造成39人死亡94人受伤,中国政府将此次事件定义为"暴力恐怖袭击"。然而,《纽约时报》却不肯在报道中承认这是一场"恐怖袭击",在引用中国官方回应时,将"恐怖袭击"打上了引号。

我们不禁要问,究竟判断"恐怖主义"的标准是什么?财新网评论说:"要让《纽约时报》放心大胆使用'恐怖分子'一词来报道某事,也必须满足两种条件中的一种:有组织宣布对袭击事件负责,而该组织已经被官方定性为恐怖组织;要么是它信任的官方机构定性。"①

在全球范围内,最早提出"恐怖主义"的是美国,美国拥有着对"恐怖主义"这一概念的定义权和使用权。当中国直接使用这个概念时,由于没有打破对这个概念传统的定义而设立自己的标准,导致在国际媒体上中国官方的言论没有说

---

① 财新网微博:http://t.qq.com/p/t/349117115517931。

服力。

一个国家的软实力往往通过其国内外政策、政治理念、政治制度、核心价值观的吸引力和说服力来获得。而政治理念、价值观等需要利用诸如"自由""民主""人权"等概念来阐释。因此,拥有核心概念的定义权和使用权是一个国家软实力、尤其是舆论引导力的重要体现。

北京大学国际政治教授潘维分析了中国在软实力竞争中的处境,经过一百多年的艰苦奋斗,中国人在摆脱了挨打、挨饿、挨冻之后,进入了挨骂时期。其结果是:1)西方的话语系统由中国知识界的非主流变成了中国知识界的新主流;2)中国知识界的新主流话语部分渗入国内政治领导集团;3)部分政策部门人士越来越多地认同此种话语系统,并使之成为主流。①

导致这种情况的原因在于,现阶段中国软实力和议程设置存在以下不足:

1)由于中国在理论上没有自己的发明和创新,理论界和学术界总是在用别人的理论标签来看待自己的制度、政策、意识形态。问题在于,完全用西方的政治理论和概念来丈量中国的软实力是否准确和科学?中国能否超越西方各种理论的试验场,成为新理论和新制度的策源地?②

2)中国理论界、学界和新闻界没有完全争取到某些核心概念的定义权和使用权,如"自由""民主""人权"等。中国学界能否通过制定这些核心概念的新标准,争取到这些核心概念的定义权和利用这些核心概念观察问题的框架权,将最终牵涉到国家制度的合法性问题。如果政府的合法性不能在理论上,特别是在核心概念上获得承认,那么这将在一定程度上影响中国软实力的发展。政府不仅可以拥有强大的软实力资源,政府同时也是将软实力资源转换成实力的关键。如果一个政府在政治观念和新闻观念中缺乏存在的合法性,或者说这个政府被认为是建立在一个非法且不被认同的制度基础上,那么,这个政府是无力转换软实力资源的。

目前,国际新闻议程的设置权仍主要掌握在西方手中,中国缺少对自己有利的国际新闻话语和国际新闻议程。而且很多时候,中国处于被动回应西方所设议题的状态。在这种境况下,中国缺少精力主动为自己设置国内外议程。例如,代表"国际社会"发言的权力被剥夺,在非政府组织中声音不强,在国际学界和国际上有影响的智库里没有自己的声音,没有能力运用新闻设置议程,丧失了"自由""民主""人权"这些核心概念的定义权和使用权。再如,世界上对民主有两种理解和做法。一种是程序上的选票民主,或是形式上的民主。在当今媒介化的社会

---

① 潘维:《敢与西方展开政治观念竞争》,《环球时报》,2008-01-25,http://www.huanqiu.com/www/337/2008-01/54708.html。

② 杨光斌:《不该再用旧标签看待变化了的中国政治(摘要)》,《社会科学报》,2009年5月14日。

里,这种民主是少数人利用媒体作秀、进而操纵民意和选票的民主。另一种是孟子的民本传统,强调的是实质上的民主,这种民主可以通俗地解释为广大人民群众自己当家做主。这种实质上的民主追求的是在各个决策上多种形式的参与。

丧失核心概念定义权等于放弃新闻学标准制定权。在中国的软实力建设中,其中一大难点是新闻话语权的建设。例如,在涉华新闻报道中,无论是西方媒体还是中国媒体都在压倒性地使用西方新闻学标准和新闻理论。杜克大学政治学教授 David L. Paletzs 在其《纽约时报上的中国》①研究报告中指出,国际上有关中国的新闻报道——无论是地震报道,或是奥运报道——不是就事论事,而是采用有明显价值倾向的新闻框架:1)腐败的中国政府;2)没有人权的中国。这样一来,中国就丧失了为自己辩护的能力和新闻话语权,因为中国的存在基础不合法。

中国的软实力应当源自国内外政策、政治理念、政治制度和核心价值观。由于我们尚且缺乏对能够阐释它们的概念的定义权和使用权,使得中国特色社会主义作为中国的国内外政策、政治理念、政治制度在国际上缺乏吸引力和说服力。

因此,我们要争取有关话语权中关键概念——如"自由""民主""人权"的定义权和使用权。此外,我们还要争取"非政府组织""公民社会""民族主义""爱国主义""恐怖主义""极端主义""武装分子"等新闻标签性语言的重新定义权和使用权。

困局二:议程设置能力亟待建设

2013年9月24日,中国最牢靠的盟友巴基斯坦发生7.8级地震,4天后,该地区再次发生强震,据统计,5天内,死亡人数已达371人。中国政府立即向巴基斯坦提供地震救灾物资,并表示将积极考虑参与巴基斯坦地震灾区重建工作。遗憾的是,这样有利于展现中国政府负责任的国际形象的事件既没有作为主要议程呈现在包括巴基斯坦在内的国际媒体上,在国内也鲜有报道。取而代之的则是为替女性争取教育权遭遇塔利班枪击的巴基斯坦少女马拉拉被提名"诺贝尔和平奖"并受到美国总统奥巴马和夫人接见的消息。尽管有微弱的声音质疑马拉拉已经成为西方的代言人,其言论没有尊重伊斯兰文化,危害了巴基斯坦的稳定,动摇中国与巴基斯坦的亲密关系;但是,在随后的一个月中,媒体上仍然充斥着各种马拉拉在世界各地演讲、出书的新闻。

议程设置应当为国家核心利益、政治目标等服务。然而在涉及国家利益的重大事件中,中国仍没有掌握主要发言权,议程设置能力亟待加强。

西方媒体在报道中国时,常常将中国与以下政治符号相关联:共产党专政、非

---

① David L. Paletz, "China in the New York Times", *the International Conference on Political Communication and China's Global Communication*, Shanghai, 2008.

民主、反人权、镇压民族独立、信息不透明、镇压宗教自由等相关联。而关于中国的负面报道则多涉及：新疆、西藏、法轮功、国有企业垄断、共产党员贪腐等。这些涉华报道总是直接或间接地质疑中国共产党执政的合法性。即使是在报道非政治性活动时，西方媒体也存在泛政治化的倾向。例如，在2008年北京奥运会前，一些西方媒体总在不断地强调"人权""西藏独立"等话题，甚至呼吁抵制北京奥运会。这是西方的议程设置，妖魔化中国，削弱中国存在的基础。

中国目前不仅未能突破西方对中国的舆论封锁，缺乏对自己国家事务的国际议程设置能力，在国际事务中也难免出现人云亦云的现象。

澳门大学传播系副教授吴玫指出，中国媒体在国际报道中缺乏"以我为主"的立场和原则。① 呈现出来的问题有三：基本依赖国外媒体；正面报道为主（较少价值判断）；对西方软广告新闻缺乏认识。有时甚至出现国外报道什么，中国也要跟着报道什么，甚至要直接转播、实况转播。在重要事件中跟着外国新闻跑的最大危害是，复制和移植了别人的主流议程设置和话语框架，而放弃了自己对事件设置议题和构建话语框架的权利，没有从中国的立场、角度、价值观来分析判断这类别人制造的议题和话语后面的意图背景、是否对中国的利益有损害。中国媒体不应成为别国的传声筒。

从长远来看，中国人要真正用自己的视角去解释和描述包括战争在内的重大事件的真相，将中国利益嵌入传播议程中，才有可能突破西方在全球三维空间中对我们的钳制。

困局三：中国亟需把自身经验作为人类共享价值推广

在全球传播的时代，一个大国的软实力更表现在其政治价值观、政治理念、政治制度和政治理论是不是有共享性。该国能否把国内的某些政治、经济和制度作为一种一般性的价值观被别国分享。在现实世界里，一个国家的软实力体现在其对民主、自由、人权和其他"共享价值"的定义权和解释权。一个拥有"共享价值"定义权、解释权的国家，才算得上一个软实力强大的国家，反之属于软实力弱小的国家。

目前中国面临的环境是，西方将其所制造的"普适价值"对外单向输出，这构成了中国发展软实力的一大障碍。中国学界和理论界需要在总结新中国65年的成功经验的基础上，发展一种新的人类共享价值。

通过分析美国在全球建立霸权大国所依据的实力来源发现，掌握了符合时代需求的新力量来源的国家，相应地制定国家政策，发展当今和可以预见的未来最

---

① 吴玫：《中国媒体在建设软实力时避免成为别国的传声筒》，载于《软实力与中国梦》，法律出版社，2011年，第90—94页。

需要的实力,就会成为主宰这个世界的国家。今天,世界上唯一的超级大国——美国的权力资源的构成是:经济规模、科技领先的地位、普适性的文化、军事实力与联盟、设定国际机制的能力和跨国的传播中心。

美国今天之所以能主宰世界,成为独霸世界的唯一的强权大国,它的最重要的权力就是主导制定国际游戏规则的权力,这是文化软实力的一种。同过去5个世纪里世界上各个强国的权力构成进行比较发现,美国有一项以往霸权国家没有的力量,那就是由美国主导建立的各个领域的国际机制。这种对国际机制的设立,包括议程设定的能力,这是美国真正的力量来源,也成为这个世纪最为重要的力量。这些国际机制,实际体现了美国国内的政治理念和行为方式,但却是以开放的、积极讨论决策的姿态出现,这使得其他国家很难从道义上抗衡。

实际上,美国人是根据自身的核心利益来设计国际游戏规则的,特别是国家的政治、经济、军事、安全利益。

按照国际关系政治经济学的观点,美国的这种国际机制霸权首先在经济领域建立起来①。美国建立经济霸权的标志就是布雷顿森林体系的建立,这是美国开始按照自己的利益和意图塑造国际经济秩序。从那往后,国际货币基金组织(IMF)、世界银行(World Bank)、关税和贸易总协定(GATT)、世界贸易组织(WTO)等国际组织成为以美国为首的西方国家赖以控制和管理世界经济的得力工具。

在安全领域,美国主导的联合国,完全取代了国际联盟,并且在联合国内部确立了安理会的权威和大国决定的原则,从而确保了美国在安全领域的强势地位;在军事领域,美国在第二次世界大战之后,在世界各战略要地,都建立了自己的军事基地,并且在欧亚驻军,建立了保障自己利益与权力的军事战略网。

这些国际机制,体现的主要是美国的政治、文化观念和利益,反映着美国的政治结构和组织原则;美国按照其国内的一整套系统,以及自己的国家利益,为其他国家制定行为规范,并向其他国家提供公共物品,力求它们遵守这些行为规范。②这些国际机制在建立的初期,完全依靠美国的霸权得以建立。但是建立之后,却成为美国软实力重要的组成部分。美国可以利用国际规则同化其他国家利益。实际上,这也是文化产业、文化产品最终的力量。

一个最优秀的文化产品的力量是一种同化的力量,而美国,首先是利用国际规则来同化他国的力量;按照这些国际机制的原则行事,被认为是一种正当的行

---

① 罗伯特·吉尔平:《国际关系政治经济学》,杨宇光等译,经济科学出版社,1989年,第89—95页。
② 布热津斯基:《大棋局:美国的首要地位及其地缘战略》,孙建越译,上海人民出版社,1998年,第39页。

为,而违背这种国际机制,则被认为是有损声誉的行为。例如,一个国家必须按照世贸的规矩行事,不遵守世贸的规矩,则这个国家是一个不道德的国家;一个国家必须与国际接轨,如果不按照国际的游戏规则行事,也是一个不道德的国家。但是,这个规则并不是全世界人民一起制定的,而是由一个国家发起的,这个国家就是美国。美国操作制定这些规则的时候,邀请了很多国家来参加,造成集体讨论的假象,使得他国必须自觉自愿地执行,这是一种强大的隐形力量。

评估一个国家是否有同化力量,则要看其政治实力、政治价值观、理念是否具有普遍性,是否能够把国内的政治理念、政治、经济和社会制度作为一种一般性的价值观被别国接受。传播力也体现着同化的力量。如果一国的价值观具有一般性,但这个国家是否有能力将这种价值传播出去且被人接受,这也体现着同化的一个方面。美国的文化软实力,还包括在全国范围内建立美国的流行文化体系,大力发展美国流行文化,通过大众文化传播美国的政治理念和价值,建立美国流行文化的全球传播体系、同化对手。

同化力量发挥着重要的作用,比如英美国家把一般性的价值观当作其重要的软实力来源,这就是美国的同化力量为什么那么大的原因所在:它在文化产品中,包括美国的好莱坞大片中,总是贴着这样一个标签,它的故事永远追求自由,为了自由、为了民主。它把这个变成一个一般性的文化价值。软实力是运用政治的实力、传播的能力、文化的力量说服和吸引对手,最后赢得对手、同化对手。早年,满族入侵中原,最后被中原同化,统治者被被统治者同化。满洲虽然拥有打击的力量,但是最后没有在文化上赢得对手。

中国在自由、民主和人权方面是否只有拷贝和粘贴的权力?共享价值的专利是属于谁的?未来的新共享价值的新力量源泉在哪里?中国这样的发展中国家,或者西方人心目中的这些东方国家是否拥有共享价值的定义权和解释权?中国有没有权利去开拓、发展、创造或者创新一种新形式的民主制度?

共享价值的定义权和解释权不是西方人的专利。如果是共享价值,每个国家的人民都有定义的权利和创造新共享价值的权利。如果全世界各国人民在这些共享的观念上不能享有平等的定义权和解释权,就不可能出现一个全球性的对话和一个和谐、和平的世界。对于中国经验,邓小平提出的走有中国特色的社会主义道路就可以作为一种针对发展中国家的、符合时代需求的、具有共享价值的新力量来源,作为它们的一种选择。如果中国有能力通过学术界和媒体变自己在制度、政策上的创新和成功为一种代表未来人类需求的新的力量来源,中国就会从根本上提升自己的软实力。在这方面我们还远远做得不够。

中国在软实力建设中,需要运用公共外交的手段,用一种共享的关怀,适度地推广自己在社会进步和经济发展中的成功经验。中国的成功经验可以分为三类加以推广:1)共享的经验和价值,世界各国都可以借鉴学习;2)共享的经验和价值,可供部分国家借鉴;3)独享的经验和价值,仅适合中国国情的经验。在西方共享价值思维框架下,世界是黑白分明的。世界或是"我们的",或是"他们的"。是否接受西方的共享价值观成了"我们"与"他们"的分水岭。这种二分法十分不利于中国软实力的建设。中国在软实力建设中要强调世界各国、各民族共享的或共同的宝贵的历史遗产和传统。如不同宗教中的共同元素、不同文化中的相同元素等。如共享的仁爱、慈善、爱情、礼节、尊老、爱幼、爱国、乡土观念、教育理念等等。这些应该是属于全世界的"世界梦"。

(二)国家对外传播的出路

1. 争夺国际传播话语权,增强议程设置和框架能力

增强对外传播能力,不能简单理解为到国外建电台、电视台、网站和办报纸,而在于话语权的争夺。话语权的缺失和在重大新闻事件中的失语是当前我国国际传播中最大的软肋。话语权是软实力的核心能力,是一个国家利用制度和规则的能力。谁掌握了话语权,就有能力制定规则、改造规则。

同时,世界已经进入全球传播的时代,国家与国家之间既有军事、政治上的摩擦,更多的是通过优先选择那些代表国家利益的新闻角度来推进自己的政治议程设置,以达到打击对手的目的。议程设置的目的,也是软实力建设的一个重要的目标,就是争取民心,依靠精心设置推动新闻议程来获得民心。

因此,建设国家对外传播力,提升舆论引导力,就要勇于争夺国际传播话语权,增强议程设置和框架能力。

第一,从技术层面讲,及时、准确、公开、透明和原创率、首发率、落地率是最重要的元素;第二,从战略层面上,要掌握"自由""民主""人权"等核心概念的定义权和使用权,中国学界和新闻界要根据我国的实际情况,实事求是地定义什么是真正的"民主、自由、人权",坚定不移地坚持改革开放,走中国的发展道路;第三,要使用西方社会公众易于理解和接受的新闻话语,例如,当新疆发生"7·5"事件后,新闻媒体普遍使用的新闻话语是"打、砸、抢、烧"事件,翻译成英文,既拗口,也不容易被西方公众理解,不如使用"恐怖主义"(terrorism)这一国际社会都能普遍理解的新闻话语;第四,中国要制订对自己有利的国际新闻议程,主动设置国内外议程;第五,制造更多有利于我国议程的媒体事件。

2. 善用公共外交,促进我国媒体的对外交流合作

提升国家对外传播力,不仅要依靠外宣,还需要更多地采用"公共外交"的手段。

公共外交和外宣的终极目标是把传播者的信息植入到受传者的价值系统。美国的外宣和公共外交部门采取的办法是不断重复其核心信息。研究发现,人的

大脑忘性很大,如果要提高人的记忆力,必须不断重复其核心信息。正如美国政府和其宣传机器每天都在不停地重复宣讲其民主、自由和人权制度,让其最终嵌入受众的记忆中。再如,自从2001年后,差不多每年9月11日前后,美国政府和美国媒体都要组织有关9·11的纪念活动和报道,来传递其入侵伊拉克和阿富汗是一场正义战争的核心信息。

哈佛大学约瑟夫·奈将软实力在国际上的竞争与运用,概括称为"公共外交"。美国国务院在实际工作中,把其用以提高美国在国际上的形象的项目和工程,统称为公共外交。公共外交不是简单的对外宣传。它的一部分内容是传播信息、塑造正面形象,另一部分内容则是建立长期的关系,为政府政策的推行营造有利环境。美国新闻署公共外交的定义指由政府组织的旨在告知或者影响国外舆论的活动,它的最主要的工具是出版物、电影、文化交流、广播和电视。

马克·里奥纳德(Mark Leonard)在其论著《公共外交与中东》中指出,公共外交有四个目的[①]:

1)增加人们对一个国家的熟悉程度。让他们思考关于这个国家的问题,提升国家的形象,转化不利于该国家的观点态度。

2)提高人们对一个国家的欣赏度。创造积极的感知,达到在对某些国际问题上的共识。

3)增进人们与该国的联系。加强从教育到科技合作的联系,使更多的人们将该国视为一个旅游、教育和远程教育的有吸引力的目的地,让他们购买该国的产品,使他们理解和认同该国的价值观。

4)影响人们。吸引公司来投资,让公众支持该国的立场和让政治家成为该国友好的合作伙伴。

关于中国利用公共外交开展软实力建设,可以开展多个层次的工作:

1)加强日常新闻报道工作,包括对政府内外政策的说明。如国新办和外交部的发布会。

2)加强战略传播,通过多项有象征意义的传播活动宣扬一整套简明的主题或推行政府特定的政策。

3)加强中外媒体间交流。据数据统计,与我国媒体建立固定交流合作关系的外媒数量迅猛增长。仅以中央电视台6个国际频道为例,就与境外289家媒体合作,实施了392个整频道或部分时段落地项目;对外交往范围拓展至非洲、大洋洲和南美洲等世界各大洲媒体。加强中外媒体间的交流,将有助于我国拓展发声渠道,在重大问题上增强议程设置的能力。

---

① M Leonard, C Smewing,"Public Diplomacy and the Middle East", *The Foreign Policy Centre*, 2003.

4）通过设立奖学金吸引国际留学生；对目标国家的中青年官员、记者和未来领袖邀请来华进行短期培训、参加学术会议，同各国有影响的人物建立永久性的关系，培育中国在该国政治理念和外交政策的代言人和代理人，促进中国信息和观点在他国的流动。

3. 与非国家组织形成深度联盟，充分发挥民间力量的舆论引导作用

中国要在国际社会赢得更多的发言权，增强舆论引导力，不能仅仅依靠政府的力量，要充分发挥学界、跨国企业、NGO组织等非国家组织的力量。

在传统媒体时代，权力掌握在国家和政府手中。在新媒体时代，一个国家的权力掌握在全球网络中。加强舆论引导力，首先要增强对他国和全球网络的渗透力以及对他国和全球网络的控制力，传播本国的思想、观念、价值、行为准则。而在网络空间里，这种思想交流和交锋往往是在非国家组织和非政府人士间展开。

在解决国际问题时，国家要具备与非国家机构联手行动的能力。在信息社会里，信息是制度转型和政权更迭的动力和催化剂。网络空间是当今信息社会的核心部分。想法各异的思想者、组织者、传播者、实施者以公民社会的形态出现，如社团、学术界、非政府组织、教会、学校、媒体、基金会和个人。在今天的信息时代，任何一个国家要想获取软实力，必须与这些公民社会联手，来推动自己的思想和观念。

非国家组织还能够利用开放性论坛、讲座、报告、会议、博客、电子邮件、发布会来影响和塑造舆论，从而影响国家的内外政策。正因为非国家组织的这种能量，一些国家的政府、大公司、情报部门、新闻媒体、民调机构都在背后支持或利用非政府组织为自己服务。

在此背景下，一个国家的力量表现在其能够与非政府或非国家组织形成一个深度联盟。这种深度联盟表现在，从一个以国家为中心的社会转向一个以网络为中心的社会。国家不仅要容忍那些独立的网络公民组织的出现与存在，更要学会利用新的传播技术，建立一个新的传播机制，与他们合作开展思想领域的对外传播与公共外交。

值得注意的是，当软实力以非国家、非政府面目出现时，可以回避普通民众对于官方说教和政府宣传的逆反心理。在全球化和信息化的时代，民间软实力资源会日趋重要，各种跨国公司、非政府组织和媒体会扮演越来越重要的角色。一个国家民间的软实力资源的繁荣发展，本身是一种强大的吸引力和说服力。有许多软实力资源都是在民间的，且可以为政府所使用。这些资源包括非政府组织公民社会、设立媒体政治正确性标准；手段包括设立国际新闻奖、国际电影奖、国际图书奖，设立国际基金会、培养基金会学者、设立社会科学标准、开发中国名校的校友资源、建立有国际影响的智库、培育在国际学术界的代言人和代理人等。

国家要有技巧地使用这些软实力,并不一定要在所有的事情上身先士卒,出现在前台。而是谨慎地控制自身的行为,同时不去伤害这种民间的软实力,如各种各样的非政府组织、民间研究机构、网站或媒体。

总而言之,一个国家要提升舆论引导力,则要合理地运用、结合政府资源和非政府资源。

4. 培育意见领袖

提升国家舆论引导力,尤其是对外传播力,不仅需要培植非国家组织等民间软实力,更要培育党和人民的意见领袖。作为意见领袖,他们将拥有影响和改变群体态度和行为的能力,通过其对社会问题或突发事件判断性和评价性的意见,成为社会舆论的重塑者和追随者。

意见领袖要从多行业培养。知名学者、知名记者、政府官员、党内学者型新老干部,以及其他知名人士都可以吸纳为意见领袖,使他们在不同的领域发挥舆论引导的作用。

中国需要在各个领域培育舆论领袖。中国需要在网络中有自己的舆论领袖;在博客中有自己的舆论领袖;在微博中有自己的舆论领袖;在传统媒体中有自己的舆论领袖;在新闻记者中有自己的舆论领袖;在专栏作者中有自己的舆论领袖;在非政府组织中有自己的舆论领袖。

实际上,意见领袖对于提高中国软实力在舆论领域的整体抗风险能力都有很大作用,尤其是在网络高度发达的今天。

今天,恐怖分子、政治极端分子、邪教组织和其他各类活动分子都在通过网络发动群体事件、制造暴乱和暴力事件。这更需要培育意见领袖以与其对抗。中国要利用中国自己庞大的网民队伍、博客数量和越来越普及的社会网络人群,利用口传新闻的方式,开展中国自己的网络公众外交,把中国真实的故事版本在网络上讲出去,由自己定义、解释事件,而不受西方或其他势力所摆布。

在各个舆论场都需要有代言人,中国才能占领舆论的制高点,掌握舆论引导力。

四、互联网环境下国家舆论引导力的困境与出路

(一)互联网环境下国家舆论引导力的困境

1. 来自网络公共外交挑战

网络公共外交,也可称为网络公民外交、网络渗透外交、网络群众外宣运动。这是一国政府把过去通过传统媒体开展的政府外交、政府外宣变为通过新媒体的个人对个人的网络公共外交。是软实力运用的又一新手段。

希拉里担任美国国务卿后,全力推行"互联网外交"战略,主张美国的全球外

交推动不只靠外交人员,还要靠"全民网络外交",要鼓励美国公民与外国人通过互联网进行互动,实现美国的部分外交战略。希拉里的外交创意顾问亚力克·罗斯盛赞这是"21世纪的外交创新",将传统的"政府对政府的外交"变成了"人对人的外交"。美国《新闻周刊》评论说,希拉里对网络新工具的热情并不为过,"它们有望在那些目前令美国头痛的国家推动民主"①。

近年来,美国政府机构、媒体、非政府组织、学界、智库、基金会、培训机构等都在利用各种网络工具开展"网络公共外交",鼓励美国外交官、记者、教授、交换学者和学生、旅游者及其他美国公民通过互联网与"那些目前令美国头痛的国家"人民对话交流,推销美国的外交政策、政治制度和价值体系。

不难看到,网络已成为全球三维空间思想战的主要策源地。

发生在中东北非的"颜色革命"、乌克兰的暴力运动,都是在社交网络媒体的参与、组织和推波助澜下完成的。互联网已经成为西方某些国家对其他国家青年一代进行意识形态渗透的最佳工具。好莱坞大片、美剧、欧美流行文化等披着文化产品的外衣,不断侵蚀其他国家的文化认同,进而使国家认同失去根基,长期的文化渗透培养出一批自我封闭型的极端普世主义者和极端民族主义者。

从拉萨"3·14"事件和新疆"7·5"事件看,境外分裂势力已经将互联网作为有效的工具,不断向部分少数民族群众灌输"西藏人 VS 中国人""维吾尔人 VS 中国人"这种二元对立的分裂主义思想,有意制造少数民族的血缘、宗教认同与中华民族的国家认同之间的矛盾。

西方某些非政府组织、基金会和智库等利用互联网的跨国界、匿名性、互动性等特点,设置议程、制造新闻框架、制造敏感话题,试图把新一代的年轻人培养成"智能化暴民",通过互联网兵不血刃地输出暴力,在一些国家制造政权更迭的大乱局。在2014年初的乌克兰冲突中,据媒体报道,示威者是通过网络组织起来的,及时对"前线部队"进行更换和休整,示威行动的参加者主要是大学生和记者。

今天全球的意识形态斗争光谱的两端分别是:网络传播技术上的安全性和网络传播内容的政治性与思想性。西方某些国家的信息战略是使全球的网络世界成为推销其议程和观念的市场,以此增强其诱惑力、影响力和领导力。它们的政府和公司更多地引导人们关注其网络公司的安全性,而有意或无意忽视信息战略光谱的另一端——内容的政治性。具体来讲,全球的网络在内容上已经成了这些国家称霸全球最重要的软实力来源。这些正是它们称霸全球或全球治理的新形式。在当今的网络世界,这些国家的网络外交政策是要其思想、观念、价值、行为准则、道德标准等在网络空间和信息空间中占上风,要在网络空间和信息空间的

---

① 环球时报:《网络成西方渗透工具 网络政治化成世界话题》,2009年7月3日。

外层围上一个其主导的思想大一统的外罩,进而消解其他国家的国家认同、政治认同、价值认同和文化认同。

从当前的国内外政治与新闻话语看,在网络渗透和网络公共外交方面,美国的政治话语体系不仅成为判断是非的合法标准,而且是一种攻击型的话语体系。由于中国在政治软实力上的脆弱、政治话语缺乏独立自主的创新、在政治正确性标准上受制于西方国家,中国的政治和新闻话语体系在国际传播体系中,处于边缘,总是处在防御状态,不停地遭到合法性的质疑。在很多重大事件中,中国在国际传播中的话语的确显得"支支吾吾"。

美国倡导开放的全球网络世界,因为在这个网络世界里,展现的是美国的思想、观念、价值、行为准则和道德标准。

中国当前采取了一个限制性的网络政策,恰是因为中国的思想、观念、价值、政治理念等在这个网络中没有市场,网络中传递的不是中国人的声音;中国担心,信息分享将削弱中国思想观念的影响力,给中国带来内乱,削弱中国的国家权力。

在此情况下,中国更需要制定有效的对策以遏制美国网络公共外交的势头,防止其使用互联网鼓动恐怖分子、政治极端分子、宗教原教旨主义者、极端的环保主义者、纳粹分子、邪教组织和其他各类活动分子发动群体事件、制造暴乱和暴力事件。

2. 政党化媒体掌控强大的议程设置权,话语权分配严重失衡

美国学者罗伯特·麦克切斯尼在2013年出版的新书《数字封杀》[1]中指出,今天的互联网是一个资本集团为追求私利而被操纵的互联网,"用任何手段生产无尽的利润"的经济信条破坏了互联网潜在的民主力量。发展到今天,互联网不仅没有成为一个容纳更多政治参与、结束不平等和商业垄断的非商业区域,反而被彻底商业化和垄断化了。

在网络上,资本集团的舆论宣传体系已经形成,这个宣传体系与资本集团在议程和立场上,密切配合并联动。这个体系力图控制大众在网络上读到的、听到的和看到的,从而控制网上和大众媒体的政治话语和政治正确性的标准。

中国的互联网亦不能避免资本集团的控制和操作。不仅如此,互联网还成为政党化媒体设置议程的主要阵地。

政党化的媒体是一个特殊的政治群体,尽管并没有形成实体的政党,但却有着明确的政治目标和政治纲领;为实现其政治理想,通过报道什么、不报道什么、屏蔽什么、不屏蔽什么、删什么帖、不删什么帖,制造民意、引导舆论,营造政治氛

---

[1] Robert W. McChesney, *Digital Disconnect: How Capitalism is Turning the Internet Against Democracy*, New York: The New Press, 2013.

围,已经成了一支独立的政治力量。

政党化媒体形成的根源在于,媒体高度商业化,使得媒体、资本与某些权势结成了紧密的政治同盟。他们共享政治目标和政治纲领,媒体成为资本权势集团的代言人,媒体所策划、报道、煽动的新闻,往往反映的是这些资本利益集团的利益诉求,新闻高度偏见化。而资本利益集团的利益诉求,通常不是基于国家发展需要所提出的,而是出于自身资本聚敛或权力获取的需求。当官方主流媒体行使"舆论监督"的权力以促进社会进步、国家发展之时,资本利益集团所掌控的高度商业化媒体却在体现个别资本体和权势体的需求,发声支持利己的政治理念、政策和人物,反对(有时甚至污名化)那些阻碍自身利益发展的政治理念、政策和人物。

政党化媒体正在通过互联网制造和引导舆论。根据戴旭①的分析,政党化媒体制造和引导舆论的做法通常为三板斧:一些大V以民生民主的代表者自居,设置议题,联络同盟者统一发力进行网络动员;各大网站主页力推,形成看似汹涌澎湃的网络舆论吓唬政府部门;然后以民意为由,要挟政府部门或被指责人的单位"撤销、开除"等等。媒体政党化后,舆论不是基于常理,甚至不是从基本事实出发,没有解决问题之欲望,而是不断给政敌和执政者制造恐惧。给政敌编制"罪名",围绕"罪名"打造舆论,从微博到传统媒体大造舆论,制造黑云压顶的恐惧。

这种状况的弊端在于,本应反映真实民意的舆论却未能充分反映中国大批中间阶层和底层社会民众的声音。

今天的中国最需要发声的更多的是社会变革、改革中的失意者,如国有企业的普通干部、下岗或转岗工人、农民工、找不到工作的大学毕业生等。聆听到他们真实的想法,并作出相应的政策调整,将有助于促进社会公平、维护社会稳定。然而,这个群体在资本控制的强大新媒体上话语权受到压制,缺少能力设置改革议程。有时,代表中下层的平民知识分子和思想领袖还会遭受到本集团所雇用的"水军"的封杀。尽管这个群体掌握的媒体资源较少,但他们仍然在努力地通过事件评论等方式发表自己的观点,平衡社会舆论。

但是,党和政府也需要特别留意广大中下阶层的网络舆论反馈,要判断这些声音是为寻求解决途径而发出的理性的诉求,还是单纯的泄愤;要判断这些声音是真实的民意,还是被某些别有用心的势力炒作、扭曲或夸大的舆论。

面对复杂的网络舆论环境,党和政府应当意识到,中国的社会与政治稳定依赖于各个阶层之间的力量均衡,特别是在舆论表达上让各方和他们的意见领袖能

---

① 戴旭:《谨防信息恐怖主义》,《中国国防报》,http://blog.sina.com.cn/s/blog_63ebbbb50101akw2.html。

发出声音来。因此,党和政府在分析网络舆论的时候,要有意识地辨别这些网络观点和声音究竟来自哪一个群体,代表何种利益诉求,公正、平衡地做出政策抉择。

此外,在当前的意识形态环境里,执政党需要正能量的舆论领袖去弘扬国家和社会的正气,辨别是非。因此,党和政府需要培育并呵护自己的舆论领袖,传达中国社会主义核心价值观,避免意识形态在舆论场中被其他利益集团所分裂。

只有在国内取得话语权的平衡,确立统一的政治理念、价值观、意识形态,才能更好地在国际上对抗西方在全球网络信息战争中对我国软实力的压制。

3. 互联网管理存在弊端

当前中国在互联网环境下发展软实力所遇到的困境,在一定程度上也是不完善的互联网管理体制造成的。

党的十八届三中全会《关于全面深化改革若干重大问题的决定》明确提出,要加大依法管理网络力度,完善互联网管理领导体制。习近平总书记在对《决定》的说明中指出:"面对互联网技术和应用飞速发展,现行管理体制存在明显弊端"。我们研究发现,我国的互联网管理体制的弊端突出表现在以下几个方面:

第一,互联网信息管理缺乏国家战略,相关立法滞后。我国至今没有一部像兰德公司为美国政府制定的国家互联网信息战略那样的战略规划。而且,我国的互联网立法滞后表现在:有关信息安全方面的政策法规多是行政部门规章,并未上升到全国人大立法层面。互联网立法的滞后已经严重影响到社会稳定和互联网行业的健康发展。长期以来,政策部门没能充分从顶层设计和国家治理角度认清互联网信息作为信息主权同国家领土、国家主权和国家安全一样的重要性。

第二,传统媒体与网络媒体分由不同部门负责,不利于统筹管理。这种情况源于管理理念的偏差,网络仍被主要当作一个商业空间,而不是政治和意识形态空间。比较典型的就是,某些网站在重大事件后,商业利益至上,在微博等新媒体推广他们精心策划的热点话题。结果,过分商业化和娱乐化的网络中,大众不是相关真实信息的知情者,而变成了围观者、起哄者和围攻者。

第三,互联网信息管理方式异化,不能有效发挥管理效能。某些网管部门和互联网管理人员没有履行好网络管理的职责,简单粗暴的管理模式导致了政府与人民群众在网络上的二元对立。另外,于法无据的互联网信息管理容易出现灰色地带,出于各种目的的网管人员删帖、封杀等行为,掩盖或误导了真实的互联网信息。

第四,互联网信息管理人员水平亟待提高。当前,互联网管理人员的平均年龄并不大,互联网管理的经验也相对不足,政治觉悟更需要进一步加强。比如,少数网管负责人在重大事件发生后,摇摆、观望,缺乏国家立场。还比如,有的网管部门或媒体在撰写网络舆情时,不努力去向党和政府提供真实、可靠、完整的全部舆情,而是在某些利益集团的政治和经济议程左右下,选择性地制作和呈送舆情,试图用国内外利益集团的议程绑架党和政府的决策过程。近年来,国家在高铁、PX项目和乙肝疫苗等方面遭网络舆情绑架,损失惨重,教训极深。

总而言之,改善互联网管理体制、恢复网络媒体的公共性和人民性,是当前我国提升舆论引导力、打赢全球网络空间战的关键举措。

(二)互联网环境下国家舆论引导力的建设出路

1. 通过网络治理推进国家认同

时任全国政协外事委员会主任的赵启正曾在一次会议的发言中说,中国人得把自己的事情弄懂;自己想清楚了,才能让别人清楚。

建设中国软实力,首先要解决国家认同的问题。我们自己能够认可中国的价值观、中国的文化、中国的政治理念和政治体制、中国的发展道路,才能在国际观念市场中赢得更多的说服力。

国家认同包含两个层面:文化认同和政治认同。对于中国这样一个有着悠久历史的、大一统的、多民族的文明型国家而言,文化认同是国家认同的基础,政治认同是国家认同的核心。文化认同是对中华传统的"仁义礼智信"这一组东方价值的认同。政治认同是对中华人民共和国宪法、社会主义政治制度和中国共产党作为执政党为人民服务的基本宗旨的认同。国家认同也是对中国特色社会主义、中国的发展道路、中国的发展模式和中国几千年来的文化的认同。解决了国家认同,也就解决了各族人民对国家政权的认知问题。鉴于某些国家学界、新闻界、政界乃至资本界联手在互联网设置的新闻议程和操纵的舆论已经成为影响我国国家认同的重大障碍,因此需要彻底地转变互联网管理模式,清除互联网管理存在的弊端,提高互联网管理水平,从网络管理转向网络治理。

网络治理的作用在于通过网络传递真实信息,鼓励社会各阶层群体参与社会治理,平衡社会各方利益,塑造正确的国家认同,为中华民族的复兴形成凝聚共识的强大力量。网络治理的目标是通过互联网进一步强化建立在中华文明基础上的文化认同和建立在中国发展道路基础上的政治认同。对于中国,只有建立全国各民族人民对中国特色社会主义、中国独特发展道路、中国的发展模式、中国成功有效的治理模式的认同,解决国家立场、党的立场、人民立场的一致性问题,才能巩固文化领导权,平息当前某些质疑的声音,从而解决国家认同问题。

对于如何治理网络,有以下要点:

(1)把握方向:高举中国特色社会主义旗帜,坚持道路自信,坚决粉碎"乌克兰化中国"或"南斯拉夫化中国"的企图。要纯洁网络管理人员队伍,确保那些在政治上坚定站在党中央一边的人牢牢把握互联网信息治理主动权,把那些丧失了基本信念,在政治上摇摆、观望的人员清除出网管队伍;为确保党和政府获得的网络舆情真实、可靠、完整,要纯洁舆情报告撰写人员队伍。在重大事件中,严防西方资本集团和国内利益集团对舆情报告的渗透,用他们制造的政治和经济议程左右党和政府的议程,绑架党和政府的决策过程。

（2）社会共治:网络社会共治就是党在网上的群众路线。党在执政之后,要加强自己的群众基础。网络时代,党要通过网上的社会运动重建自己的执政基础。要注意,网上的群众不是"网民"这样一个模糊的整体,由于社会经济地位、价值观和个人兴趣,群众在网上通过一个个微博圈、微信群、论坛,甚至一组组邮件群,形成不同的社会群体。这些群体和圈子是网络时代的执政基础。网络的社会共治就是党和政府的宣传员要在这些网络群中与群众对话和交流。党和政府的领导人要能听到这些圈子里的群众就公共政策问题发表不同意见,而不是像过去那样,动不动就是"网络交通管制"。

（3）全盘布局:重建党和人民的喉舌性媒体;建设党在政府、军队、学界、商界和文化界公开而强大的宣传员队伍;党和政府的宣传员要在网络上唱响中国建立在国家认同、中国道路、中国制度和中国发展模式之上的中国梦。

（4）强力造势:在各种已经引发或可能引发质疑国家认同的突发事件和大是大非的问题上,要毫不含糊地站在党、国家和人民一致的立场上发声,引导各种传播平台,如传统媒体、网络媒体、社交媒体、大学校园、各级党校课堂、各类期刊、社会论坛、国内外论坛和研讨会。

（5）注意分寸:既要站稳立场,掌控全局,唱响中国,又要在那些群众一时难以认清的敏感问题上,讲究传播策略,主动设置议题,积极地走进群众,做深入细致的思想工作。2014年4月,《人民日报》和央视通过对清华大学化工系学生争夺百度词条话语权的长篇报道,对PX事件进行了深入调查,把握了党报的分寸,在科学上有说服力,政治上有动员力,取得了非常好的宣传效果。

（6）维护国家信息主权:信息是国家的重要战略资源,是对过去领土、领海、领空疆界的延伸。国家主权的疆界从传统的三维空间拓展到了"领网"第四维空间。国家信息主权是国家信息的领土和领空,是国家主权在信息网络空间的体现,是主权国家在网络空间对信息拥有的有效控制权、司法管辖权和信息资源共享权。我们必须坚决维护国家信息主权,为推进网络治理中的国家认同贡献力量。

2. 跳出网络议程圈套,亲耳聆听群众声音

作为中国执政党的中国共产党,其执政的合法性、其理念的号召力是中国软实力的重要构成。然而,党的判断和政策抉择有时会被媒体所挟持。

2011年，魏伟就新媒体环境下的党建工作在《当代世界》撰文指出①，"现代媒体助推人们的思想趋于多元，对主流政党灌输价值观、整合社会思想增加了难度。在此背景下，政党为保住和扩大社会基础，乃至寻求执政地位，不得不冒着'牺牲'自身特色的风险，迎合大众媒体的政策'口味'，按照媒体的逻辑、规律和报道基调修改党的纲领政策。其结果是，政党价值观和政治纲领的感召力下降，凝聚全党和社会共识的能力被进一步削弱。"文章进一步指出，媒体社会削弱了党员对党组织的依赖，党组织传统的运作方式受到挑战。"许多党员特别是年轻党员更喜欢通过社交网站等参与政治话题的互动，对政党传统的组织活动方式越来越不感兴趣。"如今，由党组织举荐的政治家其影响力难以与经媒体包装和宣传的政治家相提并论。"这在一定程度上促使党内政治精英更加依赖媒体而不是党组织来实现个人的政治抱负。过分倚重媒体作为政党政治宣传和动员的工具也让一些党付出沉重代价。"各级政府对网络的批评过于敏感，反应过快，结果政府的政治议程不是由党来定的，而是由互联网上的政党化媒体或媒体大腕决定的。党为了在媒体社会求生存、谋发展，把党的舆论引导权、议程设置权让位给媒体，削弱了党的政治和社会动员功能，弱化了党的各级组织尤其是基层组织的作用，导致党员的归属感下降，社会基础发生动摇。再加上长期以来在网络工作上的党政分离，执政党在网络治理上长期处于无力状态。如果执政党利用媒体加强党建，必须立足于媒体为党的深思熟虑的议程设置服务，而不让媒体及其背后的资本利益集团设置的议程牵着鼻子走。

近两年，"微博问政"开始流行起来。党和政府应该重视舆论，但也需要认识到，微博不能代表全部民意。"微博问政"的同时应配合"田头问政""村头问政""工地问政""车间问政""街头问政"，到现实的生活中去听取各个阶层真实的经济诉求和政治诉求，承认观点和思想的多元化，直面舆论界政治斗争和路线斗争的现实，党才能创新群众工作，找到网络时代群众工作和政治动员的策略。

在今天的新改革运动中，党的改革设计者要充分尊重基层人民群众实践、认识、利益、权力及价值的主体地位。党和政府的领导人要勇于走出互联网，带头到群众中去、听取民众在现实生活中的呼声，提高政府听取基层群众改革意见的比重，增强公众对改革决策公允性的信心，确保国家的各项改革政策是代表最广大的人民群众的根本利益。通过党内民主制度的建设，党不仅要管好党，同时要发动群众，监督好各级政府，把党对政府的监督变成人民对政府监督的最重要的形式之一。党有责任确保政府出台的各项改革举措符合最广大的人民群众的利益，

---

① 魏伟：《外国政党运用媒体创新党建的做法及启示》，《当代世界》，2011年第2期，http://www5.ncwu.edu.cn/xcb/contents/7185/74955.htmlhttp://www5.ncwu.edu.cn/xcb/contents/7185/74955.html。

而不是小集团的利益。党和政府还要尽快放开中下层群众及其意见领袖在微博上的言论自由,听到中国社会各阶层真实的经济诉求和政治诉求。只有社会不同阶层的人民群众的呼声在媒体上合乎比例地得到自由表达,党的高层方能准确了解民意,真实把握中国社会现状和民心趋势,确保党的执政地位。

3. 创新中国特色社会主义话语体系

一个国家软实力的核心是国家制度和核心价值观。西方国家经历几百年的发展,早已发展出一套成熟的、以自由、民主、法治等理念为核心的政治理论,并在全球传播,为这些国家的合法性奠定了基础。

中国欲加强软实力、增强国家合法性,首先应明确中国社会主义核心价值观,并在此基础上建立中国特色话语体系,来传播中国的政治理论、国家制度及核心价值观。

十八大以来,习总书记多次在重要场合谈及中国社会主义核心价值观,使价值观内容主体愈来愈明晰。下一步就需要加强中国特色话语体系的建立,以配合传播中国社会主义核心价值观。北京大学历史系教授王希指出:"一方面,中国思想界拒绝接受西方的话语体系,另一方面,西方的话语体系又比比皆是地出现在大众传媒、报纸评论、电视访谈、大众娱乐、学校教育和行政管理中。"①

中国特色社会主义话语体系的建设就是国家软实力、尤其是国家舆论引导力建设的核心,是营造中国特色社会主义的发展模式,是建设中国特色社会主义制度的道德高地。

2004年,美国学者雷默把中国特色社会主义概括为与"华盛顿共识"相对立意义上的"北京共识",拉开了世界各地对中国特色社会主义发展模式高度关注的序幕。雷默在随后出版的《不可思议的年代》中文版序中写道:"中国遇到的挑战,从规模来看,从复杂的程度来看,都是人类历史上从未经历过的。改革的本性是会产生出从未见过的新问题。这就需要一种新的创新,一种超越'中国特色'的创新。所谓'后中国特色',是指中国将不再把国外的东西拿来,然后增加一些'中国特色'。中国创造出来的将是完全崭新、自主的创新。"②

中国与世界进入了一个社会与思想发展的新时代。在这个时代,中国与世界面临许多共同的课题,东西方旧的发展方式和范式需要提升、变革和创新。中国特色社会主义发展道路并不是西方所理解的中国复制了西方模式,而是两方面的结合,不仅在经济领域创新地与世界接轨,同时在政治社会发展上试图创新西方

---

① 王希:《软实力的硬内容:国家制度和核心价值观》,载于《软实力与中国梦》,法律出版社,2011年,第49页。
② 乔舒亚·库珀·雷默:《不可思议的年代:面对新世界必须具备的关键概念》,何帆译,湖南科学技术出版社,2010年。

模式,其发展模式超越了社会主义和资本主义鸿沟,打破了旧有市场经济话语体系,展示这个世界上不存在一个普适行为的共同叙事话语。

巴基斯坦驻华大使马苏德·汗在考察了中国西部后曾撰文指出,在过去的三十多年,中国形成了一种独特的发展模式。它把人民放在第一位。这个模式十分注重平衡——集体主义与个体主义之间的平衡,社会主义与市场经济之间的平衡,增长与发展之间的平衡,人类的发展与可持续发展之间的平衡。这种模式被称作具有中国特色的社会主义。实际上它的意思是:追求可以满足所有人而不是有特权的少数人的社会主义模型,利用市场的力量充分释放人类才智的潜能,并使得这个发展过程在中华文明的严酷考验下始终兴盛。中国这样一个西方人眼中的古老东方国家,有能力通过自己成功的实践来科学定义价值观,也能成为世界发展新模式、新制度和新标准的制定者和领导者。①

中国能否破解国家的贫富差距和城乡二元对立导致的人格分裂难题是对西方现有发展模式的挑战。如果新的知识和新的观念在中国特色社会主义的实践中挺拔胜出,人们将有一个崭新的视角思考中国和世界的前途与命运,人们现有的政治经济社会知识范式将发生扭转乾坤的巨变,中国特色社会主义话语体系将成为影响世界发展的强势话语。

中国特色社会主义不应定义为资本主义世界的"新兴市场国家",而是在建设中国特色的改革话语与执政话语体系中,继续坚持为人民服务的宗旨,并在"改革为民"的思路下,以缩小三大差距、保障民生、维护社会公平正义、维护人的尊严为改革的出发点和改革的目标。

"改革为民"的思路将决定中国能否让改革的各项举措惠及大多数中国人民,将决定中国未来社会能否长期稳定发展,决定中国的政治与政权稳定。如果不能按照"改革为民"这个思路,将会出现普遍化的社会不满,国家的政策将无法实施,社会不仅将进一步分化,而且会发生社会对抗和社会分裂,导致国家的碎片化。我们未来看到的将不是一个小康社会,而可能是一个像埃及或突尼斯那样的两级严重分化的失败国家和社会。

中国自古以来民为邦本,本固邦宁,倡导民生大于天。正如古人所言,老有所养,壮有所用,鳏寡孤独有所依。而中国政治体制的合法性和凝聚力来自民生的不断改善、经济的持续增长、就业机会的增加、社会保障的强化等,来自作为执政党的中国共产党是否践行为人民服务的宗旨。党和政府在保持经济增长的同时,必须有更强的能力保护并且增进广大人民群众在政治、安全、教育、健康、就业、养老和话语表达等方面的权益。如果一个政府失去了这个职能和权力,它就完全失

---

① 马苏德·汗:《中国发展模式的世界意义》,《中国社会科学报》,2011年3月29日。

去了合法性。无论社会主义,还是资本主义,如果其不能再保障广大人民的这些基本权利,就失去了合法性。

由于中国没有实行选票民主,以德治国的政府依靠的是德(德行和口碑),执政和凝聚力的关键来自党和国家领导人的形象和声誉(和口碑)。中国共产党能否继续执政下去,关键在于还能否在群众心中重新点亮为人民服务这盏红灯。重新高举为人民服务这面旗帜,将使党用最少的投入,重建党的公信力,重新获取群众对党的信任,壮大拥护党的追随者和支持者,不仅增强了社会凝聚力,更从思想意识根源上巩固共产党政权的合法性。

中国共产党当前亟需做的是:在继续坚持为人民服务的宗旨下,"改革为民"。各项改革思路、政策、行动的出台都要走群众路线,要打破顶层权贵俱乐部对改革话语的垄断。改革的方向与举措要以民生为导向,一切的改革以惠及中国最普通老百姓利益的目标出发,不被国内外权贵精英集团所左右。

五、建议:要以"中国梦"为核心开展价值观外交

当谈及创建"文化软实力"时,有人主张避谈"意识形态"和"政治制度"。然而,文化软实力中的"文化"应当是广义的,一个国家的政治文化——如制度建设、治国理念、核心价值观等也属于文化的范畴。

中国发展文化软实力面临一个尴尬的现实:很多外国人能够欣赏中国的文化遗产,并折服于中国悠久且充满魅力的历史文化传统,然而大多数西方国家及其国人却不能认可我们现行的政治制度和政策。"政治"成为中国软实力建设中的软肋。

愈是面临如此严酷的现实环境,在加强中国文化软实力的过程中,愈是要敢于开展"价值观外交",大胆地对外传播中国的政治制度,阐释社会主义中国的核心价值观,让世界能够看到、理解并接受中国可以有自己的发展道路,创建中国特色社会主义话语体系,改善中国在政治上的吸引力、影响力和感染力。

(一)中国的价值观外交

中共中央总书记、国家主席习近平在2014年2月24日召开的中共中央政治局第十三次集体学习中指出:"核心价值观是文化软实力的灵魂、文化软实力建设的重点。一个国家的文化软实力,从根本上说,取决于其核心价值观的生命力、凝聚力、感召力。历史和现实都表明,构建具有强大感召力的核心价值观,关系社会和谐稳定,关系国家长治久安。"[1]

价值观外交要做的就是将一个国家的核心价值观对外传播、对外文化渗透。

---

[1] 人民网:http://theory.people.com.cn/n/2014/0326/c40531-24742291.html。

价值观外交是美国全球性文化思想战的最重要组成部分,核心即要开展超国家层面的网络空间战、信息空间战和思想空间战,使世界认同并接受它的价值观与思想理念。

价值外交的能力是指国家运用新旧媒体、公民社会、非政府组织、宗教组织、大学、个人传播思想、观念、价值和行为准则的能力。思想空间战通过传统媒体、网络、论坛、宗教讲坛、各种会议、新闻发布会和媒体事件在非政府之间、媒体之间、个人之间展开,来影响一国的舆论、政策走向。例如,美国在中国大学新闻传播学院讲学的富布莱特学者,除了在所在大学上课外,另外每学期还要到外省的大学作1—2次报告,往返机票由美国使馆报销。

当前,美国对中国最有效的围堵,不是军事围堵,而是思想价值观念的遏制与围剿。几十年来,美国为首的西方思想观念共享国家发动了对中国的政治、外交、军事和经济遏制与围堵;对于亲中国的国家,或制造战乱分裂这个国家(如苏丹),或直接将其拉向美国怀抱(如缅甸)。与此同时,美国加紧在中国唯一的军事盟友——巴基斯坦——境内,利用塔利班问题制造战乱。

面对美国咄咄逼人的价值观外交攻势,中国究竟要不要搞价值观外交?中国有无能力搞价值观外交?

答案是肯定的。中国只有通过有特色的社会主义实践,呈现给人类一个能够为全球分享的、为人类共同进步服务的核心价值体系,才能在一个完全开放的网络和信息世界里不受制于他国,国家的核心利益才不会受到威胁。更为重要的是,一个国家的主流价值观是具备凝聚国内民心、团结人民奋斗的威力的思想武器。正如十七届六中全会决议所指出的,"文化是民族的血脉,是人民的精神家园"。文化具备引领前进方向、凝聚奋斗力量和团结带领全国各族人民的重大作用。一个国家如果被剥夺了独立的思想与文化,就会成为行尸走肉。

特别重要的是,思想价值观是一个国家的文化软实力的核心。因此文化大发展不能用文化产业化和文化产业的GDP来衡量。文化大发展的目标是增强中国思想价值观的思想力、展示力、传播力、感染力、吸引力,特别是对外传播的渗透力。

中国目前在对外文化传播和文化交往中,面临的最大困境是,中国社会主义核心价值观未能在国内外媒体上以简练有力的方式表达出来,致使中国社会主义核心价值观在国际和国内观念市场上都严重缺乏传播力和竞争力。

中国社会主义核心价值观能否通过几个字清晰、简洁、有力地表达出来?很多理论家认为不大可能。事实上,中国社会主义核心价值观用5个字就可以表达出来,那就是"为人民服务"。为人民服务的价值观就是,人民当家做主,以全体人民为本、为全体人民服务。不是为选票服务,不仅为给我投票的人服务,同样为那些投我反对票的人服务。

各级党政领导干部一定要头脑清醒,立场鲜明地坚持科学发展观、坚持为人民服务的核心价值观。要勇于坚持正确的政治立场,要勇于走在群众的前面,用真理和正确的观点与决策引领群众和社会进步。在社会主义核心价值观和文化大发展等重大问题的研判上,不被包括媒体在内的各种利益集团左右、不被新闻舆论左右,更不应该被微博左右。

在文化大发展中,要加强各级领导干部的文化自信建设,争取在党内、在媒体上、在广大的人民群众中在基本价值观上形成认同和共识,用社会主义的"为人民服务"核心价值观建设好国家品牌。国家只有具备了强大的品牌力,国家的软实力建设和对外政策才会事半功倍。

中国的对外传播机构和传播者应当设立清晰的外宣目标,即把文化渗透与为国家的发展战略目标、为国家的议程设置目标和为国家的对外政策目标智慧地结合起来。中国的外宣部门不必过多地考虑"中国在西方媒体的国际形象",因为,当外界为中国的文化所吸引、并逐渐认可中国的思想价值理念与发展模式之时,中国的形象自然就会提升。

此外,中国政府和政府官员在注重国与国之间的官方关系和官方互访的同时,需要更多地关注人民对人民的思想文化渗透,后者的思想渗透应该是深入和广泛的,包括学术界、学术界、新闻界、基金会、非政府组织。在这方面,中国可以借鉴他国经验。例如,美国大使骆家辉在美国国务院公共外交局和美国使馆的智囊帮助下,精心策划了机场与民同乐的媒体事件,为美国软实力在中国开疆拓土又进了一步。

最重要的是,我们要看到硬实力和软实力的相互转换。有人认为,只要中国经济这个硬实力上去了,软实力自然就提升。但美国经历了多年的经济危机,硬实力严重受挫,却巧妙地在中东、北非、缅甸利用其多年的地方渗透和积累的软实力,获得了一些实质性的外交收益。

总而言之,价值观外交应该是全方位的。正如习近平主席所说:"要润物细无声,运用各类文化形式,生动具体地表现社会主义核心价值观,用高质量高水平的作品形象地告诉人们什么是真善美,什么是假恶丑,什么是值得肯定和赞扬的,什么是必须反对和否定的。"

(二)以"中国梦"理念为核心开展文化软实力建设

20世纪后半叶,美国编织了一个以"自由、民主、人权"为核心价值的"美国梦",并通过开放的全球网络世界,成功地将"美国梦"推销到世界各地,成为世界软实力强国。

中国建设文化软实力的核心诉求也应是在全球思想观念市场塑造"中国梦"。

实际上，无论是国内的"中国梦"理念，还是在国际舞台上提出的"世界梦"理念，"梦"都应是中国软实力的关键。我们应该向营销学营销一个商品那样，找出一个核心的诉求点，以全副的精神着力推销一个概念。通过反复的灌输，使得国际社会联想中国时头脑中出现的就是"中国梦"。

在全球思想观念市场推广"中国梦"并非易事，需要简短、有力、利于不断重复的阐释方式。

习近平总书记曾在讲话中指出："中国梦的宣传和阐释，要与当代中国价值观念紧密结合起来。中国梦意味着中国人民和中华民族的价值体认和价值追求，意味着全面建成小康社会、实现中华民族伟大复兴，意味着每一个人都能在为中国梦的奋斗中实现自己的梦想，意味着中华民族团结奋斗的最大公约数，意味着中华民族为人类和平与发展作出更大贡献的真诚意愿。"

事实上，在中国梦具体的传播过程中，我们确实可以将其内涵凝练为简短的四个字，那就是"共同富裕"，其核心内容是，人民当家做主，走共同富裕的发展道路。

数据是更直观的体现。美国皮尤研究所2008年的调查显示，86%的中国人相信，他们国家的发展方向是正确的，而英国只有31%、美国只有30%、法国只有26%;2011年美国皮尤研究所再次发布调查报告，数据显示71%的中国人相信未来的生活会非常幸福。世界上很多国家在两极分化中度日，中国如果能在共同富裕的道路上往前走，实现经济繁荣、国强民富，让十几亿人民都受益，那么"中国梦"就成功了，而且这不仅是中国共产党的成功，也是中华民族的复兴，是中国梦对世界的贡献。这将最直接地证明，中国梦不只是理论，更不是梦想。把中华民族这个全球人口最大的群体，由穷至富，由弱到强，自立于世界民族之林，这将会使亚非拉和东欧广大的贫穷和中下层发展中国家受到巨大的鼓舞，这也将是对世界现有发展模式的挑战和重大创新。思想界和学界面临着一个知识转型的创新机遇，新的知识和观念将在"中国梦"的追逐与实践中挺拔而出。人们将以更多样的视角思考中国和世界的前途与命运。

因此，我们要以"中国梦"理念为核心诉求点，在各种场合反复强调，利用多种传播方式推销这一概念。"中国梦"在全球网络、信息、思想空间中的成功，将有助于增强中国特色的社会主义的吸引力和凝聚力。我们要让全世界听到的是中国人讲的有关自己的民主的故事、自由的故事、人权的故事和法制的故事，听到中国人实现梦的故事，更有说服力和吸引力地让世人看到有特色的中国社会主义道路，不仅是一条适合发展中国家的发展模式，而且是符合人类未来发展需求的一种软实力源泉。

(三）主动高调地说明中国的政治理念与实践

最后需要强调的是,要加强舆论引导力,中国要敢于主动高调地说明中国的政治理念和实践。

在中国与世界接触的时候,有一个绕不过去的问题焦点,就是对于中国政治理念的误解和偏见。习近平总书记2013年12月30日在中共中央政治局第十二次集体学习时的讲话指出:"我国成功走出了一条中国特色社会主义道路,实践证明我们的道路、理论体系、制度是成功的。"这种经过实践证明最符合中国人民需要的政治理念和意识形态,本应该成为中国软实力的来源,现在却成为了影响中国软实力的重要原因。

当然,我们现在不应该继续强调意识形态的差别,回到以前的老路上面。但是西方媒体言必称"共产党的北京"(Communist Beijing)和"政府控制的企业"的局面必须想办法扭转过来,人们需要认识现代的中国、真正的中国,而不是某些西方媒体所描绘的旧时代中国、或是被某些西方媒体歪曲的中国。

因此,既然我们有可以清晰表达的核心价值观,有适合中国发展的、甚至值得他国借鉴的"中国梦",我们要改变世界对于中国政治的误解和偏见,更需要主动高调说明中国的政治理念与实践。

我们应该有这个自信,这是我们的选择,这是最符合中国实际情况的方式。通过具体的事实,以中国已取得的成就来说服别人。我们应该运用西方人的新闻和宣传技巧,站在政治的道德高地上,开放地去谈中国的政治体制,向全球媒体推销中国的政治体制改革和中国对民主、人权的理解、主张,尤其是这方面的实践。不要担心一时的批评,批评本国政府和别国政府本是美国媒体的习惯和招牌,其实换个角度想,美国政府不也正是在其媒体各种各样的批评中确立形象吗？只要能巧妙利用,批评也是展现中国的另一种方式[1]。

只有这种方法才能解决这个问题,原因有三。第一,正如恩格斯说的:"因为我的对手说黑的,我就说白的——这纯粹是服从对手的规则,这是一种幼稚的政策。"[2]第二,回避不谈或者被动谈都没有建设性,只有主动出击才能占领先机。第三,当一个话题谈得太多,所有的敏感和偏见,也就自然消失了,当西方人不再在意的时候,媒体也就不会再在这里作文章了。到这个时候,国际社会才能够更加客观地看待中国改革开放取得的成就,中国的软实力才能发挥真正的作用。

---

[1] 李希光、周庆安:《软实力与全球传播》,清华大学出版社,2005年,第235页。
[2] 《马克思恩格斯全集》第35卷,人民出版社,1973年,第437页。

我国高校思想政治教育现状调查报告

赵新宇*

摘要：高校思想政治教育承担着培养中国特色社会主义事业合格建设者和可靠接班人的重任。思想政治教育工作的好坏，关系到党和国家的前途命运，所以关注我国高校思想政治教育现状，直面问题，探寻出路，意义重大。本报告旨在通过对我国高校思想政治教育状况的调查分析，明确我国高校思想政治教育的主要内容和途径，分析我国高校思想政治教育存在的问题，提出完善高校思想政治教育的可行性的对策建议，以期更好地发挥高校思想政治教育的作用。

我国高校思想政治教育的根本目的是社会主义核心价值体系建设和社会主义核心价值观的培育和践行。围绕社会主义核心价值体系的构建，高校思想政治教育的内容主要有理想信念教育、爱国主义教育、公民道德教育、公民素质教育。教育的途径主要是课堂教学、社会实践、校园文化建设、网络思想政治教育、心理健康服务、学生管理等。

本报告将我国高校思想政治教育存在的问题概括为七个方面：课堂教学育人效果不如人意；辅导员思想政治教育的职能渐趋边缘化；班主任的作用有待加强；网络思想政治教育优势未被充分挖掘；心理健康教育总体被动；"三下乡"等社会实践活动流于形式；社团活动思想性不够。

针对以上七个方面的问题，本报告提出了如下解决对策：强化问题意识，提高课堂教学实效；优化辅导员的工作；强化班主任的作用；守护网络思想政治教育阵地；主动呵护大学生的心理健康；做实"三下乡"等社会实践活动；加强对大学生社团的管理。

---

* 赵新宇，湖南大学马克思主义学院博士研究生。

高校思想政治教育承担着培养中国特色社会主义事业合格建设者和可靠接班人的重任。思想政治教育效果如何，关系到党和国家的前途命运，党和国家高度重视高校思想政治教育工作，出台了一系列政策和文件，指导高校思想政治教育。当前，我国高校思想政治教育取得了一定成绩，也存在诸多不足。本报告通过对部分高校（以211高校为主）承担思想政治理论课教学的学院网站、学工部网站、心理健康教育与咨询中心网站、就业网站2013—2014年的内容进行分析，从中总结高校思想政治教育的主要内容和途径，又通过文献调查法，在中国知网中搜索了近几年关于高校思想政治教育相关的文章，并结合本人在高校工作所了解到的现实，归纳分析了我国高校思想政治教育中存在的主要问题和应对策略。本报告试图通过这样的调查和分析能够客观描述我国高校思想政治教育的现状，并针对高校思想政治教育存在的问题提出实实在在的解决对策。

一、我国高校思想政治教育内容

（一）理想信念教育

理想信念教育是高校思想政治教育的核心内容。理想信念教育主要是社会主义核心价值观教育、国情教育、形势与政策教育。

1. 社会主义核心价值观教育

社会主义核心价值观教育是理想信念教育的重要内容。党的十八大提出了"富强、民主、文明、和谐；自由、平等、公正、法治；爱国、敬业、诚信、友善"的社会主义核心价值观。从国家、社会、个人三个层面对价值境界、价值追求和价值目标作了界定。

社会主义核心价值观教育就是通过系统传授社会主义核心价值观相关知识和组织以"社会主义核心价值观"为主题的相关活动，使受教育者形成对社会主义核心价值观的认知和认同，并自觉践行社会主义核心价值观。目前，各高校进行社会主义核心价值观教育的途径主要有以下几种：

（1）课堂教学。思想政治理论课是培育当代大学生核心价值观的主渠道。此外，形势与政策课和其他人文哲学社会科学类课程都渗透着社会主义核心价值观的相关内容，在对大学生进行核心价值观教育过程中发挥重要作用。

（2）学术活动。学术活动包括社会主义核心价值观相关的论坛、征文、报告会、知识竞赛等。比如兰州大学举行"社会主义核心价值观与幸福美好城市建设论坛"；西北农林科技大学举办积极培育和践行社会主义核心价值观专题报告会；南京航空航天大学召开弘扬与践行社会主义核心价值观座谈会；西南交通大学召开社会主义核心价值观的学术研讨会；北京师范大学开展"践行核心价值观，树立中国自信"主题党日活动、举办"实践核心价值观"主题知识竞赛；暨南大学召开

"创先争优"学生党员表彰大会暨学习十八大报告座谈会;北京化工大学举办"从国际化视野谈大学生的理想信念"讲座等等。

（3）社会实践活动。各高校组织了形式多样的社会实践活动,强化大学生对社会主义核心价值观的认知和践行。比如东北大学开展了"争做时代新雷锋,践行核心价值观"大学生志愿服务活动;西南大学马克思主义学院2014年寒假社会实践小分队开展了以"'凝心聚力 共促改革'学习、宣传党的十八届三中全会精神"为主题的宣讲活动,在宣讲同时积极开展义务支教、科技支农、关爱留守儿童、温暖空巢老人等志愿服务活动,自觉弘扬社会主义核心价值,努力践行党的十八届三中全会精神;①中国地质大学(武汉)成立"党徽照我行"工作中心。工作中心的总方案是:党徽照我心,支部引领政治理论学习;党徽聚我力,支部引领学生自主发展;党徽励我行,支部引领实践育人和奉献社会。②

2. 国情教育

国情教育是思想政治教育的重要内容和形式,是向教育对象传授国情基本知识和分析认识国情的基本方法,是使受教育者树立正确的国情观的过程。③ 目前,我国高校开展国情教育的途径主要有:

（1）课堂教学。课堂教学主要是利用思想政治理论课、形势与政策课、各类专业课和选修课对大学生进行国情教育。

（2）学术活动。学术活动包括各种有关国情的报告会、宣讲会、讨论会、征文、知识竞赛等等。比如中央音乐学院举行学习党的十八大报告和党章知识竞赛;南京理工大学举行学习"两会"专题研讨会、传达2014年全国"两会"精神报告会;华中科技大学开展"共筑中国梦,争艳党旗红"之党史党章趣味竞赛;海南大学组织学生观看《当代中国国情与青年的历史责任》系列网络讲座等。

（3）政治理论学习活动。政治理论学习活动主要是响应上级组织和学校号召组织的学习活动。活动参与者以党员和团员为主,主要学习党和国家的路线、方针、政策。比如江南大学马克思主义学院举行习近平总书记系列讲话精神的理论学习会;中国地质大学(武汉)开展"支部书记讲党史"活动、"青春共话十八大"系列活动、"党员再教育活动";安徽大学开展毕业生党员重温入党誓词活动等。

（4）社会实践活动。社会实践活动主要是指实习、社会考察、寒暑假"三下乡"、志愿服务等活动。比如大连理工大学、大连海事大学、东北财经大学、大连工业大学派遣大学生志愿者去西部支教;上海财经大学组织"千村调查"项目等。

---

① 西南大学网:http://ddyfl.swu.edu.cn/makesi/index.php?action=show&controller=content&id=1363。
② 中国地质大学网:http://uzone.univs.cn/news2_2008_505708.html。
③ 胜令霞:《大学生国情教育途径选择初探》,《经济与社会发展》,2009年第11期,第175页。

(5) 媒介宣传。媒介宣传是指借助校园展窗、标语、口号、校园网、校报、校园广播等等进行国情知识的宣传和普及。此外,一些专门的国情主题网站对我国国情进行了系统的介绍。比如香港新一代文化协会主办的国情教育网、中国国情大百科等网站。

3. 形势与政策教育

2004年11月17日中共中央宣传部、教育部下发了《关于进一步加强高等学校学生形势与政策教育的通知》(教社政[2004]13号)。依据《通知》精神,形势与政策教育就是要对学生关注的热点问题进行理性解读和引导,帮助学生认清国内外形势,全面准确地理解党的路线、方针和政策,使大学生坚定理论自信、制度自信、道路自信。

形势与政策教育的途径也是多种多样的。

(1) 课堂教学。形势与政策课与思想政治理论课是形势与政策教育的主渠道。此外,人文社科类的专业课、选修课也可以对国际国内形势和政策进行渗透。

(2) 学术活动。学术活动包括各种有关当前形势的报告会、宣讲会、讨论会、征文、知识竞赛等等。比如十八届三中全会召开后,全国高校都掀起了学习十八届三中全会精神的热潮。海南大学、湖南大学、华中科技大学等举办了党的十八届三中全会精神专题报告会、宣讲会,西安交通大学各学院党支部组织了关于十八届三中全会的讨论会、交流会,"学习十八届三中全会精神"观影活动;中南大学、四川大学举办了中共十八届三中全会相关知识竞答赛。

(3) 政治理论学习活动。政治理论学习活动主要是响应上级组织和学校号召组织的以党员和团员为主体的学习活动,主要针对国家重要会议精神、重大事件等进行学习。比如南京农业大学思政部举办"中国梦的理论内涵及其伟大意义"的形势与政策报告会;中山大学举行党的群众路线教育专题报告会;天津大学举办"中国梦"主题报告、召开入党积极分子"中国梦"学习会;北京化工大学生命学院低年级党支部召开"半月谈"民主生活会。

(4) 校园文化活动。比如中国矿业大学(徐州)举办了"情系两会——我与两会面对面"系列活动;中国石油大学(华东)举办"聚焦两会,我是代表"活动;武汉理工大学举办全校大学生"中国梦我的梦"演讲比赛、开展"学习十八大、积聚正能量、推进新发展"主题实践活动;四川大学举办研究生学习"十八届三中全会"精神PPT宣讲大赛;华东师范大学开展"民族情 中国梦"征文活动;华东理工大学举办"中国梦,行走的梦"主题晚会;2013年中央音乐学院组织开展了学习党的十八大报告和党章知识竞赛等。

(5) 媒介宣传。媒介宣传是指借助校园展窗、标语、口号、校园网、校报、校园广播等等对国际国内形势与政策进行宣传。每逢我国召开重大会议,高校都会通过这样一些媒介传达会议精神。

（二）爱国主义教育

爱国主义教育是指帮助学生培养热爱祖国并为之献身的精神的思想教育。① 1994年8月23日,中宣部颁布了《爱国主义教育实施纲要》,爱国主义教育进入了一个新阶段。爱国主义教育可以细分为民族精神教育、时代精神教育、革命传统教育。

1. 民族精神教育

大学生民族精神培育是指针对大学生的思想、心理和行为特点,有目的、有计划、有组织地在大学生中开展弘扬中华民族传统美德、培育新的时代精神,努力使大学生具有积极、健康、昂扬向上精神状态的社会实践活动的总称。② 民族精神教育的途径有：

（1）课堂教学。《思想道德修养与法律基础》《毛泽东思想和中国特色社会主义理论体系概论》是通过课堂教学进行民族精神教育的主阵地。此外,专业课、选修课的授课内容也可以渗透民族精神教育。

（2）校园文化活动。比如艺术节、读书会、歌唱比赛、运动会、演讲会、展览会、爱国主义电影欣赏等活动。比如石河子大学举办"中国梦 强军梦 军旅梦"2013年欢送毕业国防生文艺晚会;湖南大学开展党日活动之影视欣赏活动等。

（3）媒介宣传。媒介宣传是指通过校训、校歌、校园布置、校园宣传栏、校园网、校园广播等等对爱国主义进行宣扬。比如上海交通大学校训"饮水思源,爱国荣校";南开大学校训"允公允能,日新月异","公"便是无私无我,"能"便是实干苦干,即一方面培养青年"公而忘私""舍己为人"的道德观念,另一方面训练青年"文武双全""智勇兼备",为国效劳的能力。③

（4）社会实践活动。爱国主义的实践活动包括参观历史博物馆、烈士陵园,到红色革命根据地考察调研等。比如中国科学技术大学研究生骨干"十八大精神学习"研讨班全体学员前往合肥市渡江战役纪念馆开展社会实践;安徽大学思政部组织学生赴皖南事变旧址开展实践教学;南开大学为"扬精武精神,承爱国之志"组织部分学院的研究生赴精武镇小南河村调研;南京农业大学思政部全体党员参观南京大屠杀纪念馆等。

（5）主题教育活动。爱国主义主题教育活动一般以重大事件、重大节日、民族节日、历史人物纪念日等为载体开展。比如北京体育大学举办了"学习周恩来精神"专题报告会;中央民族大学开展"放飞中国梦,共话民族情"主题团日活动;

---

① 教育部高等学校社会发展研究中心：《大学校园文化建设研究述评》,教育科学出版社,2011年,第176页。
② 杨阳：《当代大学生民族精神的培育研究》,2013年延边大学硕士论文。
③ 新华网：http://news.xinhuanet.com/school/2003-08/06/content_1013568.htm。

哈尔滨工业大学举行"雷锋精神"座谈会;北京体育大学在2013年3月期间以"传承雷锋精神 志愿服务校庆"为主题,开展学雷锋志愿服务系列活动等。

2. 时代精神教育

时代精神是一个社会在最新的创造性实践中激发出来的,反映社会进步的发展方向、引领时代进步潮流、为社会成员普遍认同和接受的思想观念、价值取向、道德规范和行为方式,是一个社会最新的精神气质、精神风貌和社会时尚的综合体现。① 时代精神教育就是使大学生熟知、认同、践行时代精神的过程。这个过程各高校是通过以下途径来完成的。

(1) 课程教学。高校思想政治理论课、形势与政策课、专业课、选修课都承担着对学生进行时代精神教育的责任。

(2) 主题教育活动。主题教育活动是以时代精神为主题的学习实践活动等。比如北京师范大学举办"强化宗旨意识,争做时代先锋"主题实践活动;中国地质大学(武汉)举行"青春·梦想·中国梦"团会;河北工业大学社科部开展"中国梦·学子行·责任行动在身边"主题教育活动;辽宁大学生在线联盟组织开展"弘扬五四精神,激发爱国热情"主题征文活动。

(3) 校园文化活动。校园文化活动如报告会、座谈会、读书征文、文艺演出等。比如南京理工大学举行"喜迎校庆六十年,青春唱响中国梦"2013级学生军训歌咏比赛;延边大学举行"让青春在奉献中闪光"——西部计划志愿者出征欢送仪式;中国矿业大学(北京)举办"我的梦、矿大梦、北京梦、中国梦"主题演讲比赛等。

(4) 媒介宣传。媒介宣传是指通过校报校刊、校园广播、标语、展窗、校园网络、贴吧、微博等宣扬时代精神。此外,还有一些爱国主义教育网在时代精神教育中发挥重要作用,比如中国爱国主义教育网、青少年爱国主义网、广东爱国主义网、上海市爱国主义教育基地等。

3. 革命传统教育

革命传统,就是指中国共产党和老一辈无产阶级革命家领导中国人民,在我国新民主主义革命和社会主义革命与建设中英勇奋斗、艰苦创业所形成的革命精神、优良作风、正确思想和高尚品德。革命传统教育,就是充分挖掘和利用我国丰富的革命历史文化遗产和其他"红色"教育资源,对全国人民特别是青少年一代所进行的旨在继承先烈遗志,发扬优良作风,学习英模品德,争做"四有"新人的各种形式的思想政治教育活动。② 革命传统教育的途径有:

---

① 李少莉:《弘扬以改革创新为核心的时代精神》,《思想政治工作研究》,2008年第2期,第37页。
② 刘东朝:《应高度重视革命传统教育》,《红旗文稿》,2005年第12期,第9页。

(1) 课堂教学。高校思想政治理论课、社科类专业课、人文通识类选修课都承担着对学生进行革命传统教育的责任。

(2) 主题教育。比如四川大学举办"知识问答——纪念'一二·九'学生爱国运动"活动;北京邮电大学党员骨干培训学校组织"赴延安革命圣地参观学习"红色之旅主题教育实践活动等。

(3) 媒介宣传。媒介宣传是指通过校报校刊、校园广播、标语、展窗、校园网、革命传统主题教育网站、贴吧、微博等宣传革命传统。

(4) 社会实践活动。比如南昌大学马克思主义学院部分同学赴井冈山进行社会实践;中国地质大学(武汉)前往红色革命将军县红安开展"学习雷锋好榜样,革命亲人永不忘"主题实践活动;哈尔滨工业大学组织"学习雷锋精神"、纪念"五四""七一""十一""一二·九"运动等活动,开展"走访老英雄""走进革命根据地"等红色实践活动,学习和弘扬优秀革命传统;湖南师范大学开展新民学会旧址和蔡和森故居参观活动、"弘扬雷锋精神,争做时代新人"实践活动等。

(三) 公民道德教育

公民道德教育,就是对大学生进行作为公民必须遵守和履行的道德规范的教育,就内容来说,包括个人品德教育、家庭美德教育、职业道德教育、社会公德教育。

1. 个人品德教育

个人品德的要求体现在公民基本道德规范"爱国守法、明礼诚信、团结友善、勤俭自强、敬业奉献"中。个人品德教育就是要强化大学生对公民基本道德规范的系统认知和自觉践行。对外经济贸易大学就制定了《学生思想道德建设实施意见》,指导学生思想道德素质的养成和提高。(1) 大学一年级,重点进行"明礼诚信、团结友善"教育。(2) 大学二年级,重点进行"爱国守法、勤俭自强与组织纪律性"教育,培养学生的团队意识。(3) 大学三年级,重点抓好信念教育、诚信教育,培养学生的"三自"能力,提高他们的社会适应性。(4) 大学四年级,重点抓好职业道德教育和毕业生择业教育,培养他们的社会责任感和使命感。

实践中,各大高校通过多种途径开展个人品德教育。

(1) 课堂教学。《思想道德修养与法律基础》是对大学生进行道德教育的主课堂,北京化工大学就依托这门课程成立了德育实验室网站。此外,其他的任何课程都具有德育的功能。

(2) 主题教育。各高校都开展了旨在养成学生高尚品格的主题教育活动。比如对外经济贸易大学确定每年三月为"学生道德养成教育活动月";中国地质大学(武汉)经管学院开展"明德笃志,行在经管"主题教育活动;东北林业大学召开"弘扬求真求实学风 争做品学兼优学生"主题座谈会;南京大学召开"学会感恩 立志成才"主题座谈会,开展诚信教育主题活动等。

(3) 校园文化活动。比如全国高校都开展了由中国银行和中国青年报组织发起的"助学·筑梦·铸人"主题征文活动、由教育部组织的"向上向善进行时"大学生道德实践优秀事迹征集活动;宁夏大学、江南大学举办道德讲堂等。

(4) 典型宣传。南京理工大学举办"青春托起中国梦"大学生报告会;东北农业大学举办以"颂学子之志,逐中国之梦"为主题的芝兰学子事迹报告会;黑龙江省各高校开展黑龙江省大学生道德模范人物(群体)推选活动;北京化工大学开展百人百事和雷锋人物的评选活动;大连海事大学举办"励志青春 携手同行——优秀学生事迹报告会";华中农业大学举办"学习先进典型,争做成才先锋"大学生先进典型事迹报告会。

2. 家庭美德教育

家庭美德是指每个公民在家庭生活中应该遵循的基本行为准则,它涵盖了夫妻、长幼、邻里之间的关系。家庭美德教育是打造新时期家庭美丽港湾的一个重大举措,是构建和谐社会应有之举。① 家庭美德教育的途径有以下几种:

(1) 课堂教学。"思想道德修养与法律基础"是对大学生进行道德教育的主课堂。此外,其他的任何课程都具有德育的功能。

(2) 实践活动。比如西北农林科技大学举办"我的中国梦,我的家乡情"PPT风采展示大赛;中国地质大学(武汉)志愿者赴首义敬老院开展志愿服务;中国矿业大学(徐州)举办"走进父母,学会感恩"座谈会;西南大学马克思主义学院开展走进北碚区龙凤桥街道敬老院送温馨送关怀活动等。

(3) 校园文化活动。以教育部开展的"向上向善进行时——全国大学生道德实践成果网络巡礼"活动为例。活动分为"致敬篇""感悟篇""践行篇"三部分内容,通过致敬道德榜样、感悟道德内涵、践行道德规范,形成高校校园向上向善力量。其一,"致敬篇·身边的榜样"。各高校组织学生在活动平台上,以文字、图片、视频等形式,广泛利用微博、微信等渠道,深入挖掘展示学生勤俭节约、诚实守信、助人为乐、见义勇为、自强创新、志愿奉献、敬老爱亲等道德实践事迹,发现校园内的道德实践榜样。推荐参加"身边的榜样"道德实践优秀事迹网络推选。其二,"感悟篇·道德大家谈"。各高校结合各类纪念日、节日和重要事件,组织学生参与系列微博话题、网络专题,鼓励他们在网上表达对道德的认知和感悟。组织学生参与相关的微博评选、网上系列讲座和专家访谈,提交微电影、摄影作品参加网络展播等。其三,"践行篇·我们在行动"。各高校组织学生参加道德实践网络接力活动,以视频、图片、文字等方式在网上展示活动过程和成效。组织参与"敬

---

① 张丽平、徐年春:《"思政"课家庭美德教育方法探讨与思考》,《职业技术》,2011 年第 7 期。

礼雷锋""道德力量筑梦基石——五四青年节首都大学生大型网络主题教育活动"等重要活动。①

3. 职业道德教育

职业道德是所有从业人员在职业活动中应该遵守的基本行为准则。职业道德教育就是使受教育者熟知职业道德的内容,明确职业道德的重要性,并努力践行职业道德的过程。职业道德教育的途径主要有:

(1) 课堂教学。思想政治理论课、职业指导课是进行职业道德教育的主要课程,其他的课程也可以渗透职业道德教育。

(2) 社会实践。社会实践包括学校组织的公益活动、"三下乡"活动、兼职和实习活动等。

(3) 校园文化建设。校园展窗、校园广播、校园网、校报都是职业道德宣传的阵地。此外,一些社团活动、学术活动、职业规划大赛等等都对职业道德的培育起着积极作用。比如中国海洋大学举办"职场引路人"系列讲座;华中科技大学举办科学道德与学风建设宣讲报告会。

4. 社会公德教育

社会公德教育是培养人们在社会公共生活中遵守被大众所认可的行为规范和道德准则的意识或能力,培养大学生的公德规范意识、公德价值理念与公德行为习惯,就是为社会培养具有公德的优秀公民。② 社会公德教育的途径主要有:

(1) 课堂教学。社会公德教育以思想政治理论课和人文社科类课程为主开展,同时其他学科也负有社会公德教育的责任。

(2) 社会实践活动。社会实践活动包括以社会公德为主题的"三下乡"活动、参观访问、社会调查、公益活动、礼仪培训等。比如中国地质大学(武汉)开展"文明停车,方便你我"的志愿服务活动;武汉理工大学开展"阳光助残"活动;天津医科大学开展"雷锋精神代代传、幸福家园送温暖"活动;西南大学组织开展"凝聚青春微能量 弘扬社会新风尚"寒假社会实践活动;辽宁大学举办"推进常态化,凝聚正能量"学雷锋观摩活动;中国石油大学(北京)开展旨在"荣校爱国"的"大学生文明修身工程"活动;教育部统一组织在各高校开展"节粮、节水、节电"活动。

(3) 校园文化活动。比如延边大学开展"地震无情,人间有爱"为玉树灾区祈福活动;大连海事大学举行"讲文明、树新风、尚美德"主题漫画展;天津大学派学生参加"爱传百城进天津"道德模范报告会;中国传媒大学举办"飞鸽传书"活动,

---

① 教育部:http://www.moe.edu.cn/publicfiles/business/htmlfiles/moe/s253/201403/xxgk_165335.html。
② 郁乐:《试论社会公德教育的实践价值与具体路径——关于大学生社会公德教育的几点思考》,《重庆文理学院学报(社会科学版)》,2012年第5期,第45页。

"飞鸽传书"是以书籍循环利用为宗旨的活动,希望把书籍从一个读者的手中传递到下一个读者的手中,资源共享的同时,又有利于环保公益。①

(四) 公民素质教育

公民素质教育是以提高公民素质水平为根本宗旨,对全体公民终身进行的,以公民道德教育为核心,以培养学生学习能力、创新能力和实践能力为重点,德、智、体、美、劳诸育同时并举,促进全体受教育者生动活泼地、主动地得到全面和谐发展的教育。② 高校公民素质教育可以归为以下几类:民主法制教育、人文素质教育、科学素质教育、团队合作教育、健康素质教育、就业教育。

1. 民主法制教育

民主法制教育是指通过各种形式和途径将民主法律知识、民主实践和法制教育的内容渗透给大学生,进而增强大学生的法制观念和民主意识。③ 民主法制教育的途径主要有:

(1) 课堂教学。民主法制教育主要是由政治类和法律类的课程来承担的。

(2) 校园文化建设。通过黑板报、展板、橱窗、辩论赛、阅报栏、校报、校园广播、知识竞赛、法制讲座、校园网等加强民主法制宣传。比如中央音乐学院举办"坚持走中国特色社会主义政治发展道路和推进政治体制改革"报告会;武汉理工大学举办"十八大精神与中国式民主政治建设"讲座等。

(3) 实践活动。民主法制教育的实践活动有庭审旁听、模拟法庭、参观监狱、志愿者活动、"三下乡"等形式。比如海南大学与省司法厅共建思想政治理论课社会实践教学基地;北京林业大学法律援助中心开展以"做讲法制守秩序的好市民,共筑伟大中国梦"为主题的"12·4法制宣传"活动;兰州大学举办模拟人民代表大会暨模拟全国人民代表大会活动。

2. 人文素质教育

人文素质教育,从宏观层面讲,主要是指传授人文知识、培养人文精神的教育。从微观层面讲,人文素质教育即人性化教育,是通过人文的濡染与涵化,使人学会做人的教育。④ 人文素质教育的途径主要有:

(1) 课堂教学。人文素质可通过思想政治理论课、人文类专业课、选修课等课程培养。

(2) 校园文化建设。比如北京市开展大学生书法大赛;广西大学2013年主办

---

① 人人网:http://page.renren.com/601554283/channel-noteshow-876869277? pid = 601554283。
② 诸惠芳:《中小学公民素质教育的国际比较评介》,《比较教育研究》,2003年第4期,第88页。
③ 田海:《陕西省高校法制教育现状与改革之我见》。陕西省人民代表大会制度研究会秘书处:《建国60年陕西教育30年法制建设理论研讨会获奖论文》,2010年3月。
④ 张耀灿、郑永廷、吴潜涛:《现代思想政治教育学》,人民出版社,2006年,第11页。

华北五省(自治区)大学生人文知识竞赛;湖南大学组织开展养生文化节等。

(3)社会实践活动。比如延安大学成立红色经典艺术教育示范基地;中国高等教育学会大学素质教育分会开办"大学通识教育讲习营"等。

(4)学术活动。比如江南大学举行"认真学习党的十八大精神,切实增强大学生廉洁素养"理论学习;南开大学马克思主义学院举办"读马列经典著作,增专业文化素养"主题读书会、人文艺术系列讲座;中央民族大学马克思主义学院举办马克思主义读书会(经典著作研究会);北京化工大学开通人文素质教育基地网站;天津大学举办"畅读绿色经典,筑梦美丽中国"读书交流会;西南石油大学、四川师范大学、成都理工大学、四川音乐学院联合举办"国家大学生文化素质教育基地论坛";西南财经大学举行"礼仪与沟通"文化素质讲座;西北电子科技大学举办人文素养讲座等。

3. 科学素质教育

科学素质教育就是指通过科学知识教育、科学思想教育、科学方法教育、科学精神教育,培养大学生最基本的科学素养。① 科学素质教育的途径主要有:

(1)课堂教学。课堂教学主要通过思想政治理论课、理工类专业课、科技类选修课等课程实现。

(2)科技实践。科技实践包括科技类社团、科技节、科技大赛、科技之星评选等活动。每个高校都有科技类社团,也都组织科技节。科技节期间各高校会举行ERP模拟沙盘大赛、模拟股市大赛、课件制作大赛、学生课外学术科技作品大赛等等;常熟理工学院设有大学生科技节专题网站;全国性的科技类比赛也很多,比如"挑战杯"全国大学生课外学术科技作品竞赛、"飞思卡尔"智能车大赛等。

(3)学术活动。学术活动包括学术讲座、研讨会、学术访问、学术年会、学术论坛、学术沙龙、读书会、课题研究、学术论文撰写等。比如上海研究生学术论坛、南京农业大学钟山讲坛、湖南师范大学麓山大讲堂;国防科学技术大学举办"科技、安全与战略国际高端论坛";重庆大学启动 SQIP 项目(SQIP 项目是以提升学生综合素质为目标,以学生为主体,自主申报、实施的实践项目);北京化工大学举办文献综述撰写培训讲座等。

(4)校园文化建设。积极利用广播、报刊、网络等媒介,宣传大学生课外科技学术活动中的科研活动先进个人和优秀学术科研成果,使大学生课外科技学术活动深入人心,形成人人关注科技、人人感受科技、人人参与科技的良好氛围。② 比

---

① 黄娟:《浅议大学生科学素质教育》,《高等教育研究》,2002 年第 4 期,第 90 页。
② 熊莹、曾杰:《对高校共青团开展大学生课外科技学术活动的思考——以南昌航空大学为例》,《老区建设》,2010 年第 12 期,第 62 页。

如中南大学专门设有学风建设网站、组织学生签《科学道德诚信倡议书》、开展科研道德与诚信教育活动周；湖南高校开展科学道德和学风建设宣讲教育报告会等。

4. 团队合作教育

团队合作教育，就是通过课堂教学和实践体验活动，培养大学生的合作意识、大局意识、服务意识。团队合作教育的途径主要有：

（1）课堂教学。任何课程都可以在教学内容设计上和组织教学过程中渗透团队合作精神。

（2）团队协作活动。比如团体知识竞赛、文艺汇演、文明寝室和文明班集体评比活动、运动会、拔河比赛、拓展训练、辩论赛等。

（3）社会实践活动。比如各高校普遍开展的"三下乡"实践活动；浙江大学开展"大学生人际沟通能力训练"团体辅导活动。

5. 健康素质教育

学校健康素质教育是建立在生理、心理、社会适应、道德四维健康观[①]的基础上，把学生培养成身心健康，具有诚信、道德、社会责任感的社会公民作为第一要务的教育活动。[②] 健康素质教育的途径主要有：

（1）课堂教学。课堂教学健康素质教育主要是通过大学体育、体育选修课、思想道德修养与法律基础、心理学类专业课和选修课等课程的讲授来实现的。

（2）心理咨询与测评。各高校都设立了心理咨询中心，开展心理咨询服务，不定期地开展心理测评。

（3）校园文化活动。校园文化活动包括讲座、运动会、心理健康节、健康活动月等形式。比如华中科技大学举办心理健康知识竞赛；中国科学技术大学举办"校长有约"——师生畅谈体育与综合素质培养活动；北京体育大学举办"全民健身月"活动、举办主题《动起来，更健康》讲座；北京化工大学举办女大学生生理健康与心理调适专题讲座；北京邮电大学举办"心理文化校园行"系列活动、心理讲堂"阳光邮子"系列活动；中国矿业大学（北京）举办"我与一年有个约定"大型户外心理素质拓展活动、"5·25大学生心理健康节"活动。

（4）媒介宣传。通过广播、宣传栏、校报、校园网、心理咨询中心网站等宣传正确的健康理念、心理调适等相关知识。

6. 就业教育

就业教育是帮助学生根据自身特点和社会职业需要，选择并确定有利于发挥

---

① 田本淳：《健康教育与健康促进实用方法》，北京大学医学出版社，2005年。
② 王小合：《基于健康人格塑造的美国一流大学人才培养的借鉴》，《中国医学伦理学》，2011年第3期，第408—410页。

个人才能和实现个人理想的职业。就业教育不仅是告诉学生如何寻找到一份理想的职业,更要教会学生理性的自我认知与自我评价。①

就业是各高校非常重视的工作,相应的就业教育和指导也就做得比较扎实。就业教育也是通过课堂教学、校园文化活动、媒介宣传、"三下乡"社会实践等活动开展的。在这些途径中,各高校的就业网在就业教育方面发挥重要作用。笔者对114所211高校就业网站进行了分析。在114所学校中,有124个就业网站,有两所学校没有就业网站。有8所学校有两个就业网站,它们是:大连理工大学的毕业生就业信息网、毕业生就业指导网;重庆大学的毕业生就业信息网、就业信息网;电子科技大学的研究生就业网、就业人才信息网;华中科技大学的研究生就业信息网、大学生就业信息网;上海外国语大学的学生就业信息网、研究生就业信息网;南京农业大学的就业指导与服务中心、研究生院就业指导网站;中国地质大学的研究生就业网、大学生就业网;天津医科大学的就业信息网、研究生素质拓展与就业指导平台;北京林业大学研究生就业信息网、毕业生就业信息网。

南开大学、东南大学、厦门大学、中央财经大学、对外经济贸易大学、中国政法大学、大连海事大学、上海外国语大学、南京师范大学、福州大学、西安电子科技大学、陕西师范大学等12所学校开通了就业微信平台。

就业网站的访问次数非常高。截至2014年3月31日,苏州大学的就业网站被访问28601736753次;北京师范大学的就业网站被访问26195510次;中央民族大学的就业网站被访问13109573次;吉林大学的就业网站被访问36413241次;湖南大学的就业网站被访问12027895次;中山大学的就业网站被访问11958452次;华南理工大学的就业网站被访问20245260次;西北工业大学的就业网站被访问25269930次;四川大学的就业网站被访问36690294次;华中科技大学的就业网站被访问10969724次;辽宁大学的就业网站被访问37236064次;长安大学的就业网站被访问22355017次。

网站实现了实时更新。除有3所学校的就业网打不开,有两所医学类院校网站更新不及时,信息量较小外,总体上,从内容上看,网站的内容丰富齐全。包括以下几个方面:就业政策类(含国家政策、地区政策、学校政策(文件))、创业类(含创业政策、创业培训、创业大赛、创业典型)、职业测评类、招聘信息类、就业报纸类(如《就业报》《学生指导服务报》《吉大就业报》《就业指导报》《就业导报》《就业导刊》等)、求职攻略类(如北京理工大学的赢在起跑线系列就业指导讲座、"水煮三国"话面试活动,中国人民大学的就业沙龙讲座等)、职业咨询类、毕业生就业手册类、资料下载类、在线答疑类、实习基地类、网络学(课)堂类、联系方式

---

① 赵婀娜:《注重就业率更要重视就业教育》,《人民日报》,2013年5月30日。

(工作指南)类、就业协会类(如职业规划与就业协会)、其他类(如公务员与选调生、西部与基层村官、升学、出国等)。

二、我国高校思想政治教育的主要途径

(一)课堂教学

1. 思想政治理论课

各高校思想政治理论课的教学工作主要由马克思主义学院、思想政治理论课教学科研部、思想政治理论课教研部、思想政治教育学院、思想政治理论教学部、哲学社会科学学院、社会科学基础部、社会科学教学部、社会科学部、社会科学学院、马克思主义理论教学科研部、马克思主义教育学院、马克思主义理论教学部、思想政治学院、公共管理学院、人文学院等部门承担。这些院部虽然名称不同,但都"承担着马克思主义理论及相关学科建设、人才培养、科学研究、社会服务等各项任务。"①

本科生思想政治理论课的课程设置和教学严格按照《〈中共中央宣传部 教育部关于进一步加强和改进高等学校思想政治理论课的意见〉(教社政[2005]5号)实施方案》来执行。研究生思想政治理论课的课程设置和教学严格按照《〈中共中央宣传部 教育部高等学校关于研究生思想政治理论课设置调整的意见〉(教社科[2010]2号)实施方案》来执行。以北京工业大学思想政治理论课的课程设置为例。(参见表1和表2)

表1 北京工业大学本科生思想政治理论课"05方案"课程设置

序号	课程名称	学分	学时	开课学期	备注
1	思想道德修养与法律基础	3	48	1	含8学时实践环节
2	中国近现代史纲要	2	32	1	
3	毛泽东思想、邓小平理论和"三个代表"重要思想概论	4	64	2	
4	马克思主义基本原理	3	48	3	
5	"马克思主义与当代中国"实践课	2	32	社会实践环节在2、3学期之间的假期,研讨环节在3学期	社会实践环节1学分,研讨环节1学分

资料来源:北京工业大学马克思主义学院网站(http://www.bjut.edu.cn/college/mkszyxy/szkjx/kcsz.html)。备注:《毛泽东思想、邓小平理论和"三个代表"重要思想概论》已更新为《毛泽东思想和中国特色社会主义理论体系概论》(72学时,含8学时实践环节)

---

① 北京科技大学马克思主义学院网站:http://marx.ustb.edu.cn/XueYuanJianJie.aspx。

表2　北京工业大学研究生思想政治理论"10方案"课程设置

研究生层次和类型	学科	性质	课程名称	学分	学时
博士生	文理科	必修	中国马克思主义与当代	2	36
		任选	马克思主义经典著作选读	2	36
学术型硕士生和全日制专业学位硕士生	文理科	必修	中国特色社会主义理论与实践研究	2	36
	理科	限选	自然辩证法概论	1	18
	文科	限选	马克思主义与社会科学方法论	1	18

资料来源：北京工业大学马克思主义学院网站（http：//www.bjut.edu.cn/college/mkszyxy/szkjx/kcsz.html）

由上表可知，本科生思想政治理论课都是必修课，有实践环节。研究生思想政治理论课则分为必修课和选修课，而且文理科有所区别。在考核方式上，必修课采取考试的方式，选修课采取考查的方式。考试是由各高校教务处统一组织，采用笔试或机试的方式。考查则相对灵活，有的学校开卷考试，有的学校写课程论文。

对课程的评价，一般是教学督导听课评课、领导听课评课、学生座谈、学生网上评教系统评教相结合的方式。评价结果多数高校作为教师改进教学的一个依据，少数高校把评价结果与评优、评职称挂钩。

2. 形势与政策课

形势与政策课是本专科生的必修课。本科和专科学生的每个学年都要上形势与政策课。形势与政策课由思想政治理论课教师或辅导员讲授。考核工作由各高校教务处统一组织安排，各高校都采取考查的方式，即开卷考试或写论文。从内容上看，主要考查大学生对国内外形势的认识和对党的路线、方针、政策的理解。对课程的评价，一般是教学督导听课评课、领导听课评课、学生座谈、学生网上评教系统评教相结合的方式。

3. 就业指导课

就业指导课是包括理论课、实践课、网络课程等在内的课程体系。在具体的课程设置上，除了教育部规定的必修课以外，各高校还根据本校情况开设了多门选修课。以下介绍了北京大学、清华大学、北京工业大学的就业指导课程体系（参见表3、表4、表5）。

表3　北京大学职业发展与就业指导课程教学体系

课程名称	大学生创新创业教育	大学生就业指导	职业生涯规划
课程性质	自学课	必修课	必修课
课程学时	48学时	20学时	18学时
开设年级	全体学生	大三春季学期	大二秋季学期

（续表）

课程名称	大学生创新创业教育	大学生就业指导	职业生涯规划
授课形式	网络学习	教师面授+网络学习	教师面授（8学时）+网络学习+考试
教学目标	大学生如何培养自己的创新意识、创新精神，使自身潜在的创业激情得以实现，在创新与创业过程中感悟人生	为大学生提供就业信息、政策、技巧等方面的综合指导	帮助大学生进行职业生涯规划

资料来源：北京大学生涯教育网络课堂 http://162.105.205.213/coursesystem/index.php。

表4　清华大学职业发展与就业指导课程教学体系

课程	大学生职业生涯规划与发展：学业与职业发展	大学生职业生涯规划与发展：求职技巧实训	KAB创业基础	大学生职业辅导理论与方法	职业能力拓展训练
对象	大一和大二本科生	大三和大四本科生	大一至大四本科生	辅导员研究生工作助理	硕士生博士生
容量	120人/班次 16学时*6班/学期	60人/班次 16学时*1班/学期	30人/班次 32学时*2班/学期	90人/班次 16学时*1班/学年	40人/班次 16学时*2班/学期
目标	启发生涯意识，明晰职业目标，有效规划大学生活	帮助就业本科生提升自我效能感，掌握求职技能	普及创业意识，了解创业与商业运作基本知识	帮助辅导员及研究生工作助理了解职业辅导的基本理论和职业咨询等主要方法	职业能力与素质模块训练
形式	参与式教学实践环节	参与式教学实践环节	参与式教学实践环节	参与式教学实践环节	团体训练

资料来源：清华大学就业指导中心 http://career.tsinghua.edu.cn/publish/career/8510/2013/20130718083053381761551/20130718083053381761551_.html。

表5　北京工业大学职业发展与就业指导课程教学体系

课程名称	大学生就业指导	职业生涯规划	创业教育	研究生职业发展与就业指导
课程性质	第二课堂必修	第二课堂必修	通识教育选修	研究生公共选修
授课对象	本科生三、四年级	本科生一年级	具有创业意向或者对创业感兴趣的本科生	研究生一年级
学时	16学时	16学时	16学时	16学时
学分	1学分	1学分	1学分	1学分
上课方式	课堂授课+社会实践	公开课+工作坊	头脑风暴+角色扮演	课堂授课+社会实践

资料来源：北京工业大学毕业班就业服务信息网 http://job.bjut.edu.cn/bjutCms/course/queryAllCourseInfo.action。

从以上三所高校的就业课程体系可以看出,就业指导课程体系包括职业规划、就业、创业、职业发展等课程在内。针对不同阶段的学生开设相应的课程,这些课程的上课和考核都比较灵活。

4. 哲学社会科学课

哲学社会科学课主要包括了社科类专业的专业课和人文通识类的选修课。专业课由各个学院的专业课教师承担,人文通识类课程多数学校是由思政课老师来担任。比如对外经济贸易大学,思政教研部的老师承担了中国通史、欧洲文明史、中国哲学史、西方哲学史、社会学、伦理学、社会心理学、形式逻辑、传统文化概论、世界古代神话概论、西方艺术史、科学技术史等通识类课程的教学。北京体育大学思政部承担着全校学生的人文社会科学选修课(中国哲学史、体育法律法规、社交礼仪等)多门课程的教学。北京外国语大学哲学社会科学学院的教师承担着四个系列的通识课教学。哲学与文化系列:中国哲学史、西方哲学史、东方宗教概论、西方宗教概论、形式逻辑学、现代西方哲学流派、社会学、心理学、西方文化概论、四书五经。政治学系列:当代中国外交、组织行为学、中国公务员制度理论与实务、WTO 的法律制度、中国政府与政治。经济学系列:世界经济、经济学原理、现代市场营销、会计基础、国际企业管理、当代中国经济、国际金融实务、现代公司经营管理、国际金融、中外经贸交流、国际投资、国际商法、涉外经济法、国际贸易、中国经济。自然科学与艺术科学系列:高等数学、自然科学导论、科技与现代社会、交响乐欣赏、中国美术欣赏、西方美术欣赏。复旦大学社科部的教师承担了包括生命伦理学、生命教育、应用伦理学、中共党史人物述评、中国共产党与中国现代化、中国农村公共政策研究、当代世界政治经济与国际关系、科学哲学导论、国外马克思主义思潮、当代西方政治哲学、科学与宗教、中国社会文化概论、人生哲学、社会主义改革与资本市场、社会主义市场经济学基础、心理健康导论、现代职场引论等通识课的教学。

对课程的评价,一般是教学督导听课评课、领导听课评课、学生座谈、学生网上评教系统评教相结合的方式。评价结果多数高校作为教师改进教学的一个依据,少数高校把评价结果与评优、评职称挂钩。

(二)社会实践

1. "三下乡"活动

自 1996 年中央宣传部、国家教委、共青团中央和全国学联下发《关于开展大中学生志愿者暑期文化科技卫生"三下乡"活动的通知》以来,高校"三下乡"活动已经开展了 18 年。"三下乡"活动的覆盖面越来越广,参与的学生越来越多。据 2012 年的数据统计(见表 6):

表6 2012年"三下乡"社会实践全国情况统计表 （单位：人）

2012年全国参加活动的学生总数		10242526	
2012年全国活动的媒体宣传数量		251288	
2012年省级领导出席活动的次数		189	
全国级重点团队	团队数量	599	
	参与人数	22113	
省级重点团队	团队数量	8184	
	参与人数	233831	
校级重点团队	团队数量	73944	
	参与人数	2084474	
全国各级重点团队中各类团队数量及所占比例	种植养殖	7222	6.25%
	科技帮扶	11226	9.71%
	产业规划	6166	5.34%
	医疗卫生	9254	8.01%
	文化艺术	11816	10.22%
	教育培训	18514	16.02%
	敬老爱幼	10032	8.68%
	政策宣传	12056	10.43%
	法律援助	5256	4.55%
	社会调查	17115	14.81%
	其他团队	6919	5.99%

资料来源：冯刚、沈壮海：《中国大学生思想政治教育发展报告2013》，北京师范大学出版社，2013年，第224页。

从这个表格可以看出，2012年有上千万的大学生参加了"三下乡"团队活动。这些团队涉及了10多个领域。其中教育培训、社会调查、政策宣传、文化艺术方面的团队较多，法律援助、种植养殖等团队较少。不管是哪个领域的下乡实践活动，都使队员在活动中改造和完善自我、增强服务人民的意识，增进了与人民群众的情感，彰显社会主义核心价值观的真善美特质，把每个人心底蕴藏的善良道德意愿、道德情感焕发出来，有利于建设和谐社会和弘扬社会主义核心价值观。[①]

2. 社会调查

社会调查是大学生在老师的指导下，就某一个感兴趣的社会现象或问题通过实地考查、访问座谈、问卷调查等方式收集第一手资料，分析整理资料，形成对某个现象或问题的理性认识，写出调查报告的过程。社会调查可以锻炼学生多方面的能力，也可以使学生对国家、社会、家庭、个人有一个客观的认知，所以每所高校

---

① 青春缙云网：http://qcjy.swu.edu.cn/html/306-18/18957.htm。

都组织了社会调查和调研活动。比如中央民族大学马克思主义学院组织党员师生赴云南文山深入基层、深入民族地区考察调研；东北师范大学举办"青年中国说"千县调研大赛；安徽大学师生共赴泾县考察学习；《南风窗》开展"调研中国"活动等。

3. 公益活动

大学生公益活动是指大学生利用课余时间,有组织地走向社会,开展社会调查、社会服务的活动。① 公益活动的内容包括支教活动、募捐活动、公益性宣传活动、为大型活动提供志愿服务、弱势群体关怀、社会政策建议等等。比如武汉理工大学"蛋蛋在行动"团队深入贵州省农村开展支教活动；北京高校开展红色"1+1"主题教育活动；江南大学开展主题为"奉献青春志愿情,共筑江南绿色梦"志愿者行动月等等。

（三）校园文化建设

高校校园文化就是在高校的办学过程中,为促进高校学生健康成长,为提高高校师生文化素质、道德品质、审美情操,实现高校的教育发展目标,由高校师生创造的物质文化、精神文化、制度文化和活动文化的总和。② 校园文化建设内容是十分丰富的,可以归为以下几类：

1. 校史、校训、校歌,广播站、校报、校园网

"校史、校训、校歌"在校园文化建设中承担着传承大学精神的作用,大一新生入学的时候,都要进行"校史、校训、校歌"的教育和普及。"广播站、校报、校园网"实际上是一种载体,引导大学生在多姿多彩的大学生活中追寻真善美。

2. 主题教育

主题教育就是围绕一个特定主题开展的学习教育活动。主题教育的形式是多样的。比如哈尔滨工业大学 2012 年启动以"传承雷锋精神,争做时代先锋"为主题的学雷锋活动年；中央民族大学马克思主义学院举办"学习十八大,践行青年责任"主题团日活动；大连海事大学召开"中国梦,海大梦,我的梦"主题班会；武汉理工大学开展"学习十八大、积聚正能量、推进新发展"主题实践活动；重庆大学开展"感恩"主题团日活动；中国石油大学（北京）开展"践行核心价值观,青春聚力中国梦"主题教育实践活动；中国矿业大学开展以"加强研究生学风建设,提高研究生学术道德修养"为主题的学风建设系列活动；中国传媒大学开展建党 90 周年系列主题教育活动。

3. 学术活动

（1）学术沙龙。沙龙是一种漫谈式的、聊天式的学术交流。比如清华大学

---

① 陆亚男：《大学生公益活动研究》,2013 年东北林业大学硕士论文。
② 郭广银、杨明：《新时期高校校园文化建设的理论与实践》,南京大学出版社,2007 年,第 112 页。

2004年推出"清华大学研究生学术沙龙","悠闲之中话学术,亲切自然跨学科"是沙龙最显著的特点。① 再比如厦门大学语言学沙龙,这个沙龙是厦大语言学专业主办的学术性讨论会,惯例固定每周一晚上7点举办,并建有专门的网站。②

(2)学术讲座。每所高校每个学期都会举办几十次讲座。比如南京大学的"人文艺术系列讲座"、暨南大学人文讲堂、中央财经大学马克思主义学院百川讲堂、南京师范大学迎校庆大型系列学术报告会、同济大学学工部"中国梦"主题报告会、四川大学思想政治教育大讲堂;电子科技大学人文·科学讲座。

(3)学术论坛。很多高校有自己的学术论坛。如北京航空航天大学研究生学术论坛,上海研究生学术论坛,厦门大学研究生学术论坛、"马克思主义论坛",武汉理工大学求是学堂,北京化工大学马克思主义学院"治学·修身"学术论坛,辽宁大学马克思主义学院"中国特色社会主义"论坛,中央民族大学青年学术论坛、经典作品读书会等,都是高校中开展得较好的学术论坛。

(4)学术会议。中国学术会议在线2013年公布了9222条会议信息,2012年公布了8286条会议信息,2011年公布了2183条会议信息,2010年公布了2829条会议信息,2009年公布了3019条会议信息。这些会议6成以上是高校主办的。

(5)课题研究。每所高校都有若干课题,学生在本科的高年级或者硕士、博士阶段会参与老师课题或自己申报课题。比如大学生创新性实验计划项目。这个项目是本科学生个人或创新团队在导师的指导下,自主选题设计、独立组织实施并进行信息分析处理和撰写总结报等工作,以培养学生提出问题、分析和解决问题的兴趣和能力的项目。③

(6)学术论文撰写。学术论文包括课程论文和毕业论文,同时也包括与学术论文撰写相关的学术活动。比如复旦大学举办《毛泽东思想和中国特色社会主义理论体系概论》课教学主题征文大赛,东北师范大学马克思主义学院研究生学术活动月等。

4. 社团活动

大学生社团是由高校学生依据兴趣爱好自愿组成、按照章程自主开展活动的学生组织。④ 大学生社团活动是实施素质教育的重要途径和有效方式,也是新形势下有效凝聚学生、开展思想政治教育的重要组织动员方式。⑤

---

① 搜狐网:http://2008.sohu.com/20071107/n253113133.shtml。
② 厦门大学网:http://chinese.xmu.edu.cn/learning/ShowArticle.asp? ArticleID = 2574。
③ 百度百科:http://baike.baidu.com/view/3349084.htm。
④ 黄春华:《高校学生社团活动是实施素质教育的重要途径》,《华中农业大学学报(社会科学版)》,2009年第3期,第77页。
⑤ 《共青团中央教育部全国学联关于表彰全国高校"优秀学生社团"及其标兵的决定》,中青联发〔2005〕12号。

每个高校都有几十个甚至上百个社团,每年社团招新时打出"百团大战"的口号。这么多的社团,可以归为以下几类:理论学习类(中央财经大学保险理论研究协会、北京大学青年马克思主义发展研究会、山西农业大学大学生"三农问题研究会"、安徽师范大学邓小平理论研究会)、科技实践类(浙江师范大学现代教育技术协会、广东工业大学无线电社、成都大学数学建模协会、长安大学计算机协会)、文化娱乐类(中央民族大学舞蹈团、复旦大学演讲与口才协会、西藏大学摄影协会)、志愿服务类(天津师范大学青年志愿者协会、石家庄铁道学院阳光爱心社、河南中医学院白云莘贫困生基金会)、体育竞技类(沈阳药科大学篮球协会、徐州医学院海翼羽毛球协会、景德镇陶瓷学院风火轮自行车协会)、其他类(宁波大学学生记者团、山东科技大学大学生文明礼仪宣讲演示团)。

(四) 网络思想政治教育

网络思想政治教育是一定社会或社会组织、群体用一定的思想观念、政治观点、道德规范和网络素养要求,以现代信息网络为中介,以互动引导、建设管理、制度规范等为基本方式,对社会成员进行有目的、有计划、有组织的教育和影响,促进社会成员在教育活动中自主性地发挥和思想政治品德的自主建构,从而使社会成员形成符合一定社会或一定阶级所需要的思想政治品德的社会实践活动。① 高校网络思想政治教育的途径主要有:

1. 思想政治教育专题网站

思想政治教育专题网站俗称"红色网站",是高校思想政治教育实施者按照网络运行的规律和法则,用正确、丰富、生动的思想政治理论信息对大学生施加影响,不断提高他们的思想观念、政治素质、道德修养的网络思想政治教育平台。② 比如清华大学的"学生红色网站",网站的宗旨是"宗马列之说,承毛邓之学,怀寰宇之心,砺报国之志";兰州大学的"萃英在线"主题网站;兰州理工大学"红柳网"主题网站;南京大学的"启明网";东南大学的"至善网";湖北师范学院思想政治教育专题网站;四川理工学院思想政治工作网;襄樊职业技术学院思想政治教育网;安徽审计职业学院思想政治教育网;洛阳理工学院思想政治教育网站群;南方医科大学思想政治教育网;福州大学思想政治教育网络平台;新疆职业院校思想政治教育工作网;南通职业大学"思政普法网";无锡职业技术学院"党建思政网";苏州工艺美术职业技术学院"飞翔思政网";盐城纺织职业技术学院"党建思政网";江海职业技术学院"思想政治教育网"。

---

① 黄永宜:《网络思想政治教育理论研究》,2011 年西南大学博士论文。
② 左鹏:《Web2.0 时代高校思想政治教育专题网站的建设和发展》,《思想理论教育》,2013 年第 3 期,第 72—76 页。

2. 校园网络文化建设

（1）易班推广行动计划。"易班"是一个以高校师生为主要使用对象的网络虚拟社区，融合了 BBS 论坛、社交网络、博客、微博、邮箱、网盘、手机应用。通过这一平台，可以了解当下发生的热点新闻，可以和自己的老师、同学进行互动交流、上传照片、撰写博客，可以交换各种学习和生活的信息资源，参与各种校园活动。①

（2）中国大学生在线引领工程。在线引领工程主要是指中国大学生在线网站建设。网站在积极推动和引领校园网络文化建设方面做出了贡献。比如举办建党90周年网上系列活动、百万大学生"中国梦"传递、高校优秀辅导员博客评选、全国大学生摄影大赛等主题活动，推出了一系列内容健康、积极向上的主题教育网络文化产品。②

（3）"大学生网络文化工作室"计划。比如南昌大学大学生网络工作室。该工作室从2001年5月正式上线至今，已经建成了一批贴近师生、服务师生、影响师生的栏目和应用，包括校内新闻、活动通知、信息查询、事务办理、互动交流、个人网络应用定制等各类资讯和服务，逐渐成为集教育、服务、娱乐及网络监管四大功能为一体的综合性学生门户网站，成为南昌大学开展大学生网上思想政治教育的重要平台。③

（4）辅导员博客、思政课教师博客、校务微博、班级微博以及校园微信公共账号建设。比如湖南大学贾玲玲、东北大学李瑞奇、华中农业大学祝鑫、天津大学柳丰林、山东理工大学郭洪涛、天津大学李晋馥、东北林业大学刘甜甜等的 Blog 被评为优秀辅导员博客。

（五）心理健康服务

1. 课堂教学

承担心理健康教育的课程主要有《思想道德修养与法律基础》和心理健康教育选修课，比如《心理学与生活》《积极心理学》《心理学导论》《爱情心理学》等。

2. 设立心理咨询室（中心）

按照教育部的规定，各高校都设立了专门的心理咨询机构，为全校学生提供心理咨询与测评服务。

3. 校园文化活动

办心理健康报，比如重庆大学的《心晨报》、中国人民大学的《心声报》；成立心理社团，大多数学校心理社团称心理协会，也有高校的心理社团称心宇社、心理健

---

① 网易新闻：http://news.163.com/11/0315/04/6V5JMPK000014AED.html。
② 中国大学生在线：http://news.univs.cn/2013/0917/989507.shtml。
③ 南昌大学大学生网络工作室：http://team.ncuhome.cn/。

康服务社等;举办心理活动,比如上海交通大学举办《懂点心理学》系列讲座、复旦大学、天津大学等开展心理情景剧大赛、"5·25"大学生心理健康月等。

4. 心理健康教育与服务网站

心理咨询与服务网站受到很多高校的重视,985高校一半以上设有专门的心理网站。心理咨询网站既可以宣传心理健康的重要性、提供调适心理的方法,还可以在线提供心理测评等。

(六)学生管理

1. 辅导员

中央十六号文件指出,辅导员是大学生思想政治教育的骨干力量。辅导员主要负责大学生思想政治教育、大学生党建工作、学生事务管理、心理健康教育、职业生涯规划教育等工作。目前,各高校为本科生和研究生配备辅导员,辅导员以专职为主,兼职为辅。

2. 班主任

中央十六号文件指出,班主任是大学生思想政治教育的骨干力量,负有在思想、学习和生活等方面指导学生的职责。高校班主任队伍以兼职人员为主,专职人员为辅。人员构成中包括专任教师、专职辅导员、高年级学生和管理人员。

3. 专任教师

专任教师也是大学生思想政治教育的重要力量,负有育人的重要责任。专任教师对大学生进行思想政治教育往往较间接,特点有二:一是注重师德,用自己的行为感染和影响学生,成为学生的榜样;二是在授课过程中注重对学生的言行进行规范和引导,使学生向上向善。第一点可以说就是"立德",第二点即"树人"。

4. 教辅人员

教辅人员负有"服务育人"的职责。教辅人员要严格要求自己,为人师表,体现出一名教师要具有的素质和道德,在服务中引导学生树立正确的世界观、人生观和价值观。比如北京邮电大学学生处学生公寓中心就举行了主题为"与同学一起成长"员工培训会。通过公寓管理人员素质的提升,为大学生创造一个健康的成长环境。

三、高校思想政治教育存在的问题

2014年高校学生思想政治状况滚动调查表明高校学生思想主流持续呈现积极、健康、向上的状态,这说明高校思想政治教育总体是好的,最起码大学生对一些是非问题是头脑清醒的。但问题的关键是要把这些正确的思想认识落实到行动当中,内化成自己的习惯和品格。所以,看到小有成绩的同时,更要意识到目前高校思想政治教育存在的不足。

（一）课堂教学育人效果不如人意

课堂教学实际上是包含了思想政治理论课、人文社科类专业课、选修课及其他课程在内的。其中思想政治理论课是思想政治教育的主渠道。曾有一项对赤峰学院、包头职业技术学院、内蒙古民族大学、内蒙古农业大学、呼伦贝尔学院等5所院校"思想政治理论课教学情况"的调查。其中一项为"你认为影响大学生道德状况的最有效途径"，调查数据如图1所示。

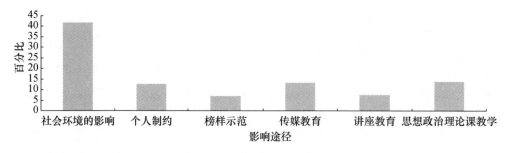

图1　影响大学生道德状况的最有效途径

资料来源：张清华、张希梅、萨仁、崔英杰、高云峰：《大学生思想政治理论课教学及思想状况调查与分析》，《当代教育理论与实践》，2012年第4期，第48页。

从上表可以看出，对学生道德状况影响最大的是社会环境。思想政治理论课教学虽然排在第二位，但从比例看并不高。这说明思想政治理论课教学效果很不理想，对学生影响力有限，育人主渠道作用没有充分发挥。

此次调查也设"思想政治理论课教学目前存在的问题"一项，调查结果如下图所示：

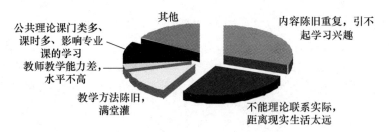

图2　思想政治理论课教学存在的问题

资料来源：张清华、张希梅、萨仁、崔英杰、高云峰：《大学生思想政治理论课教学及思想状况调查与分析》，《当代教育理论与实践》，2012年第4期，第48页。

分析此表不难得出这样一个结论：高校思想政治课在教材、教师和教法上是存在不足的。

1. 教材在内容上重复、框架结构上不够完美、文风上刻板

高校思想政治理论课内容上的重复主要表现在与初、高中政治课内容重复,思想政治理论课四门课程之间的重复,以及一门课程内部的重复。内容重复,意味着学生对相关内容有一定程度的了解,如果在大学的课堂同样的内容又讲不出什么新意,那么学生自然不愿意听。框架结构上也有不足之处,主要体现在章节的编排和逻辑上(最新修订的《概论》课把15章调整成12章,结构上进一步优化)。文风上刻板,大话套话多,不易理解和把握,学生觉得可读性差。

2. 教师队伍总体水平不强

思想政治理论课教师队伍大而不强。无论从数量上、素质上,还是从教学科研组织上,都与大学生思想政治教育的形势和任务不相适应。特别是在教材统编之后,教师队伍参差不齐的问题就更加凸显。①

3. 课堂教学针对性、现实性、互动性差

在课堂教学中,有的教师就是在教教材,不对教材进行深入挖掘,不能针对社会上的热点问题、大学生关心的难点问题进行回应、分析和引导,自己一味地对着PPT在讲,不理会学生的反应。同时,教师也不精心设计教学环节,不多一些互动,常常会出现老师讲老师的,学生忙学生的,互不干涉这种状态。在教材内容的处理上,很多老师只注重知识的传授,忽视了价值引导,迷失了思想政治理论课的方向。

4. 教学评价体系不完善

教学评价体系不完善主要表现在评价主体、评价指标、评价方式、评价结果处理等方面。评价主体以教学管理人员和授课班级学生为主,教学同行的评价偏少。评价指标没有突出思想政治教育的意识形态属性和对学生的价值引导,不能较好地反映思想政治课的育人效果。评价方式往往是听课评课和学生网上评教的方式,结果的可信度较低。而且很多高校是在学期末才评教,对教学改进的参考意义不大。

(二)辅导员思想政治教育的职能渐趋边缘化

辅导员是对大学生进行思想政治教育的骨干,辅导员的首要工作应该是思想政治教育。而现实却不是这样,思想政治教育工作逐渐被边缘化了。

1. 辅导员成了杂事处理者

一份对东部某师范大学学生和辅导员问卷调查的数据显示(参见图3):

---

① 陈占安:《思想政治理论课建设要着力抓好教材、教师、教学三个环节》,《北京教育(德育)》,2014年第1期,第6页。

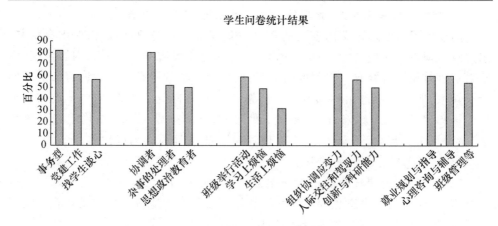

图 3　关于辅导员工作的学生问卷统计结果

资料来源：杨玉霞：《我国高校辅导员队伍的现状、问题与对策研究》，2012 年上海师范大学硕士论文。

可见，在学生眼中，辅导员主要忙于事务型工作（含党建工作）；辅导员扮演的角色是杂事的处理者、协调者，然后才是思想政治教育者；学生更多在举行活动的时候想起辅导员；辅导员的工作重心是就业规划与指导。不能否认辅导员在处理杂事、参加班级活动中也对学生进行了思想教育，但那更多的是一种就事论事的不是很深刻系统的说教，效果与专门的思想政治教育还是有区别的。

对辅导员的调查也得出了同样的结论（参见图4）：

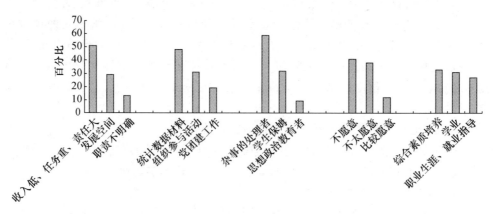

图 4　关于辅导员工作的辅导员问卷统计结果

资料来源：杨玉霞：《我国高校辅导员队伍的现状、问题与对策研究》，2012 年上海师范大学硕士论文。

辅导员主要忙于事务性工作,日常工作中占到前三位的是统计数据材料、组织参与活动、党团建工作,主要扮演了杂事处理者、学生生活保姆的角色。几乎一半的辅导员认为辅导员工作收入低、任务重、责任大,不愿意或不太愿意做这项工作。

2. 辅导员配备不足

按照国家规定,高校应该按照1∶200的师生比来配备辅导员。但由于多种原因,很多高校这个配备比都偏低。所以,往往一个辅导员干了几个人的工作,效率、效果可想而知(如图5所示)。

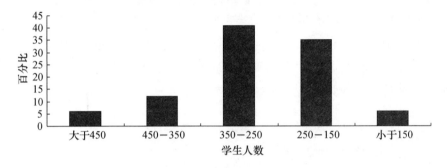

图5 高校辅导员所带学生人数统计表

资料来源:张晓普:《思想政治教育视域下的高校班主任制度研究》,2012年南京林业大学硕士论文。

由以上数据可知,六成以上的辅导员带的学生超过250人。这么多人的思想工作要耐心细致地来做是需要很多精力的。而辅导员往往忙于这些人的学籍、助学贷款、奖助学金等等事务,思想政治工作往往是忙里偷闲来做。所以只能针对一些有苗头的人和事处理一下,其他学生的所思、所想、所为辅导员就不那么关注了。或者开班会和其他大会的时候泛泛地讲一下,这种讲法给人的感觉是假大空,不能打动学生。

3. 辅导员队伍稳定性差

一份对重庆市5所高校173名辅导员的调查显示,乐意当辅导员的比例并不高,不到三分之一。有人迫于无奈,有人在等待时机跳槽。这种状态和心态,是不可能全身心地投入工作的,自然会放松对自己的要求,最多也就是不求有功,但求无过,把必须向上级交待的可以量化的、看得见的工作做好。思想政治教育工作的效果不好评估,那学生都别做出格的事情就行了,至于他们的烦恼,来不及关心(如图6所示)。

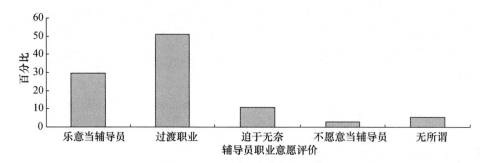

图6　高校辅导员职业意愿调查表

资料来源：尹克寒：《高校辅导员队伍建设研究》，2013年重庆大学硕士论文。

由图6不难得出这样的结论：很多辅导员并没有把目前的工作当作事业，静下心来踏踏实实地去做。所以，辅导员离职现象多也就不足为奇。图7是2006—2012年重庆市部分高校辅导员离职情况统计。

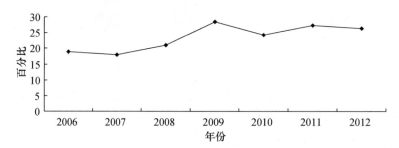

图7　2006—2012年重庆市部分高校辅导员离职率

资料来源：尹克寒：《高校辅导员队伍建设研究》，2013年重庆大学硕士论文。

由图7数据可知，辅导员的离职率一直在15%以上。有些人离职了，会使在职的人也产生动摇。不能扎下根来，就不能全心全意把工作做好，就不能调整工作思路，把思想政治教育工作作为重点来抓。

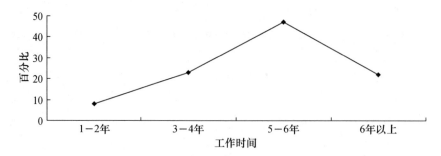

图8　辅导员职业倦怠感统计

资料来源：尹克寒：《高校辅导员队伍建设研究》，2013年重庆大学硕士论文。

即使一直在岗的辅导员,随着工作年限的增多,他们的职业倦怠感也不断增强,随着职业倦怠感增强,责任心、事业心、成就感都会随之下降(如图 8 所示)。

(三)班主任的作用有待加强

1998 年全国普通高等学校为 1022 所,普通高等学校招收本专科生 108.36 万人,普通高等学校本专科在校生 340.87 万人,普通高等学校全日制本专科在校生平均规模为 3335 人,全国普通高等学校教职工 102.96 万人,其中专任教师 40.72 万人,普通高校生师比约为 3.31∶1。① 2012 年普通高等学校 2442 所(含独立学院 303 所),普通高等教育本专科共招生 688.83 万人,在校生 2391.32 万人,普通高等学校教职工 225.44 万人,专任教师 144.03 万人。普通高校生师比为 17.52∶1。②

以上数据说明,在校学生剧增,而老师的增加有限,辅导员工作量过大,在这种情况下,班主任这个岗位的设置还是有必要的。

班主任理应是与学生接触最多,对学生最为熟悉且备受学生信赖的人。学生不仅需要他们生活上的关照,情感上的慰藉,学业上的帮助,而且,更需要道德与政治上的引领与指导,让他们学会诚实做人,踏实做事,承担起对家庭和社会的责任。③ 但实际上班主任并没有充分地发挥作用,很多学校的班主任形同虚设。

1. 班主任专职的少,兼职的多

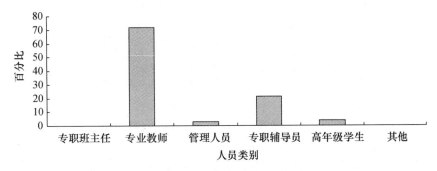

图 9 陕西省高校班主任队伍组成情况

资料来源:马建华、王德连、欧渊博,《高校班主任队伍建设现状与对策探析》,《思想教育研究》,2010 年第 12 期,第 59 页。

图 9、图 10 是对陕西省和北京市高校班主任队伍组成情况的分析。可以看

---

① 教育部:《1998 年全国教育事业发展统计公报》,《中国教育报》,1999 年 5 月 22 日。
② 教育部:《2012 年全国教育事业发展统计公报》,《中国教育报》,2013 年 8 月 16 日。
③ 汪子云:《加强班主任队伍建设,夯实思想政治教育基础——关于西部地区高校班主任队伍建设状况的调查与思考》,《内蒙古师范大学学报(哲学社会科学版)》,2010 年第 6 期,第 22 页。

出,班主任绝大多数为兼职人员,以专业课教师为主,其次是辅导员和管理人员。这些老师本来工作也比较多,所以,放在班主任工作上的精力就会有限。

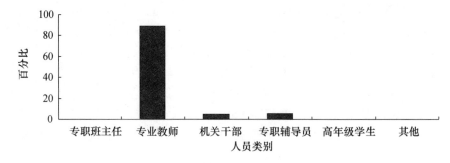

图10 北京市高校班主任队伍组成情况

资料来源:王静、项进、高歆,《北京高校班主任队伍建设现状的调查与思考》,《北京教育(德育)》,2011年第3期,第72页。

2. 班主任待遇偏低,工作积极性调动不起来

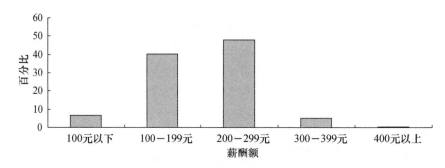

图11 班主任薪酬待遇情况统计

资料来源:张晓普:《思想政治教育视域下的高校班主任制度研究》,2012年南京林业大学硕士论文。

如图11所示,班主任的待遇处在100元—300元之间。现在,这个数额对于很多人来说已经不算什么了。人们生活好了,都觉得没有必要为了那么点钱去跑宿舍,去关心那么多孩子,承担那么多责任。有些省份把班主任和评职称挂钩,这样做,班主任这个岗位是有人了,但工作却没有人踏踏实实地去做。

3. 班主任职责的界定模糊

虽然很多高校都有班主任工作条例等相关文件,但很少有班主任仔细去阅读这些文件,只是给班主任开会的时候宣读一下。但是在会场上老师们也不一定认真地听。所以,很多班主任不清楚自己的主要职责是什么,感觉和辅导员差不多。以至于有的班主任就有了依赖思想,有辅导员在呢,我不用做什么。而辅导员也

在想,有班主任在呢,由班主任来管理。再加上辅导员与班主任的沟通也不多,所以,往往班主任不知道自己分内的事情是什么。

(四)网络思想政治教育优势未被充分挖掘

《中共中央国务院关于进一步加强和改进大学生思想政治教育的意见》指出,要主动占领网络思想政治教育新阵地。就目前情况来看,网络思想政治的优势在高校思想政治教育过程中还没有充分发挥出来。

1. 相关网站建设不健全

不是每所学校都建立了思想政治教育网站,特别是专门的思想政治教育网站较少。在已经建立的网站中,有些网站的建设也是很"虚"的,内容太少,起不到育人的功效。

比如广东省高校形势与政策课教学研究基地形势与政策教育网,截止 2014 年 4 月 10 日,访问量为 332395。网站创意很好,开设了通知公告、新闻聚焦、政策解读、关注民生、和平外交、多媒体课堂、国际视窗、教学动态、专题链接、备课会、在线答疑等栏目。专题链接栏目只有一个专题:民族团结。2009 年 9 月 17 日更新后再无更新。国际视窗栏目有三个子栏目:世界经济、世界政治格局、国际安全形势。内容好,但更新超级不及时,更新至 2010 年 2 月 26 日,2008、2009 年更新较多,其他年份更新很少。多媒体课堂栏目正在建设中,和平外交栏目下设中国外交、中美关系、中日关系、中欧关系、南南关系五个子栏目。但只在 2008 年 9 月 24、25 日,2009 年 1 月 20 日,2010 年 3 月 15 日更新过,失去了形势与政策课的时效性。新闻聚焦栏目下设国际新闻、国内新闻、政经要闻、科技文化四个子栏目,更新至 2013 年 11 月 20 日,2008、2009 年更新较多,其他年份更新很少。政策解读栏目下设大政方针、经济政策、三农政策、就业政策四个子栏目,更新至 2013 年 1 月 23 日,2008、2009 年更新较多,其他年份更新很少。教学动态栏目,发的通知居多,2012 年、2013 年无更新,2014 年更新两条,2012 年前更新较多。关注民生栏目下设社会保障、房地产市场、市场监管、就业问题、物价问题、环境保护、能源问题七个子栏目,更新至 2013 年 1 月 8 日,2008、2009 年更新较多,其他年份更新很少。

2. 没有与课堂教学形成优势互补

这一点也是从网站的内容上来说的,很多思想政治教育网站没怎么更新,只是上传了老师上课的一些相关资料,这样的网站对学生是没有吸引力的。实际上是可以把在课堂上没有时间解决的问题放在网上解决的,这样就可以弥补课堂教学大班上课的不足,及时回应学生关注的问题,给以正面引导,从而起到育人的效果。

3. 没有专门的网络思想政治教育的老师

网络具有互动性，教育实际上也是一种互动，所以，要使大学生群体通过网络交流思想，碰撞火花，达成理性共识，这就需要有专门的老师对大家在网络上的言行进行规范和引导，掌控网络舆情。一方面要有专门的网络风格、形象设计的老师，把握思想政治教育性质网站的思想性、艺术性，吸引大学生来点击和关注。另一方面，要有从内容上把握大方向的懂思想政治教育的老师及时更新网站内容，这个工作做得好，可以使大学生对这个网站充满期待。

（五）心理健康教育总体被动

心理健康教育越来越受到高校的重视。各高校都按照教育主管部门的规定，成立了专门的心理健康教育机构（心理咨询中心、心理健康指导中心、心理咨询室），向全校师生提供心理健康教育、心理辅导、测评和咨询服务。但从这些心理健康教育机构的运行效果看，并不是很理想，可以说总体上还是比较被动的。

1. 师生比偏低

一项对21所985高校的调查显示，心理咨询中心专职教师与学生的比例最高为1∶8667，最低为1∶1963，师生比远远低于IACS鉴定标准规定的1∶1000/1500。① 甚至有的学校只按照国家相关部门规定的心理健康工作人员的底线来配备，不满足学生的实际需要。

2. 学生遇到烦恼很少借助心理咨询来排解

一项对中央财经大学的学生调查显示：学生遇到烦恼的时候，更多地倾向于向同学和父母倾诉，从而排解不良情绪，帮助解决问题。却很少向老师求助。

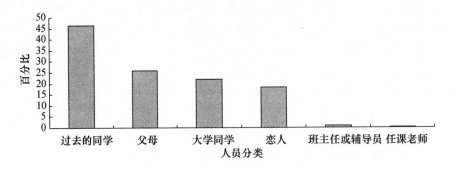

图12 大学生愿意从谁那里获得情感支持

资料来源：中央财经大学学生工作部、学生处、武装部网站http://202.205.216.66：8084/docinfo/board1/boardlist.jsp?columnId=00106&parentColumnId=00106。

---

① 朱洁义：《我国"985"高校心理咨询中心建设现状研究》，2011年华中科技大学硕士论文。

从上表可知,过去的同学和父母是大学生的心理依靠。所以,学生想不到去找心理咨询老师,如果心理咨询老师也是一种守株待兔的心态,那么这个部门、这个机构基本就形同虚设了。

另外,心理咨询机构(部门)在同学中的知晓度非常低。大多数学生知道学校有这样的机构,但对于这个机构是干什么的,这个机构和大学生什么关系,工作时间是什么,办公地点在哪里等等都不清楚。所以,对于这样一个纯概念、很模糊很陌生的机构,很少有学生将它记起。

3. 心理咨询老师专少兼多

专少兼多是指专职的心理咨询老师以及专业的心理咨询老师都比较少,兼职的非心理学专业的老师偏多。这就容易造成两种情况:一种是力不从心,一种是有心无力。力不从心是指想做好工作,发挥专业特长,服务学生健康成长,可是没有那么多的精力和时间来有模有样地开展工作。而有心无力则是指有些老师对心理咨询工作很有热情,但是因为不专业,效果不理想。无论哪种情况,都会导致心理咨询工作不能有序开展。

(六)"三下乡"等社会实践流于形式

1997 年 5 月 26 日中宣部、中央文明办、国家教委、共青团中央、全国学联联合下发"关于开展大中学生志愿者暑期文化科技卫生'三下乡'活动的通知",三下乡大学生志愿者服务活动在全国范围内拉开了大幕。

暑期"三下乡"已是大学生的必修课。"三下乡"实践活动有集中下乡和分散下乡两种形式。集中下乡是由学校团委、学工部等部门统一组织,由国家或省相关部门指定特定的主题,部分同学参与的下乡活动。分散下乡是由学生自己按照学校的要求独立完成的下乡活动。

分散实践是比较难以把握的一种下乡方式。很多同学在选择实践的项目的时候,没有分清实践和实习,虽然二者有相通的地方,但不能简单地把二者等同。还有相当一部分同学根本没有参加任何实践活动,只是找了一个部门盖了公章,自己写了评语,给学校一个交待。三下乡的体会也全是从网上下载的,千篇一律,甚至有的同学的体会下载了之后改都没改就交上来了,应付了事。对学生对社会没有一点好处,反而助长了一些学生的作假习气和浮躁的作风。

集中实践由学校统一组织,总体来说比分散实践务实一些,但除个别组织得较好的三下乡队伍外,下乡小分队越来越多了作秀的成分。第一,从目的来看,有些队伍更像是为了完成三下乡这个任务而组织了一支队伍,或者有的队长是为了其他的"政治目的"来组织队伍。总之,他们没有深刻地思考"通过这个活动我能收获什么,我给社会能奉献什么"。第二,高调出征,低调收队。学校会组织三下乡动员大会,各分队出发前和实践过程中都会拍照、录像、报道,轰轰烈烈。收队的时候就有销声匿迹的感觉。第三,虽然每年都有不同的主题,但是往往不管是什么主题,实践内容还是老一套,支教、文艺演出、调研、务农等,意义不大。实践时间往往是一周左右,除去路上的时间,就没有多少时间用来干实事。那么短的时间做那么多项的尝试,难免有作秀的嫌疑。第四,指导教师很难到位,经常是指导教师只挂了一个名,出发前跟队员拍个照,中间只要不出现什么安全事故,指导老师就觉得万事大吉。第五,队伍走得越来越远。广东个别高校把三下乡队伍拉到了西藏,去那么遥远和神圣的地方,很吸引媒体的眼球,这样的队伍往往能被评为优秀团队。但是,再看看他们三下乡的成果展示,更多的是对民俗民风的了解和感知,而这些可能是我们早就从媒体上、书本上了解到的。至于队伍给西藏人民带来了什么,又给自己留下了什么,轻描淡写。

(七)社团活动思想性不够

高校学生社团活动是实施素质教育的重要途径和有效方式,在加强校园文化建设、提高学生综合素质、引导学生适应社会、促进学生成才就业等方面发挥着重要作用,是新形势下有效凝聚学生、开展思想政治教育的重要组织动员方式。① 当然,这只是一个"应然",实际则不然。总体上来说,高校学生社团思想性弱化或者说是被淡化,而娱乐性却被强化。

1. 文娱类社团占高校学生社团的多数

一项对辽宁省高校大学生社团情况的调查显示,文娱类社团最多,占三分之一以上,详情见下表:

表7 辽宁省高校大学生社团情况统计表

类别		理论学术类	志愿公益类	文体艺术类	科技实践类	其他类
社团	数量	182	139	572	226	158
	比例	14%	11%	45%	18%	12%
社团成员	数量	7544	12741	27617	14703	11848
	比例	10%	17%	37%	20%	16%

资料来源:朱洪男、张涵、喻崇欣:《高校学生社团建设的思考与建议——基于辽宁省17所高校的实证研究》,《教育教学论坛》,2014年第9期,第80页。

应当说,文娱类社团也有存在的必要,但过多文娱类社团并不是件好事。至少这样就打破了社团类别的平衡,慢慢越来越淡化学术气息。

2. 学生对所加入社团并不很了解

每年社团都要招新。招新时报名最多的是大一新生。而很多新生是很随意地,根据自己的喜好,凑热闹似的加入了一些社团组织。一项对大学生"加入社团

---

① 中国共青团网站:http://www.ccyl.org.cn/documents/zqlf/200703/t20070321_14553.htm。

前,对该社团的工作目标、体制和理念了解程度如何?"的调查显示(见图13):

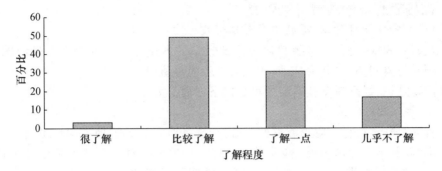

图13　大学生对所参加社团了解程度

资料来源:喻竞:《贵州省高校学生社团现状的调查与分析——以贵阳市高校为例》,《产业与科技论坛》,2014年第2期,第124页。

可见,很多学生是在不很了解所参与社团的情况之下加入社团。这种情况下,入社之后也很难在社团中找到自己的定位,往往是跟在别人后面做事而已。

3. 学生对社团活动评价不高(见图14)

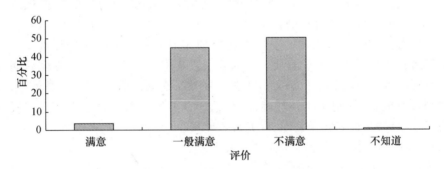

图14　大学生对社团活动的评价

资料来源:黄荣晓:《广州大学城学生社团活动现状、问题及对策研究》,《科教文汇》,2014年第1期,第205页。

以上的调查结果说明,绝大多数的学生对大学生社团活动是不满意的,认为社团活动表面热闹,实际上单调乏味,缺少创意。其实最关键的是思想性差,不能给参与者精神上的洗礼,不能激发大学生成长。

4. 社团指导教师缺位

除了专业性较强的社团(如科技类社团)外,很多社团请不到指导老师,呈现自生自灭的现象。学生毕竟是学生,他们多数人的思想境界没有达到相应的高度和深度,所以,很多社团为了搞活动而搞活动,活动内容思想性和启迪性较差,以娱乐游戏为主,开心是开心了,但开心过后是内心的空虚。

四、高校思想政治教育对策研究
(一) 强化问题意识,提高课堂教学实效

从某种程度上而言,思想政治理论课教学的本质在于帮助学生发现问题、分析问题和解决问题,以此为基础,实现对学生的价值引导、品质培育和人格塑造。① 强化问题意识,提高课堂教学实效可从以下方面努力:

1. 学会使用教材

首先要吃透教材。吃透教材的基础上,要针对思想政治理论课教学内容重复的情况,以及学生开课情况,对重复的内容进行取舍。对于其他老师已经讲过的内容,不必再重复讲,可以适当温习,或联系实际运用相关理论,不必再仔细地讲来龙去脉。其次,要把握好重难点。重难点的确定既要考虑教学大纲的要求,也要考虑学生的实际情况和当下的形势。找到两者的最佳契合点,针对大学生关注的社会热点难点问题行教学设计,引发学生思考,引导学生正确的价值判断和行为选择。

2. 增强教师总体水平

增强教师总体水平,一是配备足够的思想政治教师。按照规定,思想政治课老师与学生的比例比较合理的是 1∶350—1∶400,很多高校都达不到,教师数量不足。所以高校在思政课教师的引进上还要加大力度。二是提升教师素质。包括专业素质和道德素质。专业素质一方面要引进本专业的教师,另一方面后期要加大对教师的培训和培养。三是实实在在开展教研活动。教研活动开展得好,可以使教师较快成长,特别是年轻教师的成长,所以要针对教学过程中遇到的疑难问题搞好教学研究,提高教学艺术,提升育人水平。

3. 增强课堂教学的针对性、现实性、互动性。

曾有教师反映,辛辛苦苦上了半个学期课,一个暑假的工夫就废了。问题出在哪里,就是针对性、现实性不强。所以,要关注大学生所关注的问题,对于一些有共性的热点难点问题,要敢于回应,敢于拿到课堂上进行分析讨论,并在这个过程中引导学生如何理性看待社会现象,不极端不盲从。互动性主要是在教法上,让学生动起来,跟着老师思考,然后表达,然后对比分析,再有教师总结。案例法、情境教学法、辩论教学法等等都可以尝试,一定要符合教师和学生的风格,让学生愿意参与。

4. 完善教学评价体系

教学评价是为了改进教学工作,提高教学质量,很有必要进行。有效的教学

---

① 陈德祥:《问题意识、问题逻辑、问题教学——思想政治理论课教材体系向教学体系转化思路新探》,《学术论坛》,2013 年第 5 期,第 193 页。

评价工作,一是教学督导和领导听课之后要及时反馈,把对课程的建议及时让教师知晓,使教师能发扬成绩,改正不足。二是形成教师相互听课评课制度。三是思想政治理论课的评价不能只关注知识和教学技能,更要注重对学生人格的影响。四是评教的时间、频率都要有科学的评估。

(二) 优化辅导员的工作

优化辅导员的工作,就是要把思想政治教育作为辅导员工作的重中之重,把不是非辅导员做不可的工作分离出去。

1. 配备足够的辅导员

很多高校面临着辅导员不足的问题,所以,学校要加大辅导员的引进力度,把辅导员和学生的比控制在 1∶200 这个比较合理的范围内。当然这就涉及编制、工资等很多问题,貌似很难解决。但如果校领导重视学生工作,总会有解决的办法的。

2. 优化辅导员工作内容

对于辅导员的工作职责进行科学合理的定位。在定位时,一定要强化思想政治教育是首要的工作。一定要综合时间、精力、能力等多方面考虑,给辅导员做思想政治教育工作留下空间和余地。特别是一些事务性的工作,不是非要辅导员做的,可以安排其他的老师专门做这个事情。比如党建工作,党建工作辅导员应该是"把关"和"培养"的角色,党务系统信息录入等等事务性的工作可以由其他的专门人员去做。

3. 稳定辅导员队伍

稳定辅导员队伍,就是使辅导员安安心心长期从事这项工作。要做好这件事,努力的方向就是让辅导员心存希望,富有成就,无后顾之忧。心存希望就是要让辅导员看到自己所从事的工作前景很好,无论是从收入还是从提升空间来讲,这样,就能安心工作,所以学校可以考虑从待遇提高、职称评定、科研等方面多支持辅导员。富有成就,就是对于表现优异的辅导员,要肯定、表彰、宣传。无后顾之忧,就是关心辅导员自身的成长,包括关心辅导员婚恋问题、子女入园入学问题、给辅导员深造提供机会和支持等等。

4. 强化师德建设

有句话说得好,老师就是一个良心活儿,的确是这样的。对于一个师德高尚、责任心强的辅导员来说,会像对待自家孩子一样对待学生,关爱他们中的每一个人,虽然时间有限,杂事众多,他也会想方设法把每个学生的思想状况了解一下,对于需要重点关注的学生则格外留意,多多关心。所以,高校要加强辅导员培训,使辅导员认清自己的责任,同时,可以树立标兵,利用榜样的力量营造关爱学生的大氛围。

（三）强化班主任的作用

班主任只有负起责任，才会发挥应有的作用。

1. 配备班主任要有原则

国家要求设置班主任岗，目的是让班主任和辅导员及其他老师一起管理和培养学生，不是为了设岗而设岗。很多高校在执行的过程中，在选配班主任的时候并没有严格把关，没有考虑当事人的意愿和能力。这是一种应付的心态，上级要求配备班主任，我校就配备班主任。这个关口把握不好，直接影响班主任工作的实效。所以，一定要选择那些能和学生打成一片、愿意多深入学生中间关心爱护学生的老师来做班主任。

2. 班主任到位后要落实待遇

前面的调查结果也显示，班主任的待遇实在太低了，或许有些老师做一次讲座就能拿到相当于全年班主任费的报酬，而且做讲座比做班主任工作轻松多少倍，所以，不提高班主任的待遇，班主任的工作总体上不会有大的改进。一项对某地区班主任的调查显示：

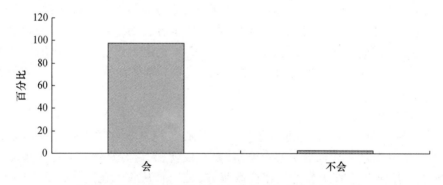

图 15　薪酬提高是否会使班主任在工作上投入更多时间

资料来源：张晓普：《思想政治教育视域下的高校班主任制度研究》，2012 年南京林业大学硕士论文。

图 15 显示，如果薪酬提高，班主任会在工作中投入更多的时间和精力。班主任待遇可以采用弹性制，不搞一刀切，根据班主任在工作中的成绩来定薪酬，有上线，有底线，中间有浮动。工资可以计入工作量，也可以按月发放，按学期发放。

3. 加强对班主任队伍的管理

任何人都有惰性，班主任也不例外。一方面，必须跟踪各位班主任工作开展情况，是不是真正地履行了班主任的职责，也就是对班主任的工作进行监督。另一方面，可多组织"班主任工作"交流会，让班主任们交流一下开展工作的时候遇到的感动的事、开心的事，体会做班主任的幸福，同时也把学生的困惑、自己工作的困惑说出来,大家帮忙想想办法,体会一下解决问题后的轻松和帮别人出谋划策的满足感。

(四)守护网络思想政治教育阵地

网络对青年学生已经产生了强大的影响,作思想政治教育工作不能不占领和守护网络思想政治教育阵地。

1. 办好专门的思想政治教育网站及相关网站

专门的思想政治教育网站有湖北师范学院思想政治教育专题网站、四川理工学院思想政治工作网、襄樊职业技术学院思想政治教育网、洛阳理工学院思想政治教育网站群、福州大学树人网等等。思想政治教育相关网站包括各校的校园BBS社区、心理健康网、学工部网、就业网等等。办好这些网站,一是要建立相应的网站,二是要对网站进行维护和更新,三是要善于发现网站所反映出来的一些苗头和倾向,并及时做正确的引导。

2. 培养、配备专业的网络思想政治教育教师

网络思想政治教育必定是具有思想导向性的,所以必须有专业的老师来做这项工作,保证网络舆论的正确导向。同时,网络思想政治教育可以弥补课堂教学互动性弱的不足,可以在线组织讨论,在线解答学生提出的各种问题。在互动过程中,要注重立场、方向的引导;互动一定要动起来,形成回应。所以需要教师实时在线,若是学生有了疑问,提出了问题,却迟迟得不到回应的话,慢慢学生就不会利用这个平台来解疑释惑、吐露心扉了。

3. 做好网站宣传工作以及思想政治理论课教师培训工作

网站成立后,一定要大张旗鼓地宣传一下,声明自己的存在。不然,都没有大学生知道这个网站,怎么会光顾这个网站,不光顾怎么受教育。要利用校园广播、校报、校园展窗、课堂推广思想政治教育专题网站和相关网站。做到要有人来,来了还想来。此外,即使配备了专职的网络思想政治教师,网络思想政治教育也不只是这些老师的事情,需要负有思想政治教育责任的老师都积极地参与。这就要对这些老师进行网络技术培训,一是提高运用网络的技术水平,二是学会如何利用这些网站与学生沟通互动,对学生进行网络思想政治教育。

(五)主动呵护大学生的心理健康

在分析高校思想政治教育存在的问题时,已经谈到高校心理健康教育整体是在被动地开展工作,这种局面必须扭转,作为心理健康教育的老师,必须积极主动地爱护大学生的心理健康。

1. 配备足够、专业的心理健康教育教师

现在从事心理咨询的老师比较少,不能满足本校学生的需求。所以,各高校在引进人才的时候,不能忽略心理健康中心对老师的需求。而且在引进人才的时

候注意男女老师的比例和专业背景。可根据学生男女比例配备相应性别比例的心理健康教育的教师。

2. 加大对心理健康教育的投入

一是提供足够的办公场地,有单独咨询室、团体咨询室;二是购买相关的软件。心理咨询与测评是要借助一定的软件进行分析的;三是必备的办公设备要备齐,心理咨询要用的一些道具要到位;四是办好心理健康教育网站;五是鼓励开设健康教育相关的选修课。

3. 加大宣传力度

在新生入学、课堂教学、校园网、校园广播、校刊校报中加入对心理健康的重要性、心理咨询中心的宣传。一方面使大学生形成对心理咨询的正确认识,另一方面提高心理咨询中心在学生中的知晓度,便于学生前来咨询。心理咨询工作做得比较成熟的学校,可以考虑对外开放心理咨询中心。

4. 多管齐下提供服务

比如电话、短信、QQ、邮件、微信等等。还要通过多种形式了解学生的心理健康状况,比如走访、问卷调查、个别访谈等等。更要通过多种活动形式改善学生的心理健康状况,比如心理情景剧、心理健康知识讲座、团队游戏等等。有一点很重要,就是要阶段性地对自己的工作进行反省和评估,找准自己工作的着力点,分析适合本校学生的心理健康教育模式和规律。

(六)做实"三下乡"等社会实践活动

1. 全程配备指导教师

学校相关部门和责任教师要参与"三下乡"社会实践队的组建,落实指导老师。指导教师落实后要在队员选拔、实践活动设计、实践活动的组织安排、调查数据的收集与整理、社会实践报告的撰写等方面进行指导和培训。避免学生找了个做"甩手掌柜"的指导老师。

2. 适当增加资金资助

组建一支"三下乡"队伍,各方面开支花费也是不小的数目,如果全由学生自理,会加重学生负担,学生也会有怨言,所以校团委可以从专项资金中支出适当资金,用于扶持"三下乡"队伍,并考虑加大扶持力度。指导教师也不能义务劳动,要给予一定的报酬,这个报酬可以发放现金,可以作为工作量计入老师的课时。报酬多少合适,要有一定的吸引力,使老师愿意参与到这个活动中来,并全身心地进行指导。

3. 关注社会实践质量

"三下乡"等社会实践活动重在认识国情、改造自己、增强热爱人民群众的感情和自觉服务群众的意识。所以,每次活动结束后都要进行一个总结:通过社会实践活动有没有对社会有更深入的认识,有没有认识自己、提升自己的境界,有没有增进与群众的感情。从这些方面来总结,然后分析原因,总结经验,为下一次的实践提供借鉴。

4. 走"精品"路线,不搞小而全

社会实践往往只有一周左右的时间,所以,要走"精品"路线,用这一周的时间做好一件事。有很多的团队搞小而全,几天的时间,搞了支教、务农、文艺演出、社会调查等等,这样的节奏就决定了哪件事都是马马虎虎、应付差事的,所以,在活动内容的选择上,必须避免这种作秀的安排。用这几天的时间,就做好一件事。

(七)加强对大学生社团的管理

1. 严把审批关

大学生社团在大学生素质教育中发挥重要作用,要使这个作用发挥好,必须对社团进行规范化管理,首先要在社团的成立这一点上把好关。要审查社团是不是有规章制度,是不是有明确的定位和方向,最近五年的规划等等。通过这些信息的全面分析,辨别这个社团是否有存在的必要,是否有意义,然后再决定是否审批。

2. 尽量配备指导教师

没有指导老师的指导监督,学生自己搞的社团活动往往把着力点放在吸引眼球上,所以花架子的东西太多,而思想性、内涵性的东西太少。所以尽量为社团配备1—2名指导教师,把握社团的发展方向,打造精品社团。指导教师指导社团的工作算工作量,对社团发展较好、在校内外有较大影响力的指导教师给予奖励,对社团活动给予资金和其他方面的支持。

3. 质量监控,社团年检

每年要定期对所有的社团进行督促检查,查一查社团都做了哪些事,是怎么做的,有些什么影响,社团的财务状况等等。这些可采用问卷调查、随机访问、个别访谈等方式开展。然后综合调查的结果,决定哪些社团是合格的,哪些社团是需要整改的,哪些社团是需要注销的。

中国文化软实力之国家形象发展报告

徐庆超*

摘要:国家形象不仅直接关乎国家的尊严,而且关乎国家的影响力、吸引力、感召力、公信力、主权捍卫能力和国际话语权的掌控能力。在全球化时代,国家形象已成为一国国家利益的重要内容。损害国家形象就是损害国家利益,反之亦然。2004年"北京共识"的首倡者美国人乔舒亚·库珀·雷默(Joshua Cooper Ramo)曾指出,"国家形象问题是中国当前最棘手的战略难题,……中国现在面临的首要战略问题是如何实现可持续的经济增长以及台湾问题等,而这些问题都与中国的国家形象有着根深蒂固的联系。"[①]冷战结束后,包括美国、英国、日本、德国、法国在内的主要西方国家都已在着力进行本国国家形象的修复、强化、推广和维护,国家形象业已成为世界范围内的一项重要政治议题。

那么,什么是国家形象?国家形象的构成要素有哪些?国家形象的主要功能何在?国家形象与文化软实力之间有着怎样的理论关联?中国国家形象是如何生成的、现阶段面临的主要问题及原因是什么?新时期中国应着力塑造、推广和展示什么样的国家形象?本研究报告试图以文化软实力为视角,对中国国家形象进行学理解析,在厘清概念、搭建理论框架的基础上,探讨其生成机制、存在的问题,并提出总略性的政策建议,以期良好的中国国家形象能够外化为加速实现中华民族伟大复兴中国梦的硬道理。

---

* 徐庆超,上海社会科学院世界中国学研究所助理研究员,法学博士。
① 〔美〕乔舒亚·库珀·雷默等著,沈晓雷等译:《中国形象:外国学者眼里的中国》,社会科学文献出版社,2008年,第7页。

一、国内国际两个大局中的国家形象观

党的十七大报告指出,要"统筹国内国际两个大局,树立世界眼光,加强战略思维,善于从国际形势发展变化中把握发展机遇、应对风险挑战,营造良好国际环境。既要总揽全局、统筹规划,又要抓住牵动全局的主要工作、事关群众利益的突出问题,着力推进、重点突破"。这段论述既是对我国要抓好用好重要战略机遇期的总体要求,也是对从国内国际两个大局出发树立全面的国家形象观的重要启示。全面的国家形象观,即,一国国家形象既包括其国内形象也包括其国际形象,不能只讲在国际上怎样树立良好国家形象,也要兼谈在国内如何确立良好国家形象,二者相辅相成、缺一不可。

(一)国家形象的概念界定

这里对国家形象概念的界定,主要基于两点考虑,一是以全面的国家形象观为指导,涵盖国内形象和国际形象两个面向。二是以形象为认识的起点和基础来探讨国家形象。

关于"形象"(Image),在中西方语境中有着不尽相同的含义。《现代汉语词典》对"形象"主要有三种解释:作为名词,一是指"能引起人的思想和感情活动的具体形状或姿态";二是指"文艺作品中创造出来的生动具体的、激发人们思想感情的生活图景,通常指文学作品中人物的神情面貌和性格特征";三是作为形容词,"指描绘或表达具体、生动"。根据《韦氏大百科词典》(*Webster's Encyclopedic Unabridged Dictionary*,1994),"形象"是指:第一,通过照相、绘画、雕塑或其他方式制作的人、动物或事物的可视的相似物;第二,通过镜子反射或光线折射而成的物体的图像;第三,大脑的反映、观念或概念。基于此,形象可被认为是客观实在经由某种介质而见之于主观的一种动态变化的状貌。

关于"国家形象"(National Image),西方学者从诸如哲学、心理学、市场营销学,以及"威望""声望"和"国家品牌"等视角进行分析解读,大多限于对国家形象存在意义和价值的论证,仅有少数学者提出明确的国家形象定义,强调认知和感受在国家形象生成中的作用。例如,尼莫(Nimmo)和塞维基(Savage)将国家作为形象的对象,认为国家形象可定义为一个国家所表现或被认知的特征。[①] 马丁(Ingrid M. Martin)和艾热古鲁(Sevgin Eroglu)认为,国家形象是"关于某一具体国家的描述性、推断性、信息性的信念的总和"[②]。巴洛古(Balogu)和麦克里尔(Mc-

---

① Suman Lee, "A Theoretical Model of National Image Processing and International Public Relations," Ph. D. dissertation, Syracuse University, 2004. p.6.

② Ingrid M. Martin, Sevgin Eroglu, "Measuring a multi-dimensional construct: Country image," *Journal of Business Research*, 1993, Vol. 28 (3):193.

Clear)认为,国家形象是"对某一国家认知和感受的评估总和,是一个人基于这个国家所有变量因素而形成的总体印象"①。

有鉴于此,本报告更倾向于孙有中对国家形象的界定,他不仅明确区分了国家形象的国内和国际向度,而且给出了一个颇为完整、具体的概念阐述。孙有中认为:"国家形象是一国内部公众和外部公众对该国政治(包括政府信誉、外交能力与军事准备等)、经济(包括金融实力、财政实力、产品特色与质量、国民收入等)、社会(包括社会凝聚力、安全与稳定、国民士气、民族性格等)、文化(包括科技实力、教育水平、文化遗产、风俗习惯、价值观念等)与地理(包括地理环境、自然资源、人口数量等)等方面状况的认识与评价,可分为国内形象与国际形象,两者之间往往存在很大差异。"②另外,李正国对国家形象的多角度解读也值得借鉴。从构成的角度看,他认为国家形象包括我形象、他形象和错位形象;从关系的角度看,他强调国家形象是一个关系型的概念,是在国际体系中与其他行为体长期的、持续的互动中获得的;从表现说的角度看,他认为国家形象主要有三种表现形式:一是其他国家政府或国际组织眼中的该国形象,即外交形象;二是在公众眼中的国家形象,即公众形象;三是在他国或国际媒体上的国家形象,即媒介形象。③

相对而言,传播学和国际关系学领域的国内学者对国家形象投入了较多的关注和研究,概括地讲,可划分为"投影—反映说",即从传播介质上强调国家形象基本成型于大众媒体和公众舆论。比如,徐小鸽认为:"国家形象是一个国家在国际新闻流动中所形成的形象,或者说是一国在他国新闻媒介的新闻言论报道中所呈现的形象,……国际新闻流动是形成国家形象的主要因素"④;"主体—感知说",即从整体认识上强调国内或国外公众抑或国内外公众作为国家形象判定主体的身份和作用。比如,管文虎等认为:"国家形象是一个综合体,它是国家的外部公众和内部公众对国家本身、国家行为、国家的各项活动及其成果所给予的总和评价和认定。国家形象具有极大的影响力、凝聚力,是一个国家整体实力的体现。"⑤;"精神—声誉说",即从精神层面上强调国家形象是一国在国际交往中累积的政治资本。郭树勇从"大国形象"的角度指出,国家形象是一国在国际社会印象中的基本精神面貌与政治声誉。⑥

---

① Balogu, McClear(1999), "Quoted from Country Image and Its Effects in Promoting a Tourist Destination," Maurice Ndalahwa Marshalls: [Master Thesis in Business Administration]. Karlskrona: Blekinge Institue of Technology, 2007. p.26.
② 孙有中:《国家形象的内涵及其功能》,《国际论坛》,2002年第3期,第14—21页。
③ 李正国:《国家形象建构》,中国传媒大学出版社,2006年,第31、32、37页。
④ 徐小鸽:《国际新闻传播中的国家形象问题》,《新闻与传播研究》,1996年第2期,第36—46页。
⑤ 管文虎:《国家形象论》,电子科技大学出版社,2000年,第23页。
⑥ 郭树勇:《论大国成长中的国际形象》,《国际论坛》,2005年第6期,第50—55页。

综上,国家形象是指一个主权国家在对内施政和对外交往过程中,其政治、经济、文化、社会、军事、外交等各方面的状况经由媒介(包括大众传播媒介及人媒介等)作用,而对国内外公众(包括精英阶层和普通民众)所形成的相对稳定的状貌、认知和价值判断,包括有形表象、精神内涵和国家行为三个层次。

(二) 国家形象的构成要素

关于国家形象的构成要素,国内也有学者作了探讨,包括两分法、三分法及多分法。所谓"两分法",即将国家形象构成要素一分为二,分为物质和精神两个层面。比如,何茂春将国家形象分为物质形象和精神形象,前者指经济地位、综合国力,后者指公民素质和社会公德。① 所谓"三分法",即从三个部分或层面去阐释国家形象构成要素,尽管具体所指不尽相同。比如,管文虎认为,支撑国家形象大厦的三大柱石包括:物质基石、制度支撑和精神烘托。② 张昆等人基本上认可管文虎的观点,将国家形象构成要素概括为物质要素、制度要素和精神要素三个层面,认为,"国家形象是国家实在的主观反映。那么,组成国家实在的各种要素,当然也是构建国家形象的要素"③。孙津认为:"国家形象的要素构成主要在三个方面体现出来,即传统与现代的关系,共同体的整体实力以及意识形态。"④ 另有李安山认为,国家形象"主要包括三个层面:政府观点、学者评论和民间(包括非政府组织)印象"⑤。

所谓"多分法",即是对国家形象构成要素有三个部分或层面以上的划分方法。比如,郭树勇认为,一个良好的大国形象的形成,至少包括五个方面的因素,即现代身份、世界贡献、战略意志、特殊责任、有效治理。⑥ 赵雪波从国家形象的历史实践角度认为,国家形象应包括政治、经济、军事、文化、地理、历史、居民、传统等因素。外界归于一个国家的评价既可能来源于单个因素,也可能来源于若干因素的综合或总和。构成国家形象的因素有些是常量,有些是变量,还有些是介于常量与变量之间。比如地理、人口、历史等是常量;政体、经济、军事、文化等是变量,可以也可能变化;传统等因素既可能是不变的,也可能是变化的。国家形象的改善、变化很大程度上取决于变量的变化。

关于国家形象构成要素的不同划分方法,各有优劣,相对而言,本报告较为认可张昆和赵雪波的部分见解。组成国家实在的要素应成为国家形象的构成要素,

---

① 王文主持,石华、段聪聪整理,《五位知名专家谈中国形象》,《环球时报》,2006年12月29日。
② 管文虎:《国家形象论》,电子科技大学出版社,2000年,第25—31页。
③ 张昆、徐琼:《国家形象刍议》,《国际新闻界》,2007年第3期,第11—16页。
④ 孙津:《赢得国家形象》,河南美术出版社,2001年,第13页。
⑤ 李安山:《为中国正名:中国的非洲战略与国家形象》,《世界经济与政治》,2008年第4期,第6—15页。
⑥ 郭树勇:《论大国成长中的国际形象》,《国际论坛》,2005年第6期,第50—55页。

但并不认同"国家形象是国家实在的主观反映"这一观点,因为形象是一种描述,且是一种有差距的描述,换句话说,国家形象只是对国家形象的一种有距离、有差距的主观认知。国家形象应该包括政治、经济、文化、军事等因素,但不认为这些因素中有变量、常量或介于二者之间这样的划分,因为人口、地理甚至历史,也是在不断变化的,尽管它们会在较长时段内颇具稳定性。事实上,在国家形象与国家形象要素的关系中,国家形象是因变量,国家形象各要素是自变量,干扰变量是国际环境(主要指国际格局和舆论环境)和传播媒介等。基于此,我们认为,从实际出发,国家形象构成要素包括一个国家的政治、经济、文化、军事、外交、社会等因素,其中文化要素是核心,其他要素皆带有或多或少的"文化基因"。这些要素一起成为国家形象的基石,是国家形象的内在本原,它们从根本上规定了国家形象的诸多特质,如和平型还是侵略型,友好型还是敌对型,柔性还是刚性,以及哪一种特质占主导等。

(三)国家形象的主要功能

国家形象是各类构成要素的有机整合,国家形象的主要功能与其构成要素密不可分,是各构成要素子功能的集合。在此意义上,国家形象的功能包括政治功能、经济功能、文化功能、外交功能、安全功能和社会功能等层面,其中以硬实力为依托的经济、安全功能可归为国家形象的刚性功能,而以软实力为依托的政治、文化、外交和社会功能则属于国家形象的柔性功能。

国家形象的政治功能,主要是指为一个主权国家赢得或提升在国内外的政治合法性。这里的"政治合法性"指国家威信和国际威望,"国家威信"有利于在国内凝聚民心,为执政党累积更多的政治资本,"国际威望"则有利于在国际社会建立良好声誉,增强该国在国际事务中的话语权和影响力,二者相辅相成。积极的国家形象不仅有利于维护国家在国内及国际上的威信,增强国家凝聚力,也有利于扩大该国的国际活动空间。1971年中国恢复在联合国的合法席位,正是国家形象政治功能的最好例证。新中国在1949年作为一个独立的主权国家宣告成立,但建国之初,中国的国家形象在国内外都面临着巨大挑战。一方面,作为共产党领导的新兴民族国家,中国共产党需要时间以实际行动来巩固其执政的合法性;另一方面,在冷战背景下,新中国因为在西方国家眼中的"共产主义国家"形象而未能获得完全的国际承认,其国际活动空间受到严重的打压和限制。其时,新中国既缺少国家威信也没有国际威望。直到20世纪70年代初,中国共产党领导的社会主义建设使其在国内的执政地位稳固,而抗美援朝战争、万隆会议及中美关系出现缓和,使得中国的国际地位和影响大幅提升,在此前提下,新中国在联合国的合法席位才得以恢复。

国家形象的经济功能,主要是指对一个国家的产品营销所产生的某种品牌效应和广告效应,从而促进该国的对外商贸往来和经济繁荣。在《国家形象与竞争优势》一书中,贾非(Eugene D. Jaffe)和内本扎尔(Israel D. Nebenzahl)认为:"每一个国家都有一个形象,或有利的或不利的形象,或正面的或负面的形象。有些国家被视为仁义、进步之邦,而另一些则被视为卑鄙、专断之国。有些国家以工程开发闻名,有些则以设计精巧著称。无论这些看法如何,它们都影响着投资者或消费者对一国之国家'品牌'的判断。而这些判断将部分决定该'品牌'的销路,或影响其出口,或左右外国投资者的选择。"① 比如,自1979年以来,中国"改革开放"的国家形象就对吸引国外直接投资(FDI)、盘活国内经济起到了至关重要的作用,截至目前,中国已成为世界上吸引国外直接投资最多的国家,并于2010年一跃成为世界第二大经济体。"改革开放"国家形象的品牌效应也在某种意义上为"中国制造"遍布全球打开了形象之窗,中国成为"制造大国"。但需要指出的是,国家形象的品牌效应可以使一国的产品较快地进入国际消费者视野,但并不意味着能立即被高度认可,产品能否获得消费者认可最终还是由产品质量决定。近年来"中国制造"在国际消费者眼中"低端、粗糙"的印象就是最好的例证。

国家形象的文化功能,主要是指为一个国家传统和现代的民族文化增添时代魅力和亲和力,并对其他民族文化所产生的吸引力。在亚洲,日本是将现代性融合于传统文化的典范。二战之后,日本一直着力打造"文化国"的国家形象,并逐渐使其文化在全世界获得广泛的接受和认可。比如,日本动漫人物形象走的是全球化路线,对人物造型和地域等要素进行文化模糊处理,且多为正面形象,基本看不到明显的日本要素。这些动漫形象经由报纸、书刊、广播、电视、网络等各类媒介在对象国和地区广为流传,甚至在以保护本国文化著称的法国,其每年动画节的主角都是日本动漫。据调查显示,目前世界上有70多个国家和地区通过电视收看日本动漫,而且世界上公开播放的动漫作品有60%以上来自日本,在欧洲更是占到了80%。② 日本动漫在全球的风靡为其赢得良好国家形象起到了不容忽视的重要作用。道格拉斯·麦克格雷(Douglas McCray)就此认为,日本文化具有"很酷的国家魅力"(National Cool),他在2002年《外交政策》上撰文《日本国民酷总值》(Gross National Cool),高度评价动漫、流行音乐、电玩、家电产品、建筑、时装和美食等日本流行文化在国际上的影响力。③ 2004年,约瑟夫·奈也在《外交论坛》上发表文章《日本的软实力:局限和可能性》,认为,日本的软实力除了禅和空手道等传统文化外,还包括漫画和动画片等流行文化。奈强调认为,日本虽然经历了

---

① Eugene D. Jaffe & Israel D. Nebenzahl, "National Image and Competitive Advantage," Copenhagen: Copenhagen Business School Press, 2001, p.8.
② 日本贸易振兴机构(2005年),《聚焦日本》(Focus Japan)。
③ Mc Gray, Douglas, "Gross National Cool", Foreign Policy, 2002, pp.5-6.

10 年的经济萧条,但即便在这种情况下,也在不断地以文化为基础增强软实力。

国家形象的外交功能,主要是指对一个国家的外交决策提供信息导引,进而影响一个国家的对外政策偏好。对此,很多学者作过明确表述。肯尼思·博尔丁认为,一个国家对另一个国家的观念和形象往往会影响其对该国的政策和行为,进而影响国家间的关系。[①] 阿拜斯·马立克(Abbas Malek)认为,国际传媒上塑造的国家形象对一个国家的外交政策在国际社会上的影响或者被接受通常是一个重要的评估。[②] 美籍华人王红缨博士运用博弈论分析了中国国家形象和外交政策的相关性,提出了中国国家形象建设和外交政策的相关机制——外部的社会回报和社会惩罚。[③] 在国家形象与对外政策相关性的案例研究方面,冷战期间的美苏关系成为西方学术界国家形象研究的起点。冷战期间,美苏分别主导资本主义阵营和社会主义阵营,两营对垒,并相互在对方眼中确立了"敌人形象"。正是这种相互敌对的国家形象,导致两国决策者对彼此的戒备心理加重,军备竞赛不断升级,双方关系剑拔弩张。而作为当时外交决策者之一的美国前国务卿杜勒斯,他对苏联"敌人形象"的僵硬和简单化认识无疑对美国外交政策产生了消极负面影响。另外有研究表明,尽管国家领导人、社会精英及普通大众所持有的国家形象可能不会与外交政策结果具有直接相关性,但它们确实会影响国家外交政策长期方向或环境。理解国家形象的形成及其变化有助于我们正确地评估国际合作和冲突的深刻根源。[④]

国家形象的安全功能,主要是指对一个国家的综合安全(包括传统安全和非传统安全)所产生某种或积极或消极的影响。国内学者傅新从"得道者多助,失道者寡助"的角度去理解国家形象与国家安全的关系,认为"得道"和"失道"就是对国家形象两种基本状态的高度概括。他认为,国家形象"会影响到该政权在安全领域的动员能力、组织能力、对抗能力,最终影响着该政权维护国家安全的有效性程度",而且对"得道者"来说,"国家形象对国家安全的正面影响完全有可能超越军事保障"。[⑤] 事实上,傅新对国家形象的理解,其实指的是一国对内所展现的国家形象,而并不是其在国际交往中的国家形象,尽管如此,其对国家形象与国家安全关系的解释还是有一定的说服力。在国际关系中,一国国家形象对其国家安全

---

① Kenneth Boulding, "National Images and International Systems," *Journal of Conflict Resolution*, vol3. (Feb, 1959). pp. 120-131.
② Abbas Malek, "News Media and Foreign Relations: A Multifaceted Perspective," Norwood: Ablex Publication, 1997, p. 17.
③ 曲洪:《当代中东政治伊斯兰:观察与思考》,中国社会科学出版社,2001 年,第 2 页。
④ Kelman, Hebert, "Assumptive Frameworks in International Politics," in Jeanne N, Knutson (ed) *Handbook of Political Psychology*, San Francisco: Jossey-Bass, 1973, p. 263.
⑤ 傅新:《综合安全与国家形象》,《现代国际关系》,2004 年第 6 期,第 12—17 页。

状况的影响是显而易见的。比如,在分析美国发动伊拉克战争动机的问题上,对美国而言,除了觊觎伊拉克的石油之外,恐怕还有一个重要的理由,就是美国试图要改变伊拉克在它眼中的"独裁国家"和"无赖国家"的形象,使其变成所谓的"民主国家",因此,伊拉克到底是否拥有大规模杀伤性武器从一开始就不重要。又如,"9·11"事件及其后恐怖主义作为非传统安全议题的井喷,从某种意义上讲,又何尝不是美国实施强硬单边主义的"霸权国"国家形象惹的祸呢?

国家形象的社会功能,主要是指对一个国家公民社会的培育,不同国家间民间往来的加深,最终促成全球公民社会的形成。这一功能集中体现于超国家行为体和非国家行为体,包括跨国公司、政府间国际组织、非政府间国际组织、NGO、NPO 等的勃兴和发展。其典型案例,就是欧盟(The European Union)的发展历程。从 1951 年煤钢共同体到欧洲原子能共同体,从欧洲经济共同体到 1967 年欧洲共同体,再到 1993 年《马斯特里赫特条约》的生效、1999 年欧元诞生,直至今日 27 个成员国、5 亿人口,欧盟成为当今世界上唯一的超国家行为体,而且其经济总规模已超过美国位居世界第一。尽管当前欧盟正陷入债务危机,并在共同外交和防务政策方面仍有内部掣肘,但这丝毫无损于欧盟为世界上其他地区或区域的经济和政治一体化所树立的样板作用。在过去 60 年里,在对欧盟的形成起推动作用的众多因素中,欧洲国家间对彼此国家形象的基本认同和接受是一个重要的变量,尽管它并不是欧盟诞生的直接原因。具体而言,在冷战期间,西欧国家同是资本主义阵营中的民主国家,这一彼此接受和认可的国家形象使它们中的 6 个国家率先组成了欧洲煤钢共同体。随着柏林墙的倒塌,东德、西德合二为一,原苏联加盟共和国和东欧国家发生了体制上的剧变,相近的文化、价值观和历史传统,使"民主国家"成为这些国家共同的国家形象标识,欧洲国家间的官方和民间往来都大为加强,欧洲公民社会在全球化的推动下逐步成熟,此举对欧洲联盟最终成型无疑意义重大。

二、国家形象与文化软实力的理论关联

关于国家形象与文化软实力的关系,国务院新闻办公室原主任王晨曾指出,"文化软实力通常是指一个国家基于文化的生命力、创新力、传播力而形成的思想、道德和精神力量。我国文化软实力植根于中华民族优秀文化传统,以社会主义核心价值体系为引领,反映时代发展要求,对内表现为民族的向心力和凝聚力,对外表现为国家的亲和力和影响力,……国家形象是国家文化软实力的重要标志,国家形象对一国发展和安全的影响比以往任何时候都更大、更快、更直接。"可见,在理论上深入探讨二者的关联性,有其实践上的必要性。

（一）二者于权力的从属性

国家形象之于权力所表现出来的从属性,可分两个层次来看。第一层次,国家形象可被视作一种权力,或曰"类权力"。托马斯·霍布斯(Thomas Hobbes)曾指出,从人的本质出发,我们不难推导出纷争的三大基本原因:竞争、差异以及荣耀,……人们永恒地追求权力,富裕、知识以及荣誉等只不过是权力的分支,……权力的声誉也是权力。第二层次,国家形象与软实力的密切关联,国内学者的论述较多[①]。有人认为,国家形象是软实力的重要表现形式,是国家间权力与利益博弈的重要手段;软实力是国家形象塑造的基础,国家形象是软实力中的无形要素;软实力所蕴涵的吸引力、感召力、参与力和协调力这几股力量结合在一起,就能在相当大的程度上形塑出他国公众对该国特征及属性的总体感知与投射——国家形象。还有人提出"国家品牌力"和"国家形象力"概念,认为前者是软实力要素之一,后者则是一国软实力建设的重要内容。[②]

以作者拙见,国家形象具有权力属性,可被视作是硬实力和软实力的结合体,具言之,是"巧实力"(Smart Power)的一种表现形式和重要标志。这是因为,从国家形象构成要素来看,经济和军事要素主要以硬实力为依托,表现出较强的刚性,而政治、文化、外交和社会等要素则主要以软实力为依托,表现出较高的柔性。从外在形态和呈现方式来看,国家形象经由大众媒体的传播而体现出柔性特质。概言之,国家形象是糅合并平衡软实力和硬实力的一种权力。

文化软实力之于权力所表现出来的从属性,从约瑟夫·奈的软实力理论发展脉络中即可知晓一二。从奈与罗伯特·基欧汉合著的《权力与相互依赖——转变中的世界政治》一书,到《注定领导世界?——美国权力性质的变迁》,到《软实力:在世界政治中获得成功的途径》,再到《权力大未来》,可以发现,软实力理论——从同化性权力到软实力再到"巧实力",均从属于一个关于权力本质、类型及运用的整体分析框架和理论模式之中,涉及权力资源、权力转移、权力扩散、权力转换。中国文化软实力是对软实力理论在宗旨、内涵、逻辑、理智、自信等方面的本土化改造,则其权力属性亦自不待言。

（二）要素与资源的重合性

国家形象构成要素包括一个国家的政治、经济、文化、军事、外交、社会等因素,包括国家制度、国民素质、社会环境、文化特质、政策主张、军队状态和领导能

[①] 董青岭、李爱华:《和平·发展·合作——关于中国国家形象建设的几点思考》,《理论学刊》,2006年第4期,第70—72页;颜志强、潘丽萍:《软实力与国家形象建设研究》,《菏泽学院学报》,2009年第1期,第5—8页;檀有志:《软实力战略视角下中国公共外交体系的构建》,《太平洋学报》,2011年第3期,第37—44页。

[②] 李希光、李珊:《软实力要素》,法律出版社,2010年,序言。

力等。其中,文化要素即文化特质是核心,其他要素皆带有或多或少的"文化基因"。这些要素一起成为国家形象的基石,是国家形象的内在本原,它们从根本上规定了国家形象的诸多特质,如和平型还是侵略型,友好型还是敌对型,柔性还是刚性,以及哪一种特质占主导。

软实力概念的首倡者奈最初认为,软实力的源泉为对外政策(Foreign Policy)、文化(Culture)和政治价值观念(Political Values)①,后来他又提出塑造国际规则(Shape International Rules)和信息权力(Informational Power)等概念,将二者也视作软实力的重要组成部分。张国祚教授以"文化软实力"概念对软实力理论进行了逻辑重构,认为文化是软实力的灵魂,文化是软实力的经纬,文化是软实力的决定要素。尽管这两种观点有着不同的学术旨趣和研究宗旨,但是文化作为软实力和文化软实力核心资源的地位是二者的共识。

可见,国家形象的核心要素与文化软实力的核心资源,二者合二为一,即为文化。文化成为国家形象与文化软实力的内在约束性本质,规定了国家形象的表现形态和柔性特质,规定了文化软实力的最终载体和根本所依,规定了树立良好国家形象和提升文化软实力的路径选择和实践互动。

(三)工具与目标的相对性

无论是在理论意义上还是在实践意义上,国家形象与文化软实力都互为工具与目标,并在一定条件下体现出某种相对性。

一方面,国家形象在国内外公众心目中的整体水平,是一国文化软实力的整体呈现,基于此,国家形象成为文化软实力的载体和工具,特别是国家形象构成要素中的文化要素是一国文化软实力的重要表达。比如,在北京奥运会开幕式的文艺演出中出现的汉字、缶、太极拳等中华文化符号,既体现了国内公众对于五千年中华文明的标识性认同,又向国外公众展示了对于中华传统文化的凝炼化表达并成为国外公众认识了解中国的一个窗口。至此,"文明中国"的国家形象通过丰富的文化表达在国内外公众心目中得以树立。在这个意义上,奈也认为,2008年北京奥运会和2010年上海世博会这两大全球性媒介事件既树立了中国新的国家形象,又有效地提升了中国文化软实力。

另一方面,世界上越来越多的国家将软实力/文化软实力当作提升各自国家形象的重要手段和工具,提升国家形象成为一国软实力/文化软实力战略的着力方向和目标。比如,据美国皮尤研究中心(Pew Research Center)的报告显示,在伊拉克战争开战之前,美国在西欧国家的支持率已然很低,在英国是48%,法国是

---

① Joseph S. Nye, Jr, *Soft Power*: *The Means to Success in World Politics*. New York: Public Affairs, 2004. p.11.

31%,德国是25%。而虐囚事件被披露之后,美国在法国的支持率已下降到前所未有的10%以下。① 小布什政府在国家形象方面遗留的这一严峻问题和挑战,使美国现任总统奥巴马甫一上台就表现出积极应对的姿态。奥巴马政府大力推行包括"新媒体外交""全民网络外交"和"公共外交"在内的"巧实力"外交战略,以依然强大的文化软实力修复近年受损的美国国家形象。

三、中国国家形象生成机制与现状溯因

从国内国际两个大局观出发,中国国家形象有两个主要的认识主体,一个是中国国家领导人和国内公众,另一个则是国际社会(包括各国的精英阶层和普通民众)。这两个主体的认识角度、认识水平和认识偏好,决定了各自对于中国国家形象的整体判断,而二者基于国际话语主导权的博弈决定了中国国家形象的主导性生成机制和特征。

有鉴于冷战结束后中国对塑造、推广和展示良好国家形象意识的萌发及相关能力的增强,这里借用传播学中的概念(即"我形象""他形象"和"错位形象")②,以冷战结束后"非典"爆发前的中国国家形象为例,探讨中国国家形象的表现形态和生成机制,并结合近年美国皮尤研究中心、英国广播公司(BBC)、中国外文局对外传播研究中心等国内外调查机构有关中国国家形象的统计数据,对这一时期的中国国家形象现状、问题及其原因作出基本评判。

(一)生成机制:我形象、他形象和错位形象

纵观65年来中国国家形象的历史变迁,根据中国与世界的关系亲疏,可以发现,中国国家形象的生成机制和主要特征,基本上是"他塑"型的,即源自中国却在西方生成、由西方塑造,尽管目前这一情况在冷战结束后正缓慢地发生变化。按照"他塑"程度的不同,又可分为三个阶段:一是隔离期几近完全地"他塑"。20世纪50年代至70年代末,中国与世界基本上处于"隔离"状态,这一时期,中国的国家形象是"西方怎么说就怎么是",因为,在冷战背景下,"无论中国怎么说、西方怎么都不信";二是接触期绝大部分地"他塑"。20世纪80年代,西方曾尝试倾听中国的声音,但发现不合预期后还是以自己的主流价值观去塑造中国国家形象;三是互动期主导性地"他塑"。20世纪90年代以后,基于中国经济崛起的外溢效应,中国开始在世界发声,西方在复杂矛盾的心态中慢慢地调整、重构中国国家形象,

---

① 陈南:《伊战·大兵·布什 美国遭遇全球形象危机》,《国际先驱导报》,2004年6月1日。
② 另有观点认为,一般意义上的国家形象包括我形象、他形象、公共形象和媒体形象。公共形象即指形象主体(我形象的塑造者)、形象客体(他形象的塑造者)以外的第三方(一般指公众)对主体的形象塑造,媒体形象是指媒体对主体的形象塑造。传播学中的错位形象,表征的正是公众形象和媒体形象交互作用而形成的关于一个国家状貌形态的描述,为简化跨学科术语的错综繁杂,本报告选择借用"错位形象"。

这一时期,中国国家形象开始向着中国与西方"合塑"的方向发展,但很显然西方仍然在主导话语权。

1. "我形象":中国自身的国家形象定位

所谓"我形象",一般是指一国在对外交往中所主观追求或意欲塑造的自我形象,换言之,就是一国自身的国家形象定位。对中国来说,国家领导人的国家形象观,即其对于国家形象的判断和论述是中国与外部世界交往的指导原则,因此,要考察从冷战结束到"非典"爆发(1990年至2002年11月)的中国国家形象,就需要结合当时的国内外环境来讨论以江泽民为核心的中国第三代领导集体的国家形象观。

以中国为参照,此间在国内外都发生了一系列重大事件,这些事件有着重要的国际和全球影响,主要包括:1992年邓小平的南方讲话、1995年至1996年的台海危机、1997年的香港回归、1999年5月美国轰炸中国驻南联盟大使馆、1999年12月的澳门回归、2001年的中美撞机事件、2001年上海合作组织的正式成立,以及中国加入世界贸易组织(WTO);此间,与中国有关的、有全球影响的国际事件,主要是指1990年冷战的终结、1997年的东南亚金融危机,以及2001年的"9·11"恐怖袭击事件。这些事件对中国第三代领导集体如何判定国家形象具有重要影响,并在此基础上逐渐形成了"我形象"层面上的中国国家形象。

在论述中国第三代领导集体的国家形象观之前,有必要指出其当时所处的国际舆论环境。在冷战刚刚结束、中国第三代领导集体施政之初,1989年国内政治风波所引发的西方反华浪潮还未退去,中国面临着西方媒体强大的舆论攻势,"中国崩溃论"一度甚嚣尘上,很多西方国家亦表示要在经济上制裁中国、外交上与中国决裂。在那一时期,中国受到了西方国家的颇多责难,比如,经济上被中断与其他国家正常的经贸往来,军事上被停止相关合作,外交上被置于国际孤立的境地,中国国家形象也跌入前所未有的低谷。因此,第三代领导集体可谓临危受命,他们在某种程度上面临着国际执政合法性的严峻考验。

从国家形象的角度看,当时对中国国家形象造成长期恶劣影响的"中国威胁论",滥觞于整个20世纪90年代和21世纪初,并在这10年左右的时间里,西方国家先后掀起四波不尽相同的"中国威胁论"浪潮。可以说,"中国威胁论"贯穿于第三代领导集体的整个施政期,二者在时间上的重合,不能简单地归结为巧合,事实上,始于19世纪的"黄祸论"在冷战结束后的回魂——"中国威胁论",某种意义上是1989年之后西方反华浪潮的舆论后遗症,成为第三代领导集体在国际舆论上所必须正视并寻求解决的大问题。

基于对施政初期所处国际舆论环境的清醒认识,从后来发生的国内外重大事件中,不难看出,中国第三代领导集体为摆脱中国的国际孤立、建立良好国家形象,做了很多努力。这些努力包括:经济上,贯彻落实邓小平南方讲话精神,坚持以经济建设为中心,持续推动并最终成功加入WTO,以此强化中国"改革开放"的国家形象;政治上,香港和澳门的相继回归祖国,是对之前中英、中葡相关谈判协议的履行,更是展现中国在国际交往中的"政治大国"国家形象;军事上,在台海危机中表现出坚决捍卫国家主权、维护国家统一的信心和勇气,建立了"军事强国"的国家形象;外交上,无论是中国在东南亚金融危机中坚持人民币不贬值,还是上海合作组织的酝酿及正式成立,抑或是中国就美国轰炸我驻南联盟大使馆和中美撞击事件进行严正交涉后,仍然在"9·11"事件后与美国在打击恐怖主义方面展开合作,这些都彰显了中国作为地区"负责任大国"的国家形象,特别是中美在反恐等非传统安全领域的合作,是对中国"新安全观"的践行,为后来扭转"非典"初期中国的外交被动奠定了良好基础。

以江泽民为核心的第三代领导集体在种种考验中,坚定地推进中国国家形象的塑造、推广和展示,逐步累积为对国家形象与时俱进的认识。第三代领导集体提出"旗帜就是形象",强调要在国际上显示一种"中国人民是不可战胜"的形象。在世纪之交,因应国内外形势需要,第三代领导集体将中国国家形象问题提升至国家对外战略的重要位置。

按照国家形象的构成要素,冷战结束后至"非典"前,中国主观追求的国家形象,可以概述为:政治上,民主法治;经济上,改革开放;外交上,反对霸权、维护和平;社会上,安定、团结、进步。尽管以江泽民为核心的第三代领导集体的国家形象观并未涵盖所有的国家形象要素,比如,对文化因素没有特别强调,但这并不影响这一时期中国国家形象观的创新性、系统性和科学性,它深化、发展了中国国家形象的政策内涵,摆正了国家形象在国家战略中的位置,为中国其后领导人的国家形象认知提供了借镜。

2."他形象":国际社会的"中国观"

一般认为,国际社会(International Society)形成于19世纪中后期,主要由主权国家和国际组织两大类成员构成,但考虑到国际格局和国家间力量对比,在此所讲的"国际社会"主要是针对西方国家而言的。国际社会对中国国家形象的认知,即"中国观",就是对中国而言的"他形象"。

冷战结束后、"非典"爆发前,拥有绝对话语权的西方国家对中国国家形象进行妖魔化。如前所述,西方基本上以两年为断点,密集地炮制了种种"中国威胁论",陆续掀起了四轮极力扭曲中国国家形象的舆论狂飙(时间上分别为1992—1993年,1995—1996年,1998—1999年,2002年)。正如一名英国资深记者在互联网上发出的一封公开信中所披露的,英国广播公司BBC"只对诬蔑中国感兴趣,……BBC 的路线就是除非我们能够给中国抹黑,否则就别提中国"①。事实上,这段话不仅表明了 BBC 当时对中国的立场,而且代表了当时西方主流媒体对中国的一种惯性冷战思维。因此,总体而言,"中国威胁论"是当时西方主流的"中国观"。

在"中国威胁论"这一认识框架下,西方的"中国观"还通过一些重大事件而表现为不同的侧面。具体而言,从 1990 年至 2002 年,在三个时间节点上分别发生了三件有全球影响的事件,即 1990 年冷战的终结、1997 年的东南亚金融危机以及 2001 年的"9·11"恐怖袭击事件,这些事件对西方"中国观"的形塑具有重大影响。从这些事件中可以看出,出于种种原因,西方在这一时期对中国国家形象的认知也有起伏,但"中国威胁论"仍是主流。

第一个时间点是 1990 年,对应事件是冷战的终结。1989 年,日裔美国学者弗朗西斯·福山(Francis Fukuyama)在《国家利益》(*The National Interest*)杂志上发表了题为《历史的终结?》("The End of History?")的文章,提出"历史终结论",认为,冷战的结束是西方自由民主制度的胜利,标志着共产主义的终结,而自由民主制度是"人类意识形态发展的终点"和"人类最后一种统治形式"。在西方人眼中,1989 年中国的国内政治风波与柏林墙倒塌、苏联解体和东欧剧变等,一并成为福山"历史终结论"的最好佐证,他们甚至预言,共产党的红色中国也大厦将倾,并祭出了"中国崩溃论"。可见,"历史终结论"或曰对西方自由民主制度的排他性笃信,成为西方对中国国内政治风波反应空前激烈的一种意识形态认识基础。因此,在国内政治风波及其后一段时间内的西方国家,一方面,猛烈地谴责、抨击和制裁中国,另一方面,对中国崩溃与和平演变抱有潜在的幻想,企图借助强势舆论和遏制行为的高压政策,以压促变,使中国最终也投入西方怀抱。

第二个时间点是 1997 年,对应事件是东南亚金融危机。"中国崩溃论"破产之后,加之 1992 年至 1993 年及 1995 年至 1996 年的两波"中国威胁论"都没能使中国朝着西方所希望的方向发展,相反,中国经济崛起却势不可挡,于是西方不得不陆续恢复了与中国正常的经贸、政治、外交和文化往来。而西方在失望之余,对中国国家形象的认识开始有了微妙变化,促成这一变化的转折性事件就是 1997 年爆发的东南亚金融危机。东南亚金融危机首先是由 1997 年 7 月泰铢贬值引起的,而后迅速波及至菲律宾、印度尼西亚、马来西亚、中国台湾、日本、新加坡、韩国和中国香港等国家和地区,包括美国股市也受到影响,直至次年 2 月,此次金融危机的恶化势头才得到遏制。面对东南亚金融危机,与美国和日本等大国的反应和表现不同,中国不仅坚持人民币不贬值的政策,而且还

---

① 李希光:《妖魔化中国的背后》,中国社会科学出版社,1996 年,第 135 页。

向危机受害国给予力所能及的帮助，比如，中国向泰国提供了100万美元的经济援助。最终，中国通过在1997年亚洲金融危机中的表现，"负责任地区大国形象"在东南亚国家中赢得了的广泛认同，自身影响力也显著扩大。2001年，中国与东盟在"10+1"框架下，谈判建立自由贸易区（建成于2010年）。东南亚金融危机尽管属于地区性危机事件，但具有国际意义，而该危机最终没有成为全球金融危机，与中国在其中的负责任表现是分不开的。因此，中国在危机中所展现出来的"负责任地区大国"国家形象也获得西方认可，西方在1997年没有继续大规模炒作"中国威胁论"就是力证。

第三个时间点是2001年，对应事件是"9·11"恐怖袭击事件。"9·11"是美国历史上在本土所遭受的第一次重创，不仅造成数以千计的人员伤亡和数十亿美元的直接经济损失，而且直接导致以美国为首的联军发动了针对塔利班恐怖组织和本·拉登的阿富汗战争，由此美国进入了"反恐时代"。"9·11"事件对国际关系的影响，主要包括以下方面。首先，从安全观上讲，一方面，人的安全或曰国民的安全，逐渐对一国传统的国家安全观构成挑战，这就对国家的安全保障能力提出了更高的要求；另一方面，非传统安全问题，比如恐怖主义、有组织跨国犯罪等，在国际关系中表现得越来越突出，这就要求国家间外交从高级政治领域逐渐走向低级政治领域。其次，软实力因素在国际关系中的地位和作用上升。美国在惊诧于为何受到恐怖袭击的同时，开始认识到，硬实力如经济、军事、科技实力等，并不能完全决定国家间关系，因此转而寻求一种"精神征服"，这也成为美国在该事件后重启公共外交战略以恢复国家形象的重要认识根源。最后，"9·11"事件成为美国与其他大国调整关系的契机。在1998年至1999年的第三轮"中国威胁论"、1999年美国轰炸中国驻南联盟大使馆，以及2010年4月中美撞击事件的冲击下，中美关系经历了较大的波折，但"9·11"事件发生后，江泽民第一时间致电慰问美国总统，明确表示中国反对一切形式的恐怖主义，并愿意与美国加强对话、开展合作，共同打击一切恐怖主义暴力活动。以此为基础，中美"建设性合作关系"和中国"建设性合作者"的国家形象在西方得以确立。

很长一段时间以来，西方对中国的认知，表现为或者极好或者极坏的刻板印象。正如美国学者哈罗德·伊萨克斯（Harold Robert Isaacs）所说，"这两种形象时起时落……任何一种形象从未完全取代过另外一种形象。它们总是共存于我们的心中，……还随时出现在大量文献的字里行间，每个历史时期均因循环往复的感受而变得充实和独特。"[1]通过前文对冷战结束后、"非典"爆发前这段时间里西

---

[1] 〔美〕哈罗德·伊萨克斯：《美国的中国形象》，于殿利、陆日宇译，时事出版社，1999年，第77—78页。

方"中国观"的梳理,我们发现,西方对中国国家形象的刻板印象似乎正在尝试突破,尽管这将是一个非常漫长的过程,但毕竟已经开始发生变化。

3."错位形象":中西方的形象博弈

有学者认为,从构成的角度看,一国的国家形象包括"我形象""他形象"和"错位形象"。在他看来,"我形象"是形象塑造国主观追求却没有得到其他国际行为体认可的一种内在自我形象;"他形象"是形象塑造国作为他者而被其他国际行为体塑造并认可的外在形象,是一种国际社会的整体想象物;"错位形象"是由国家形象中的我形象与他形象断裂而形成的、介于两者之间的一种表现形态,即某国的国际形象受到强有力的第三方认可或颠覆而产生的短期形象。① 对国家形象的此类解读有一定道理和意义,丰富了人们对国家形象的观察视角。然而,该分析虽然分别给出了定义,却没有对"我形象""他形象"和"错位形象"三者的关系予以足够的关注。

"错位形象"描述的是"我形象"和"他形象"的距离远近,它们之于国家形象,并不是简单的构成因素。就三者关系而言,大致有四种,一是"错位形象"与"我形象"重合,二是"错位形象"与"他形象"重叠,三是"我形象"与"他形象"合二为一,四是"错位形象"游离于"我形象"和"他形象"之外而相对独立地存在。简言之,一般而言,一国国家形象是"我形象""他形象"和"错位形象"三者亲疏关系的整体反映。

不同国家,因其"我形象""他形象"和"错位形象"三者关系的不同,在总体上表现为不同的国家形象。比如,对美国而言,其自定义的"自由民主"国家形象,在西方主导的现有国际秩序中获得普遍认可,而西方以外的国家对其"霸权国"国家形象的认知也有着广泛的民意基础,"我形象"和"他形象"之间的鸿沟即"错位形象"也存在,但总体而言,当今的美国国家形象依然是"我形象"占主导,"他形象"居次要,尽管二者的断裂越来越明显。美国亦认识到其"错位形象"的日渐凸显,因此,公共外交成为其战略选择。再比如,对中国而言,如前所述,65年来、特别是冷战结束前中国国家形象的演变表明,中国国家形象基本上就是"他形象",其生成机制和特征就是"他塑",即在西方生成、由西方塑造。在这种情况下,尽管中国对其国家形象的认知是存在的(如表1所示),但这种"我形象"的作用在大部分时间里却可忽略不计,正如王红缨博士的调查研究表明,美国民众对中国的形象定位有的同中国政府所塑造的类似,有的则完全相

---

① 李正国:《国家形象建构》,中国传媒大学出版社,2006年,第31—32页。

反,①而"错位形象"则基本上与"他形象"重合。尽管冷战结束后"我形象"对中国国家形象的塑造开始有影响,但这种影响还非常有限,并没有改变中国国家形象被"他塑"的本质特征。

表1 1954—1998年期间《北京周报》和《政府工作报告》对中国国家形象的界定②

年份	爱好和平	霸权主义受害者	社会主义国家	自由/革命基地	反对霸权政治	发展中国家	国际合作者	独立自主	大国
1954	27	22	12	4	4	0	4	0	0
1959	20	8	16	6	2	6	1	0	1
1964	3	3	6	17	10	7	1	0	3
1975	1	0	3	1	9	4	1	1	1
1978	6	2	7	11	22	12	1	0	0
1983	12	2	5	4	10	10	2	0	0
1988	9	0	2	2	9	14	26	4	2
1993	15	0	0	0	13	7	13	1	2
1998	9	0	0	0	3	6	12	2	2

综上所述,新中国成立65年来,中国国家形象基本上等同于外部行为体主导的集体建构的产物,导致"他形象"与"错位形象"近乎重叠,而"我形象"的作用发挥微小到甚至可以忽略不计。在冷战结束后、"非典"爆发前这段时间,中国第三代领导集体显然已经意识到了这一点,逐渐形成了自成体系的中国国家形象观,后来"非典"的爆发则加速了中国对国家形象的战略性关注。

(二)基本概况:国际社会的中国形象复杂化

"中国无论如何都算是一个大国",这是一直以来中国对自身国家形象的基本判断。新中国成立伊始,毛泽东曾肯定地指出,"中国从政治上、人口上说是个大国,从经济说现在还是个小国。……要把中国变成一个真正的大国。"③邓小平也说过,"中国是个大国,又是一个小国。所谓大国就是人多,土地面积大,所谓小国就是中国还是发展中国家,还比较穷,国民生产总值人均不过三百美元。中国是名副其实的小国,但又可以说中国是名副其实的大国。"④从1953年第一个五年计划到目前进行中的第十二个五年规划,中国经济发展成就有目共睹,近年多国减

---

① Hongying Wang, "National Image Building and Chinese Foreign Policy," *China: An Internatioanl Journal* (Vol. 1), March, 2003.

② Hongying Wang, "National Image Building: A Case Study of China," http://www.isanet.org/archive/wang.html.

③《建国以来毛泽东文稿》第6册,中央文献出版社,1992年,第635页。

④《邓小平文选》第3卷,人民出版社,1993年,第9页。

停对华援助就是明证。2008年北京奥运会之后,日本、德国等多个发达国家纷纷削减对华援助。2010年,中国GDP总量首次超过日本成为继美国之后的世界第二大经济体。2011年年初,英国决定停止对中国提供经济援助,美国、加拿大等国的对华援助和贷款项目也都在各自国内遭到质疑。从国家形象的角度看,中国在整体上成为经济大国,是对一直以来中国单一政治大国形象的丰富和发展。冷战结束后特别是新世纪以来,"经济大国"与"政治大国"一起,成为国际社会"中国观"的两个基本点。

国际社会对中国的态度,从宏观上看,主要来自两方面,一是各国政府,二是各国公众。各国媒体则游走于政府和公众之间,既展现政府立场也反映公众声音,并形成自己独特的媒介舆论。然而,媒体报道除了要遵循所在国的新闻价值观之外,通常还要受制于所属利益集团的政治立场、行业竞争需要,以及从业人员的职业精神和道德品质等因素,因此,他国主流媒体的涉华报道倾向性明显,往往代表精英意志,无法从中更多地窥探到他国普通公众的看法和主张,而国际舆论调查的方式从学术角度则更为科学、可信。有鉴于此,本报告借用若干国际权威舆论调查机构的有关报告和数据,尝试对中国之于国际社会的国家形象进行更为直观且有说服力的展现和分析。

1. 主要大国对中国定位的差异化

与主要大国的关系,一直是中国独立自主和平外交的重中之重。冷战结束后,中国与美国、俄罗斯、欧盟及其主要成员国和日本,大体都保持了双边关系的稳定发展。2011年1月的《中美联合声明》明确表示,以三个联合公报为政治基础,中美致力于共同努力建设相互尊重、互利共赢的合作伙伴关系;同年5月,在《中俄睦邻友好合作条约》签署10周年之际,中俄关系提升为全面战略协作伙伴关系;中国与欧盟确定建立全面战略合作伙伴的方向,中国与欧盟主要成员国的关系不断深化。2004年中英建立全面战略伙伴关系,2010年3月,英国议会发表《欧盟与中国》报告,敦促欧盟各国对华政策"团结统一"。2010年,中德发表联合公报确定全面推进中德战略伙伴关系。同年,中法联合声明建设互信互利、成熟稳定、面向全球的新型全面战略伙伴关系;2008年5月,中日发表了关于两国关系的第四个政治文件,即《中日关于全面推进战略互惠关系的联合声明》,中日关系迎来发展新契机。

中国与主要大国关系总体向好的发展态势,充分表明彼此共同利益交汇点的增多及相应合作领域的增加。然而,不能简单地就此断言各双边关系好坏优劣,更不能因此认为各主要大国的普通公众对中国抱有普遍的好感甚至认同。我们还需要了解各国公众的对华态度,唯此,才能更全面、更接近真实地了解在这些国家的中国国家形象,才能使中国公共外交更加有的放矢。

2011年3月至5月间,就全球力量平衡包括世界如何看待中国作为一个潜在超级大国崛起等话题,皮尤研究中心对23个国家27000多名普通公众进行了电话采访或面对面访谈,这是该中心近年所作的关于中国最新、最重要的一次全球舆论调查。同年7月,皮尤研究中心发布了一份题为《中国被视为正在赶超美国的全球超级大国》(China Seen Overtaking U. S. as Global Superpower)的全球舆论调查报告[①]。该报告专辟一章,依据受访者对"中国是否将取代美国成为世界主要超级大国""中国经济实力及其增长对本国的影响"及"中国军事实力及其增长对本国的影响"这三个问题所作的是非判断和价值判断,勾勒出全球视野下中国的政治形象、经济形象、军事形象,并通过受访者对中国的好感度反映出中国的整体国家形象。其中,美国、俄罗斯、欧盟及其主要成员国和日本的公众对于中国评判的层次性渐显。

在受访的美国人中,关于"中国是否将取代美国成为世界主要超级大国",12%的人认为"中国已经取代美国",34%的人认为"中国最终将取代美国",总计有46%的人认为"中国完全已经或将要取代美国",另有45%的人认为"中国永远都不会取代美国"。而在2009年的舆论调查中,33%的受访者认为"中国完全已经或将要取代美国",该项比例增加了13个百分点;关于"中国经济实力增长及其对本国的影响",43%的人认可"中国是世界主要经济体",37%的人认为这是"好事",53%的人认为这是"坏事";关于"中国军事实力增长及其对本国的影响",79%的人认为中国军力增长对美国是"坏事",只有11%的人认为是"好事"。另85%的人认为如果中国在军力上与美国一样强大,是"坏事",只有8%的人认为是"好事";在对中国好感度(favorability)的调查中,51%的美国受访者对中国有好感,比2010年的49%增加2个百分点,也是2005年以来的第二高值(2006年为52%),同时有36%的人对中国没有好感。

在受访的俄罗斯人中,关于"中国是否将取代美国成为世界主要超级大国",15%的人认为"中国已经取代美国",30%的人认为"中国最终将取代美国",总计有45%的人认为"中国完全已经或将要取代美国",另有30%的人认为"中国永远都不会取代美国"。而在2009年的舆论调查中,41%的受访者认为"中国完全已经或将要取代美国",该项比例增加了4个百分点;关于"中国经济实力增长及其对本国的影响",26%的人认可"中国是世界主要经济体",37%的人认为这是"好事",41%的人认为这是"坏事";关于"中国军事实力增长及其对本国的影响",

---

① "China Seen Overtaking U. S. as Global Superpower," Pew Research Center, July 13, 2011. 后文的相关引用,不再单独作注。http://www.pewglobal.org/2011/07/13/china-seen-overtaking-us-as-global-superpower/。

74%的人认为中国军力增长对俄罗斯是"坏事",只有12%的人认为是"好事"。另外,57%的人认为如果中国在军力上与美国一样强大,是"坏事",19%的人认为是"好事";在对中国好感度的调查中,63%的俄罗斯受访者对中国有好感,比2010年的60%增加3个百分点,与2006年一样为近年第二高值,但较2002年的71%低了8个百分点,另有25%的人对中国没有好感。

在来自欧盟主要成员国的受访者中,关于"中国是否将取代美国成为世界主要超级大国",共有65%的英国人、61%的德国人和72%的法国人认为"中国完全已经或将要取代美国",另有26%的英国人、34%的德国人和28%的法国人都认为"中国永远都不会取代美国"。而在2009年的舆论调查中,49%的英国人、51%的德国人和55%的法国人均认为"中国完全已经或将要取代美国",两年间,该项比例分别增加了16%、10%和17%;关于"中国经济实力增长及其对本国的影响",47%的英国人、48%的德国人和47%的法国人认可"中国是世界主要经济体"甚至是"首要经济体"(Top Economy),而且自2009年以来越来越多的西欧人持这一看法。与此同时,53%的英国人、46%的德国人和41%的法国人认为这是"好事",与2010年的调查结果相比,在英、德、法三国该项比例均增加了9个百分点,而32%的英国人、50%的德国人和59%的法国人认为这是"坏事";关于"中国军事实力增长及其对本国的影响",71%的英国人、79%的德国人和83%的法国人认为中国军力增长对各自国家而言是"坏事",只有13%的英国人、12%的德国人和16%的法国人认为是"好事"。另外,72%的英国人、89%的德国人和83%的法国人认为如果中国在军力上与美国一样强大,是"坏事",认为是"好事"的比例分别为13%、6%和17%;在对中国好感度的调查中,59%的英国人、34%的德国人和51%的法国人对中国有好感,这三个比值与在这三个国家最近6年的最高值——2006年的65%、56%和60%相比,分别回落6个、31个和9个百分点。同时,有26%的英国人、59%的德国人和49%的法国人对中国没有好感。

在受访的日本人中,关于"中国是否将取代美国成为世界主要超级大国",12%的人认为"中国已经取代美国",25%的人认为"中国最终将取代美国",总计有37%的人认为"中国完全已经或将要取代美国",另有60%的人认为"中国永远都不会取代美国"。在2009年的舆论调查中,35%的受访者认为"中国完全已经或将要取代美国",该项比例增加了2个百分点;关于"中国经济实力增长及其对本国的影响",33%的人认可"中国是世界主要经济体",57%的人认为这是"好事",35%的人认为这是"坏事";关于"中国军事实力增长及其对本国的影响",87%的人认为中国军力增长对日本是"坏事",只有7%的人认为是"好事"。另外,同样有87%的人认为如果中国在军力上与美国一样强大,是"坏事",7%的人认为是"好事";在对中国好感度的调查中,34%的日本受访者对中国有好感,比

2010年的26%增加了8个百分点,同样是2002年以来(2003年至2005年无数据)的第二高值,但较2002年的55%低了21个百分点,另有61%的人对中国没有好感。

综上,以上主要大国的公众在中国能否取代美国成为主要超级大国及中国经济实力增长的态度上差异较大,而对中国军事实力的增长则有超过七成以上的人认为是"坏事"。在对中国好感度上,2011年来自美国、俄罗斯、英国和法国过半数的人对中国有好感,且较2010年都有不同幅度的提升,而在德国和日本,则有近六成的受访者对中国没有好感。可见,在对中国国家形象的总体认知上,前四个和后两个主要大国存在明显落差。

2. 周边国家对中国认识的微妙化

中国高度重视与周边国家的关系,冷战结束以来,中国坚持与邻为善、以邻为伴的周边外交方针,努力维护周边地区稳定发展大局,积极扩大和深化与周边国家的睦邻友好合作关系。2003年,中国与东南亚国家联盟(ASEAN)签署《面向和平与繁荣的战略伙伴关系联合宣言》,并成为第一个加入《东南亚友好合作条约》的域外大国。近年,中国继续推动在中国—东盟(10+1)、中日韩—东盟(10+3)框架内的区域合作进程,2011年,中国出资设立中国—东盟海上合作基金,打造与东盟多层次、全方位的海上合作格局;2005年,中国和印度宣布建立面向和平与繁荣的战略合作伙伴关系,并就中印边界问题的政治指导原则达成共识;同年4月,中国与印度尼西亚签署《关于建立战略伙伴关系的联合宣言》;2008年,中韩两国元首一致同意将"中韩全面合作伙伴关系"提升为中韩战略合作伙伴关系";2008年,中国批准并推动《上海合作组织成员国长期睦邻友好合作条约》,当前该组织框架内的合作已初具规模,覆盖政治、安全、经济、人文等各个领域。2011年,中国与哈萨克斯坦的关系从"战略伙伴"提升为"全面战略伙伴"。

然而,中国有14个陆上邻国和6个海上邻国,彼此在政治制度、经济社会发展水平、民族宗教、历史传统、语言文化等方面都各具特色。这些天然差异客观上使中国周边环境一直处于动态变化之中,中国外交也因此面临挑战和风险。而且近年来围绕南海争端、钓鱼岛问题等,相关国家间不时有冲突升级的危险,有鉴于此,中国准确了解周边国家公众的对华态度更显必要和紧要,以确保公共外交在推动中国与周边国家关系方面能够发挥积极作用。

2010年12月至2011年2月,国际民意调查公司环球扫描(GlobeScan)与美国马里兰大学国际政策态度研究项目(Program on International Policy Attitudes, PIPA)一起,为英国BBC World Service Poll作了一项全球民意调查,旨在考察全球公众对中国经济和军事实力不断增长的态度。该项调查对分布在全球27个国家的28619名普通公众,进行了面对面访谈或电话采访。2011年3月,由PIPA发起并负责管理的世界公众舆论网站(World Public Opinion.org)发布了《全球民意调查:公众对中国实力增长的关注上升》①。该调查报告显示,与英国广播公司在2005年的同主题调查相比,大部分国家受访公众对中国经济实力增长的消极看法上升,这一结果与一些公众的"中国和其他国家贸易不公平"观点有关。其中,亚洲国家公众对中国影响力增长的看法显得有些微妙。

对于中国经济影响力的增长,74%的巴基斯坦受访者给予最积极的评价,63%的印度尼西亚受访者和61%的菲律宾受访者同样持有正面看法,而且与2005年相比,这三个国家的立场保持稳定。尽管也有过半数即53%的印度受访者认可中国经济影响力的增长,但这一比值与2005年的68%相比,差距明显。49%的韩国受访者对中国经济影响力的增长持乐观态度,与2005年的54%相比,有小幅回落;对于中国与他国贸易是否公平,81%的巴基斯坦受访者和79%的印度尼西亚受访者赞赏中国与他们国家进行公平贸易,54%的印度受访者和44%的菲律宾受访者同样认为中国是一个公平的贸易伙伴,但是,58%的韩国受访者认为中国与韩国贸易不公平;对于中国是否是本国最重要的贸易伙伴,亚洲国家受访者给出的平均值为7.18(10为满分),对未来10年中国作为贸易伙伴的重要性,受访者的平均期望值上升为7.40,而美国在该地区作为贸易伙伴的重要性退居第二,当前平均值为7.01,未来10年的平均期望值则降为6.90。其中,韩国受访者认为,中国而非美国将成为他们国家最重要的贸易伙伴,现在的分值为7.62,未来10年的期望值为8.02。而菲律宾、印度尼西亚和印度受访者则认为在未来10年,美国仍然是他们国家首要的经济伙伴。

对于中国军事影响力的增长,76%的韩国受访者持消极看法,这与2005年相比增长了18个百分点;与2005年的调查结果相比,菲律宾受访者的态度急剧恶化,持消极看法的公众比例从46%上升至63%,而持赞同观点的公众比例则下降了16个百分点,跌至29%。同时,有一些国家公众对中国军事实力增长表达了不尽相同的看法。比如,印度尼西亚受众的消极看法下降了21个百分点变为34%,而积极看法则增长了5个百分点至32%。另外,61%的巴基斯坦受访者对中国军事影响力的增长表示赞同,44%的印度受访者同样支持中国扩大军事实力,但是这一比值较2005年的56%下降了12个百分点。然而,总的来看,该项调查结果表明,亚洲国家公众对中国军事影响力的态度,从2005年的意见分化转变为2011年的大致消极。正如PIPA主任史蒂文·库尔(Steven Kull)所评价的,"中国或许

---

① Rising Concern about China's Increasing Power: Global Poll, BBC World Service Poll http://www.worldpublicopinion.org/pipa/articles/views_on_countriesregions_bt/683.php? lb = btvoc&pnt = 683&nid = &id = . 后文的相关引用,除非必要,不再单独作注。

认为,寻求在对外贸易关系的优势和在军事上迈出更大的步子,只是一种很自然的事情。然而,我们的民意调查认为,'中国进行不公平贸易'这一观点的扩散正在使中国与其一些最大的贸易伙伴相疏离,同时其军事扩张正让其邻国谨慎以对。"

可见,亚洲国家对中国经济影响力的扩大总体上予以积极评价,而且它们基本上能够正视中国综合国力上升这一客观事实,并对中国未来10年经济持续增长抱有很高预期。然而,从2005年至2011年的6年间,一些国家公众对中国经济实力增长的消极看法上升也是事实,特别是作为中国第三大贸易伙伴的韩国也认为中国与其的贸易不甚公正,尽管调查报告并没有列举具体的贸易不公正行为,但不可否认,中国的经济大国形象已然受到某种程度的损害,也必将会在一定程度上影响到中国的对外经贸关系。另外,或许更值得注意的,就是亚洲邻国对中国军事实力增长的态度,其中含有赞同、反对、谨慎甚至警惕等不同倾向,但大部分受访者的消极甚至负面看法同样是不争的事实。反观现实,1998年,印度连续进行多次核试验举世震惊,而时任印度总理的瓦杰帕伊却将其动因归咎于中国;近年,南海问题不断地横出事端,至今仍未完全平息;而今该调查报告又明确显示出一些亚洲邻国普通公众对中国军事实力的忌惮。这些都无疑证明中国周边环境的复杂性、变幻性和难测性,而中国要在周边国家建立良好且清晰的国家形象还有很多挑战,中国公共外交任务艰巨。

3. 发展中国家对中国评估的分化

冷战结束后,巩固同广大发展中国家的传统友谊,加强同亚非拉发展中国家的团结合作,仍然是中国独立自主和平外交政策的基本立足点。2000年,中国与非洲国家建立了南南合作范畴内的集体对话机制——"中非合作论坛"。在"中非合作论坛"框架下,中国与非洲国家从新型伙伴关系,提升为新型战略伙伴关系。2006年中国主办"中非合作论坛北京峰会",同年发布《中国对非洲政策文件》,以及2009年确定未来3年中非合作方向,这些都是推进中非关系新发展的积极举措;2004年,中国与阿拉伯国家联盟共同宣布成立"中阿合作论坛"。在"中阿合作论坛"框架下,中国与阿拉伯国家在政治磋商、经济合作、人力资源开发等领域建立定期合作机制。2010年,中阿一致同意由2006年的新型伙伴关系提升至全面合作、共同发展的战略合作关系;中国同拉丁美洲、加勒比和南太平洋地区国家的交流对话和互利合作不断深化,2011年拉美和加勒比国家共同体的成立在中国看来为建立和发展中拉平等互利、共同发展的全面合作伙伴关系提供了历史新机遇;此外,中国加强同巴西、南非、墨西哥等发展中大国的协调与合作、推动相关合作机制升级。2003年以来,中国和墨西哥继续推进双方战略伙伴关系的发展深化,2010年南非的加入,使中俄印巴(西)"金砖四国"(BRICs)正式扩充为"金砖国家"(BRICS)合作机制。

　　与中国和主要大国及周边国家关系相比,中国同发展中国家关系基于彼此相似的历史遭遇和经验,特别是新中国成立后前30年的重点培育和奠基,新世纪以来的中非、中阿、中拉以及中国与新兴大国的关系,既有较稳固的传统友谊支撑,更有愈益紧密经贸往来的大力推动。正如有学者分析的,"对于发展中国家而言,中国最显著的国家身份是世界第二经济强国,因此他们对于帮助中国取得成功的发展模式很感兴趣,希望学习和借鉴"①。基于此,在当前发展中国家群体性崛起趋势日渐明显的背景下,本报告将继续借用2011年3月PIPA发布的"全球民意调查:公众对中国实力增长的关注上升"调查报告,依据其中发展中国家公众眼中的中国国家形象,丰富我们对于中国同发展中国家关系的认识,并希图获取对中国公共外交的些许启示。

　　调查报告显示,非洲国家(包括南非这一新兴大国)的受访公众,普遍乐观看待中国经济实力的增长。其中,82%的尼日利亚人、77%的肯尼亚人、62%的加纳人、54%的埃及人和52%的南非人,对中国经济影响力的扩大表现出热情和好感。但是,与2005年相比,2011年南非人对中国经济实力增长的好感度下降了12个百分点。同样,非洲国家的受访者就中国是所在国家公平的贸易伙伴这一点,达成广泛共识。而且,与美国和欧盟相比,中国被认为是最公平的贸易伙伴,平均公平值为7.02(10为满分),领先于美国的6.61和欧盟的6.52。其中,88%的尼日利亚人和81%的肯尼亚人都对中国贸易公平给予高度评价。此外,大部分非洲国家公众在受访时,认为在未来10年,他们国家与中国的经济关系会变得更加重要,重要性的平均值为7.87(10为满分),领先于美国的7.59和欧盟的7.19。除加纳人之外,其他国家的受访者均认为,就重要性而言,目前他们国家与中国经济关系已经超过了与美国和欧盟的经济关系。然而,关于中国军事实力的增长,非洲国家公众的态度则呈现出另一番景象。22%的埃及人和32%的南非人予以积极评价,却同时有42%的埃及人和35%的南非人作出消极评价,这与2005年南非人的反应一致。

　　拉美国家(包括巴西和墨西哥这两个发展中大国)的受访公众,对中国经济实力增长的态度不尽一致。44%的巴西人和65%的秘鲁人乐观看待,而且,与2005年相比,秘鲁人的消极看法下降了9个百分点,由2005年的35%变为2011年的26%。墨西哥人的态度与2005年相比也有重大转变,但与秘鲁不同,它是一种反向变化。墨西哥人的积极看法从2005年的54%降至2011年的27%,消极看法却上升至43%,另有30%的人未发表看法,这使得目前大部分墨西哥人对中国经济

---

① 俞新天:《掌握国际关系密钥:文化、软实力与中国对外战略》,上海人民出版社,2010年,第145页。

实力增长看法消极。同样,墨西哥受访者对于中国贸易公平度的看法与南美国家公众也不同。30%的墨西哥人认为中国贸易公平,同时有41%的人认为不公平。但在秘鲁和智利,分别有59%和51%的人认为中国是公平的贸易伙伴。关于未来10年中国与各自国家经济关系的重要性,除巴西之外,其他国家的受访者都认为,各自国家与中国的经济关系会变得更重要,其中,秘鲁人给出的重要性期望值为7.45(10为满分),略高于美国的7.43而位列第一。然而,有趣的是,尽管大部分拉美国家的受访者均积极评价中国经济影响力的扩大,但巴西人却认为十年后巴西与中国的经济关系将不会更重要。平均来看,在未来10年贸易伙伴重要性的分值方面,中国的为6.88,在美国和欧盟之后,后两者的分值分别是7.28和6.94。另外,对于中国军事实力的增长,秘鲁是唯一给予相对正面评估的拉美国家,41%的人积极看待,另有28%的人消极评价。而且,墨西哥人的怀疑态度较2005年更为严重,其中53%的人持消极看法,比2005年的37%上升了16个百分点,积极看法的比值为17%,比2005年的33%同样下降了16个百分点。在巴西,消极和积极看法的比例分别为46%和29%。

由此可知,非洲国家公众和拉美国家公众对于中国实力增长的评价有所不同,在某些方面甚至大相径庭。比如,对于中国经济实力增长,大多数非洲国家公众更愿意乐观其成,极为认可中国作为最重要且公平贸易伙伴的角色,而且对未来10年中国与非洲国家的经济关系抱有很大的期待。而拉美国家公众则对中国经济实力增长的态度较为分化,有些国家公众认为中国贸易不公平,而且对未来10年与中国经济关系重要性没有更进一步的提升期望。这种意见分化局面的形成,可能基于很多具体原因,但就大的方面而言,或许与非洲国家和拉美国家普遍的发展水平不一致有关系。换句话说,就目前而言,中国给予非洲经济的援助性、支持性发展比重更大一些,而拉美国家特别是墨西哥、巴西等国,在经济上与中国越来越表现为一种竞合关系。另外,非洲国家和拉美国家公众对于中国军事实力增长的普遍消极看法,值得关注。

综合以上主要大国、周边国家和发展中国家对中国实力增长、影响力扩大的态度及相关评析,或许可以得出以下启示。这些启示,既是中国国家形象在国际社会的不同反映,也是未来优化中国国家形象的全新着力点。

第一,主要大国特别是美国,更在意中国未来能否成为对其构成重大挑战的另一个超级大国,能否冲击甚至颠覆西方主导的现有国际秩序,因此,主要大国较其他国家和地区更关注中国的政治形象,希冀中国能践行西方式民主,以此来缓解"民主和平论"逻辑下对于中国实力增长的恐惧和不安;第二,主要大国中的欧洲国家、周边国家和发展中国家,更在乎中国经济实力增长能否对各自国家带来红利,特别是在当前国际金融危机深层次影响日益扩散、欧洲主权债务危机蔓延的背景下,希冀中国能够对缓解欧债危机做出切实贡献,因此,中国在这些国家中的经济形象要比政治形象重要,尽管欧洲国家对中国经济增长的评价参差不齐;第三,大部分受访国家公众对于中国军事实力增长的担忧,对于中国而言,一方面,要以平常心看待,因为这是当前国际社会无政府状态下霍布斯文化的自然表现。另一方面,不能掉以轻心,还是要有针对性地积极开展公共外交,对外传递中国走和平发展道路的积极信息、增信释疑,建立和平的军事形象;第四,一国国家形象在对象国的生成,主要评估体系包括政府、公众和媒体等行为体,单就政府与公众的关系而言,通过前述国际舆论调查报告可知,二者之间存在着一定的张力。即,两国间良好的政府关系不一定同等程度地体现为一国公众对另一国政府的好感。比如,中国与日本、韩国和墨西哥,都结成了不同形式的战略伙伴关系,然而,这并不能消除多数日本、韩国和墨西哥公众对于中国经济和军事影响力增强的消极看法。

(三)认知鸿沟:中国国家形象的问题及原因

从我形象、他形象和错位形象映射到中国国家形象上的错综关系,以及主要大国、周边国家和广大发展中国家对中国各有倾向的国家形象认知,表明中国国家形象在国外受众眼中并不是单一的好或不好,也不是一时的好或不好,而是要将其放在一个特定的历史环境中去作全面细致的考察,因此,不能简单地作出所谓定论。但不可否认的是,当前最为突出的问题就是国内外关于中国国家形象在认识上存在巨大鸿沟,具体表现如下:

1. 关于中国的政治形象

随着改革开放以来中国经济奇迹的发生,中国的政治发展状况也越来越受到国际社会特别是西方国家的密切关注。值得注意的是,近年来,特别是在2010年中国取代日本成为世界第二大经济体之后,崛起的中国的"社会主义大国形象"愈益显著,这在某种程度上使西方社会对中国的担忧不仅仅来自我国经济和军事力量的快速增长、与西方差距的迅速缩小,而且还愈益明显地增加了对中国发展道路和政治制度甚至自身生活方式改变的担忧。日本学者添谷芳秀著文称,中国的崛起是对以美国为中心的"自由开放的国际秩序"的挑战,而当下日本真正的课题就是如何在"政治上促进在自由和民主主义原则下的国际关系",以防美国中心的体制被中国中心的体制所取代。可见,在诸多国家形象构成要素中,中国的政治形象正引发国内外日益激烈的话语和权力交锋。

概括起来,中西在中国政治形象上的认知差异为:国内民众普遍认可中国特色社会主义制度,认为这是中国人民历史的选择,有其合理性和必然性;而在国外特别是西方国家按照其民主标准,长期以来一直不认同以"贤能政治"为主要表现的中国式民主。

2. 关于中国的经济形象

国际社会关于中国经济形象的认识，以冷战结束为界，呈现出一定的变化性。从20世纪70年代末的改革开放到冷战结束，中国持续的两位数经济增长态势，赢得了国际社会普遍的欢迎、赞赏和鼓励。因为，按照依附论的解释，处于世界中心的西方对处于世界边缘的中国有着巨大的不对称的贸易需求，一个占世界人口四分之一的国家，如果始终处于封闭、贫穷落后的状态，并不符合西方国家开拓国际市场、扩大出口、进一步发展本国经济的根本利益。然而，冷战结束之后，中国崛起的势头变得不可阻挡，中西贸易摩擦不断，加之全球经济的不景气，西方贸易保护主义抬头，"中国威胁论"成为西方的主流舆论。20多年来，中国威胁论历经各类变种、不断翻新，包括新近的"中国傲慢论""中国强硬论"，无不是在实力对比发生重大变化之后西方人心理失衡的反映。

特别是近些年，总体上，国内民众对改革开放以来的中国经济崛起充满民族自豪感、增强了民族自尊心和自信心；但西方公众包括一些周边国家民众对遍布世界的"中国制造"感到恐惧、反感和担心，尽管他们不否认从中受益了。

3. 关于中国的社会形象

国家与社会的关系，一直是西方理论界的重要研究领域。哈贝马斯提出"公共领域"的概念，认为公共性是公众舆论、公共领域的公共性，强调公众舆论对公共权力的监督和批判。但不能忽视的一点是，哈贝马斯事实上预设了政府与公众的前提性对立，在理论上制造了国家与社会的天然张力。因此，西方公众对政府抱有普遍性的不信任感和疏离感，在此意义上，西方的市民社会很强大，并构成西方民主社会的稳固基石。西方人以这样的观念观察中国、认识中国、鉴别中国，显然，就很容易忽视中国社会稳定、有序、良治的重要性，转而以居高临下的态度俯视中国，而且带着强烈的先入为主的"问题意识"去寻找中国社会的不稳定因素，进而对中国社会形成刻板形象。

基本上，绝大多数国内民众感受到了社会总体稳定、民族关系团结所带来的好处，但西方媒体喜欢所谓平衡原则，倾注热情于一些群体性事件和民族地区发生的暴恐事件等，并从其固有的人权观出发，对在中国发生的有政治影响的事件作了"拉偏架"式的道德审判。

4. 关于中国的文化形象

在2013年12月30日，习近平在参加中共中央政治局就提高中国文化软实力研究进行第12次集体学习时指出，"在5000多年文明发展进程中，中华民族创造了博大精深的灿烂文化"，关于中国的文化形象，"要重点展示中国历史底蕴深厚、各民族多元一体、文化多样和谐的文明大国形象，要努力展示中华文化独特魅力"。习近平强调，"要使中华民族最基本的文化基因与当代文化相适应、与现代社会相协调,以人们喜闻乐见、具有广泛参与性的方式推广开来,把跨越时空、超越国度、富有永恒魅力、具有当代价值的文化精神弘扬起来,把继承传统优秀文化又弘扬时代精神、立足本国又面向世界的当代中国文化创新成果传播出去"①。这段论述既包含了对良好中国文化形象的期待,更一针见血地点出了中国文化形象不够明朗的症结所在,即:中华民族最基本的文化基因与当代文化的对接和交融还存在问题,中国传统文化的现代化是我们的重要课题。

与此相应,国内民众不断接收着互联网时代的最新资讯、以开放创新精神吸收着多元文化给养,西方公众则更多地将中国看做是一个神秘的、历史悠久的与西方迥然不同的文明古国,中国文化给西方人以惊奇的同时更有困惑和不解。

5. 关于中国的军事形象

从根本上讲,国家间力量的消长是一个零和博弈的过程。霸权国家往往追求绝对安全,而扩张军备就成为它们达成此目的的必然选择。第一、二次世界大战和其后的冷战,都是在这样的安全观指导下发生的。中国核大国的身份、保持增量的国防力量以及中国特色军事变革之路,使得以美国为代表的西方国家在冷战结束之后,仍然固守冷战思维,对于中国军事形象的看法,始终是比较消极的。即使中国长年积极参与联合国维和行动,并早在20世纪90年代就承诺在对外关系中不首先使用武力,但是,中国的"维护世界和平力量"的自我定位,依然不能获得西方世界的认可。展望未来,特别是在国内外暴力活动、恐怖事件出现多发并发的新形势下,中国如何树立让世界认可的"和平大国"军事形象,将是一个严峻且真切的挑战。

中西方在中国军事形象上的分歧最为明显且持久:国内民众对国家军费开支的持续增长不持异议,认为是一个国家发展之必须,但西方国家和周边国家却因此而感到忧虑、缺乏安全感,特别是与中国在历史上发生过战争的近邻国家。

6. 关于中国的外交形象

在改革开放前的一段时间里,党内发生了关于革命外交路线与和平外交路线的斗争。在充分汲取历史经验教训的基础上,改革开放的伟大决策对中国真正实行独立自主和平外交政策具有重大的历史意义。高举和平发展合作的旗帜,实行互利共赢的开放战略,更是改革开放以来特别是21世纪以降中国独立自主和平外交的集中体现和必然要求。以和合文化为基因的中国外交哲学,使中国始终在国际社会倡导"坚持和平发展、促进共同发展、维护国际公平正义、为人类作出贡献的负责任大国形象",积极推进国际关系民主化,推动和维护地区和世界的和平与稳定,并在诸如朝鲜核问题等国际事务中发挥了重要的建设性作用。然而,对

---

① 《提高软实力实现中国梦》,《人民日报海外版》,2014年1月1日。

于近年中国与有关邻国在领土和海洋权益保护问题上的争端,西方国家则将责任归咎于中国,认为是中国在实行"扩张主义",在搞亚洲版的门罗主义,中国的外交形象因此出现波动。

在对冷战结束后中国外交形象的认识上,国内外的极化特征明显。即：国内民众一直认为中国外交"偏软"、甚至在有些问题上没有达到预期成效,但国际社会近年来却开始抱怨中国的"强硬外交",认为国强必霸,强烈质疑中国坚持互利共赢、走和平发展道路的国家意志。

在这些认知鸿沟的表象之下,隐藏着关于中国良好国家形象的制约因素、蕴含着中国国家形象的优化方向。为什么中国国家形象会有上述具体表现、其深层次的原因何在？这是一个更值得我们重视、反思、追问和求解的重要问题。概括地讲,导致中国国家形象当前复杂格局的原因既有战略层面的也有战术层面的,既有国内因素影响也有国外因素影响,既有综合实力上的也有技巧运用上的。从文化软实力发展的角度看,可概括为以下几个原因：

第一,中国总体综合国力的制约是导致认知差异的根本原因。无论是在理论上还是在实践中,尽管硬实力的增强并不必然带来软实力的增强,但软实力都是以硬实力为基础发挥作用的,一个国家如果没有强大的综合国力,就很难拥有与之匹配的文化软实力,这是毋庸置疑的。今日中国已然是世界第二大经济体,并且仍然处于经济总体上行的态势,但在中国转型的过程中,随着与外部世界接触的增多,与欧美国家在经贸领域的摩擦也随之增多,与非洲互利互惠的经济往来也受到西方国家政治性评判。这些矛盾和问题,归根结底,是中国总体综合国力的欠缺所致,特别表现在人均GDP在世界的排名依旧相对落后,中国整体上的发展中国家特质没有根本改变,中国仍然处于社会主义初级阶段,对于这一基本国情,我们要有清醒的认识,并在此基础上思考应对之策。

第二,文化软实力国家战略匮乏是产生认知差异的结构性内因。中国正在崛起,这是举世公认的客观事实。与此同时,中国正陷于"在崛起过程中硬实力的显著增长并未带来软实力的同步提升,软实力甚至制约硬实力发展"的理论和现实困境,特别是在冷战结束之后,伴随着中国全面参与到世界范围内的全球化进程之中,这一困境日益突出。那么,如何解释这一困境的形成？从国家层面讲,很大程度上可归因于中国文化软实力国家战略的匮乏。突出表现为：以提升国家文化软实力为目标,目前有诸如文化部、国务院新闻办公室、中国外文局、国家汉办等机构通过举办国际文化节、感知中国、法兰克福书展、孔子学院等各种形式的活动参与其中,却始终没有一个总的协调机构负责统筹安排相关事宜,从长远看,这是对增强中国文化软实力的制约,亟需改变。事实上,中国有着丰富的传统文化瑰宝,比如武术、中医、书法、绘画、音乐、建筑、茶道等等,这也是国外受众对中国的印象之源①。然而,我们当前的挑战正是如何实现传统文化的现代化,并将中国现代文化推介给国外受众,进而增强中国文化的吸引力、亲和力和影响力?

　　第三,文化国际传播能力的弱势是认知差异产生的工具性诱因。丰富的文化软实力资源与传播能力强弱没有直接的相关性,目前中国在文化国际传播中处于弱势地位,国际社会对中国的了解还很不够(详见图1②)。中国的国际传播弱势主要表现在:首先,在信息传播层面,以政府主导的信息发布和媒体服务工作为主要内容。十年来,中国新闻发布制度的建立和发展并未从根本上改变这一状况。从新闻报道角度讲,政府经由官方媒体发布的信息还是未能被西方媒体普遍采用,或被西方媒体对事实性信息进行了再加工。如在上海世博会期间,国际媒体

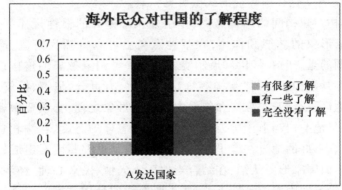

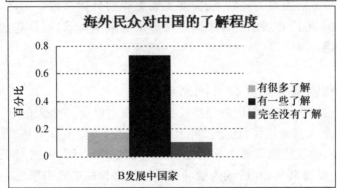

图1　"海外民众对中国的了解程度"
数据来源:《中国国家形象全球调查报告2012》

---

　　① 察哈尔学会、对外传播研究中心、华通明略:《中国国家形象全球调查报告2013》,《对外传播》,2014年第1期,第24—26页。
　　② 察哈尔学会、对外传播研究中心、华通明略:《中国国家形象调查报告2012》,中国网,2012年12月20日,http://www.china.com.cn/international/txt/2012-12/20/content_27470693.htm。

对新华社、中国新闻社以及中国报纸的全文转载率为零。其次,在知识传播层面,主要体现为知识精英和智囊机构等受委托所开展的主动协商与游说活动。目前国内高校和科研院所主要还是致力于"关门搞研究",以学术成果提供智力支持,而非主动承担对外人文交流项目。最后,在价值传播层面,主要体现为道德、伦理观念和意识形态的交流互通。基于历史文化传统的不同,中西方有着不尽相同的价值体系,这就导致在中华文化"走出去"的过程中,在一定物质基础作用下,不可避免地与西方文明产生冲突和摩擦。据统计,在本土之外,全球学习汉语的人只有四千万,而以英语为第二语言并能熟练运用的人已达4.5亿,全球3/4的邮件用英语书写,80%的电子信息用英语记录,学习西班牙语的人有4.2亿,说法语的有2.2亿,中国语言文化在国际上的式微可见一斑。

第四,解构与建构间的结构张力,是引发认知差异的惯性规律。文化软实力对于一国国家形象的功能和作用,在某种意义上可以概括为塑造、推广和展示。这里需要强调的是,塑造、推广和展示实质上是一种国家形象的建构过程,而建构的前提条件却是解构。所谓"解构",即结构分解,有拆分、消解、拆解、揭示之义。在对象国和地区进行塑造、推广和展示中国国家形象之前,必须要做解构的工作,就是说,要清楚地明白当下该国公众对中国有着怎样的态度、看法和总体评价,好的方面是什么、不好的地方在哪里,这一认知结构是由哪些因素组成,如果要有效改善他们的中国国家形象认知,在结合当地风土人情、民众心理、经济社会发展阶段、文化习俗等方面因素的基础上,需要采取怎样的具体举措?知己知彼、先破后立,这既是塑造、推广和展示良好中国国家形象的战术要求,也是尊重事物发展变化规律的必然要求。

四、发展文化软实力树立良好国家形象

新中国成立65年来,中国的经济社会发展发生巨变,"今天的中国,已经成为128个国家的最大贸易伙伴,还是世界上增长最快的主要出口市场、最被看好的主要投资目的地,以及能源资源产品的主要进口国。2012年,中国对亚洲经济增长的贡献率已经超过50%,并已成为推动世界经济增长的主要引擎之一。2008年国际金融危机爆发以来,中国不仅向国际货币基金组织投入资金,向面临困难的国家伸出援手,还以自己坚实稳定的增长,与新兴市场国家一道,支撑起全球经济复苏的希望"①。然而,以全面的国家形象观来看,国内外公众对于中国国家形象的认知,差别明显、差距很大。概括地讲,全体中国人民对于中国共产党的领导地位、领导能力和领导成效,总体上是认可的,对国家制度、国民素质、社会环境、文

---

① 王毅:《探索中国特色大国外交之路》,《世界知识》,2013年第15期,第28—31页。

化特质、政策主张、军队状态和领导能力等层面国家形象的持续努力也予以支持。反观国际社会,从"共产主义独裁政权"到"中国崩溃论",到"中国威胁论",再到"中国新殖民主义论"和"中国强硬论"等,对中国国家形象的负面认知仍然占据主导。

国内外关于中国国家形象的认知鸿沟,为我们提出一个宏大的时代课题,即:未来中国在世界上应该塑造、推广及展示怎样的国家形象?以及如何在国内继续以良好形象凝聚人心、巩固执政合法性,并在国际社会继续发展与其他国家合作共赢的友好关系、实现中国梦与世界梦的融合共生?对这一时代课题的追问和思考,凸显了从文化软实力角度阐述国家形象问题的重大理论和实践价值。从文化软实力发展的角度,综合考虑国家形象构成要素,围绕中国良好国家形象的塑造、推广和展示的主题,概括地讲,我们需要从品牌设计、内在培育和外在展示三个层次上做出总体规划和部署。

(一)"文化中国"国家形象的品牌设计

在20世纪50年代以来的国家形象研究中,有西方学者从市场营销学的角度,提出"国家品牌"的概念。近年来,也有国内学者从国际政治营销的角度,阐述对国家形象进行国际营销的观点。他们认为,在全球化时代,各国外交的聚集点越来越从实力政治向形象政治转移,因为越来越多的国家认识到,在国际舞台上,权力很大一部分起源于国家自身形象设计的能力,因为它能够卓有成效地表达自身的军事、经济、政治和文化水平。①

自冷战结束以来,关于国家形象品牌设计的施政理念,主要体现在中国领导人在外宣工作会议或其他重要会议上的讲话中。1999年2月,在全国对外宣传工作会议上,江泽民指出:要"加强和维护社会主义中国的国际形象","建立我国的良好形象","充分展示中国人民坚定不移地走自己的路、实现社会主义现代化的形象;充分展示中国人民坚持实行改革开放的形象;反对霸权、维护和平、支持国际正义事业,充分展示中国人民爱好和平的形象;向世界说明我国政治稳定、经济发展、社会进步、民族团结的局势,充分展示中国人民为维护安定团结和实现繁荣富裕而不懈奋斗的形象;向世界说明我国社会主义民主法制建设的成就,充分展示中国人民依法治国、建设社会主义法治国家的形象。"②2003年12月,胡锦涛在全国宣传思想工作会议上强调:"要全面客观地向世界介绍我国社会主义物质文

---

① Madeleine Albright: "The Importance of Public Diplomacy to American Foreign Policy," Transcript, US Department of State Dispatch, October 1999.
② 吴恒权:《江泽民在全国对外宣传工作会议上强调站在更高起点上把外宣工作做得更好要在国际上形成同我国地位和声望相称的强大宣传舆论力量,更好地为改革开放和现代化建设服务》,《人民日报》,1999年2月27日。

明、政治文明和精神文明不断发展的情况,及时准确地宣传我国对国际事务的主张,着力维护国家利益和形象,不断增进我国人民同各国人民的相互了解和友谊,逐步形成同我国国际地位相适应的对外宣传舆论力量,为全面建设小康社会营造良好的国际舆论环境"①。2013年10月,习近平在周边外交工作座谈会上强调,我国周边外交的基本方针,就是要坚持睦邻友好,守望相助;讲平等、重感情;常见面,多走动;多做得人心、暖人心的事,使周边国家对我们更友善、更亲近、更认同、更支持,增强亲和力、感召力、影响力。同年11月,《中共中央关于全面深化改革若干重大问题的决定》涉及经济体制改革、政治体制改革、文化体制改革、社会体制改革、生态文明体制改革、党的建设制度改革等,为在国内公众心目中树立良好形象做出了顶层设计。

在新时期国家领导人讲话精神指引下,未来应如何进行国家形象品牌设计?有人对新中国国家形象做了提炼,认为,在第一个30年里"政治中国"的国家形象深入国内外公众的心;在第二个30年里"经济中国"的国家形象基本上是国内外公众的共识。这一概括有其合理性,也有其简单性。事实上,在21世纪最初十年,中国国家形象树立与推广的方式方法已经在发生变化。比如,2004年至今孔子学院的快速发展,中央电视台多语种频道的海外落地,以及2008年北京奥运会和2010年上海世博会等全球性媒介事件的发生,均表明文化要素在国家形象建设中的突出地位和作用。因此,在全面深化改革的未来,"文化中国"应成为中国国家形象品牌设计的主要思路,"美丽中国"形象的内在培育与"和谐中国"形象的外在展示,都是其在国内国际两个大局中自然的逻辑延伸。

(二)"美丽中国"国家形象的内在培育

依据全面的国家形象观,从国内国际两个大局出发,国家形象的生成、传播和变化,无外乎国内环境和国际环境,由此分别产生一国的国内形象和国际形象。对于二者的关系,有以下几点需要说明。第一,二者共同构成一国国家形象。彼此相对独立,不能相互取代,否则该国的国家形象就不全面。第二,二者的认识主体不同。国内形象与内政紧密相关,以国内公众为主要认识主体,国际形象与对外政策密切相连,以国外公众为主要认识主体。第三,二者赖以产生的传播介质不同。国内形象主要经由国内大众传播媒介和人媒介的作用,将该国的政治、经济、社会、文化、军事、外交等国家形象要素的发展变化"映射"给国内受众。国际形象则主要由国外受众所在国的大众传播媒介和人媒介的作用,将一国的政治、经济、社会、文化、军事、外交等国家形象要素的发展变化"传递"给国外受众。第

---

① 《胡锦涛在宣传会议讲话:用三个代表统领宣传工作》,2003年12月7日,新华网:http://news.xinhuanet.com/newscenter/2003-12/07/content_1218040.htm。

四,二者的不一致性是常态。大众传播媒介及人媒介的各自立场和价值观差异等不可控因素,导致国内形象与国际形象通常会存在偏差。第五,二者对于整体国家形象产生的影响和作用不同。外交是内政的延续,在此意义上,国际形象也是国内形象的延伸。质言之,处理好内政、做好本国自己的事情,在良好国内形象确立起来的同时,其国际形象即使被扭曲,仍可能是可控的。

在党的十八大报告中,首次出现"美丽中国"的提法:"建设生态文明,是关系人民福祉、关乎民族未来的长远大计。面对资源约束趋紧、环境污染严重、生态系统退化的严峻形势,必须树立尊重自然、顺应自然、保护自然的生态文明理念,把生态文明建设放在突出地位,融入经济建设、政治建设、文化建设、社会建设各方面和全过程,努力建设美丽中国,实现中华民族永续发展"。在这里借用"美丽中国"一词,不仅是中国未来生态文明建设的目标,而且是涵盖精神文明建设和物质文明建设在内的总目标,体现为:清明政治、良性经济、包容文化、法治社会、优美环境。

国家形象包括有形表象、精神内涵和国家行为三个层次,要实现"美丽中国"国家形象的内在培育,就需要依层次采取务实举措。首先,在有形表象层次上,既要了解并尊重中国国情,如地理环境和人文环境,又要正视中国发展过程中存在的突出问题和挑战,如自然环境恶化、空气污染严重、水资源匮乏、法制不健全、老龄化社会、整体国民素质有待提高等。其次,在精神内涵层次上,需要对相应的文化基础进行持续培育,同时不断增强全民族的国家形象意识。如在国民教育中进一步夯实爱国主义教育和家国观念,弘扬尊师重教、尊重人才、尊重知识、尊重差异、鼓励创新、兼容并包的文化特质,丰富和拓展国家形象的精神内涵。最后,在国家行为层次上,加强顶层设计,完善制度建设,加大反腐败力度,调整经济发展方式,建设社会主义文化强国,保证社会和谐有序,增强环境保护在政府绩效评估中的比重。总之,中国在发展过程中不断涌现的新问题、新矛盾、新挑战,既是中国国家形象内在培育的压力,也是一种动力,须谨慎应对。

(三)"和谐中国"国家形象的外在展示

新中国成立65年来,基本上以10年为界,中国国家形象在国际社会(主要指西方国家)经历了一个跳跃的演变过程。20世纪50年代,西方认为中国是苏联阵营里的"共产党国家",对他们来说是异己,因此以意识形态划线而敌视中国;20世纪60年代,在西方左翼思潮崛起的背景下,西方对"红色中国""革命中国"表现为一种乌托邦式的赞美,期间海外"毛泽东热"此起彼伏;20世纪70年代,出于对"文化大革命"的灾难性认识,西方转向全面否定中国国家形象的另一种极端;20世纪80年代,西方惊喜于中国"改革开放"的国家形象,其主流媒体试图说服人们相信中国正在朝着西方阵营迈进,并在不久的将来会成为其中的一员;20世纪90年代,西方基于对1989年国内政治风波的判断和对中国经济崛起的恐惧,转而妖魔化中国国家形象,显著表现为炮制了政治、经济、军事等无所不包、一浪高过一浪的"中国威胁论";21世纪的最初10年,西方对中国国家形象的认识日趋复杂化、多元化、均衡化,有"中国责任论""中国强硬论",也有"北京共识""中国模式",甚至还有所谓"中美共治"(G2)"当中国统治世界"等声音。

可见,国内外公众对于中国国家形象的认知存在着巨大的鸿沟。这一鸿沟既表明西方国家的大众传播媒介和人媒介作为中国国家形象传播介质的"二传手"作用不可小觑,也表明中国在对外树立、传播、推广和维护国家形象方面,还与现实的需求不尽一致。雷默建议,"中国有必要设计一套全新的理念,以向世人恰如其分地展示自己的国家形象。所谓的全新理念并不是要抛弃民族的传统文化,而是要想办法借助文化艺术、商业产品等,让世人看到一个令人耳目一新的中国,从而进一步完善和巩固中国的传统声誉。"[①]作为一个善于自省的民族国家,中国改进国家形象的外在展示有其必要性、紧迫性和现实性。

展望未来5—10年,中国亟需向世界展现"和谐中国"国家形象。这是因为,其一,和谐根植于中国传统文化,具备深厚的文化底蕴和强烈的文化认同基础。中国传统文化也称为"和合文化",强调的是人与自然、人与人的相伴而生与和平共处,这一哲学思想成为当代中国主要的精神承继。其二,"和谐社会"和"和谐世界"以统筹国内和国际两个大局的高度,全面反映了当今中国全面的国家形象观,充分体现了"和谐中国"的本质要求,表明中国寻求与世界合作共赢的对外战略诉求。其三,"和谐中国"直面当前中国发展中存在的突出问题、矛盾和挑战,表达了最广大人民群众对于社会稳定、经济稳健、社会主义文化大发展大繁荣、政治改革有序推进、外交战略有的放矢以及军事力量足够强大的内心渴求。

对外展示"和谐中国"国家形象的主要目的,在于弥合中国国内形象和国际形象之间的巨大鸿沟,树立全面且良好的整体国家形象。那么,怎样做才能对外展示出符合预期的良好中国国家形象?在政策措施上,要有针对性和可操作性。尤其是在中国实力明显增强的情况下,要学会发挥文化软实力的作用,在主流媒体、全球性媒介事件和人媒介等国际形象传播渠道上多下工夫,争取做到软硬实力兼长、实力技巧并举。

第一,增强中国主流媒体的国际传播力和影响力,改变西方对华刻板印象、竞

---

① [美]乔舒亚·库珀·雷默等著,沈晓雷等译:《中国形象:外国学者眼里的中国》,社会科学文献出版社,2008年,第13页。

争国际话语主导权。其中重点在于确立主流媒体的公信力,即公众对媒体专业素养、职业操守、传播内容等的信赖、依赖和忠诚。在此意义上,不仅需要对媒体从业人员进行职业技能培训和新闻道德训导,而且亟需坚决强化主流媒体的"信息源"地位,这既是对新闻传播规律和新闻从业者的尊重,更是有效改善中国主流媒体形象、增强其国际传播力的关键举措。事实上,西方对中国主流媒体国际化的质疑,西方媒体对中国主流媒体信息几乎可以忽略不计的转载率,以及西方一直以来基于刻板印象的框架式涉华报道,其核心都集中于对来自中国声音的严重不信任。

第二,充分利用具有主场优势的全球性媒介事件,增加中国对外宣传中的文化表达、强化自觉国际公关的力度。全球性媒介事件是一国对外展示良好国家形象的重大契机和重要平台,比如,通过卫星向全世界进行实况转播的1964年东京奥运会,向全世界展示了在战败的废墟上实现国家复兴不屈不挠的大和民族形象,在很大程度上扭转了日本在第二次世界大战中的军国主义国家形象及之后破落的战败国形象。同样,2008年北京奥运会被国内外舆论界普遍认为是"中国国家形象元年"。作为全球第二大经济体,在可预见的未来,中国与世界的关系会越来越密切,全球性媒介事件与中国的相关性会越来越大,二者的交互式影响会越来越深入。因此,对于全球性媒介事件,中国应愈加重视、科学谋划,就像在北京奥运会和上海世博会所表现的那样,做好越来越多的"主场外交",展现"和谐中国"的魅力,长此以往,中国的政治形象将在潜移默化中改善,整体国家形象也将发生质的优化。

第三,树立"人人都是国家形象代言人"的观念,鼓励人媒介发挥正效应、传递正能量。随着互联网的飞速发展,博客、拍客、微博、微信等个人社交媒体的方兴未艾,当代中国已进入"自媒体"(We Media)时代。与此同时,在国际旅游的语境下,国内外普通民众直接的交相互动愈益频繁、常态化。根据国家统计局的《2012年中国旅游业统计公报》,2012年全年共接待入境旅游人数达到1.32亿人次,中国公民出境人数达到8318.27万人次,比上年增长18.4%,到2020年,中国出境游客将预计达到1亿人次。"国之交在于民相亲",这表明,以个人为载体的中国国家形象展示将有更多的机会、场合和平台。因此,相关部门要重视这一情况,一方面,着力短中期的公民培训,如举办讲座和展览、发放图书、放映宣传片等;另一方面,夯实长期的基础教育。促进全民在德、能、勤、绩、智等方面自由全面的发展,使普通民众在国际交往中,拥有良好的语言能力、熟知国际礼仪、遵守文明规范,最终自觉承担并能够胜任传播良好国家形象传播的使命。讲好中国故事、传播好中国声音,逐步实现以润物细无声的柔性方式改善外国公众的中国国家形象观。

　　总而言之,在新时期,从国内外两个大局出发,从文化软实力国家战略高度,从加强文化国际传播能力入手,遵循"先解构、再建构"的思路,以"文化中国"为内核,以"美丽中国"为内在,以"和谐中国"为外示,三位一体地塑造、推广和展示良好中国国家形象。良好国家形象一旦树立起来,对于中国维护国家发展和安全、增强综合国力和竞争力,对于推进全社会思想道德文化建设、提高全民族文明素质,对于全面建成小康社会、实现中华民族伟大复兴的中国梦,都必将发挥重大作用。

中国电影软实力发展报告

贾磊磊　孙　婕[*]

摘要：电影，作为最为强劲的跨文化媒介之一，有自己独特的表现方式，在文化领域履行着外交职能。事实证明，在当前提升国家文化软实力方面，电影已成为一种重要战略力量。截至2014年年底，中国电影已跨入近三百亿元票房收入的时代，这一数值不仅仅作为单一的经济指标，还包含着特定文化价值的有效传播，体现出一个国家在文化传播竞争中的"硬实力"。在全球文化市场中，我们看到的"韩流"，日本动漫产品、游戏形成的品牌，美国的好莱坞电影，这些在海外市场获得巨额收益的文化产品都彰显出在流行文化领域具有强大的核心竞争力，促使国家文化的广泛传播。而我们似乎还缺乏能有效承担起文化传播职能的流行文化产品。目前来看，中国电影在国内市场的成绩与海外市场"遇冷"的现象形成鲜明反差，海外市场上中国电影的票房、版权、附属产品开发、收入以及其他播放渠道的拓展已成为一大软肋。近年来，学界围绕着中国电影如何提高文化软实力，有效"走出去"参与海外市场竞争这一问题形成研究热潮，也涌现出不少新成果。不可忽略的是，当前国际电影市场上，在许多西方国家观众的认知模式中，对当代中国的国家形象、文化的认识仍有许多理解的误差。我们必须明确思考如何使中国电影吸引更多的海外观众，赢得他者的肯定和认可，我们需要通过长期努力，挖掘能够体现当前具有时代特征的中国元素，使电影这一流行文化产品成为彰显中国文化软实力的重要力量。对于提升中国电影文化软实力的愿景，在本报告中重点在现实层面上探讨与当前中国电影发展情况相符合的提升策略和路径，通过对中国电影产业发展状况的跟进，对电影文化传播策略的更新，在全球化语境下进一步提升中国电影的文化力量。

---

[*] 贾磊磊，中国艺术研究院副院长，研究员，博士生导师；孙婕，中国艺术研究院博士研究生。

一、2013 年中国电影软实力发展的背景

近年来,我国政府重视振兴文化产业的发展,多次对文化建设发展战略作出重要阐述。2013 年以来,中央政府多次强调建设社会主义文化强国,十八大报告就对此战略目标进行了全面部署,习近平主席提出并深刻阐述了"中国梦",强调实现中国梦必须走中国道路,必须弘扬中国精神;将社会主义核心价值观进一步具体化,中国梦与社会主义核心价值观是相辅相成、内在统一的;2013 年 11 月,党的十八届三中全会审议通过的《决定》,这一"顶层设计"对文化体制机制创新作出新的重大战略部署,鲜明地提出两点:"紧紧围绕建设社会主义核心价值体系、社会主义文化强国深化文化体制改革……推动社会主义文化大发展大繁荣"与"建设社会主义文化强国,增强国家文化软实力,必须坚持社会主义先进文化前进方向,坚持中国特色社会主义文化发展道路,……"经历了十八大、十八届三中全会之后,"中国梦""中国文化软实力""正能量"等一系列文化热词,足以证明在国家顶层设计上"文化软实力"的重要性,凸显中国建设社会主义文化强国的决心和信心。电影,作为最强劲的跨文化媒介之一,有自己独特的表现方式,在文化领域履行着外交职能。电影画面的视觉冲击力,电影故事的曲折精彩,电影音效的震撼效果,都容易让观众印象深刻,再加上日益发展的新技术带来的更加逼真的视听觉感染力,使电影的艺术魅力和传播能力大大增强。更为重要的是,电影的表意符号具有相对简易的世界通用性,人们往往通过一个国家的电影来直观地了解和认识这个国家的历史和现实,如电影画面中一系列的人物活动、形体语言都可以被不同国家、民族和文化的大众所接受和理解。① 近半个世纪以来,美国电影一直都是国际电影市场上的领跑者,在制作、发行、放映及相关电影附属品市场的开发利用方面都已非常成熟,在全球电影市场中占据核心力量,成为产业链最完整、影片投资获利最多的国家,其影响力扩展至欧洲、亚洲等其他国家的文化产业,这是"美国梦"的实践成果和展示。从另一方面来看,当今全世界顶级的电影工作者也都向往美国的好莱坞,这也与"美国梦"是分不开的。目前,我国政府提出的文化体制改革将逐步显示出对电影产业发展的指导,希望通过电影的文化属性,发挥其在文化领域的职能。我们知道,国家的软实力并不是一种自我确认、自我命名的文化属性,是需要对文化资源进行开发与转化,在文化交流活动中寻找一种能够保障不同文化相互认知、相互理解的有效方式,并且通过广泛传播之后才能实现的文化力量。近几年来,中国电影带来了高票房的惊喜,多元化发展格局渐显,但是高票房背后的文化问题,中国电影的精神内涵从何体现呢?这是当前电影人

---

① 贾磊磊:《聚合无形文化的隐性力量》,《人民论坛》,2007 年第 11 期。

与学界面对的迫切需要解答的问题。中国电影更需要的是在积蓄扩大的过程中,更为长足的发展,因此如何培养出中国电影的品牌,展现国家形象,提升中国文化软实力等相关问题值得引起重视。

十多年前,中国电影的产量非常少,年均产量不上百部。纵观2013年,中国电影的票房总收入已达217.69亿元,同比增长27.51%。① 根据艺恩咨询的数据显示,2010—2013年间全国观影人次从2.37亿增长到6.12亿人次,未来观影人次还将稳步增长。美国电影早已证明了其作为一种特殊的商品,既有经济属性,也带有强烈的文化属性和国家意识形态特征。② 面对世界范围内电影市场带来的挑战和冲击,如今的中国电影在全球化的发展格局中也显得格外耀眼,近几年来,国产电影的数量与票房都保持了较高速增长,已逐步为本土观众接受与认可,具备一定的影响力,但我们仍需面对中国电影在走出去海外市场的遇冷现象。当前在国家软实力建构层面上,提高流行文化的核心竞争力是一种重要的战略力量,那么通过把中国的流行文化产品中的电影推向海外市场,对扩大国家文化影响力、塑造国家和民族形象来说,都扮演着重要的角色。2013年度中国电影软实力发展报告将集中汇总、对比近两年来中国电影产业发展状况的相关数据,通过对数据以及相关资料的整合和读解,呈现中国电影发展的"硬实力",并对中国电影发展体现的"文化软实力"全面分析。此外,报告中还会结合相应的影视文化理论,如与该报告相关的涉及"中国电影·中国梦"、"中国电影价值观的建构"等研究主题穿插探索。当前对中国电影产业发展的黄金时机,在文化层面上考察,国内外观众的反映结果显示存在一定的距离,这种价值观的差异,或者说是一种文化隔阂导致了中国电影近年来海外市场呈现出"疲软"状态。十八大以来,习总书记在国内外多个场合对"中国梦""中国软实力"的相关阐述已对中国电影发展产生直接影响,对于电影文化传播的认识,我们需要进一步思考是什么原因制约着中国电影文化达到最佳传播效果,而且我们更需要在方法和路径上明确提高电影软实力的具体策略。

近年来,中央把"文化软实力"作为综合国力的重要组成部分,目前涉及到关于"中国文化软实力"研究的课题刚刚起步。中国电影票房自2010年突破百亿大关,在华丽的数据背后,诸多业内专家和学者思考中国文化上的独特性如何通过电影最有效的传播被世界广泛认知,调研中国电影在国际电影市场上的生存状态、中国电影文化的国际传播效果和影响力等,都说明了中国电影在时代文化复

---

① 国家广电总局:"2013年全国电影票房统计" http://www.sarft.gov.cn/articles/2014/01/09/20140109170755140831.html
② 黄会林、封季尧、萧薇、罗军:《2011年度"中国电影文化的国际传播研究"调研分析报告(上)》,《现代传播》,2013年第1期,第8页。

兴与文化建设中的重要位置。十八届三中全会再次提出"建设社会主义文化强国,增强国家文化软实力""中国文化走出去"作为当前我国文化发展战略。不少电影学者将目光聚集于中国电影的"中国梦""中国电影文化软实力"等与此相关的课题进行研究。

(一)中国电影的"中国梦"

在 CNKI 中国知网电子数据库中以"中国电影"为关键词搜索近年来国家社会科学基金项目,其中涉及有两篇以"中国电影·中国梦"为课题的报告文章:第一篇,湖南大学新闻传播与影视艺术学院周清平教授与北京师范大学周星教授主持的国家社科基金艺术学科课题"改革开放以来中国电影经验与发展策略研究"(编号为09BC023)的阶段性成果文章《主流意识形态电影艺术风格化写作的困境与突围》(《电影艺术》2013年第5期),该文在前期的研究成果中,将中国主流意识形态电影历史划分为三个阶段来梳理,主要描述中国主流意识形态电影核心概念变迁以及电影艺术风格化写作演变,以此对"主流意识形态电影艺术风格化写作如何摆脱窘境与突出重围"进行三个维度上的解析:宏观层面,亟需在"中国梦"的宏大话语价值评价体系中寻求适应时代,反映中华民族集体呼声的表达方式和顶层设计;中观层面,需要引导正面的文化潮流,审美场向积极正面转化;微观层面,从导演和创作者个人来谈,需要关注民族共同命运和主流价值观,生产出广受欢迎的、内涵深厚的艺术作品。从当下主流意识形态对电影艺术创作进行反思,研究者强调需要在"中国梦"的宏大框架内,紧跟时代、推陈出新,重振具有中国特色的主流意识形态电影视听语言体系。第二篇,由首都师范大学文学院影视系凌燕参与的国家社科基金重大招标项目《当代中国大众文化的价值观研究》(项目号:11&ZD022)与国家广电总局特别委托课题《国产电影舆论环境研究》(项目号:GDT1237)的阶段性成果[①],将影片《中国合伙人》作为范例分析,试图阐述对"美国梦"与"中国梦"的价值观理解,认为影片容易唤醒观众对梦的追求并获得认同。

此外,在 CNKI 中国知网电子数据库中以"中国梦 电影"为关键词搜索文献资料,发现在近些年来的学术研究中以下代表性的文章:黄会林:《中国电影·中国梦》(《艺术百家》,2013年第5期),文章考证了电影文化要实现所谓的"中国梦"依靠两个方面:一是坚守住自己民族性的优势并发扬光大;二是实现中国电影走出去。最后针对中国电影走出去实现"中国梦"提出了四个有效对策;周星:《如何实现国家电影的"中国梦"》(《社会科学报》,2013年10月24日),文章直指当下许多论者从不同角度对"中国梦"进行阐释,认为对电影的"中国梦"论述仍旧没

---

① 凌燕:《现实比电影更精彩——〈中国合伙人〉的意义生产逻辑》,《电影新作》,2013年第6期。

有全面展开,他认为电影通过造梦的影像将"中国梦"本身所蕴涵的民族和文化内容展现,目前需要特别强调中国电影的文化建设;周星:《电影艺术"中国梦"的正能量》(《艺术教育》,2013年10期),论者迫切思考中国电影文化的竞争力和影响力的问题,试图勾勒出电影的梦精神与正能量的所在,认为当前业界引入电影"中国梦"的话题恰逢其时。

(二)中国电影文化与"中国电影软实力"

近年来,在"中国文化软实力"的研究中出现了诸多论者的调研报告与著作,属于填补该课题研究的奠基工程,如张国祚教授主持下的教育部哲学社会科学系列发展报告之《中国文化软实力发展报告2012》,通过建立"中国文化软实力"系统、开放的数据库为政府提供文化发展决策咨询;由中国艺术研究院贾磊磊研究员主持的国家社会科学基金重大项目"提高我国文化软实力"资助课题的阶段性研究成果《中国文化软实力提升的策略与路径》(《东岳论丛》,2012年第1期),对于如何制定文化软实力的提升策略问题,提出了五条路径;北京师范大学艺术与传媒学院、北京师范大学马克思主义学院张洪忠副教授与刘彦榕主持的国家哲学社会科学基金重大课题"我国文化软实力发展战略研究"子课题的研究成果《美国大学生对中国文化软实力的认知状况分析》(《现代传播》,2011年第6期),从文化软实力测量的三个角度对美国在校大学生进行网络调查。研究发现,所调查的美国大学生对中国文化软实力表现了出一种"高评价、低了解"特点;暨南大学社科部贾海涛主持的国家哲学社会科学基金项目"文化力与综合国力系统研究"的阶段性研究成果《文化软实力的构成及测评方式》(《学术研究》,2011年第3期),拆解了"文化软实力"的概念,对"文化力"和"软实力"的两个词的理论分别论述,提出通过影响文化软实力中各种影响因素来建立一个粗略的测评公式,较为直观、方便的表达方式或公式有助于更好地理解"文化软实力"问题及其分析框架;济南大学软实力研究中心主办的《软实力研究论丛》(第一卷)系列对国内外软实力研究现状述评中详尽追踪了目前我国学者以及外国学者及时围绕"软实力"进行的深入研究以及对未来研究方向的思考,书籍中主要部分对中国软实力的研究围绕国家软实力、区域软实力(包括城市软实力)、组织软实力(主要指企业软实力)的理论和测度方法,软实力资源开发,提升软实力路径,软实力建设经验等相关主题展开论述。上述项目研究和阶段性的成果论文对"中国文化软实力"的研究,在理论和方法论的双重维度中对该份"中国电影软实力发展报告(2013)"提供了很好的启示。

在中国知网CNKI数据库中以"中国电影软实力"为关键字,搜索到科研基金项目的相关成果及阶段性研究文章如下:由徐春玲主持的教育部人文社会科学基金项目"当代中国文化软实力发展战略"(项目编号:10YJA710079)的阶段性研究成果《电影文化软实力的提升与国家形象传播》(《新闻界》,2012年1月15日)与《论当代中国电影文化软实力的提升》(《电影文学》,2013年7月20日),前期的研究成果从当代电影文化软实力提升的研究缘起开始论述,提出了提升中国电影软实力的策略:对内学习好莱坞运作经验;对外弘扬民族优秀传统文化以提高国际传播,进一步论证应该把中国电影文化发展放置于国家发展的战略高度上认识,对于如何增强电影塑造国家形象的问题,找到电影国际传播的有效途径。涉及以"中国电影软实力"为主题,从多角度探讨中国电影文化国际传播、中国电影"走出去"发展战略的课题成果和研究专著如下:北京师范大学黄会林教授连续三年主持了关于"中国电影文化国际传播的调研",并形成了一系列的报告:《2011年度"中国电影文化的国际传播研究"调研分析报告(上、下)》《2012年度"中国电影文化的国际传播研究"调研分析报告(上、下)》及《2013年度中国电影文化的国际传播调研报告(上、下)》,还有重要的两本研究专著《银皮书:2011中国电影国际传播年度报告》和《银皮书:2012中国电影国际传播年度报告》。自2011年项目启动以来,黄先生连续三年在全球范围内展开问卷调研,数据支持从不同的角度为中国电影国际影响力研究提供了充足的理论创新资源。调研报告中,研究者基于数据从文化,受访者的性别、年龄、受教育程度、语言以及观看渠道角度读解中国电影在海外市场的影响力情况,同时表达了对中国电影在国际传播中所面临问题的困惑与思考,值得一提的是最新的2013年报告中研究者通过对比2011—2013年的数据,分析外国观众观看中国电影数量的变化、观看中国电影渠道的变化、对中国类型电影评价的变化、中国文化国际传播与中国电影国际传播的关系变化等,进一步论证近年来"中国梦"的战略发展对于中国电影产业的发展的深远影响,在学术研究层面"中国梦"理论探索目前已经对中国电影的创作和传播产生了直接影响。但是,仍需意识到中国电影国际传播尚处于起步阶段,国家的"文化体制改革"等政策对电影行业发展及中国电影国际传播的影响将逐渐显现;由郑州大学陈晓伟副教授主持的国家级社会科学基金艺术学项目"中国电影影像表达的跨文化传播"的研究成果《中国电影跨文化传播的文化适应问题研究》(《现代传播》,2013年第10期),立足于理论研究,从语言、非语言、文化身份三个方面提出中国电影跨文化传播的文化适应问题,论证以跨文化敏感和整合文化差异来进一步解决中国电影现存的问题;由上海大学黄望莉副教授主持的2012年度国家社会科学基金项目"新世纪以来中国电影政策导向与主流电影发展策略研究"以及国家广电总局社会科学基金项目"中国制造:电影政策导向与主流价值观建构"的阶段性成果《从"主旋律"到"主流"——中国电影主流价值观的推进及其国家形象的建构》(《当代电影》,2012年第12期),认为中国电影三十多年的发展中意识形态表述从"主旋律"到"主流电影"经历了三个层次变化,指出应该对当前主流电影在文化大发展的新形势与商业、产业资源的整合中推进主流价值观和有效展现国家形象进行新思考,提出对主流电影创作的建议;由中国艺术研究院丁亚平研究员主持的2012—2013年度国家社科基金艺术学重大项目"中国电影海外市场竞争策略可行性研究"课题的阶段性成果,前期研究成果《论中国电影海外市场竞争》(《艺术评论》,2013年第7期)强调了中国电影海外市场竞争策略及要实现的关键就是实现中国电影的"国际化转型",认为目前探讨中国电影海外市场竞争策略与路径涉及的许多议题就有广阔的研究价值,对于寻求发展和突破的新路径,立足于中国电影目前的海外传播状况进行分析,认为还存在输出渠道单一,电影的类型与题材单薄,创作、制作、运营等都与好莱坞存在明显差距等问题,需要进一步进行系统、深层的研究;由上海交通大学李亦中教授主持的国家广电总局部级社科研究重点项目"中国电影'走出去'路径与策略研究"的研究成果《中国电影的国际传播路程与路径》(《当代电影》,2011年第4期),逆向反思梳理了中国电影走不出去的三个阶段:"没走出去""不走出去""局部'走出去'"以及真正意义上"走出去"的元年。为中国电影走出去需要进一步探讨中国文化在国外的影响和接受,最后提出了中国电影在国际竞争格局中"走出去"的有效路径有以下几点:国际电影节路径、华语明星与名导效应、国际合拍路径、内容吸引力策略、国际市场营销策略;北京大学陆绍阳教授主持的2011年国家广播电影电视总局部级社科研究项目的阶段性研究成果《顶层设计:中国电影发展的宏观构想》(《当代电影》,2013年第3期),分析了中国电影实施产业化政策以来在各个环节出现的四大问题,思考需要用什么样的"顶层设计"来解决,提到了三方面的考虑:一是战略层面实现"四个转向";二是在理论层面积极探索中国特色的电影发展道路"以人为本、科学发展、政府推动、市场运作";三是在操作层面优化电影环境,解决提升电影软实力的五个举措;由中国传媒大学胡智锋教授主持的国家出版基金项目结题专著《中国影视文化创意产业发展创新研究》,该书第二章"影视文化创意产业概述"提出从文化层面和国家发展战略层面看影视文化创业产业的发展是国家文化软实力提高的必然要求,具体论述了发展影视文化创业产业对提升文化软实力的意义,包括对中国电影创意产业的发展提出具体的对策;近年来,由暨南大学陈林侠副教授主持的多个项目:2010年教育部项目"全球化背景下中国电影的国家形象架构与其认同研究"的阶段性成果《电影的文化消长与国家形象建构》(《戏剧》,2012年第1期)、2011年国家广电总局"国家文化战略与中国电影的国家形象研究"的阶段性成果《主流政治大片的政治审美与国家形象的建构》(《社会科学》,2012年第6期)、2012年国家社科基金后期资助项目"跨文化背景下中国电影的国家形象建构研究"的阶段性成果《国家文化战略、文化产业与国家形象建构》(《南京社会科学》,2013年第11期)和《"文化天下"与大众叙事媒介建构国家形象的另一种可能》(《人文杂志》,2013年第5期);研究成果《论大众叙事媒介中的国家形象特征》(《现代传播》,2013年第5期)、《大众叙事媒介建构国家形象:从特征、论证到文化逻辑》(《中州学刊》,2013年第10期);此外,在中国艺术研究院研究员丁亚平主持的2012—2013年度国家社科基金艺术学重大项目"中国电影海外市场竞争策略可行性研究"课题的阶段性成果中,提到了以下几位重要学者为中国电影"走出去"工程解方程的课题:由中国传媒大学教授李怀亮主持的教育部人文社科项目"国际传媒秩序重构与中国传媒业发展战略"等课题;由清华大学教授尹鸿主持的教育部哲学社会科学重大攻关项目"全球化背景下的中国影视文化战略研究";中国电影艺术研究中心助理研究员王凡主持的国家广电总局部级社科研究项目"中外合拍片与中国电影全球化战略"。[①]

这些学者的研究课题运用文本研究、市场调研、历史研究等方法论,从不同角度探索中国电影"走出去""提高国家文化软实力",从理据上寻求中国电影海外市场竞争策略与路径,提出了个人不同的看法并进行深化论证。

（三）研究方法

本报告的亮点之一在于结合定量和定性研究,此外,结合2013年引起观众和专家热评的具体影片重点进行内容分析。首先,数据的汇总与收集包括了对2013年中国电影年度票房、国产和引进片电影数量、银幕数、院线等能直接反映中国电影产业发展趋势的,其中个别筛选了2010—2013年中国电影产业发展状况涉及的相关数值。需要说明的是:本报告中所汇整的数据大部分是已在官方网站出现的数据或引用经他人收集、整理的二手材料,如艺恩咨询机构的数据、国家新闻出版广电总局、《中国电影产业研究报告2013》、"2011—2013年度中国电影文化的国际传播研究调研报告"等组织机构或专家个人的报告、调研数据。文中的数据成果是通过以上多渠道,采用相互比较、交叉验证的综合方式,最大程度地保证数据的可靠,但该份报告中的数据也可能存在如时效性、精确性的缺陷。此外,通过比照美国电影产业的发展,能进一步发现中国电影产业当下发展中的痼疾,如果没有强有力的对比很难说明中国电影在全球化市场中的地位和发展情况;集合对当前热点电影作品的内容分析和专家相关的点评,可以进一步考察中国电影发展中的文化症候,充分反映一些需要认真关注的问题,我们需要进一步确立通过影像的建构体现民族精神、国家形象,提升电影文化软实力的策略。

[①] 丁亚平:《论中国电影海外市场竞争》,《艺术评论》,2013年第7期,第3页。

二、透视中国电影文化软实力

(一) 解读当前中国电影产业化发展"硬实力"

1. 国内电影市场上外国引进片(以高科技 3D 影片为例)的影响

2012 年 2 月 18 日,中美双方就解决 WTO 电影相关问题的谅解备忘录达成协议,签署《关于用于影院放映之电影的谅解备忘录》(简称《中美电影协议》),该协议的规定对这两年中国电影的发展产生重要的影响,直接呈现出中国市场上竞争的全面升级。随着国产电影与美国电影的博弈,在同一平台上中国电影若要长期发展,需要做出相应的战略性的选择。从数字上解读中国电影产业的发展情况,截至 2013 年年底,全国电影票房达到 217.69 亿元,说明中国电影已跨入两百亿大发展时代。① 但从长远来看,中国电影目前面临更为重要的问题是,必须在严峻的市场竞争中且竞争力提高的同时,增强中国电影的影响力、建构与提升中国电影的软实力。我们需要拥有自己电影的国家品牌,就像美国的好莱坞、印度的宝莱坞、韩剧、日本的动漫那样,需要世界各国对中国电影的文化价值认同。

2012 年增加的引进片,以高科技的 3D\IMAX 的美国电影为主,我们看到好莱坞电影通过科技手段,更利用时尚化、视觉化的影像包装吸引全球观众为他们的商业大片买单。相比 2012 年的数据,2013 年国内市场上,进口影片发行总数为 62 部,其中分账片达到最高配额 34 部,票房收入所占份额回落 50% 之下,仍有 2/3 的进口影片票房收入上亿,国内市场年度票房排名前十名的进口片有《钢铁侠 3》《环太平洋》。北京师范大学黄会林教授(2012)指出当下好莱坞 3D 或 IMAX 电影的技术浪潮依托着新技术创造出炫目的影像奇观,开发奇观化、虚拟式的娱乐大片从而占领了全球电影市场。② 美国著名学者尼尔·波兹曼教授在其早期专著《技术垄断——文化向技术投降》中深入探讨"技术垄断是一种文化状态……",他认为技术垄断是对技术的神话、是一种新的社会秩序,使得文化到技术垄断里谋求自己的权威、得到满足,并接受技术的指令。所以,和传统信仰相关的大量文化成分必然会迅速消解。③ 近四年来,好莱坞每年生产不到 40 部 3D 影片,但几乎每一部都成为席卷全球票房的利器,如中国市场斩获 13.2 亿元高票房的电影《阿凡达》,2010 年创造的全球电影市场票房收入超 20 亿美元,此外还有《泰坦尼克号》(3D)、《少年派的奇幻漂流》、《变形金刚 3》等。在这一趋势影响下,中国电影市

---

① 艺恩咨询:《2013—2014 年中国电影产业研究报告(简版发布)》,http://www.entgroup.com.cn/。
② 黄会林、黄式宪:《银皮书:2012 中国电影国际传播年度报告》,北京师范大学出版社,2013 年。
③ [美]尼尔·波兹曼著,何道宽译:《技术的垄断——文化向技术投降》,北京大学出版社,2007 年,第 42 页。

场上 3D 银幕数量在近年来一直保持高速增加,但反观国内制作的 3D\IMAX 电影,单从国内外票房市场上相比较来看就明显处劣势的地位。观察国内制作的 3D 电影与好莱坞的 3D\IMAX 影片在中国电影市场上的抗衡,我们可以发现,代表性的作品如 2012 年国产 3D 电影《画皮 2》被业内人士认为是较为成功的,但影片中的几个叙事桥段涉及并采用 3D 技术在现场拍摄,而其他 85% 的镜头皆为 2D 制作再转 3D,因此也只能称其为一部"准 3D"电影;2013 年,中外合拍片《西游降魔篇》(3D\IMAX)由好莱坞著名特效公司 Venture3D 负责特效制作的影片获得了 12.46 亿元,国产电影的创作与国外高新技术团队的合作促使影片质量的提升,在票房收入上相应获得良好反映。固然,中国电影要参与国际竞争,必须在电影类型选择、电影技术上遵循以及适应国际市场上通行的规范和标准对接。从 2012 年政府制定对电影的政策扶持来看,《关于对国产高新技术格式影片创作生产进行补贴的通知》对进入市场发行放映的国产 3D、IMAX 等高新技术格式影片,按影片票房收入分档对影片版权方进行奖励,对进一步对国产电影的高新技术制作生产起到了积极的推动作用。此外,2013 年 12 月,国家新闻出版广电总局国家电影转资管委会下发了《关于对国产高新技术格式影片补贴的补充通知》的新政策,采用按票房收入分档的资金奖励,国产 3D 影片 + 巨幕,票房收入在 5000 万元(含)到 5 亿元之间的,将在原有基础补贴资金上,再获政府资金扶持。① 于是 2013 年,我们的电影市场有了《狄仁杰之神都龙王》《西游降魔篇》幻想类型的 3D 大片,也有《风暴》这样的警匪片同样是应用 3D 技术,而年度国产票房前十中 3D 电影就占了 5 部,这让我们看到国家政策的扶持对市场上国产的 3D\IMAX 电影制作起到的导向作用。但是,我们的电影不能只停留在有限的本土市场,需要与国际电影市场上的美国 3D 大片相竞争,这两年中国本土创作的幻想类型 3D 电影异军突起,却尚未在海外电影市场上斩获高票房,如何做到与好莱坞的 3D\IMAX 商业大片相抗衡呢?我们看到,国产幻想题材的 3D\IMAX 大片中有一些充分挖掘中国本土特色的文化元素,如基于中国民间传说传奇的电影《画皮》(1、2),《狄仁杰之通天帝国》《狄仁杰之神都龙王》……这些影片都力求把中国传统文化中民间俗语的志怪文化、道家哲学与影像奇观相结合。诚然,我们的传统文化中有大量的魔幻、志怪故事可以成为 3D 大片重要的题材来源,中国文学艺术的美学原则也有许多营养可以汲取,但是创新的国产 3D 大片中也出现不少看似"不接地气"的像《富春山居图》这样的影片,打着 3D 视觉盛宴的旗号,将电影变成突出的"广告片",此外,其类型和叙事的双缺失,惹来业内外人士空前非议,影片的烂口碑又在上映后

---

① 中国新闻出版网:http://www.chinaxwcb.com/2013-12/11/content_282451.htm。

以病态的炒作营销模式,带来虚浮的票房数据。我们认为,该影片并不具备观众所理解和接受的思维方式,对中国电影的发展产生不好的影响,该影片的评价可以说是具备独特的"畸形性"。不论对于高科技的 3D\IMX 大片或是其他类型商业影片,我们应该考虑根本上电影作为一种文化产品在自身文化价值取向上的合理性,我们更需要按照全球化的文化市场需求,来配置符合当代中国发展现实的文化形象并将其"植入"到影像中。在此,我们需要明确不能单方面地期望他人理解、认同我们特色的传统文化元素,我们所强调的是如何合理配置中国电影的内容、兑现影片的文化价值,并不仅仅利用制作大场面、炫目的伪 3D\IMAX 大片以换取市场中的占有率。

2. 国产影片于海内外市场的发展状况与策略选择

从数据上看,2012 年中国电影的产量达到 745 部,创历史新高,跻身于国际市场,成为名副其实的电影生产与消费大国。截至 2013 年年底,虽然国产故事片同比减少 107 部,票房收入达 127.67 亿元,占同年总票房的 58.65%,实现同比增长。从电影产量、上映数量以及票房收入占全国票房的比例等反映经济的数据分析,国产电影在全国电影市场上占据并维持优势地位(图 1、图 2)。市场份额是证明本土电影发展的"硬实力",也是验证中国电影产业发展的核心数据。当前,我们的电影在类型、选材、创作发行等方面着力应对,且出现中国电影类型多元的新格局。观察 2013 年中国电影票房年度排行前 10 的影片,仅有 2 部进口好莱坞影片,其余 8 部影片都是国产影片或合拍电影,另一现象就是全年国产电影票房过亿的达到 34 部,突出表现的几乎都是类型多元的中小成本影片。反观中国电影的海外市场情况,相关数据早已显示了全球电影市场已形成好莱坞影片的商业垄断,而中国电影在全球化的市场竞争中缺乏的正是海外市场收入这一重要来源(图 3)。根据美国电影协会的数据统计收入,2010 年美国国内电影票房只占其电影产业总收入的 20%,2011 年占 27%,其他还有电视、家庭娱乐、海外市场等大部分渠道提供播放服务获取。① 目前,中国电影的市场收入严重依赖影院的票房,出现收入较为单一的模式,且本土市场的票房收入的比重最大,占电影各项产值的 90%,海外市场电影票房、版权、附属产品开发等收入以及其他播放渠道的拓展成为一大软肋。以 2012 年 75 部中国电影销往海外多个国家地区为例,数字显示海外票房、版权销售等方面的收入总额仅为 10.63 亿人民币,只是国内市场票房收入的 7%。2013 年国产电影海外销售数量已减少到 40 多部,对比国内市场电影票房收入破"二百亿时代",海外电影市场上中国电影的"疲软"现象,目前看来似乎不是一种简单的电影制作与技术层面的升级换代所能突破的。

---

① 陈炎:《好莱坞模式:美国电影产业研究》,北京联合出版公司,2014 年 4 月,第 2—3 页。

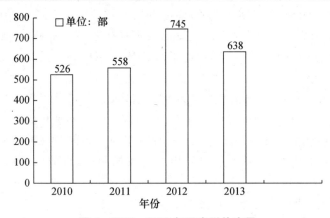

图1 2010—2013年国产影片产量

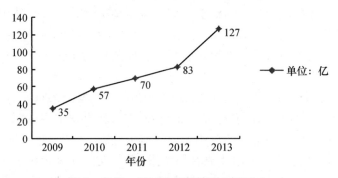

图2 2010—2013年国产影片票房收入

事实证明,我们不能只考虑强化中国本土市场占据可观的市场份额,忽略重要的海外市场,全球化电影市场上我们面临着电影文化多样性的冲击,可能会出现的是文化上的同质化,这无疑是一大挑战。那么,面向全球化的电影市场,我们需要建立一种"非零和"的战略关系。① 事实证明,这不仅仅是在中国电影市场上,我们应该确认以"非零和"的思维建构我们电影表述的价值体系来应对市场竞争,在海外市场上是同样的。这就是说,中国电影在走向海外市场与好莱坞电影为首的各国电影作品产生多方对弈时,可以更多地考虑"合作、兼容"的路径。纵观国内市场,这几年来出现了一批有实力的中国电影企业纷纷与外国公司建立合作,2012年是中国电影发展重要的一年,特别是中国的民营影视企业大胆开拓国际市场,"走出去"合作显效。其中,最重要的事件就是当年内地最大的电影院线万达集团并购全球排名第二的美国AMC电影院线,在国际电影市场引起强烈反响。

---

① 贾磊磊:《中国电影产业的战略变局——增加美国影片进口配额对中国电影未来的影响》,《当代电影》,2012年第5期,第6页。

据不完全统计,2013年影视界超过亿元的资本运作案已超过10起,主要多为上市公司,证明在过去两年里,资本对电影行业发展的影响越来越明显。① 全球化市场提供了对话更广阔的平台,为此2010年以来中外合拍片的收入占中国电影海外销售总票房的比例继续呈上升趋势,已成为中国电影发展中至关重要的结构性力量,也成为中国电影海外市场竞争的绝对主力。② 著名加拿大电影学者霍斯金斯(1998)等人合著的《全球电视和电影:产业经济学导论》一书中提道:"国际联合制片已经成为一种日益重要的模式……因为联合制片就是一种利用影视节目共同消费和文化贴现特型盈利的策略。"③2013年,随着中国成长为全球第二大电影市场,尤其是在中国"合拍片"的优惠政策下,许多好莱坞片方挖空心思获得"合拍片"资格。在国内市场上映的外国引进片中一张张熟悉的中国脸孔已成为好莱坞大片的标配,以此形式的合拍制片也使美国电影在中国票房市场分到更多利益。2013年,世界电影市场上映的好莱坞电影《云图》《环太平洋》中都能找到中国演员参演,好莱坞大片《钢铁侠3》与中国的DMG公司合作,在国内上映的特供版本中加入中国明星王学圻、范冰冰等人,增添了所谓的"中国情节"就只是安排中国演员出演"打酱油"的角色,在全球其他地区上映的版本中并没有如此设计。美国电影公司采取合作模式、利用国内的发行渠道,早已意识到合作制片可以轻而易举地在世界第二大电影市场上不断挖掘获取市场份额,他们有效地通过电影平台,将国际化模式转化为在中国市场上的本土化配置,同时兑现着美国电影的文

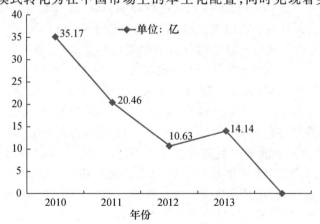

图3 2010—2013年中国电影海外销售总额

---

① 崔保国:《传媒蓝皮书:中国传媒产业发展报告(2014)》,社会科学文献出版社,2014年,第87—88页。
② 詹庆生:《产业化十年中国电影合拍片发展(2002—2012)》,《当代电影》,2013年第2期,第39页;王凡:《中外合拍片与中国电影全球化战略》,《当代电影》,2012年第1期,第13页。
③ 〔加〕考林·霍斯金斯等著、刘丰海等译:《全球电视和电影:产业经济学导论》,新华出版社,2003年,第156页。

化价值。那么,我们的电影如何将本土化文化转变国际化表达呢?美国好莱坞电影的发展经验告诉我们,中国的电影必须要在类型上、制作品质上与国际通行的文化产品相一致,寻找一种通约性。

(二)认知中国电影的"中国梦"的成就与相关的艺术评价体系

1. 中国电影评选的重要奖项与中国影视评价体系

上述提到近两年来国产影片于国内外市场的发展状况,引起重视的是外国引进片对中国市场产生的巨大影响,通过数据的读解让我们进一步看清中国电影发展的"硬实力"以及面临的各种问题。2013年国内市场产生较大票房影响的多数为中小成本影片,有专家指出这一年的中国电影呈现出了一种"轻电影"现象,市场上欠缺具有思想和艺术冲击力的标杆性影片;①也有专家认为2013年中国电影多元格局渐显。应该认清目前这些中小成本国产电影的创作现状,这不仅是产业问题,也是艺术、美学甚至是文化的问题,这显得十分重要。②

与近两年中国电影市场上的国产影片"高票房"现象出现极大反差的是在海外市场竞争"疲软"状况,这更是值得引起重视的问题。目前,国产影片中高票房的中小成本影片,虽然屡次在中国电影重要奖项的颁奖典礼上大放异彩,但这与中国电影在重要的国际电影节上的连续几年缺席、差强人意的现象却形成鲜明对比。中国电影的三大重要奖项——百花奖、金鸡奖、华表奖分别代表普通观众、专家和政府的评审意见,在这几十年的发展中已赢得业内外的认可,也形成较高的影响力。2005年开始,百花奖和金鸡奖进行改革,其中金鸡奖更是标榜以学术性、专业性为最重要的特色。可以说,从国家政府层面来看,金鸡奖、华表奖以及代表大众评选的百花奖主流电影评价都代表了中国电影的水准,不可漠视。我们重点考察2013年的第29届中国电影金鸡奖颁奖典礼(以2011—2013年为评奖周期),从中可以发现各种题材、类型丰富的中小成本影片、戏曲片、纪录片、科教片……纷纷入围各奖项评选,如影片《中国合伙人》《一九四二》《致我们终将逝去的青春》《周恩来的四个昼夜》《萧红》《一代宗师》《倾城》《万箭穿心》等等,最大赢家当属《中国合伙人》,这部影片将最佳故事片、最佳导演、最佳男主角三项大奖收入囊中。同样地,对比2013年举办的第15届华表奖的获奖名单,依旧可以看到电影《中国合伙人》获得优秀剧作奖、优秀故事影片奖和优秀境外华裔导演奖三大奖项(表1)。2013年,在中国电影最重要的两大奖项的评选中,还有上海国际电影节、北京国际电影节等国内举办的主流电影节中,中小成本的"青春片""小妞电影"都表现夺目,引起许多专家、评审和观众的关注,而主旋律电影,古装、武侠、历史等

---

① 尹鸿、何映霏:《大时代与轻电影——2013年中国电影创作备忘》,《当代电影》,2014年3期。
② 陈旭光、李雨谏:《多元格局2013年中国电影、艺术话语流变与时代的文化症候》,《创作与评论》,2014年第2期。

题材的商业大片较为"稀缺",我们能够发现的有《一九四二》《周恩来的四个昼夜》《辛亥革命》《钱学森》等影片,可以说兼顾意识形态以及艺术水准,也有较为良好的市场反响,其中就不乏能够体现当代中国文化软实力的文化产品。获得第29届金鸡奖最佳故事片的《周恩来的四个昼夜》以朴实的影像风格,多侧面塑造了一位国家领导人的形象,让观众客观、直接了解历史人物,此外影片中动人的情感力量,更容易在观众心中留下一段难以忘怀的历史记忆;影片《一九四二》全景式展现了一部民族苦难史,该影片的编剧以较好的艺术手法表现了深刻的思想主题,表现出了中华民族坚忍不屈的民族性格。与主旋律电影有所不同的,我们也看到了由中国经典传统戏曲剧目拍摄而成的优秀电影《红楼梦》《梅兰记》等,都汇集了我国优秀的戏曲演员,影片将现代电影理念与戏曲艺术完美融合,呈现出中国特色的艺术水准。不难发现,这样优秀的影片在创作中有意将中国传统的文化资源进行创新转化,从某种意义上讲,这些影片都可以作为当代中国的文化作品。

2013 年中国电影金鸡奖和华表奖的评奖活动,是对过去一到两年国产电影的一次检阅和评判。第 29 届中国电影金鸡奖评选是由 23 名评审以无记名投票方式对近两年国产影片的代表性作品做出的评定。影片《中国合伙人》获得多项殊荣,就有评审认为,"该影片成功展现出中国进入新时代个人奋斗的缩影,在表述三个年轻人事业成功的过程中把各自的梦想、友谊、爱情巧妙地融合在一起,突出展示了中国社会的历史变迁与年轻人的情谊";也有专家认为,影片对三位年轻人的创业经历和最终实现公司在美国纳斯达克上市的"美国梦"的结局,以此形式对"成功"的定义给观众特别是年轻观众留下的思考流于浅表和单一。①

表 1　2013 年中国电影两大重要奖项获奖情况

2013 年中国电影重要奖项			
第 29 届中国电影金鸡奖		第 15 届中国电影华表奖	
奖项	获奖	奖项	获奖
最佳故事片	《中国合伙人》《周恩来的四个昼夜》	优秀故事影片奖	《中国合伙人》《一九四二》《周恩来的四个昼夜》《失恋 33 天》《辛亥革命》《忠诚与背叛》《钱学森》《金陵十三钗》《搜索》《万箭穿心》《警察日记》
最佳导演	陈可辛《中国合伙人》		
导演处女作奖	赵薇《致我们终将逝去的春春》		
最佳原创剧本	黄宏、王金明《倾城》		
最佳改编剧本	刘震云《一九四二》		
最佳男主角	黄晓明《中国合伙人》张国立《一九四二》		
最佳女主角	宋佳《萧红》		

① 宋展翎、宫洪涛、马天博:《第 29 届中国电影金鸡奖评选侧记》,《电影艺术》,2013 年第 6 期,第 6 页。

(续表)

2013 年中国电影重要奖项			
第 29 届中国电影金鸡奖		第 15 届中国电影华表奖	
奖项	获奖	奖项	获奖
最佳男配角	王庆祥《一代宗师》	优秀剧作奖	原创剧作：周智勇、张冀《中国合伙人》
最佳女配角	王珞丹《搜索》		
组委会特别奖（影片）	《一九四二》		
组委会特别奖（个人）	吴天明		改编剧作：刘震云《一九四二》
最佳中小成本故事片	《万箭穿心》		
最佳纪录片	《冰血长津湖》	优秀导演奖	冯小刚《一九四二》
最佳科教片	《气候变化与粮食安全》		
最佳美术片	《终极大冒险》		陈力《周恩来的四个昼夜》
最佳戏曲片	《梅兰记》《红楼梦》		
最佳儿童片	《我的影子在奔跑》	优秀男演员奖	黄晓明、刘之冰
最佳摄影	吕乐《一九四二》	优秀女演员奖	章子怡、颜丙燕
最佳录音	吴江《一九四二》	优秀境外华裔导演奖	陈可辛《中国合伙人》
最佳美术	张叔平、邱伟明《一代宗师》	优秀境外华裔男演员奖	赵又廷《搜索》
最佳音乐	章绍同《周恩来的四个昼夜》	优秀境外华裔女演员奖	叶德娴《桃姐》
		优秀青年剧作奖	程耳《边境风云》
		优秀青年导演奖	徐峥《人再囧途之泰囧》
		优秀电影音乐奖	张大龙《百鸟朝凤》
		优秀电影摄影奖	吕乐《一九四二》
		优秀青年电影创作奖	《致我们终将逝去的青春》《边境风云》
		优秀对外合拍片奖	《桃姐》《寒颤》《十二生肖》《一代宗师》《龙门飞甲》
		优秀电影技术奖	《一九四二》《龙门飞甲》
		此外还有优秀少儿影片奖 优秀农村题材影片奖 优秀少数民族题材影片奖 优秀科教片奖、优秀动画片奖 优秀纪录片奖、优秀译制片奖的评比	

2. 中国电影在重大国际电影节获奖情况

中国电影近年来在本土市场上与美国好莱坞电影博弈出现了不少"以小博大"的例子,《泰囧》《中国合伙人》《致青春》等不少中小成本的影片都在中国电影的重大奖项评选上获得一致好评。从经济效益上考虑,这些影片所取得突出的票房成绩,也基本上反映了当下中国电影创作的现状。那么,站在一个国际化的更高远的平台上考察中国电影的受欢迎程度,是否赢得他者的肯定与认同,这又是中国电影无法回避的一个重要问题。《银皮书:2012中国电影国际传播年度报告》中重点提及销往海外的影片中,尤以文艺片《桃姐》为代表,该片海外市场销售获得了近3300万票房收入。①《2013中国电影产业研究报告》中也重点以这一部制作精湛、现实主义表达深刻的佳作为例分析,认为《桃姐》在创作和市场运作方面都表现得十分出色。2011、2012年,中国电影在海外获奖情况,可以说除了影片《桃姐》,其他参评影片几乎无一进入国际主流电影节。2012年的法国戛纳电影节,华语电影全面缺席主竞赛单元,只有影片《浮城谜事》入围"一种关注单元";2012年的第62届柏林电影节,王全安的《白鹿原》入围主竞赛单元,成为代表角逐"金熊"奖的唯一华语片,张艺谋的《金陵十三钗》和徐克的《龙门飞甲》为了海外市场的宣传与推广,参与展映单元;同年,在第69届威尼斯国际电影节上,中国电影被多数媒体评为"八年来华语电影第一次在主竞赛单元全军覆没",只有三部华语影片入围地平线单元。2013年,贾樟柯凭借《天注定》获得第65届戛纳电影节最佳编剧奖,终于有所突破;2014年,在刚举行的第64届柏林影展上,中国电影有刁亦男的《白日焰火》、娄烨的《推拿》、宁浩的《无人区》入围主竞赛单元,其中《白日焰火》获得最佳影片金熊奖及最佳男演员"银熊奖",《推拿》的摄影师获得艺术成就"银熊奖"(表2)。可以说,近两年的中国电影,包括商业电影和艺术电影在海外市场上和国际重要电影节的表现差强人意,国际主流电影节的颁奖舞台上较少获奖亦或是所取得奖项分量不够厚重。中国影片参与国际重要的三大电影节和美国奥斯卡颁奖典礼,除了个性化的艺术作品之外也不乏有动作片、剧情片等其他类型影片参与展映,其中主要以王小帅、贾樟柯等为代表的新一代的中国电影人参与其中,这一路径也成为他们初试身手的必然选择。新生代导演借此想通过在国际主流电影节上的表现受到国际认可、赢得国际声誉,这是中国电影参与全球化电影市场的重要途径之一,也成为展现国家文化形象的重要方式之一。

---

① 黄会林、黄式宪:《银皮书:2012中国电影国际传播年度报告》,北京师范大学出版社,2012年,第65—66页。

表2 重要的国际电影节中国电影作品获奖情况

年份	获奖人及作品	所获奖项
2014	刁亦男《白日烟火》	第64届柏林国际电影节 最佳影片金熊奖 最佳男演员银熊奖
	娄烨《推拿》	第64届柏林国际电影节 艺术成就银熊奖（摄影方面）
	张叔平《一代宗师》	第86届奥斯卡金像奖 获得最佳服装设计提名
2013	贾樟柯《天注定》	第66届戛纳国际电影节编剧奖
	《郊游》	第70届威尼斯国际电影节评审团大奖
	李安《少年派的奇幻漂流》	第85届奥斯卡金像奖 最佳导演、最佳摄影、最佳视觉效果
	刘韵文《过界》	第66届戛纳国际电影节"一种关注"单元
	杜琪峰《盲探》	第66届戛纳国际电影节午夜展映
2012	王兵《三姊妹》	第69届威尼斯国际电影节"地平线"单元大奖
	李睿珺《告诉他们，我乘白鹤去了》	第69届威尼斯国际电影节"地平线"单元大奖
	蔡明亮《金刚经》	第69届威尼斯国际电影节"地平线"单元大奖
	娄烨《浮城谜事》	第64届戛纳国际电影节"一种关注"单元
	王全安《白鹿原》	第62届柏林国际电影节入围主竞赛单元

越来越多的中国电影人参与国际重要电影节，但大多数时候赢得奖项也不代表有些电影一定会带来良好的票房，因而出现了不少电影创作者最终选择搁置艺术理想追求经济利益，这并不是中国电影在国际舞台上积极参与所面对的新问题。对于中国的电影而言，更多的是需要寻找在艺术化的表达中与商业化元素的相融合，我们不应该忽略以市场为导向的创作，也不应该排斥电影的文化职能。并不是说搭上国际电影节之车进行宣传就能获得更广阔的舞台赢得他国的认可，从而提升中国电影的影响力，我们需要获取国际市场的最终胜利。那么，除了电影的商业运作模式与成功的营销推广策略必须考虑之外，需要重点关注的是支撑中国电影的特色元素，中国电影的文化表达。近年来，我们将不少尝试个性化的艺术表达与商业化元素的融合的新一代导演作品推向国际电影节的广阔平台，力求赢得国际舞台的认可，也希望实现作品的商业价值与文化价值。无可否认的，这是一种把世界各大电影节的各类奖项当做衡量我国电影艺术水准的重要维度。

那么,中国电影秉持何种文化价值是其面向全球化电影市场的首要问题,我国电影艺术水准的提升,引起格外重视。"文化差异"或者说是"文化折扣"①的出现,导致了中国电影在国际主流电影节上评选遇到了困境。北京师范大学周星教授曾指出目前中国电影因本土性的排斥出现了问题,他认为国内市场上的中国电影似乎只有靠仿效西方的大片才能获得回报,这使华语电影越来越疏离本土文化传统,相反地,好莱坞电影却拿走了功夫、熊猫等我们司空见惯的中国元素。② 中国电影"文化折扣"的现象,将直接导致其在国际市场上面对竞争受阻。北京师范大学"2011年度中国电影文化的国际传播研究"调研就已表明:在理解中国电影的困难方面,所有受访者中选择"文化差异"的占47.5%,其次是"对白""画面"等。中国电影中除了使用本土元素的缺失,若从技术等其他方面考察,可以说在电影放映素材、文化翻译、字幕等方面都可能造成多数西方人对中国电影的文化价值、艺术价值的判断出现一定的偏差。在电影艺术的语言形态中,文化价值取向是一种寄予在影像故事体系中的"潜在意义",正如麦茨所说的那种"含蓄意指"的方式表达,而不是通过抽象的说教来实现的。③ 若外国观众通过影像只能了解一些表象的中国传统文化符号,一些传统的文化遗产,传统的艺术形式……年复一年的对中国传统文化资源的照单全收地呈现,只能让外国观众从中国电影的画面中所理解的停留在对中国旧历史记忆当中,这样可能会消解他们对当代中国的现实的认识,甚至造成偏差和错位。我们有光辉灿烂的传统文化,有各个时代社会的文化符号,有丰富的非物质文化遗产等资源,但我们不能只强调旧中国的文化和历史记忆,更重要的是寻求那些能够代表我们时代特征、绚丽多彩的当代文化,以当代文化的市场需求来配置中国电影中表达的本土特色和民族风格,进一步兑现电影的文化价值。总而言之,对于中国的艺术影片不断推向国际电影节参与评选,中国电影在国际市场上参与竞争,我们需要深入研究电影作为一种内容产品的艺术价值和文化价值。

新生代导演的积极参与,对艺术影片的热情,是中国电影的一个良好开端。艺术电影是区别以商业利益为目的而以个性创作,声张认识精神、情感,具有一定文化表现感染力的作品。中国的艺术电影如何超越文化隔阂,适应国际电影

---

① 文化折扣,英文"Cultural Discount",源于 Hoskins, c. and R. Mirus (1988). "Reasons for the U.S. dominance of the international trade in television programs." *Media, Culture and Society* 4(10): 499—515。论文中首次提到此概念,霍斯金斯等人认为:扎根于一种文化的特定的电视节目、电影或录像,在国内市场很具吸引力,因为国内市场的观众拥有相同的常识和生活方式;但在其他地方吸引力就会减退,因为那儿的观众很难认同这种风格、价值观、信仰、历史、神话、社会制度、自然环境和行为模式。即文化结构差异是导致出现"文化折扣"现象的主要原因。

② 周星:《市场经济环境中民族电影的精神价值》,《民族艺术研究》,2012年9月2日,第30—31页。

③ 〔德〕克里斯蒂安·麦茨等:《电影与方法:符号学文选》,生活·读书·新知三联书店,2002年。

市场？法国索邦大学助理教授斯特芬尼·古戴认为当前有许多法国影院在推广亚洲艺术影片，也形成了"在法国，有一批真正痴迷于中国电影的人。法国人很喜欢像贾樟柯这样的中国导演的电影，既有自己的风格又带有欧洲电影特色。每年戛纳电影节'一种关注'单元经常会有中国导演的作品入选"。① 我们应该认识到，艺术电影，其一方面承载文化传播、彰显国家精神的责任，另一方面要满足大众向上、向善的需要，可以说其自身品格与价值已成为中国艺术文化的标杆。② 近年来，中国艺术电影已成为中国电影积极参与国际主流电影节上的主力军，这一途径已然成为国家文化形象的国际化呈现，也将推动中国青年电影人不断追求艺术理想、致力于艺术创作。2007 年以来，国家广电总局启动的"青年导演资助计划"鼓励和推动了青年电影人的艺术创作，具有积极的意义，但是与法国等一些欧洲国家相比，中国艺术电影几十年的发展是有明显差距的。对一些艺术电影的专门资助，对中国艺术院线的建设是一个亟待考虑的问题。上世纪八九十年代，中国有相当多电影人从事艺术电影、独立电影的创作，每年中国艺术电影约有 100 部，而当前国际市场能消费的艺术电影也就大概 10 部左右，《白日焰火》的监制沈旸面对目前中国的艺术电影的发展提道："中国 3000 家影院，2 万多块屏幕，48 条院线，却没有一条艺术院线⋯⋯而且，多数人还会把好看的文艺片定位为商业电影。"③ 观察当前中国的电影市场，我们的电影需要坚守一种艺术文化的纯粹性，同时也需要有更多优秀的艺术电影进入国际市场、进入世界电影艺术主流行列。为此，我们还有待整合政府和民间资源，需要国家文化政策的适度扶持，如对艺术院线长期建设能进一步激发、鼓励电影人艺术创作的积极性，这也是培育市场、提升观众的审美趣味。

（三）近年来中国电影体现"中国梦"、"社会主义核心价值观"

1. 有效体现"中国梦""社会主义核心价值观""中国当代文化"的电影作品

近年来，随着我国综合国力的不断提升，社会主义核心价值观和中国梦的共同理想成为我国文化思想发展的精神根基。随着中国电影产业化的迅猛发展，我们看到了斩获市场高票房的多类型的影片，也看到了一些电影的创作有意识地与国家文化发展战略进行对接，以电影艺术的规律和形式来体现国家核心价值观、中国当代特色文化，表现了深刻的思想内涵。

2011、2012 年，献礼题材的中港合拍片《建国大业》《建党伟业》可以说是中国的主旋律电影进行了一种重要的方向性探索，把革命的历史建构在商业的平台

---

① 《东方早报》网络版：http://www.dfdaily.com/html/150/2014/4/23/1145032.shtml。
② 周星：《中国电影的生存机制：艺术文化性与市场性的困惑》，《民族艺术研究》，第 71 页。
③ 《东方早报》网络版：http://www.dfdaily.com/html/150/2014/4/23/1145032.shtml。

上,这对中国电影来讲有重要意义和价值。《建国大业》《建党伟业》是中国电影在市场活跃的态势之下,在主旋律商业化的探索之中,华语电影格局转变的重要象征之一。2013 年,支撑本土电影的主流商业大片明显稀缺,在中国电影重要奖项的评选中,有不可或缺的主旋律影片的身影,影片《周恩来的四个昼夜》就展现了共和国总理下基层深入公社调研的历程,这是一段重要的史实。该影片通过对大量真实而动人细节的塑造,让观众看到一个全心全力为人民服务、密切联系群众的领导人形象,影片着重描写周总理为人处世的作风以及村民的淳朴感情,容易感染观众。这部影片不同于《建国大业》《开国大典》等展现大历史的宏大题材和气魄,而是抓住对个人形象的刻画,以周总理个人家庭生活为重点描述并结合当时的大历史背景,还原普通人的生活,因而,该片在市场也收获约八千万的不俗票房成绩,同时在中国电影金鸡奖、华表奖上获得多个奖项,成为 2013 年主旋律电影的代表性作品之一。此外,电影《一九四二》《辛亥革命》《钱学森》都算是具有影响力的主旋律大片,这无疑是主流"中国梦"的影像化呈现,是一种对国家文化形象的建构,是通过影像文化表象的历史书写来传播的。我们依旧可以发现,与以往历史题材的作品稍有所不同的影片《大明劫》,以写实的手法在大明王朝末世动荡中塑造了孙传庭和吴又可的形象,通过两个人的视角深入展现大明王朝的历史命运。孙传庭完全凭一己之力希冀挽狂澜于即倒,他是中国古装历史电影中少有的"怒发冲冠"式的人物;吴又可几次冒着生命危险只为寻找医治瘟疫的病源与药方。孔子曾为文人士大夫制订过行为准则:邦无道,危行言孙。孙传庭却打破这个中庸信条,纵使最后马革裹尸却九死未悔,可以说,整部电影对人物的塑造以及主题的表达都有较大的突破。导演希望向观众传达的是这个时代所缺少的迎难而上的进取精神,仅这一点就显得非常难得,算是一部真诚的历史古装片。

近几年在国际重要电影节上,中国的电影不再有像当年第五代导演的作品那样频频获奖的情况,新生代导演的积极参与却也难逃差强人意的表现。当然,我们也有像许鞍华的《桃姐》、贾樟柯的《天注定》这样的艺术影片收获好评;像王家卫的《一代宗师》,诠释了中国武侠动作电影的形貌与神魂,在国际市场上经过票房检验,又受到外国观众的接受和认可的类型影片是少之又少。2013 年 22 部华语片在北美院线上映,其中《一代宗师》单片的票房贡献达 659.5 万美元,成为北美年度最卖座外国片第三名,也在第 86 届奥斯卡金像奖中获得最佳服装设计奖项,已是近十年来华语片在奥斯卡获得的最佳成绩。可以说,导演王家卫不负众望拍出了一部真正的"功夫"电影。该影片与其他中国传统的武侠电影所有不同,通过功夫的一招一式呈现整个影片剧情的悬念之余,还将武学的范畴延展到了男女之间,特别是对叶问与宫二的念念不忘之情回归到了中国式的含蓄克制。影片中宫二与叶问的告别,宫二说的"世间所有的相遇都是久别重逢",重逢却未能转身,只是插肩而过的隐忍和无声的悲凉。《一代宗师》表面上看是说功夫,其实王家卫说的是武林的生存之道和人生哲学——那就是藏与让、面子与里子、回头与转身、一口气和一辈子,就这一点来说使该影片更为出色。影片中的几场重场戏,有一段宫宝森跟马三说:"刀有鞘,不是为了杀,而是为了藏。"大师兄跟叶问说:"中国人讲究温良恭俭让,最难的是让。""藏"与"让"描绘的就是武林的生存哲学,也是人生的大智慧。①我们不难从王家卫的《一代宗师》中看到他对中国武术精神的敬守与传承,从"中国功夫"的叙述视点,从开始的对一个人、一条街、一个门派的注视延展到一个群体、一个时代、一个世界的遥望,还原了那个年代武术家的"精气神",展现的是中国人的智慧和形象。② 不少专家学者认为,"王家卫的电影一向以影像为重,注重影像艺术的品质一直以来也使其赢得了国际电影届的普遍认可"。这一次,他的《一代宗师》选择"功夫"体现中国文化身份符号进行创作,展现了中国武侠动作的形貌与神魂,更突出的是中国文化的独特魅力。

2. 体现中国梦与社会主义核心价值观方面存在缺失的影片

当前中国电影在体现中国梦和社会主义核心价值观的实践中颇有建树,但也不能忽略一些作品仍存在不少问题。当中的一些问题或者是由创作者的历史观、价值观、艺术观所导致,也有由市场等多方面因素所引起。总之,这些作品的存在不利于在艺术领域体现中国梦的时代精神和共同理想,不利于体现社会主义核心价值观,阻碍了艺术传播正能量、凝聚人心。当前,获得高票房好口碑的中国电影中也包含一些错误的价值观和意识形态。作为主流的商业电影,我们需要以公众普遍敬守的价值取向为基准,保证电影的价值导向不会出现这样那样的偏差,这样才能够进一步提升中国电影的文化软实力。

2013年,相对于表现大时代的主流电影,中小成本"轻电影"创作形成一种奇特现象,集中在青春片、"小妞电影"的出现及时愉悦了当前观影的青年人,同时贴近大众的青春怀旧情怀。但是,随之而来也有一些批评以及对相关话题的探讨。比如,2013年产生较大影响的电影《北京遇上西雅图》《中国合伙人》《小时代》系列影片。

2013年中国电影市场上中小成本合拍片《北京遇上西雅图》获得不俗成绩,以该片为例不难发现影片中的故事套路用心模仿好莱坞的类型片商业化的模式,被业内学者们认为是美国影片《西雅图夜未眠》的复制品。影片中将女主角文佳佳的"小三儿"身份与个人的情感追求巧妙地缝合一体,特别在想象的层面上容易

---

① 贾磊磊、王乙涵:《功夫的史诗·武林的挽歌——〈一代宗师〉的复调叙述》,《当代电影》,2013年第3期,第59页。

② 对影片《一代宗师》的评价,参照已发表的学术文章(贾磊磊、王乙涵:《功夫的史诗·武林的挽歌——〈一代宗师〉的复调叙述》,《当代电影》,2013年第3期)。

使经历过相同情感磨难的观众得到心理满足,因而也尤为年轻观众所追捧。在好莱坞戏剧化、娱乐化的框架下,可以说这样一部"小妞电影"所着重塑造的女性形象,隐藏着的是一种双重观看的欲望,是一剂轻松愉快的解药。不过,即使这部影片取得了成功的经济效益,但是在故事背景、情节设计、人物关系、故事叙述上呈现的却是强烈的好莱坞色彩,我们认可影片在叙事逻辑、人物设定上的合理性,但并不认同这部影片的文化价值。

首先,从该电影叙事、人物安排的合理性考量,可以说,《北京遇上西雅图》借鉴美国影片《西雅图夜未眠》,最为突出地设计了"帝国大厦"的剧情。影片《北京遇上西雅图》中,故事开始就以成为"小三儿"身份的女主角文佳佳跑到美国西雅图怀孕临产为叙事线索。按照影片的叙事逻辑,处于如此心理和生理期的她,对于丈夫老钟应该始终是在物质和情感上的双重依恋,但是故事却是以文佳佳在美国的移情别恋,在精神与物质维度上"背叛"转变为一个具备独立人格的现代女性,最终寻找到属于自己的圆满爱情为结局。我可以看到创作者在影片中的每个叙事环节的上下文之间都建立一种互相缝合的因果关系,这种叙事的逻辑对影片而言显得天经地义。但是,从更高的视野来审视影片中投射出的核心家庭情感关系,文佳佳的内心独白"你不在我心里了",使一种建立在物质崇拜基础上的"婚外情"得到了来自个人道德方面的修饰,影片中我们并没有看到文佳佳对老钟怀着某种程度的情感依恋,她的"婚外情"所体现的是以个人主义为参照的价值取向,这是没有任何积极意义的。影片导演薛晓璐个人谈起创作时,认为:"难道小三就该悲惨,小三怎样获得幸福爱情呢?"导演薛晓璐个人这一回应意在表达人物塑造不应该简单标签化。① 但从另一层面上考量,影片创作者忽略的是更为重要的价值理念的合理性问题。20 年前的浪漫爱情影片《西雅图夜未眠》中编剧严守叙事的伦理边界,将男女主角梅格·瑞恩与汤姆·汉克斯的道德底线锁定在主流文化价值体系之内,因而,我们可以看到美片中男女主人公的感情不论是在法律上、道德上都不涉及对核心家庭的颠覆,他们恪守着以基督教为核心的美国家庭的传统价值观,故事中的浪漫并没有越过雷池破坏公共道德的底线。所以,《西雅图夜未眠》的人物塑造特别是男主人公完美品格的塑造是合理的。相对来看,《北京遇上西雅图》中女主角文佳佳展现的"拜金女郎"的心灵救赎在道德层面上不具有充分的合理性,她所体现的以追求个人幸福为参照的价值取向造成了这部影片在价值天秤上的倾斜。尽管影片中的男主角 Frank 在道德上被包装得非常严密,但整部影片的人物设计上,弗兰克实际上是从文佳佳的视点出发而设计的一个对应性角色。我们看到 Frank 与前妻关系的描述,对他完美性格的塑造,实际上是为

---

① 薛晓璐、张燕、王梓:《坚持独到的东西才最有价值》,《当代电影》,2013 年第 8 期,第 18 页。

了突出他的另一个重要职能,为文佳佳"小三"形象寻找"幸福"的合情理。总之,我们可以认同该影片在人物设计、叙事逻辑上的合理性,但是在影片的价值空间问题上更应有必要的关注,我们不能忽略该影片出现的价值定位上的"倾斜"或"位移"。

影片女主角是一个心理上对美国文化深度认同的"拜金女郎",她在办理入境美国手续时就表现出对好莱坞电影《西雅图夜未眠》的"迷醉"。可以说,这是创作者在中国电影与好莱坞电影之间建立的一种"互文性"关联。确切地说,是好莱坞电影以娱乐的方式对中国电影叙事机制的一种"延伸"。① 该影片中男女主人公的定情之地正是美国电影《西雅图夜未眠》中梅格·瑞恩与汤姆·汉克斯选择的"帝国大厦"。20 年之后,一部中国电影通过男女主人公的效仿行为向好莱坞影片致敬!美国的帝国大厦的观光台随即从一个美式浪漫爱情的圆梦之地,变成一个中国人的"美式"爱情故事的团圆之地,特别是帝国大厦预先成为剧中人物梦中向往的时候,他们最后在纽约帝国大厦观光台上的重逢更像一部中国版的好莱坞电影。之所以着重提到这一场景的设置,我们在此不是要批评中国的电影在叙事方式与叙述空间上对好莱坞电影的模仿,而是提出一点:"当前中国电影在价值取向上偏向于美国电影的文化版图,这是中国电影在心理市场的一种严重流失。"②站在观众立场上看,或许大家不会在意一部影片中出现的爱情的美好结局是发生在美国或是中国,观众在意的是一段情感故事是否有美好的结局。但是,我们不能忽略一部电影文化的合理性。

在此,我们不是要放大讨论一部高票房中国电影中出现了或多或少的问题,倒不如说,这是让我们更清楚地意识到中国电影产业化发展中并不是要完成中国电影的"美国好莱坞"之路。本土电影不能只追求在经济上得到观众的认可,却在心理上偏离了本土文化,像是对美国文化的致敬。无论如何,我们市场上的主流电影,在文化价值观上不能归顺于好莱坞。在当前,我们将中国电影产业化的发展空间视为一种文化价值观博弈的舞台,我们所要做到的不是选择与其他国家的文化价值观完全对立,我们需要寻找的是在不同文化之间被世人普遍所接受的价值观,以此为切入点来建构我们的价值体系。

今年另一部获取高票房好口碑的"青春片"《中国合伙人》,影像中出现了许多"美国"的画面,男主角之一的孟晓骏因为个人事业在纽约街头徘徊的画面;三个年轻人创业成功,站在华尔街上欢呼上市的画面……都让人不禁联想到早期国内电视剧《北京人在纽约》台词中所说的"如果你爱他,就把他送到纽约去,因为那里

---

① 贾磊磊:《倾斜的天空——北京遇上西雅图》,《艺术评论》,2013 年第 6 期,第 62 页。
② 同上。

是天堂;如果你恨他,就把他送到纽约去,因为那里是地狱。"2013年,我们在国产影片中看到"纽约""帝国大厦"等美国文化元素被充分挖掘。北京师范大学黄会林教授提及"纽约"在电影人眼中始终是一个适合拍电影的城市,"因为有太多的人了解或到过纽约,单是这一点知名度就能提升影片的知名度,从而转化为商业价值。"① 应当说,不论是影片《中国合伙人》,还是《北京遇上西雅图》,都同样预设了一个理想化的美国城市以及一些地标建筑,美国这个建立在资本主义市场经济、实用主义哲学与功利主义价值观基础之上的金元国家,成为原本尊奉拜金主义的物质女郎文佳佳的灵魂救赎之地。近年来,我们有目共睹中国电影产业化的快速发展,电影市场票房纪录不断被刷新,突破200亿元大关,可我们始料不及的是,越来越多的电影人在创作中对好莱坞电影叙事法则的借鉴和模仿是将其价值理念嵌入到中国电影的影像图谱中。在经济上,中国电影已占领了国内市场的大份额,但从文化属性上看,却远离了我们的本土文化,美国的城市成为一个实现个人价值的空间、一个精神家园,《北京遇上西雅图》就是最典型的向美国文化鞠躬致敬的商业化的"美国梦"作品。一部中国影片在叙事立场上都表现出对美国好莱坞电影中美式浪漫爱情的高度认同,将好莱坞电影中"美国就是天堂"的隐喻复制成为极具商业吸引力的中国式表达传播给中国观众,如此直接的归顺于好莱坞电影不能不说是流失了一种民族归属感。

还有一些影视作品,充斥着拜金主义色彩,唯票房论严重。从《小时代》到《小时代2 青木时代》的《小时代》系列电影,用华丽的镜头描述了大上海一群年轻人奢华的物质生活和人物关系混乱的、纠缠的青春爱情故事。影片中的女主角充满了对金钱和物质的迷恋,从头到脚一身的"女王范"的名牌时尚打造,像是一场城市里的时装秀。可以说,影片所呈现的美轮美奂的时尚感,不利于传递青年人自我奋斗、励志的价值观。这也是近些年片面强调电影票房和产业化的结果,一种迎合时代、迎合年轻受众的感官化诉求。但拥有票房不代表拥有文化价值,体现正确的价值观。本雅明在20世纪30年代就指出,文化正在从传统的膜拜价值向展示价值转变,一切都倾向于展示,内蕴和精神诉求不再受到重视,外观的美成为普遍追求。② 如果说图像时代的现实世界已经变成一个感官和体验的世界,那么人们更容易在感官得到满足时放弃理性的思考。创作者们为吸引青年受众,以极为扭曲和肤浅的方式呈现都市的繁华、奢侈,无视影像中价值观的表述,票房越高,恶劣影响则越大。难道我们的文化产品只是为了实现商业目的吗?

---

① 黄会林、黄式宪:《银皮书:2012中国电影国际传播年度报告》,北京师范大学出版社,2013年,第104—105页。
② 〔德〕本雅明著、王勇才译:《机械复制时代的艺术作品》,浙江摄影出版社,1993年。

三、中国电影如何提升软实力的问题与对策

由前述可知,中国电影面临着与美国好莱坞电影同台博弈的挑战,虽然从经济效益的数据上显示,2013年的中国电影在国内电影市场所占票房的优势明显,证明了中国电影发展的"硬实力"。但是近年来在海外市场上的票房收入却呈现疲软状况,中国电影在海外市场的影响力亟需扩大。随着中国电影产业规模的不断扩大,中国电影未来几年保持增长的态势不会改变,"2013年度中国电影文化的国际影响力调研"指出中国电影产业的发展与国际传播与国家的方针政策息息相关,"中国梦"对中国电影产业的发展和影响是直接的深远的。我们首先清楚地看到当前中国电影经过十多年的产业化发展,建立起了当代中国特色的电影评价体系,如中国电影重要奖项金鸡奖、华表奖的确立,不断鼓励中国电影的艺术探索和创新,也标志着中国电影逐步迈向一个新阶段。目前,中国电影的发展和传播过程中面临着这样那样的困境和问题,因此,对于中国电影文化软实力的研究,现实层面上我们面临着如何制定提升中国电影软实力的策略问题。目前,通过读解中国电影产业的发展,中国电影提升软实力的路径包括以下几方面:

(一)构筑电影软实力传播的硬实力平台

文化"软实力"提出者、美国的约瑟夫·奈也不得不承认,中国软实力得以提升的重要根源是在经济上的巨大成就,这也是中国文化吸引力越来越大的根本原因。在国家文化软实力建构与提升的进程中,我们应该清楚地认识社会经济实力是文化发展与传播的现实基础。电影,作为目前流行文化最具有软实力的文化产品,大众消费时代的时尚艺术,在我们当前面临的建构与提升国家软实力的要求下,面临着品牌的重新建构、或是一次历史性的重组。我们意识到目前中国电影面临的最重要的问题就是:仍不具备在国际市场与美国好莱坞电影相抗衡的软实力,在文化价值观的传播过程中出现或多或少的问题。因此,在遵循市场化的发展道路下,利用国际化产业化的交流平台,需要发挥以中国电影品牌的推广方式来建构和提升软实力,进一步突出电影彰显传播国家文化软实力的战略职能。在国际电影市场的竞争中,当前中国的大部分电影被拒绝于海外的商业院线发行的情况,正说明我们的电影在海外,特别是一些发达国家的主流商业市场上,还没有畅通的发现网络。美国好莱坞电影发展至今依靠少数实力雄厚的跨国集团、国际大公司在电影市场上对全球发行网络和销售渠道进行控制,在文化的国际贸易中,更是通过制定"游戏规则"获取高额利润。近年来,在国家和政府对文化产业发展的大力提倡扶持下,中国电影产业繁荣发展,但同时也需要国家在中国电影"硬实力"发展方面增加力度,进行长远的战略性指导与投资。

美国学者默多克(Graham Murdock,2000)提到:"公司产权的融合,如彼得·

戈尔丁(Peter Golding,2000)所认为的,'融合应该被视为一种组织上和经济上的现象,最明显的表现在公司战略和公司结构层面上。'"①这一点对于当前中国电影产业的发展确实重要,互联网的普及和数字化的引入,意味着跨媒体多元化经营的发展,最关键的是联合新媒体平台、拓展放映渠道、提升传播效果,这都是未来发展中强化商业逻辑的手段,作为参与国际竞争的市场文化主体更需要达到这一目标。美国时代华纳(Time Warner Inc.)经历十多年来的合并、拆分重组的跨产业整合,已成为新媒体时代横跨出版、电影与电视产业的最大的媒体与娱乐公司,目前该公司与世界各个著名公司的合作密切程度是值得中国影视公司借鉴的。《中国电影文化的国际传播研究调研分析报告》(2011、2012)运用受众研究的方法收集到的数据显示了当前外国观众通过网络获取中国电影的信息和观看中国电影的人数在不断扩大。② 应该说,数字化的手段之一——"网络电影"逐渐改变了以往单一的影院形态。2012年,我们看到国内有实力的影视企业也在走国际化经营路线——以万达集团为首收购美国电影院线,但中国电影仍难以大量进入国外院线放映。传统的电影传播平台拓展到"网络电影"的放映渠道,将直接对中国电影的海外传播产生更为广泛的影响。随着多媒体、数字化技术的发展,中国的电影应关注网络资源版权的开发,进一步拓展新媒体平台,重视多传播平台的搭建带来的巨大潜力。不少业内人士和学者认为,网络已成为"文化竞争和冲突"的主战场,也是中国电影提升传播效果的重要平台。关于这一点,在未来的国际电影市场竞争中,新媒体技术下的带动只会更加凸显这个逻辑。中国电影在国内市场上票房的节节攀升,说明了我们的观众对中国电影文化价值的认同。如果没有受众的观看,一部电影再具有精湛的艺术水准,再深刻的文化内涵,它的价值又从何体现呢? 我们目前需要国际电影市场上有文化的话语权,那么亟需增强中国电影的"硬实力",就需要在国家大力支持和鼓励下,一些有实力的影视企业通过横向合作、纵向发展加快建立多元化的全球发行网络,不断调整竞争策略应用新的传播手段加快中国电影的海外发行。哈佛大学教授亨廷顿在《文明的冲突》中就强调了硬实力决定软实力,是软实力的基础,物质上的成功会使文化和意识形态更加具有吸引力。同理,在中国电影发展的实力强大之后,才能加速"走出去"国际市场竞争的步伐,才会有越来越多外国观众对中国电影的文化价值产生认同。那么,运用资本的力量来推动文化的输出,加快国有影视企业的改革、建立现代企业制度、吸收具有丰富国际经验的外国企业参与当前中国电影多元化的发展趋势,

---

① Golding,Peter, 2000, "Forthcoming features: information and communications technologies and the sociology of the future", *Sociology*, 34,1: p.179.
② 黄会林、黄式宪:《银皮书:2012中国电影国际传播年度报告》,北京师范大学出版社,2013年,第124—125页。

进一步完善电影产业链、加速构筑国际传播平台应该引起国家和政府部门足够的重视。

目前,中国电影在以网络为中心的宣传推广、发行传播环节上尚未能抢占至高点。近两年,中国电影逐渐进入国外主流院线上映,但是我们更需要占领互联网上的重要战场,增加外国观众理解中国电影文化的兴趣。

（二）实现中国电影文化软实力的商业化输出

2013年国内市场产生较大票房影响的中小成本影片《北京遇见西雅图》成功地对美国类型片中的"小妞电影"进行了本土化,国内票房收入过两亿,但在北美市场收入仅为6579美元,只为国内票房的0.008%,①除此之外,《毒战》《私人定制》《天注定》《太极侠》等影片票房勉强过10万美元。② 可以说,当前我们尤其缺少具备全球化市场视野以及跨文化表述能力的电影,为国外观众所接受。近两年中国市场上,外国引进片尤以好莱坞电影为首所占的市场份额维持在40%—50%左右,这正是美国进口大片形成了国际电影生产和消费的主流的最直接证明。其中有不少3D\IMAX影片,它们创造出的视觉盛宴席卷了全球巨额票房。我们也发现近年来好莱坞片方挖空心思与中国电影合作、享受合作国家的扶持政策,市场上不少获得高票房的美国大片中都可以看到一张张熟悉的中国脸孔,这已成好莱坞大片的标配,如此的合拍制片,是设置在中国上映的"特供版本",促使其在世界第二大电影市场分到更多利益。好莱坞的经验,让我们意识到必须集中力量打造具有外销能力的中国电影品牌作品。近年来,国家相关部门出台了多项重要政策促进中国电影产业的发展,最重要有《中美电影协议》（简称）的签订和实施。伴随着电影消费进入3D和IMAX大片的时代,电影专项资金管委会制订多项电影优惠政策支持国产影片的发展,颁布了"新四条"扶持政策:《关于对国产高新技术格式影片创作生产进行补贴的通知》鼓励了国产影片运用高新技术提升制作水平,也提高电影制作的积极性;此外,还有《广电总局关于鼓励和引导民间资本投资广播影视产业的实施意见》……2013年,除了在中国电影产业的政策环境上对电影产业扶持加大力度之外,还有关于取消一般题材电影剧本的审查的政策。从长远来看,国家政策是鼓励更优秀电影作品的出现。从宏观政策层面上进一步思考,国家还应当设立专项的电影产业基金,对出口型电影的生产与海外传播起有效推动。中国文化软实力的提升需要借助特定的文化产品才能够进行有效的传播,中国电影承担着文化责任,我们需要制作出更多能够适应国际电影市场的商业取向的影片。我们应该看到,世界上许多国家都利用影视文化产品在国际市场

---

① 观察者：http://www.guancha.cn/art/2013_12_24_194957.shtml。
② box office mojo：http://www.boxofficemojo.com/。

上传播自己的文化价值观,如印度在流行文化领域打造自己的宝莱坞,日本的动漫产品,韩国的电视剧、电影……这些国家一直在提高本土流行文化的影响力,打造具有国际市场竞争力的品牌、偶像明星。由此可见,我们在提高中国电影软实力的过程中,应该把其放置于到海外市场进行博弈的战略高度来考虑,尽管培育海外市场并不是一个短时间能够实现的目标。

《广电蓝皮书:中国广播电影电视发展报告2013》中提到:以文化外宣为主的软传播,关键在于人才集聚战略。目前,吸引和集聚一批年轻一代的电影人,培养一支了解国际市场、熟悉国际贸易规则、懂经营善管理、深入了解国外受众的心理特点、思维方式、话语体系和接受习惯,具有国际视野的复合型、外向型人才队伍成为重点问题。[1] 近几年我们积极参加外国电影节,组织团队在国外举办中国电影展,搭建对外交流和合作的平台,这些方式都能够让更多海外观众了解中国电影,通过影像传播传统与现代的中国文化。此外,导演跟演员其个人的效应对于提升我们电影的市场竞争力与影响力都有很强的推动作用。《2013年度中国电影文化的国际传播研究调研报告(上)(下)》指出,目前在国际电影节中常常亮相的中国明星以及多次获得国际电影节奖项的导演还是颇引人注目、具有较高的知名度。[2] 一部电影要取得票房成功,除了好故事内容,其次就是明星演员和著名导演的品牌效应,这对于中国电影面向海外市场是至关重要的。可以说,外国观众对中国电影的关注程度就包括导演和演员,但目前来看,中国电影明星团队受欢迎的程度与国际著名演员和导演受欢迎的程度相比有一定差距。近年来,国内的明星团队发展相对好莱坞的造星机制来说较不成熟,在明星制造、团队维护等诸多方面都存在问题。"2011、2012、2013年中国电影文化的国际传播研究调研"报告中显示:外国受访者偏好中国的武侠、功夫等动作类型片,动作明星受欢迎的程度也相对较高。成龙、李连杰、甄子丹等都是华语电影著名的动作影星,且在国际电影市场有一定的影响力。2012年,成龙的电影《十二生肖》在海外市场获得华语海外票房冠军,其出众的武功实力和个人形象依旧备受好评。除了提到的明星效应,电影导演早已经成为电影艺术风格甚至是电影品牌的代名词。中国电影全面市场化改革的十年(2002—2012),张艺谋、冯小刚、陈凯歌都是风云人物,他们早期的不少作品都在国际重要的电影节上获得奖项,在海外市场上也获得不错的票房成绩。可以说,打造出一个国际知名的导演至关重要,2012—2013年,管虎、王小帅、张扬、王全安、娄烨、陆川、乌尔善、徐峥、贾樟柯陆续亮相,他们的作品都有

---

[1] 国家新闻出版广电总局发展研究中心:《广电蓝皮书:中国广播电影电视发展报告2013》,社会科学研究中心,第184—185页。

[2] 黄会林、封季尧、白雪静、杨卓凡:《2013年度中国电影文化的国际传播研究调研报告(下)》,《现代传播》,2014年第2期,第11页。

各自的市场定位,艺术上也各具特色,被多数业内学者认为他们是中国电影的第六代导演,还有更年轻有为的导演成为"新生代力量的接班"。虽然所谓的"第六代电影人"在国内市场上的票房成绩参差不齐,似乎无法形成市场上的中坚力量,但是他们能够控制影片的成本,有将作品不断输送到世界各个国际电影节参赛,不断提高个人影响力的同时也是直接作用于中国电影的影响力。2013 年,贾樟柯的《天注定》获得第 66 届戛纳国际电影节编剧奖,娄烨的《浮城谜事》、张扬的《飞跃老人院》等不少影片都引起国际发行商的注意,明星导演和演员的力量由此彰显。由此,我们看到电影的明星制并不仅仅是一种占领电影商业市场的策略,更是一种文化传播的策略,当前明星已成为一种特殊的文化交流符号,美国电影工业形成的明星制度(Stars System),制造出无数风靡全球的影视巨星,从某种意义上说,好莱坞通过资本化、市场化地运作明星保证票房收入,也将美国文化及其所谓的"美国精神"进一步国际化传播,产生了巨大影响力。因此,明星不仅仅被视为一种经济现象,更重要的也是一种文化现象。① 曾几何时,在国际文化市场上起消费导向作用的几乎都是海外明星,世界著名品牌的代言人也基本上是海外或者是港台演艺界的一线明星。这些年,伴随着中国电影产业化的发展,越来越多的世界著名品牌也开始注意到中国电影明星的市场号召力,启用中国明星作为形象代言人。尽管我们的明星机制并不成熟,许多影片的成功也不仅仅依靠明星的运作,但毋庸置疑地,根据电影创作的不同内容,进行不同方式的扶助与支持,逐步开放培养国际化的电影团队,这不仅对于扩大中国电影的海外市场占有率,同时对于提升国家文化软实力都具有重要意义。

(三)建立有当代中国特色的电影评价体系

我们可以看到每一年全球范围内各种各样的电影评奖热闹非凡,不但国内有重要的电影奖项评选,海外有戛纳、威尼斯、柏林电影节,奥斯卡奖评选等重要的国际电影评奖活动等等。作为中国电影最重要奖项之一的金鸡奖,秉承"学术、民主、争鸣"的宗旨,在三十余年来伴随着中国电影产业化的大潮,见证了中国电影的复兴与繁荣,可以说是建立了一个对中国电影现状的阐释系统,也展示了业内的专家、评委对中国电影作品的认可和批评尺度。几十年来国内的各种电影评奖活动延续至今,有代表政府奖项的华表奖评选、代表大众立场的百花奖电影的评选,比较权威的电影评奖还有中宣部的"五个一"工程奖。除此之外,还有上海、北京、长春国际电影节等,都是由官方背景的国家文化管理部门直接参与的,且都意在通过"评奖活动"将官方意志与艺术审美相结合,给予优秀的电影工作者一定的奖励。诸多电影奖项的建立,应当是值得肯定的,可以认为是我们当前对整个中

---

① 邱章红:《形象与资本:好莱坞电影工业剖析》,《北京电影学院学报》,2006 年第 6 期,第 11 页。

国电影评价体系的一种建构。发挥这些电影艺术奖项的价值引领作用,能够使真正优秀的作品脱颖而出,对当前中国电影创作起到健康、积极的引导作用。

然而我们不能不承认这样一个事实,在当前中国电影的三大评选奖项中,一些入选作品以及获奖作品,其中有不少不为人们所熟悉的作品,有些电影几乎在市场上、院线上难以寻觅。2013年中国电影金鸡奖、华表奖获奖影片中,除了一部分在电影市场上获得高票房的影片外,还有如《辛亥革命》《倾城》《忠诚与背叛》这样的作品,一些最佳纪录片、戏曲片、科教片等似乎只是经过专家、评审封闭式的评审认定,而在大众市场上几乎难以通过票房考察其价值。近年来,我们的电影评奖体系逐渐建立起一套科学的、大众的、符合中国特色社会主义理想和马克思主义艺术精神的评价标准体系。但是,在评选过程中,通过对电影艺术的检验,我们首先需要考察的是作品的市场生存空间,毕竟在市场的引导下,观众最具有话语权,电影的创作和评奖都需要反映公众的接受度和需求。那么,在评奖活动中,种种偏离的判定会直接影响奖项评选的权威性,在公众心中打大折扣。我们需要对相应的评审机构和评委构成的评奖更为关注,进行相应的整顿和改革。那么,什么样的专家才有资格成为评委?怎样的评价标准才是真正与中国特色社会主义价值观,包含着中国精神、中国道路和中国力量的"中国梦"相符合的?

文艺评论是需要从根本上为艺术创作、艺术评论提供价值观依据的,是要建立在评论家高度专业化的审美判断与清醒的社会责任的基础上,要逐渐形成与当代中国艺术实践紧密联系的艺术评价标准,使艺术创作表现时代要求获得理论保障的。从目前来看,中国电影的金鸡奖、华表奖、百花奖因为各自评价领域的不同,在评选过程中也就带着不同的评奖维度和价值判断。就代表中国电影政府奖项的华表奖而言,在其评选的影片中,也出现过不少引来电影界人士、媒体争议的作品,更有不少学者认为该电影奖项是在国家宣传主流意识形态的目的下建立的,评选出的影片大多是契合国家的文化宣传政策,是强化政治价值引导的,更像是一个较为封闭的评选,评奖标准上较为模糊;作为专业话语表达的金鸡奖,近年来出现商业气息愈来愈浓的趋势,不可否认金鸡奖对参评影片的市场票房要求有所规定,这是尊重电影的艺术性与商品性的本质属性,不是一味地强调艺术评价标尺,这算是一种进步。但与此同时,我们也看到了金鸡百花电影节的承办方为地方政府,这又加重了其在评奖过程中扮演的角色。换言之,地方行政领导参与的评奖,在一定意义上将影响或直接导致评审专业水准滑坡,权威性遭到质疑。

综上所述,我们需要确保各种奖项在评奖过程中,坚持"公开、公平、公正"的原则,评选出为专家肯定、为群众认可的作品;我们需要明确一条路径,就是如何通过对具体的作品的分析来建立中国电影的评价体系。如中国电影金鸡奖这样的重要奖项,是专家、评审以严谨公正的学术态度对参评影片进行观摩、进行相关学术研讨,是通过对具体作品的分析投票选定的。可以说,对具体作品创作的分析,是建立影视批评体系的根基,应该杜绝评选过程中的弊端与不健康的因素。只有这样的路径,才有利于我们建构和规范当代影视批评体系,在此基础上我们才能建立一个有当代中国特色的电影文化的阐释系统。

建构科学的、有当代中国特色的电影的评价体系是当前中国电影发展现实而又重要的命题之一。在很多情况下,对艺术作品的评价不是追求众口一词的社会效果,"仁者见仁、智者见智"是极其正常的现象。确切地讲,对中国电影的判定标准不能仅仅选择以票房收入高低为基准的量化方式,也不能用行政命令的方式来颁布评选,单一的方式在实践层面上会对文化评价带来阻碍。[①]我们应该保持电影文化的"经典意义",这也是我们一直重申的文化产品所具备的文化价值和美学价值,不能被资本市场的商业逻辑所左右。

(四)中国电影文化价值取向的整合

《2012年度中国电影文化的国际传播研究调研分析报告(上)(下)》中显示外国观众对中国电影是感兴趣的,除了国际知名的影星之外,中国电影最引人注目的标签有"武侠""功夫"等。所以,创造中国先进、现代的文化符号,充分利用中国特色的东方元素在文化价值理念上对文化产品的整合是中国电影文化传播策略应该意识到的转型,也是我们进行文化输出至关重要的一个环节。知名跨文化心理学家约翰·贝利(John W. Berry)建构了跨文化心理学理论,其中最引人关注的文化适应理论(acculturation)及"Berry的理论框架",提出了一种双维度模型,即"跨文化适应并不是一个简单的线性过程,从理论建构来看,两个维度是指保持传统文化和身份,在与现有文化交流时可能采取趋向策略",之后约翰·贝利深入研究并提出了三个或三个以上维度研究跨国传播中文化适应的问题,提出了"整合"(integration)的策略。他认为如果文化适应者既想保持自己原来的文化身份和文化特征,同时又想和异文化群体建立并保持良好的关系,需要"整合"的策略。[②]很显然,中国电影在海外市场与他国抗衡时,相对应的有两个维度:一方面,中国的电影不论讲述的是什么时代的故事,选择的是什么类型的叙事形态都应当体现出中国文化共同的价值;另一方面,在全球化语境中,把国家和民族的文化传递给外国观众,我们必然不可能将中国文化体系封闭起来进行自我表述,那么,就需要在中国特色与西方文化差异之间寻求某种平衡,在不同文化资源之间进行通约整合,这即是中国电影在海外市场传播中需要面对的文化适应的过程。

目前,中国社会正处于转型时代,不同文化融汇登场,中国的电影需要在价值

---

① 参见贾磊磊:《确立文化产业评价的文化维度》,《电影艺术》,第334期,第6—10页。
② 陈晓伟:《中国电影跨文化传播的文化适应问题研究》,《现代传播》,2013年第10期,第68—69页。

理念上通约整合,而不是不同类型、不同风格的影片各说各话。说到这里,我们应当意识到关于"自我认知"的问题,尤其是中国电影承担着文化价值观的传播、国家文化软实力传播的职能,我们需要进一步挖掘有吸引力的、能够显示出当代中国文化的元素,让我们的文化赢得他者的肯定和认同。中华文化辞典中把"文化认同"解释为一种肯定的文化价值判断,即指文化群体或文化成员承认群内新文化或群外异文化因素的价值效用符合传统文化价值标准的认可态度与方式,并将被接受、传播。① 亨廷顿也指出人们常以某种象征物作为标志来表示自己的文化认同,如旗帜、十字架、新月形等,他认为"文化认同对于大多数人来说是最有意义的东西"。20 世纪 90 年代以来,随着美国好莱坞电影全球化战略的深入,好莱坞电影里的明星、场景、情节等都向全世界塑造着美国形象,宣扬美国价值观,培养着"美国梦"。从某种程度上看,电影中的表意符号传递的美国文化价值已赢得了世界观众的认同,美国形象作为一种软实力,成为了最有效的全球推广力量。② 即使在中美合拍片中,有不少中国人的面孔、中国的风景、中国的文化元素,也仅仅成为装饰好莱坞故事的东方元素。

陈凯歌导演曾经在谈及中国电影的现实境遇时说过:"我们中国人今天站在价值观的十字路口上"。③ 关键问题是,我们的电影在这个十字路口上怎样抉择。单说 2013 年上映的影片《北京遇上西雅图》与《中国合伙人》,《北京遇上西雅图》尽是充满隐喻的美国文化符号的彰显和错位的文化身份定位。其中,西雅图的景色对于女主角来说几乎成了特效的情绪安神剂;影片结尾处是纽约的地标性建筑——帝国大厦,却成为中国人爱情故事的圆满之地;影片中男女主人公牵手站在帝国大厦的玻璃窗前时,画面出现了玻璃窗上方飘扬的美国星条旗,接着镜头从两个人的身影迅速拉开,更大范围地将美国景观呈现。如此升华的镜头叙述,容易让观众对美国产生浓烈的文化想象。如此一部高票房的影片,不注重在文化价值取向上的合理性,出现明显的价值导向偏差,不得不让人深深思考。

应当说,世界上许多国家和民族在价值观上是相通的,我们将电影视为一种文化价值观的对弈舞台,那么在这个与好莱坞电影博弈的过程中,我们不是说要选择一种"有你没我、有我没你"的"零和"思维来建构我们的价值体系。④ 李安导演的《少年派的奇幻漂流》,詹姆斯·卡梅隆的《泰坦尼克号 3D》、王家卫的《一代宗师》这几部影片赢得全球电影市场票房、赢得观众认可和肯定,它们都或多或少

---

① 冯天瑜:《中华文化辞典》,武汉大学出版社,2001 年,第 20 页。
② 尹鸿、石惠敏:《中国电影与国家"软形象"》,《当代电影》,2009 年 2 月 1 日,第 18—19 页。
③ 贾磊磊:《中国电影文化价值观的纵向重构与横向整合》,《上海大学学报(社会科学版)》,2012 年 11 月,第 29 卷第 6 期,第 13 页。
④ 贾磊磊:《中国文化传播策略的当代转型》,《东岳论丛》,2013 年 9 月(第 34 卷第 9 期),第 86 页。

触及人们遇到的内心困境或生活情感问题,都能够让人发现一些共性的、普遍认同的价值准则,如自由、平等、真、善、美、人道等。总之,我们需要整合电影文化价值取向的通约性,这是我们的电影作品能够被外国观众接受的心理基础。我们首先需要对中国电影的"文化身份"认同,我们的电影人必须要认真思考作品在叙事情节、人物性格、美学风格、文化价值取向上的合理性,作品中传播的是什么样的文化理念,塑造的是什么样的国家形象。

(五) 当代国家形象的影像建构

我们有丰富的传统文化资源,同样地,我们也有当代中国文化的典范、当代中国流行文化。近两年,我们的国产影片在国内市场与好莱坞进口影片抗衡屡次夺取年度单片票房冠军,中国电影逐步成为能够体现当代中国文化软实力的文化产品,是能够作为当代中国文化的代言人的。现在,我们更希望的是通过电影的传播体现我们这个时代特征的文化形象,而不仅仅是将一些旧时代的文化符号植入文化作品中作为我们这个时代的标志来推广。有些传统文化遗产只能够作为珍品予以收藏,而并不能进入文化产业的流通市场进行推广,而一种不能够进入流通市场的文化产品,无论它过去怎样辉煌,都不能够承担当代中国文化形象建构的时代使命。① 我们时常在传统文化与现代文化、古典文化与流行文化、精英与大众文化之间做出不同选择,现在,我们需要对传统文化资源进行现代性转化,就是说应当按照当代文化的构成元素来配置中国电影,来铸造我们的国家形象,来传播我们的文化。

国家形象的影像建构,是一个现实命题。在电影的艺术领域,这是指通过叙事体系建构国家形象,由电影的叙事完成观众对国家形象的认同,对文化的理解。② 电影的叙事情节可以包括对我们不同历史时期、不同的地区、对各种群体或个人英雄的塑造、相互镶嵌来生成与表现。在美国好莱坞电影当中,我们经常可以看到美国的标志:星条旗、纽约、华盛顿、帝国大厦、自由女神像等符号在电影表达中充分被挖掘,此外,好莱坞影商业电影的叙事体系也容易给观众带来快感,让观众将个人想象和欲望投射到影片的英雄人物上,英雄的成功使观众的自我欲望得到满足。确实,好莱坞电影的叙事逻辑和认同策略,为我们提供了诸多可以借鉴的范例,识别美国国家形象的表意方式、分析商业大片中表意符号的生成路径,能够为我们的电影文化提供一种可以遵循的表述策略。我们国家的标志也有飘

---

① 贾磊磊:《全球化时代中国文化传播策略的当代转型》,《东岳论丛》,2013年9月(第34卷第9期),第86页。
② 参见贾磊磊:《中国文化软实力提升的策略与路径》,《东岳论丛》,2012年第1期,第44—45页。

扬的五星红旗、激昂的国歌,也有北京、上海、广州这样的城市空间,我们应该在影片中建立一种明确的地域概念,让观众获得"国家认同",正是这种建立在"国家认同"上的国家形象在影像中的呈现,对于强化艺术作品的审美价值、对于提升国家文化软实力都是至关重要的。

2013年,国内票房排行前十的电影中,《中国合伙人》《北京遇上西雅图》都有对"中国梦""美国梦"的呈现,还有电影《小时代》系列中对时尚奢华、充满拜金主义城市的表述,都存在较为明显的问题,值得关注。上文中对"小妞电影"《北京遇上西雅图》价值取向的分析中,就涉及女主角文佳佳这个拜金女郎对美国文化的深度认同,她所谓的寻找到自己的幸福,爱情的圆满之地选择了"帝国大厦",出现了向美国电影《西雅图未眠夜》的致敬!创作者在选择"西雅图"这一美国城市为故事发生地点的时候就隐含着中国电影与好莱坞电影之间建立的一种"互文性"关联。影片中不管是叙事逻辑还是人物设定,特别是男女主人公最后在纽约帝国大厦观光台上的重逢更像一部中国版的好莱坞电影。该影片不仅仅在叙事方式和叙述空间上对好莱坞电影"迷醉"不已,更从影像上呈现了对美国电影文化版图的倾斜。这样一部在内地市场获得高票房的影片,受到观众的认可,却无法让人识别中国形象的表意符号,除了影片中出现的北京这个城市——文佳佳房间里极尽奢华却虚空无比,画面中她在宽大的客厅里游荡,在豪华的浴室里叹息……在文化属性上,北京成为了一个强烈的物质性空间的表达,而西雅图则成了一个圆满爱情的精神性空间,我们不能忽略影片的观众将由这样的空间叙事产生一定意义上的国家认同。同样,《中国合伙人》中对三位年轻人创业成功的"中国梦"与"时代精神"的演绎显得过于片面,①整部故事的结局在于三个年轻人的公司在美国上市成功,这或许意味着他们的"中国梦"在美国挽回了个人和民族的尊严,却不由得让人思考影片的叙事逻辑,难道就是为了演绎时代精神的美国实践?电影《小时代》系列是对中国现代都市——上海繁华、奢侈生活的视觉化呈现,让人感觉极为扭曲和肤浅。詹姆逊在《地理政治学:电影和世界中空间》中提出"认知图解"(cognitive mapping)的观点。他把电影的空间关系与国家意识形态联系起来。② 国家形象,是建构在特定的时间与空间关系上的一种互文性叙事结构,她的表述远比一个人物性格的塑造要复杂得多。③因此,我们特别要强调中国电影中的国家形象。

---

① 王一川:《时代精神的抽离与变形:从〈中国合伙人〉看改革时代的文化价值建构》,《当代电影》,2013年第7期,第39页。
② 贾磊磊:《中国文化软实力提升的策略与路径》,《东岳论丛》,2012年第1期,第45页。
③ 同上。

2013年中国电影的"大烂片"《富春山居图》讲述分别收藏在浙江省博物馆和台北故宫博物馆的中国元代传世名画《富春山居图》历经曲折终于顺利合璧展出的故事,影片动用了两岸三地的明星,演绎了在杭州、台北、迪拜、波斯湾、东京等地跨地域寻宝、夺宝、护宝的传奇故事。我们可以看到中国珍贵的艺术收藏品《富春山居图》"合璧"的故事是没有任何具体历史事实依据的,仅根据两年前其残卷在台北故宫的"合璧"新闻而凭空编造出的虚构性故事,这一点无疑造成非历史化的鲜明印象。此外,该片中不断变换的人物、时间、地点、景观等,营造出的视觉奇观与娱乐,其实是毁灭观众对"国家的认同"。在这样的叙事文本中,"国家形象"是看不见的。与此相反,影片《一九四二》以1942年的时代悲剧为缩影,"国的命运也是两家人的命运",影片细腻描写那个年代灾难中生命的羸弱与无助,唤起人们更深更多的思考;《百鸟朝凤》讲述了两代新老唢呐艺人对传统文化的热爱及面对传统文化没落时的无奈,这是一个关于坚守的故事,触及了一个民族乃至全人类正在和必须面对的严峻课题,有着深刻的文化内涵;王家卫的《一代宗师》选择功夫这一体现中国文化身份的符号类型进行创作,影片呈现了中国武侠动作的形貌与神魂,中国功夫的独特魅力,导演将武术对抗场面诗意化地处理,不仅增添了影片的观赏性,更引导观众向那个年代武术家的"精气神",向文化精神认同。

四、结论

　　通过数据的读解,我们看到了中国电影的迅猛发展,国产电影与进口影片在国内市场同台博弈中逐渐占据优势地位,但在海外市场上差强人意的表现,与国内市场形成强烈对比。从市场维度上看,中国电影发展"硬实力"的展现,未来中国电影的创作和生产保持增长的态势不会改变。2013年,在中国电影重要奖项的评选活动中,不少中小成本的影片获奖,诸多优秀影片经历了市场的考验,收获专家、评审的一致认可。此外,我们的电影在重要的国际电影节和国际文化贸易平台中频频亮相,但大多数只是参与某竞赛单元的展映、获得奖项较少。站在一个国际化、更高远的平台上来考察中国电影受欢迎的程度,那么,是否能够赢得他者的肯定与认同,这是中国电影无法回避的一个重要问题。从国家层面上看,十八大、十八届三中全会之后,国家顶层设计上凸显了"文化软实力"的重要性和中国建设社会主义文化强国的决心与信心。我们有不少影片的创作有意识地与国家文化发展战略对接,体现了"中国梦""社会主义核心价值观",同时也出现不少影片在市场性与艺术性相结合的困惑中,选择以市场利益为主,而在审美艺术、文化价值观方面存在较大缺失。可以说,在国家软实力建构方面,我们面临最主要的一个问题就是我们的流行文化的软肋。电影,是我们所指的重要的流行文化产品之一。特别是在全球化的境遇中,中国电影需要"走出去"参与海外市场的竞争,需要不断更新制定相关策略以提升电影文化软实力。我们需要在实践层面上制定中国电影提升文化软实力的策略和路径,通过长期努力使中国电影这一重要的流行文化产品成为提高中国文化软实力的战略力量。

中国对非外交政策的文化软实力发展报告

余伟斌* 刘 雯**

摘要：非洲是中国反对霸权主义和强权政治、拓展对外经济参与的重要合作对象之一，同时也是中国树立大国形象的重要场所。中国对非外交政策的文化软实力发展状况对于未来中非关系的走向具有重要的影响。

进入 21 世纪之后，根据国际形势的变化以及中非双方的现实需要，中国确立了全方位发展对非关系的政策，在中非合作论坛的框架下，中国与非洲建立了政治上平等互信、经济上合作共赢、文化上交流互鉴的新型战略伙伴关系。十多年来，中国通过加强经济技术合作、文化交流、高层出访、参与维护非洲的和平与稳定以及提供人道主义援助等途径提升自身政策的文化软实力，取得了良好的效果。非洲领导人普遍将中国视为"全天候的朋友"，而普通民众对中国也有较高的好感度，中国在非洲的受欢迎度足以与美国相媲美，甚至还有所超越。这种积极的情感在非洲国家的对外行为中得到深刻的体现，在反对霸权主义和涉台、涉藏等关乎中国核心利益的重大问题上，非洲给予中国宝贵的支持。未来中国进一步提升对非外交政策文化软实力面临如下挑战：国际对非合作多边化趋势的制约、传统大国与新兴大国的激烈竞争、负面的国际舆论以及非洲政治民主化价值观西化的影响。中国必须采取坚持对非合作基本原则不动摇、有限参与对非国际多边合作、营造对非援助品牌效应、与时俱进开拓中非合作新领域、规范在非中国企业行为、加强文化交流和高层对话等措施应对之。

---

* 余伟斌，武汉工程大学马克思主义学院，讲师，博士。
** 刘雯，湖北第二师范学院马克思主义学院，讲师，博士。

一、外交政策是文化软实力的主要来源之一

为了驳斥当时盛行一时的美国衰败论,总结美国冷战胜利的经验,以服务于美国的全球霸权,哈佛大学国际政治学教授约瑟夫·奈在20世纪90年代初提出了"软实力"这一概念。奈的软实力理论传入中国后,国内学者在"以我为主、为我所用"的前提下接受了它,同时强调文化是软实力的核心,创造性地提出了"文化软实力"概念。那么什么是文化软实力呢?事实上这一概念既与软实力的含义密不可分,也与文化的概念存在直接的联系。本文的研究涉及文化对国家外交政策的影响及文化在一国对外活动中的表现形式,因而这里所说的文化是指一个国家或民族在长期的历史实践中逐渐形成的价值观、理念、认同、民族心态、行为规范等以及在此基础上成型的行为模式。结合这一文化定义以及张国祚教授的软实力概念[①],我们可以将文化软实力界定为一个国家或民族基于其价值观、理念、认同、民族心态、行为规范以及行为模式等而产生的无形的、难以计量的、表现为精神力量的实力,包括吸引力、感召力、号召力、渲染力等等。

外交政策是指主权国家在一定历史时期内为实现对外战略而具体确定的对外活动的目标、实施程序以及行动准则,它是公共政策的对外范畴。由于文化具有渗透性,对国家利益的界定以及国家对外行为方式均具有重大的影响,因此外交政策是国家文化软实力的重要来源之一。从严格意义上讲,国家所有的对外活动都可能成为它对他国产生吸引力的来源。也就是说,作为国家合法代表的政府、社会组织、跨国公司、外交人员乃至普通民众等都是影响国家文化软实力的行为体。然而,在国际交往中主权国家在可以预见的未来将仍然是最为重要的国际行为体,其作用是其他行为体或角色所无法比拟的。同时,外交政策的实施能起到立竿见影的效应,其正面或负面的影响可以迅速地被广泛的群体所感知并由此形成认识和作出反应。因此,指导政府对外行为的外交政策自然对国家文化软实力具有直接、即时且巨大的影响。新中国成立之初,以美国为首的西方国家对华采取不承认政策,并且竭尽所能地妖魔化共产主义和新生的人民政权,导致许多对华了解甚少的国家在心理上产生了畏惧情绪。在应对这一挑战时,中国外交政策的文化软实力发挥了重大的作用。中国提出并践行和平共处五项原则,消除了周边国家的疑虑,逐渐得到亚非拉第三世界国家的支持与认可。外交政策对文化软实力具有积极意义的例子并非仅限于中国。德国自第二次世界大战结束以来通过反思历史和战争赔偿,赢得了国际社会的认可和尊重,使欧洲重新接纳这个

---

① 张国祚:《中国文化软实力发展报告2012》序言,北京大学出版社,2013年,第1页。

曾经给他们带来沉重灾难的邻国。多家研究机构曾对全球的民意进行长期的调查,结果德国的国家形象均名列前茅。在2013年英国广播公司(BBC)的全球民意调查中,德国的受欢迎度更是高居榜首。①

对文化软实力而言,外交政策是一把双刃剑。不恰当的外交政策给其带来的负面影响也是明显的。同样作为第二次世界大战侵略国的日本对待历史反思和战争赔偿问题的态度与德国截然不同,致使其在东亚邻国中的好感度较低。英国广播公司2007年的民调显示,中国和韩国对日本基本上持否定态度(中国:认为是积极的占18%,认为是消极的占63%;韩国:认为是积极的占31%,认为是消极的占58%)②,这一调查结果与日本共同社开展的舆论调查结果大体一致。虽然中韩两国对日持消极看法的原因是多方面的,但日本漠视反思历史的外交政策显然是其中一个主要的因素。

二、中国对非外交政策文化软实力的现状

在战争与革命年代,中国对非外交政策主要围绕反对殖民主义和帝国主义而展开,无论是政治上的支持还是经济上的援助,中国均以帮助非洲实现民族独立为目标。20世纪八九十年代,在双方都重视经济建设的背景下,中非合作的内容重点转向经济技术领域。这些政策为中国赢取了大量的文化软实力,在诸如中国恢复联合国合法席位、反对台独及反对霸权主义等斗争中,非洲都给予中国大力的支持。进入新世纪之后,中国根据中非关系发展的现实需要及新的形势,确立了全方位发展对非关系的政策,适时地调整对非合作的内容和方式,取得了良好的文化软实力效果。

(一)全方位发展对非关系政策的确立

新世纪初,非洲政局在经历了90年代的动荡之后总体趋于稳定,多数国家将发展经济提上重要的议事日程。中国作为一个实力不断壮大且长期与之保持友好关系的大国,自然成为非洲国家争取合作的对象之一。从中国的角度而言,发展同非洲的关系,充分利用双方经济的互补性,符合中国扩大对外经济参与的需要。在这种背景下,根据非洲国家的提议,中国倡导成立了中非合作论坛,此后中非合作逐步迈向机制化、制度化及多边化的阶段。在2000年10月召开的首届部长级会议上,中国首次提出了建立新型伙伴关系的目标,表明中国政府正尝试着根据新世纪国际环境的变化重新定位中非关系。自此,中国开始了全方位发展对

---

① 中国文化传媒网:http://www.ccdy.cn/xinwen/huanqiu/xinwen/201305/t20130524_652345.htm。
② 〔日〕金子将史等编,公共外交组译:《公共外交:"舆论时代"的外交战略》,外语教学与研究出版社,2010年,第140页。

非关系的探索历程。

在2005年4月的亚非峰会上,胡锦涛主席强调构筑亚非新型战略伙伴关系是亚非国家共同关心的重大问题,亚非国家在政治上要成为相互尊重、相互支持的合作伙伴,经济上要成为优势互补、互利共赢的合作伙伴,文化上要成为相互借鉴、取长补短的合作伙伴,安全上要成为平等互信、对话协作的合作伙伴。① 至此,中国对新世纪中非关系的定位趋于稳定,新时期对非外交政策也初步成型了。不过较为完整全面的对非外交政策的出台是在2006年。是年,中国政府在对外发布的《中国对非洲政策文件》中强调中国将"与非洲国家建立和发展政治上平等互信、经济上合作共赢、文化上交流互鉴的新型战略伙伴关系",并对如何加强中非全方位合作作出了相关的规划。② 这一文件精神通过胡锦涛主席的几次重要访问传递至非洲国家,获得广泛的支持,双方终于在2006年的北京峰会上确立了政治上平等互信、经济上合作共赢、文化上交流互鉴的新型战略伙伴关系。

经过十几年的探索和实践,中国对非外交政策目前已经趋于成熟,中非新型战略伙伴关系不断深化,双方的合作领域进一步拓宽,而且在中非合作论坛的推动下呈现了机制化、全方位、多层次的特征。新世纪以来,中非关系的快速发展说明中国对非外交政策的制定和实施是成功的,这一政策在江泽民任期内开始探索,在胡锦涛任期内最终确立起来且得到有效的实施,并为新一届政府所继承。2013年3月,习近平主席在访问坦桑尼亚、南非和刚果等非洲三国时,再次重申中非新型战略伙伴关系政治、经济、文化等方面的内涵。

(二) 中国增强对非外交政策文化软实力的途径

1. 以实现共同发展为目标的经济技术合作

中国是最大的发展中国家,非洲则是发展中国家最为密集的大陆,双方在新世纪都面临着实现经济快速发展的迫切任务。中国以中非合作论坛为平台,充分利用双方经济的互补性,积极发展对非经济技术合作,促进中非共同发展。

首先,中国不断增加对非经济援助,同时减免债务。中非合作论坛首届部长级会议后的三年中,中国与非洲新签订了245笔经援协议,约占同期中国对外新签援款总额的44%。③ 2006年北京峰会后,中国对非经济援助增长的速度较快,几乎每三年就会翻一番。根据峰会的行动计划,中国2009年对非洲的援助比2006年的援助增加了一倍,三年内中国为非洲提供了46.47亿美元的援助(包括26.47亿美元的优惠贷款和20亿美元的优惠出口买方信贷)。在第四届部长级会

---

① 中国新闻网:http://www.chinanews.com/news/2005/2005-04-22/26/566076.shtml。
② 人民网:http://politics.people.com.cn/GB/1026/4021451.html。
③ 中非合作论坛网:http://www.focac.org/chn/ltda/dejbzjhy/zyjh22009/t400126.htm。

议上中方承诺的对非优惠贷款额为113亿美元,而在2012年7月举行的第五届部长级会议上这一数字上升为200亿美元。① 减免债务方面,中国在中非合作论坛首届部长级会议上承诺未来两年内减免非洲重债贫穷国和最不发达国家100亿元人民币债务。② 在接下来的一年半中,中国与31个非洲国家签署了免债议定书,共免除有关国家欠华到期债务156笔,总金额105亿元人民币,超额完成承诺。第三部长级会议后,中国继续免除了非洲33国168笔于2005年年底到期的债务。在2010—2012年间,中国又免除所有同中国有外交关系的非洲重债穷国和最不发达国家截至2009年年底到期的政府无息贷款债务。③

其次,中国采取多种措施促进中非贸易的可持续发展。80年代之后,在平等互利原则的指导下,中非贸易获得迅速发展。但由于受产业结构和市场需求等因素的影响,非洲国家在与中国的贸易往来中多数情况下处于逆差地位。新世纪之后,在中非合作论坛的框架下,中国先后三次减少非洲国家的商品进口税,以促进非洲商品进入中国市场。至第四届部长级会议结束后,与中国建交的30个非洲最不发达国家全部享受60%输华产品免关税政策,受惠产品数目共有4762个。④ 在零关税政策的刺激下,非洲受惠商品对华出口快速增长。在2012年1月至12月间,有22个非洲受惠国累计受惠货值达到14.9亿美元,关税税款优惠9.1亿元人民币。⑤

在实施进口优惠政策的同时,中国还通过设立"中国—非洲工商联合会"和"非洲产品展销中心"等其他方式促进非洲产品出口中国。"中国—非洲工商联合会"是由中国国际贸易促进委员会发起成立的旨在为双方贸易和投资提供服务的非营利性社会组织,成立至今举办了多场商业活动交流会和非洲产品展览会。坐落在浙江省义乌的"非洲产品展销中心"成立于2010年,2011年5月投入运营,重点引进非洲特色商品。该中心对入驻的非洲企业给予3年免交3年场地使用费、物业管理费、空调费、公共区域电费的优惠,吸引了大批非洲商家前来参与商品展销。此外,中国鼓励本国企业根据市场需求和条件优先进口非洲产品,同时加强与非洲国家在海关、税务、检验检疫、物流和营销等领域的合作。

在各种激励措施的推动下,中非贸易取得飞速发展,非洲国家在对华贸易中基本上扭转了逆差局面。2005年中非贸易额达到397亿美元,比2000年翻了近两番。而到了2012年中非贸易已达1984.9亿美元,其中,中国对非洲出口额

---

① 中非合作论坛网:http://www.focac.org/chn/ltda/dwjbzzjh/hywj/t954617.htm。
② 中非合作论坛网:http://www.focac.org/chn/ltda/dyjbzjhy/hywj12009/t155561.htm。
③ 中非合作论坛网:http://www.focac.org/chn/ltda/dwjbzzjh/hxxd/t952537.htm。
④ 中非合作论坛网:http://www.focac.org/chn/ltda/dwjbzzjh/hxxd/t952537.htm。
⑤ 国务院新闻办公室:《中国与非洲的经贸合作(2013)》,《人民日报》,2013年8月30日,第23版。

853.19 亿美元,同比增长 16.7%,自非洲进口额 1131.71 亿美元,同比增长 21.4%。①

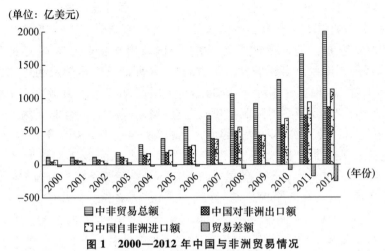

图 1 2000—2012 年中国与非洲贸易情况

资料来源:中国共产党新闻网:http://cpc.people.com.cn/n/2013/0830/c83083-22746170.html

从图 1 我们可以看出,13 年间非洲对华贸易有 5 年处于逆差状态,8 年处于顺差状态,而且自 2010 年以来呈现顺差不断扩大的趋势。

再次,中国不断扩大对非人力资源培训和技术合作。在 2000 年中非合作论坛首届部长级会议上,中国宣布成立"非洲人力资源开发基金",专门用于帮助非洲国家培训各类专业人才。此后,中国逐步增加资金投入,使对非人力资源培训的规模越来越大。从官方公布的落实情况上看,在 2004 年至 2012 年间,中国为非洲国家培训的各类人才达 4.5 万人以上,到 2015 年这一数字有望超过 7.5 万人。这些人才主要分布在技术、教育、医疗等领域,他们对非洲经济和社会的发展具有积极的意义。另外,中国加强与非洲国家在农业技术、卫星气象监测、新能源开发利用等技术领域的合作。农业技术合作历来就是中非技术合作的重点内容之一,在北京峰会上这一传统议题再次得到重点关注,中国承诺未来三年向非洲国家派遣 100 名高级农业技术专家,在非洲建立 10 个特色农业技术示范中心。这 100 名高级农业技术专家在 2008 年就已派遣完毕,农业示范中心建设超额完成增加为 14 个,2007 年 9 月中国援建的第一个农业技术示范中心在莫桑比克首都的农业科学院正式启动。② 此后,中国又陆续建设了 6 个,使中方在非洲国家援建的农业技

---

① 国务院新闻办公室:《中国与非洲的经贸合作(2013)》,《人民日报》,2013 年 8 月 30 日,第 23 版。
② 张忠祥:《中非合作论坛研究》,世界知识出版社,2012 年,第 170 页。

术示范中心增至20个,同时中国还向非洲派遣了50批农业技术组。在2010—2012年间,中国根据双方的合作计划在非洲国家实施了105个清洁能源项目,启动"中非科技伙伴计划"推动对非技术转让、扩大共享科技成果。

最后,中国加强对非投资。资金匮乏、科技基础薄弱一直以来是制约非洲经济发展的重要因素。进入新世纪之后,在中国政府积极鼓励本国有实力的企业"走出去"参与国际经济合作的背景下,加强对非洲的投资自然成为中非经济合作的题中应有之义。根据北京峰会行动计划,中国在2007年6月成立了中非发展基金,其目的在于"充分借鉴国际股权投资基金的操作模式,结合非洲国家的经济发展方向,通过基金投资和咨询服务等方式,发挥伙伴式推进器作用,引导和支持更多中国企业开展对非直接投资,以市场化方式促进非洲地区经济发展和民生改善。"① 截至2012年年底,该基金在非洲30个国家投资61个项目,决策投资额23.85亿美元,并已对53个项目实际投资18.06亿美元。初步统计,决策投资项目全部实施后,可带动对非投资超过100亿美元,每年增加非洲当地出口约20亿美元、超过70万人从中受益。② 中国还设立了"非洲中小企业发展专项贷款",提供10亿美元资金用于支持农林牧渔、加工制造、贸易流通等与非洲民生密切相关行业的发展。另外,中国在赞比亚、埃及、毛里求斯、尼日利亚和埃塞俄比亚等5个非洲国家建立了6处经贸合作区,开创中国企业与非洲政府合作的新模式,获得广泛的好评。世界银行行长罗伯特·佐利克(Robert Zoellick)曾给予积极的评价,认为中国政府支持在一些非洲国家建立工业园是一项非常值得欢迎的举措,它使中国在非洲的投资扩展至矿业和基础设施以外的领域,为非洲创造就业岗位提供更好的机会。③ 在一系列措施的鼓励和引导下,中国在非洲的投资迅速发展。2003年年底中国对非直接投资存量为4.9亿美元,而截至2009年年底,中国对非直接投资存量已大幅增长到93.3亿美元。④ 2008年国际金融危机爆发后,非洲国家吸引外国直接投资连续下滑,而同期中国的对非直接投资却快速上升。2009—2012年,中国对非直接投资流量由14.4亿美元增至25.2亿美元,年均增长20.5%,存量由93.3亿美元增至212.3亿美元,增长1.3倍。⑤ 如今非洲已经成为中国的第四投资目的地。

2. 文化交流

新世纪以来,文化在中国对非外交政策中被提升到与政治、经济同等重要的

---

① 中非发展基金网:http://www.cadfund.com/NewsInfo.aspx?NId=10。
② 国务院新闻办公室:《中国与非洲的经贸合作(2013)》,《人民日报》,2013年8月30日,第23版。
③ Wang Xiaotian, "Nation to hike SEZ spending in Africa", *China Daily*, 2010年9月15日。
④ 中央人民政府网:http://www.gov.cn/zwgk/2010-12/23/content_1771638.htm。
⑤ 国务院新闻办公室:《中国与非洲的经贸合作(2013)》,《人民日报》,2013年8月30日,第23版。

地位。在中非合作论坛的推动下,中国对非文化交流与合作迅速发展,呈现了全方位、多层次、宽领域的特征。首先,中国对非人文交流步入大发展大繁荣的时期。这一阶段,中国与所有的非洲建交国家都签订了政府间文化合作协定,双方文化高层的互动日趋频繁。仅在2007年至2012年上半年间,中国文化部就派出8个部级政府文化代表团访问17个非洲国家,安排接待非洲国家35个部级政府文化代表团访华①。

根据文化协定的内容以及历届中非合作论坛会议的精神,中国文化部先后开展了"中华文化非洲行""文化聚焦""欢乐春节""中非文化人士互访计划"等活动,加强中非双方的文化交流与合作。2004年是进入新世纪以后中非文化交流较为繁荣的一年,在以非洲为主宾州的"相约北京"联欢活动中,中国政府一共邀请了非洲9个国家的艺术团和8个政府文化代表团来华演出、访问。同时,双方合作在北京举办3个非洲艺术展,在湖南举办了覆盖8个主要城市的非洲艺术节。在非洲,中方举办"中华文化非洲行"活动,向非洲国家派遣了4个艺术团、3个艺术展开巡演和巡展,举办中国艺术节。这两项大型文化交流活动共覆盖非洲22个国家和地区,吸引了数十万中非观众,规模空前,影响广泛,被誉为"中非文化交流史上的创举"②。"文化聚焦"活动是北京峰会后中非文化交流的重要品牌项目之一,其实施方式为每逢双年在中国举办"非洲文化聚焦"活动,单年则在非洲举行"中国文化聚焦"活动。另外,为了加强中非学者和智库之间的交流与合作,共享研究成果,中国实施了"中非联合研究交流计划"。该计划主要围绕中非关系和涉非问题等开展学术研究和交流,下设课题研究、学术交流、研讨会和著作出版共四大类项目。自2010年正式启动至2013年年初,"交流计划"一共支持中非30余家学术机构开展项目64个,包括课题研究29个,研讨会16个,学术交流16个,著作出版3个,推动中非学术交流600余人次③。

其次,在中非人文交流步入繁荣期的背景下,历来作为中非文化交流重要内容的中非教育合作也获得了快速的发展。为了促进双方的教育合作与对话,中国出面组织了中非教育部长论坛和大学校长论坛,从而使双方的合作趋于机制化。在接收非洲学生来华学习方面,中国政府提供了多种奖学金,并且奖学金的名额逐年增加,覆盖所有与中国建交的非洲国家。据统计,2000年中国政府为非洲国家提供的奖学金名额为1154人,2010年和2011年则分别上升至5710人和6316

---

① 张宏明:《非洲发展报告 No.14(2011—2012)——新世纪中非合作关系的回顾与展望》,社会科学文献出版社,2012年,第60—61页。

② 解飞:《中国同非洲国家的文化交流与合作》,《西亚非洲》,2006年第6期,第59页。

③ 中非联合研究交流计划信息网:http://pdas.zjnu.edu.cn/showDetails.jsp? favid=603290&catid=246。

人,十年间增长了四倍多。赴华学习的非洲留学生所选的专业从传统的医疗、工程技术、建筑等领域逐渐拓展至经济学、管理学等领域。另外,在"非洲人力资源开发基金"的框架下,中国为非洲国家培训了各类教育人才。例如,在第四届中非合作论坛部长会议后的三年中,中国共为非洲国家培训各类人员2.4万人,其中包括校长和教师1500名①。与此同时,中国继续向非洲国家派遣教师,帮助当地的高等院校及技能和职业教育培训学校加强学科和专业的建设,建立双方高等院校与技能和职业教育培训学校间的交流渠道,为非洲国家的高校实施建设实验室、计算机中心等合作项目。为促进双方高等院校合作的进一步深化,中国根据第四届部长会议的行动计划,于2010年实施了"中非高校20+20合作计划"。其合作方式是中国选择北京大学等20所院校与非洲的埃及大学等20所大学进行一对一的长期合作。根据非洲国家的需要和要求,中国在非洲国家开设孔子学院和孔子课堂教授中文,传播中国文化,这是中非教育合作在新世纪的创举之一。根据国家汉办官网提供的资料,截至2013年年底,中国在非洲开设的孔子学院和孔子课堂总数达47个,分布在埃及、多哥、南非、博茨瓦纳等31个国家。

3. 高层出访

高层外访体现了中国外交的平等理念,是中国增强对非洲吸引力的有效途径之一。过去几十年间,中国高层领导人频繁访问非洲,其中比较著名的包括1963年年底至1964年年初周恩来访问非洲、1982年年底至1983年年初中国总理访问非洲以及1996年江泽民访问非洲。新世纪以来,在中非合作论坛部长级会议的推动下,中非关系取得了快速的发展,中国领导人对非洲国家的访问有了更进一步的发展。在2000年至2013年十四年间,中国部级以上官员一共访问非洲345国次,平均每年访问近25国次(详情参见表1)。其中,2011年的访问多达54国次,在这一年中国有11位领导人访问了25个撒哈拉以南非洲国家②。

表1 2000—2013年中国部级以上官员访问非洲的概况

年份 国次	2000	2001	2002	2003	2004	2005	2006	2007	2008	2009	2010	2011	2012	2013	统计
共计	21	17	21	13	26	16	25	26	18	24	37	54	31	17	346

资料来源:由作者根据外交部西亚北非司、非洲司以及人民网的相关资料自制而成。

另一方面,在中非合作朝着机制化方向发展的背景下,中国最高级别领导人出访非洲国家也随之呈现常态化的趋势。第15届中央政治局的7位常委在任期

---

① 中非合作论坛网:http://www.focac.org/chn/ltda/dwjbzzjh/hxxd/t952537.htm。
② 中国新闻网:http://www.chinanews.com/gn/2012/11-07/4310207.shtml。

内均出访过非洲国家,第16届中央政治局的9位常委除了政法委书记罗干外其余八位在任期内都访问了非洲国家,第17届中央政治局的9位常委也全部都对非洲进行了访问。从这一点上看,中央政治局常委在任期内出访非洲国家似乎成为新时期中国高层访问非洲的惯例。另外,自2000年以来,每年都有至少一位中央政治局常委访问过非洲国家,2004年、2008年及2009年甚至分别有四位政治局常委出访非洲。如此频繁的高层出访非洲国家,在新中国历史上是极为罕见的,这是新世纪中国对非高层外交的显著特点之一。

14年来,在17名访问过非洲的政治局常委中,胡锦涛同志曾先后五次访问非洲共19个国家,是访非次数最多的中国领导人。其中,规模最大、影响最深的一次是他在2007年1月至2月访问喀麦隆、苏丹等八国。访问期间,胡锦涛主席受到隆重热烈欢迎,非洲领导人高度评价中国对非政策,受访国的媒体对胡锦涛的访问活动进行了集中报道,体现了非洲对华的友好情谊。习近平主席于2013年3月对坦桑尼亚、南非和刚果共和国三国的访问是众多高层外访中另一次重要的访问。这是新一届国家领导人首次访问非洲,向外界释放了中国将继续加强与非洲国家合作与交流的友好信息,一时间国际舆论掀起了"中国热"和"中非热"。除了高规格的热烈欢迎外,非洲领导人纷纷表示所谓中国在非洲搞"新殖民主义"的说法没有根据,希望向中国学习经验,加强中非合作。① 这些反应表明,中国高层领导人出访非洲为中国赢得了大量的文化软实力,有利于新时期中非关系的深化。

4. 维护非洲的和平与稳定

冷战结束后,非洲地区原本被冷战所掩盖的部族矛盾、宗教冲突及边界纠纷等问题逐渐浮出水面,加之民主化浪潮的冲击,非洲大陆成为世界最为动荡不安的地区之一。中国作为一个正在迅速崛起且与非洲国家有着深厚传统友谊的大国,在发展对非关系中积极履行应尽的国际责任和义务,长期致力于维护非洲的和平与稳定。首先表现在中国积极参与联合国在非洲的维和行动。2003年2月,中国向刚果民主共和国派出首批成建制维和部队175人,这是新世纪之后中国首次参与联合国在非洲的维和行动。此后,中国向更多的非洲国家和地区派遣维和部队,至今中国维和部队已经在刚果(金)、莫桑比克、塞拉利昂、利比里亚、科特迪瓦、布隆迪、苏丹、西撒哈拉、埃塞俄比亚、厄立特里亚及马里等11个非洲国家和地区执行过或正在执行维和任务。在联合国安理会五大常任理事国中,中国是向联合国对非维和行动派出维和部队最多的国家。以2014年1月联合国在非洲的八项维和行动为例,中国派出的维和人员共1972名,法国次之,人数为90名,排在第三位的俄罗斯派出69名,第四位美国派出42名,而英国参与的人数最少,仅为

---

① 新华网:http://news.xinhuanet.com/video/2013-03/29/c_124521934.htm.

9名(详情请看表2)。

中国不但主动参与联合国在非洲实施的维和行动,而且还积极劝和,为联合国维和决议的顺利开展作出了重要的贡献。苏丹达尔富尔冲突发生后,非盟和联合国主张向该地区派遣混合部队维持秩序,但一直未能得到苏丹政府的同意。中国通过元首互访、派遣特使、任命非洲事务特别代表等方式,同有关各方保持密切对话,积极探索解决达尔富尔问题的有效途径。在中方的斡旋下,苏丹政府与非盟、联合国终于在派遣混合部队问题上达成共识,中国在达尔富尔问题上的作为得到整个国际社会的欢迎。[1]

表2 2014年1月联合国安理会五大常任理事国参与联合国在非洲维和行动的情况 (单位:人)

行动 国家	西撒特派团	马里稳定团	联刚稳定团	达尔富尔混合行动	联阿安全部队	联利特派团	南苏丹特派团	联科行动	总计
中国	7	402	234	233	0	734	356	6	1972
法国	17	19	14	0	0	2	20	18	90
俄罗斯	14	0	31	0	0	14	0	10	69
美国	0	0	3	0	0	22	17	0	42
英国	0	2	5	0	0	0	2	0	9

数据来源:联合国网:http://www.un.org/en/peacekeeping/contributors/2014/jan14_5.pdf

其次,中国参与亚丁湾护航活动,维护国际航道的安全。自20世纪90年代初军政府垮台之后,索马里陷入了长期内战与军阀割据的状态。进入新世纪以来,索马里局势的混乱愈演愈烈,2007年之后其沿海地区和亚丁湾海盗猖獗,给过往船只带来严重的威胁。根据联合国的相关决议精神,并且应索马里政府的邀请,中国参与联合国在索马里海域的护航行动,于2008年12月首次向亚丁湾地区派遣海军舰艇编队执行护航任务。截至2012年8月,中国共派遣11批海军舰艇编队赴亚丁湾和索马里海域实施护航,先后为457批共4700艘各国船舶提供安全保护,成功解救遭海盗袭击船只43艘。[2]

再次,中国加强与非洲国家在防止武器扩散方面的合作。小武器和轻型武器的扩散是威胁非洲和平与稳定的重要因素之一。中国在国际交往中积极参与国际组织防止小武器和轻武器扩散的各种努力,认真落实联合国轻小武器《行动纲领》和《识别和追查非法轻小武器国际文书》。在非洲地区,中国同样作出了各种

---

[1] 克里斯·阿尔登等:《非洲冲突后重建:中国日益增长的作用》,《国际展望》,2011年第6期,第110页。
[2] 中非合作论坛网:http://www.focac.org/chn/zxxx/t952537.htm。

努力防止轻小武器的扩散。在首届中非合作论坛部长会议上,双方的部长们表达了对小武器和轻型武器大量流入非洲冲突地区的关切,一致认为这对非洲大陆的和平、安全与稳定、发展构成威胁,强调双方在国际讲坛通力合作,防止小武器和轻型武器的非法扩散、流通和贩卖,并与之作斗争。① 此后,中国根据非洲国家打击轻小武器扩散的实际情况和需求,向它们提供资金、技术和人员培训等援助。②

5. 人道主义援助

进入新世纪以来,非洲虽然政局整体趋于稳定,经济发展势头良好,但是地震、海啸、飓风、旱灾等自然灾害频繁发生,给其经济带来严重的损失。在危难时刻,中国政府本着人道主义精神,应受灾国的要求和国际社会的呼吁,向非洲提供及时的紧急援助,以帮助其渡过难关,中非患难与共的友情再次得到彰显。例如,2011年夏,非洲之角地区经历了20世纪80年代以来最为严重的旱灾和饥荒,成千上万的难民亟待国际救援,中国政府在7月下旬就宣布向受灾地区提供9000万元人民币紧急粮食援助,半个月后中国追加价值3.532亿元人民币的紧急粮食和现汇援助,③这是新中国成立以来最大的一笔紧急粮食援助。另外,对于人为因素引起的紧急人道主义危机,中国政府同样给予高度的人道关切。近年来,中国向乌干达、索马里、苏丹等遭受战乱的难民提供各类人道主义物资援助。其中,仅在2007年中国就向苏丹的达尔富尔地区提供价值8000万元人民币的物资援助。④

医疗援助是中国向非洲提供的非紧急人道主义援助。新世纪以来,随着非洲公共卫生危机的日益突出以及中国经济实力的不断壮大,中国逐步加大对非洲的医疗卫生援助,使其在中国的援非部署中扮演着重要的角色。在中非合作论坛的框架下,中国继续向40多个非洲国家派遣医疗队,同时为其无偿提供药品、医疗器械和医用材料。中国还在非洲设立疟疾防治中心,为非洲援建医院,帮助其培训卫生领域人才。2006年北京峰会以来,中国帮助非洲建成了89家医院和30家疟疾防治中心,并提供价值1.9亿元人民币的抗疟药物。⑤ 中国对非医疗援助有力地推动非洲医学技术和医疗基础设施的持续发展,从而有效地缓解非洲的公共卫生危机。

(三) 中国对非外交政策的文化软实力效果

通过加强经济技术合作、文化交流、高层外访及安全合作等方式,中国对非外交政策取得了良好的效果,极大地提升了中国的文化实力。一方面,非洲国家的

---

① 中非合作论坛网:http://www.focac.org/chn/ltda/dyjbzjhy/hywj12009/t155561.htm。
② 新华网:http://news.xinhuanet.com/world/2006-11/05/content_5292778.htm。
③ 中国商务部网:http://www.mofcom.gov.cn/aarticle/ae/ai/201108/20110807695580.html。
④ 中国政府网:http://www.gov.cn/jrzg/2007-09/19/content_754019.htm。
⑤ 许铭:《对非医疗合作与援助:挑战及建议》,《国际经济合作》,2013年第11期,第5页。

政府精英和普通民众对中国持有较高的好感度。另一方面,在反对霸权主义、孤立台独势力及其他重要事务中,非洲国家一如既往地给予中国宝贵的支持。

1. 非洲对中国的好感度

非洲的政府精英和普通民众对中国对非外交政策的认知对文化软实力的产生具有重要的意义,它们是衡量中国对非政策文化软实力的重要指标之一。一直以来,绝大多数非洲国家领导人对中国对非外交政策都是持积极的看法,他们对中国真诚帮助非洲、平等相待及双方的经贸合作表示赞赏,认为中国是"全天候的朋友"。例如,尼日利亚总统奥卢塞贡·奥巴桑乔在接受采访谈及中非关系时指出,"在很大程度上,中国和非洲之间的关系一直是积极的。其最近对非洲合作、援助和贸易的增强也更受欢迎了……甚至在联合国中国也证明了自己是一个可靠的朋友,在几乎所有问题上都能理解非洲的观点。"① 在2009年的第四届中非合作论坛部长级会议上,坦桑尼亚总统基奎特表示,"尽管国际金融危机带来前所未有的挑战,中国坚决支持非洲发展,这说明中国是非洲'全天候'的朋友。"②

对于非洲人对中国对非外交政策的认知,一些西方学者以二分法在非洲的领导者及其人民之间定位中国,认为中国并没有聆听非洲人民的愿望,只是在听从非洲统治阶级的意愿。③ 然而,大量的民意调查表明,实际情况并非如他们所言的二元化认知。非洲国家的普通民众或许对中非关系的某一具体问题的认知与其统治精英存在不同之处,但他们对于中国政策的整体认识是与他们的政府大体一致的。2008年非洲民意调查组织(AfroBarometer)对20个非洲国家的1.9万多名非洲居民进行问卷调查,设置的问题是:"依您的意见,中国给您的国家带来多大帮助?"选项包括:"什么也没有做""没有多少帮助""有点帮助"以及"有很大帮助"。前两个选择表达对中国角色的负面印象,而后两个则表达正面印象。概括来说,正面的回应平均为67%,而负面的有32.7%。④ 英国广播公司(BBC)对全球国家形象进行了长期的跟踪调查,其结论也说明非洲民众对中国具有较高的好感度。例如,2013年的民调显示,尼日利亚、加纳、肯尼亚和埃及的受访者对中国的好感度分别为78%、68%、58%、57%,持负面看法的各占10%、21%、22%、11%。⑤

来自美国皮尤研究中心的长期民意调查数据甚至表明,中国在非洲地区的受

---

① 〔意大利〕阿尔贝托·麦克里尼著,李福胜译:《非洲的民主与发展面临的挑战——尼日利亚总统奥卢塞贡·奥巴桑乔访谈录》,中国人民大学出版社,2007年,第71页。
② 新华网:http://news.xinhuanet.com/world/2009-11/10/content_12420363.htm。
③ 沙伯力、严海蓉:《非洲人对于中非关系的认知(下)》,《西亚非洲》,2010年第11期,第51页。
④ 沙伯力、严海蓉:《非洲人对于中非关系的认知(上)》,《西亚非洲》,2010年第8期,第71页。
⑤ 凤凰网:http://city.ifeng.com/dhcs/20130525/373486.shtml。

欢迎度略高于美国在该地区的受欢迎度。从2006年开始至今,该中心已经连续进行了8次对主要大国受欢迎度的全球民意调查,其中非洲受访者对中美两国态度的相关数据如表3所示:

表3 非洲受访者对中美两国态度的数据统计

年份	受访国家	对中国的态度		对美国的态度	
		喜欢	不喜欢	喜欢	不喜欢
2006	埃及	63%	32%	30%	69%
	尼日利亚	59%	32%	62%	36%
2007	象牙海岸	92%	7%	88%	11%
	马里	92%	7%	79%	18%
	肯尼亚	81%	15%	87%	11%
	塞内加尔	81%	12%	69%	29%
	加纳	75%	14%	80%	14%
	尼日利亚	75%	18%	70%	27%
	坦桑尼亚	70%	11%	46%	39%
	埃塞俄比亚	67%	28%	77%	22%
	埃及	65%	31%	21%	78%
	乌干达	45%	23%	64%	19%
	摩洛哥	26%	29%	15%	56%
2008	尼日利亚	79%	14%	64%	33%
	坦桑尼亚	71%	8%	65%	21%
	埃及	59%	29%	22%	75%
	南非	37%	51%	60%	24%
2009	尼日利亚	85%	10%	79%	19%
	肯尼亚	73%	14%	90%	3%
	埃及	52%	48%	27%	70%
2010	肯尼亚	86%	10%	94%	3%
	尼日利亚	76%	15%	81%	14%
	埃及	52%	43%	17%	82%
2011	埃及	57%	39%	20%	79%
	肯尼亚	71%	21%	83%	11%
2012	突尼斯	69%	15%	45%	45%
	埃及	52%	42%	19%	79%

（续表）

年份	受访国家	对中国的态度		对美国的态度	
		喜欢	不喜欢	喜欢	不喜欢
2013	肯尼亚	78%	13%	81%	14%
	塞内加尔	77%	8%	81%	5%
	尼日利亚	76%	11%	69%	20%
	加纳	67%	22%	83%	9%
	突尼斯	63%	17%	42%	41%
	乌干达	59%	17%	73%	9%
	南非	48%	43%	72%	20%
	埃及	45%	52%	16%	9%

数据来源：皮尤研究中心：http://www.pewglobal.org/database/? indicator = 24&survey = 14&response = Favorable&mode = chart

为方便进行比较,我们将获得更高受欢迎度的国家数目的多寡作为衡量中美两国在非洲年度受欢迎度程度高低的标准。根据这一标准,2006 年中美两国在两个受访国中获得更高受欢迎度的国家数目比为 1∶1,说明该年度双方在该地区的受欢迎度持平。2007 年在 11 个受访国家中,中美两国获得更高受欢迎度的国家数目比为 7∶4,中国的年度受欢迎度高于美国。在 2008 年的 4 个受访国家中,双方的这一比例为 3∶1,中国的年度受欢迎度高于美国。在 2009 年的 3 个受访国家中,双方的这一比例为 2∶1,中国的年度受欢迎度还是高于美国。在 2010 年的 3 个受访国家中,双方的这一比例为 1∶2,美国的年度受欢迎度首次高于中国。在 2011 年的两个受访国中,双方的比例为 1∶1,年度受欢迎度再次持平。在 2012 的两个受访国中,双方获得更高欢迎度的国家数目比为 2∶0,中国的年度受欢迎度高于美国。在 2013 年的 8 个受访国中,双方的这一比例为 3∶5,美国的年度受欢迎度再次高于中国。从连续 8 年的比较结果来看,中国以四高两平两低的成绩领先于美国。不过值得注意的是,自 2010 年以来,由于美国政府调整对非政策,美国在非洲地区的受欢迎度有了上升,中美双方在非洲的受欢迎度不相上下。因此,我们可以谨慎地得出这样的结论,即迄今为止,中国在非洲地区的受欢迎度假使不能说超过美国,但至少也足以与美国相媲美。

2. 非洲对中国的宝贵支持

进入新世纪之后,以美国为首的西方国家继续以人权为借口,分别于 2000 年、2001 年及 2004 年在联合国人权大会上提交涉华人权提案,粗暴干涉中国的内政。然而,这三次反华提案的结局与此前的历次反华提案一样均以失败告终,非洲国家的坚定支持是中国在新世纪中美人权较量中取胜的重要因素。例如,在

2001 年的"不采取行动"动议表决中,赞成 23 票,反对 18 票,弃权 11 票,非洲有 10 票支持,占总赞成票的 43.5%。①

在涉台问题、涉藏问题等关注中国核心利益的问题上,非洲国家同样给予中国强有力的支持。尽管在所谓的参与或"重返"联合国问题上屡屡碰壁,台独势力始终没有放弃这一图谋。继 20 世纪 90 年代怂恿其"邦交国"7 次向联大总务委员会递交"重返"联合国的申请后,在 2000 年至 2007 年间,台湾当局又先后 8 次向联大总委会提出了入联申请。绝大多数非洲国家坚持一个中国原则,反对台湾的非法诉求,使这 8 次申请提案未获通过。为了打击台独势力分裂国家的行径,2005 年中国全国人大审议通过了《反分裂国家法》,非洲国家和区域组织表示理解和支持。非盟委员会主席科纳雷在会见中国驻埃塞俄比亚大使林琳时表达了对中国的支持,同时强调《反分裂国家法》的通过不仅是中国的伟大胜利,同时也是非洲的伟大胜利。② 在连续 15 次入联申请失败之后,台独势力铤而走险,企图在台湾本土进行所谓的"入联公投",此举遭到包括非洲国家在内的国际社会的强烈谴责。非科纳雷在会见中方代表时表示,"'入联公投'是台湾当局谋求'独立'的工具,是一种公然挑衅,台湾作为中国的一部分无论如何不能独立,非盟表示坚决反对并支持中国政府在'入联公投'问题上的立场。"③

此外,非洲国家还在中国举办奥运会和世博会等重要事务上给予大力支持。2008 年奥运圣火在西方部分国家传递时受到干扰,但在非洲和南美地区的传递却相当顺利,这与两个地区的政府和人民的支持是密不可分的。2010 年中国举办上海世博会,49 个与中国建交的非洲国家以及区域组织非盟都参加了展示,其中近五分之一的国家从来没有或者多年没有参加过世博会,再次彰显了非洲国家对中国的支持。2008 年中国汶川遭遇特大地震,在救灾和灾后重建中,非洲国家不顾自身经济的贫困,仍向中国伸出援手。人口仅有 200 万的赤道几内亚向中国捐赠了 200 万欧元,平均每人 1 欧元,刚果(布)政府在汶川地震后捐赠 100 万美元。④

非洲国家在上述各个领域内对中国的宝贵支持,不是现实主义简单的利害关系所能解释得了的,而是他们对中国的积极认知和良好的情感在行动上的表现。换言之,非洲国家对中国的支持在很大程度上是由于中国对非外交政策具有较强的文化软实力。

---

① 肖文黎:《中美人权较量中非洲对中国的支持》,《西亚非洲》,2002 年第 2 期,第 39 页。
② 中国新闻网:http://www.chinanews.com/news/2005/2005-03-15/26/550903.shtml。
③ 中国外交部网站:http://www.fmprc.gov.cn/mfa_chn/wjdt_611265/zwbd_611281/t443044.shtml。
④ 新华网:http://news.xinhuanet.com/world/2012-08/27/c_123635783.htm。

三、中国对非外交政策文化软实力面临的挑战
(一)国际对非多边合作趋势的制约作用

冷战结束后,经济全球化的进程加快,国家之间的相互依存度不断提高,在此过程中产生的诸如南北经济差距扩大、气候变化、跨国犯罪等问题需要相关国家通过联合行动才能得到有效的治理。在这种背景下,国际合作的多边趋势愈来愈明显,它逐渐成为国家对外交往的重要议题之一。这一新趋势在国际对非合作中同样得到体现,并且为我国提升对非外交政策文化软实力带来了挑战。随着中非关系的发展,国际社会对中国在非洲与日俱增的影响力给予广泛的关注,西方国家积极倡导与中国在对非援助方面的合作,希望将中国纳入其主导的国际对非多边合作机制中。客观而言,各主要对非合作参与方之间假如能够在合作的方式和内容上达成共识,并且有一套相对成熟的合作机制协调多方对非合作,对非洲经济和社会的发展以及千年目标的实现具有重要的积极意义。事实上,中国已经开始在对非多边合作方面进行了谨慎的尝试。早在联合国于2005年举行的关于协调援助的巴黎会议上,中国就已经派出代表参加了会议,与此同时中国与欧洲、美国还在各类学术论坛上展开合作对话。但是在西方人看来,中方的行动与其对中方的期待还尚有一段距离,如此一来怎样应对西方国家对非多边合作的要求便成为中国发展对非关系时不得不面对的问题之一。

由于西方国家提出的多边合作要求符合时代发展的需要,因而它们掌握了对非多边合作的道德高地。中方倘若断然拒绝与其进行第三方合作,将给国际社会留下一个中国对非洲经济社会的发展缺乏诚意的印象,这种情况一旦出现西方国家会借机渲染,会给中国国家形象带来负面的影响。实际上,由于近年来中国对第三方合作持保留态度,西方国家对中国援助非洲的政策提出了批评,认为中国的援助缺乏透明度,妨碍西方在非洲实现民主和良治的努力等等。然而,根据西方的要求进行合作将给中国带来一些挑战,影响中国对非外交政策的实施。在当前的国际对非多边合作中,西方国家处于主导的地位,他们强调多边合作应当有一个整体性的政策与机制,各国应该相互协调在多边的框架下统一开展对非合作与援助。[①] 当然,这个整体性的政策与合作的机制必须以西方的标准为准绳,其背后的政策理念为自由、民主、人权和良治。这些理念与中国对非合作所倡导的平等、不干涉内政等原则在某些场合是相违背的,在这样一个框架中开展对非多边合作将使中国对非外交政策的实质发生根本的变化,不利于中国文化软实力的提

[①] 周玉渊、刘鸿武:《论国际多边对非合作框架下的中国对非战略》,《太平洋学报》,2010年7月,第35页。

升。另外,即使双方在价值观层面上是一致的,任何多边合作都需要参与合作各方让渡部分自主权。当前西方国家在对非多边合作机制中,对合作的规则和议程的设定具有压倒性的优势,在此情况下展开合作,中国自主权让渡的程度肯定将远高于西方国家的自主权让渡,换言之,中国参与多边合作的成本高于西方国家的成本。同时应当注意到,在一个完全由西方政策和理念所主导的机制中开展合作,任何能够产生软实力效应的头等功都将归属于掌握话语权的西方国家,相反假如合作不顺利,缺乏话语权的中国很有可能成为承担责任的代罪羔羊,毕竟西方大国推卸责任的行为并不少见(气候问题的处理就说明了这一点)。

(二)中国面临传统大国和新兴国家的激烈竞争

尽管中国在非洲地区的文化软实力建设已经取得了一定的成绩,但是在该地区中国也面临来自传统大国的严峻挑战。

"9·11"事件后,非洲在美国的能源安全利益和地缘战略利益中的地位逐渐提升,2006 年美国将非洲列为其国家安全战略的"战略优先"。[①] 奥巴马上台后,美国综合运用政治、经济、军事和文化多种手段,以保持和扩大其在非洲的利益,同时企图限制中国在非洲的影响力。在受国际金融危机冲击、美国经济尚未走出衰退的背景下,奥巴马高调宣布援非计划,承诺任内将对非援助增加一倍,并推动一项为期 6 年、总额 630 亿美元的《全球健康行动计划》,并在 G8 峰会期间主导出台了 3 年 200 亿美元的粮食安全援助计划,承诺出资 35 亿美元,上述计划中主要受惠对象是非洲国家。[②]

相对于美国来说,非洲国家与欧洲在地缘政治和历史渊源方面的联系更为紧密,非洲一直以来被欧洲视为后院予以经营。进入新世纪后,随着非洲政局逐渐走向平稳,国际地位不断提高,许多欧洲国家也开始着手改变对非的战略认知和相关政策。在欧非峰会的推动下,以及中非合作的影响下,欧盟出台了完整的对非政策文件。2005 年 12 月,欧盟理事会通过题为《欧盟与非洲:走向战略伙伴关系》的对非战略文件,这是欧盟首次从战略高度出台针对非洲整体的一份全面、综合和长期性的政策文件,规划了未来 10 年欧盟非洲政策目标。此后,欧盟又陆续出台对非洲政策文件,主要包括:2007 年 6 月欧盟委员会批准的《欧盟—非洲新战略》的沟通文件,2007 年 12 月双方共同发表的《欧盟非洲战略伙伴关系》联合战略文件等,这些文件的发布表明非洲在欧盟政策议程中的地位进一步提升。

冷战结束后,日本将两极格局的瓦解视为其跻身世界主导国家行列的大好时机,日本对非政策单纯强调经贸利益转向全面介入非洲事务,以求扩大其在非洲

---

① The White House:http://georgewbush-whitehouse.archives.gov/nsc/nss/2006/nss2006.pdf.
② 张忠祥:《中非合作论坛研究》,世界知识出版社,2012 年,第 243 页。

的影响力。近年来,随着中日关系的恶化,日本加紧向非洲地区渗透,妄图拉拢非洲,遏制中国的影响力。其具体措施就是以东京非洲发展国际会议(TICAD)为平台加强对非经济援助、促进双边贸易的发展等等。总体而言,目前日本对非洲的官方发展援助主要用于资助非洲国家改善医疗卫生、教育、供水以及食品安全等,在改善非洲人民的生活、促进健康和发展教育等方面发挥了一定的积极作用,在这方面得到了非洲国家的积极肯定。

除上述这些传统大国之外,中国在非洲地区还面临新兴大国的激烈竞争。

进入21世纪之后,印度明显重视非洲的作用,加强对非合作。凭借其历史上与非洲大陆的良好关系,印度不断加大对非投资金额,加深与非洲各国之间友好合作关系,提升印度在非洲的整体形象。2003年印度将外交部负责非洲事务的机构由非洲司增加为三个:西非和中非司、东非和南非司、西亚北非司。印度启动了聚焦非洲计划(Focus Africa Programme)(2002—2007)、印非技术经济协作运动(Techno Economic Approach for Africa India Movement,TEAM-9)、泛非E网络(Pan-African E-Network)等。2008年4月,首届印度—非洲峰会在新德里召开,标志着统一的印度对非合作机制的形成。[1]

近些年来,俄罗斯对非洲也给予高度的关注。在2007年3月发布的《俄罗斯联邦外交政策纵览》中,俄罗斯表示"与非洲发展传统友好关系和互利合作的政策为我们利用非洲因素获得更大国际利益和实现经济目标提供了机会。"《2008年对外政策构想》则声称,"俄罗斯将在多边和双边层次上扩大与非洲国家多方面的长期互动,包括在G8内的对话和合作,促进非洲冲突和危机的迅速解决。将与非盟和次区域组织开展政治对话,借此提高俄罗斯参与非洲经济项目的能力。"[2]在这一背景下,2011年12月首届俄罗斯—非洲实业论坛在埃塞俄比亚首都亚的斯亚贝巴举行,标志着俄罗斯在重启对非关系方面又迈出了引人注目的一步。

巴西与非洲在历史上有着深厚渊源,尤其自卢拉担任总统以来,更加重视发展与非洲的关系。在他担任总统的八年时间里已经先后10次访问非洲,所到之处涉及24个非洲国家。巴西在非洲的使馆从2002年的17个增至目前的37个,非洲在巴西的使馆从16个增至33个。巴非间合作主要涉及热带农业、卫生、职业培训、能源、社会保障等相关领域。2011年4月,巴西总统罗塞夫在出席巴西外交学院2009年级学生的毕业典礼时发表讲话称,"巴西同非洲大陆和中东地区开辟了政治对话和经济合作的新渠道。巴西同非洲不仅有历史和文化渊源关系,而且

---

[1] 张忠祥:《中非合作论坛研究》,世界知识出版社,2012年,第266页。
[2] Hakan Fidan, Bülent Aras, "The Return Of Russia-Africa Relations", Bilig, Winter/2010:52.

非洲大陆拥有巨大的潜力和非凡的发展前景。"①

（三）中国对非外交政策面临负面的国际舆论

进入21世纪之后，随着中非合作论坛的成立及各种合作机制的创建和完善，有着四十多年友好交往历史的中非关系迈向了平等互信、互利共赢的新时代。中非关系的快速发展引起国际社会的广泛关注，在中国对非洲经济和社会发展所起的推动作用得到积极评价的同时，各类关于中国对非外交政策的批评和指责也接踵而至。这些负面舆论在2006年中非合作论坛北京峰会召开之后尤为常见，主要来自西方国家和非政府组织，内容包括新殖民主义论、妨碍民主良治论及社会经济问题等等。

中国和非洲经济具有很强的互补性，双方在平等互利、共同发展原则的基础上积极开展经贸往来。由于非洲经济在殖民主义时代实际上成为资本主义经济体系的附庸，独立至今绝大多数国家的畸形经济结构尚未得到根本的改观，制造业发展程度明显滞后于世界平均水平，因此非洲在发展对外经济合作时往往呈现了以原料产品出口换取国外加工制作产品的特征。这一贸易结构是西方殖民主义留下的余毒，在短时间之内很难将其改变。然而，当中国与非洲经济合作取得引人注目的发展之际，西方人却认为中国与非洲的贸易在绝大多数情况下是非洲在进口中国廉价加工产品的同时向中国出口石油和其他原材料，这是一种与殖民时代极为相似的贸易。德国经济合作与发展部的一名官员在谈及中非经济合作时甚至更直接地提出警告，"我们的非洲伙伴确实应当看清楚他们在发展对华关系时不会面临一个新的殖民化进程。"②美国政府官员同样表达了类似的看法，2011年国务卿希拉里在访问非洲接受赞比亚电视台采访时表示，在中国不断加强与非洲关系的同时，非洲必须当心中国的"新殖民主义"，强调非洲应该关注那些能帮这片大陆建立生产力的伙伴国。③

妨碍民主良治论是中国面临的另一个负面舆论。西方国家为非洲提供的发展援助一般都附加民主和良治等政治条件，而相比之下中国采取的是平等和不干涉内政原则。这对于那些长期忍受西方附加条件之苦的非洲国家而言极富吸引力，中国成为它们参与国际合作的可供选择的对象。因为与中国合作的一些非洲国家正是西方社会孤立和施压的对象，所以西方人认为中国的行为妨碍了西方在非洲实现民主和良治的努力。中国与津巴布韦、安哥拉、苏丹、赤道几内亚等国家的合作通常成为这类指责的素材。西方学者克里斯·奥尔登（Chris Alden）认

---

① 人民网：http://world.people.com.cn/GB/14443224.html。
② Ian Taylor, "China's New Role in Africa", *Lynne Rienner Publishs*, Inc, 2009: 1-2.
③ 环球网：http://world.huanqiu.com/roll/2011-06/1751161.html。

为，中国对非参与给西方带来的最大麻烦是中国扮演了对西方所有干涉方式感到厌倦的非洲国家政府获取外资和外交支持的替代性来源的角色。① 在2012年8月第二次访问非洲期间，希拉里含沙射影地批评中国妨害非洲的民主和良治。她在塞内加尔演讲时表明，美国将继续支持民主和普世人权，即使可能存在更简单或更有利可图的其他方式去保持资源的流动。她提醒非洲国家并不是每个伙伴都会做出这样的选择，但是美国会这样做而且将来也是如此。② 事实上，中国的不干涉内政原则是联合国宪章规定的国家交往的准则之一，从国际法的角度上讲具有合法性和普遍的适用性。西方国家对中国不干涉内政原则的批评实际上是将自身的价值观强行贴上普世的标签，以自身的标准取代国际公认的规范，是一种文化霸权主义行为，与联合国的基本精神相违背，因此是站不住脚的。

另外，中国与非洲的合作在社会、经济领域也受到一些批评和指责。例如，中国企业在非洲以较低的经济社会标准扩展业务，破坏了当地的生态环境，过低的工资标准和过长的工作时间实际上是对非洲当地人的剥削；在非洲的中国企业只雇佣本国人而不是当地人，没有为当地创造就业岗位；中国公司在非洲采取不正当手段参与竞争；大量的中国廉价服装产品流入非洲给当地的纺织业和服装业造成巨大的冲击，导致大批人员失业等等。

（四）非洲政治民主化价值观西化的影响

冷战结束以来，西方国家向非洲地区输出"华盛顿模式"，为非洲国家提供附加民主和良治等条件的发展援助，推动其在国内实施政治民主化改革，使得非洲国家政治民主化价值观西化的趋势越来越明显。如今，非洲国家普遍在法律上认同普选制和民主制，接受西方自由、民主、人权、良治等价值观，它们与中国在意识形态方面的差异明显拉大。政党林立，公民社会逐渐兴起，各种非政府组织迅速发展成为当今非洲政治生态的重要特征。由于解除党禁实行言论自由，不同的利益团体得以通过不同的平台表达自身的政见。在野党为了赢得大选的胜利往往竭尽所能地批评和攻击现政府，甚至通过将问题扩大化、严重化的方式来抹黑执政党。在这种政治环境下，中国与非洲国家现政府的友好合作极易成为在野党攻击的目标。

赞比亚反对党攻击中国在其国内的投资行为就是一个典型的例子。赞比亚一直以来与中国保持着良好的关系，20世纪70年代中国援建的坦赞铁路更是双方友谊的象征。新世纪以来，在互利共赢、共同发展原则的指导下，双方的经济技

---

① Chris Alden,"China in Africa". *The International African Institute*, the Royal African Society and the Social Science Research Council in 2007:101.

② 《金融时报》:http://www.ft.com/cms/s/0/78f5e794-dd7c-11e1-8be2-00144feab49a.html#axzz2voUErEy7。

术合作取得了良好的效益,中国在赞比亚的投资使其国内企业在西方国家撤资后重获新生,从而为赞国创造大量的就业岗位和财政收入。但是双方合作过程中的一些问题却成为反对党抹黑执政党和中国投资的素材,它们常常被放大化、政治化,给我国在非洲地区的文化软实力带来负面影响。2005年中国在赞比亚投资的谦比希铜矿发生爆炸事故,造成46人死亡,此事在接下来的赞比亚换届选举中,引发了关于中国在其国内的行为与政府未能执行本国法律及维护本国人民利益的全国性讨论。反对党候选人萨塔公开发表反华言论,声称赞比亚正在成为中国的一个省份,他甚至威胁一旦胜选将转向台湾当局。① 尽管在2006年的竞选中萨塔落选了,但是其言论造成的影响是不可忽视的。2010年中国矿主与当地矿工的劳资纠纷问题再次成为萨塔在2011年冲击总统宝座的筹码,不过在胜选之后他对中国的态度发生了很大的转变。在首次与中国驻赞比亚大使周欲晓会面时,他较为委婉地表达了对中国投资存在的问题的关注,表示欢迎中国的投资,但是赞比亚的法律规定所有来赞比亚的投资者应该携带数目有限的、赞比亚没有的专业人员。他的政党对中国投资者带到赞比亚来的大量人员感到担忧。② 与此同时,为了打消中国对其反华言论的担忧,2011年10月29日萨塔在总统府专门为在赞中资企业和华人华侨举行午餐会,赞比亚大法官、议长、国防部长、新闻旅游部长、财政部长、外交部副部长等内阁部长及政府官员、爱国阵线总书记和中央委员会成员等高官出席了此次活动。会间,萨塔萨强调中赞是全天候朋友,赞方欢迎中方投资,帮助赞发展道路、桥梁、医院等基础设施,并且表示赞方将很快派开国总统卡翁达作为赞特使访华,向中国政府和人民转达赞人民的问候和谢意,以进一步推进两国关系发展。③ 萨塔前后态度的巨大变化说明合作共赢是中赞关系的主流,这是任何政党都无法否认的事实,但是同时值得我们注意的是竞选过程中出现的打"中国牌"行为无疑为中国进一步提升对外非外交政策文化软实力带来了挑战。

另外,工会和各类非政府组织是非洲社会重要的力量之一,它们与西方国家的非政府组织有着密切的联系,有的甚至是西方非政府组织的分支机构。这些社会组织常常以社会的良知自居,以监督政府的行为为己任,以西方的自由、民主、人权和良治等价值观为标准评判事物。随着中国与非洲接触的深入,它们对中非关系存在的问题提出了批判,尽管当前多数非洲人对中国持有好感,但是非政府组织持续的负面评价势必将在一定程度上影响非洲民众对中非关系的认知,进而

---

① Yaroslav Trofimov, "new management:in africa,china's expansion begins to stir resentment," *Wall Street Journa*,2 February 2007.
② 环球网:http://world.huanqiu.com/roll/2011-09/2037337.html。
③ 中国外交部网:http://www.fmprc.gov.cn/mfa_chn/zwbd_602255/jghd_602270/t871908.shtml。

削弱中国对非外交政策的文化软实力。

四、提升中国对非外交政策文化软实力的对策

（一）坚持对非合作基本原则不动摇

自20世纪50年代中期与非洲开始接触至今，中国对非关系已经历了三个阶段的发展历程。在每个发展历程中，中非合作都是依据时代主题及双方的现实需要展开的，其内容和方式也因与时俱进而存在着一些差别。然而，在50多年的交往历史中，中国发展对非合作的基本原则并没有变化，它们深刻体现了中国外交政策的实质和风格，是中国外交区别于其他大国外交的根本标志，同时也是中国对非外交政策产生文化软实力的内核。无论是过去还是现在，这些原则在保障双方关系的健康发展方面发挥着关键性的作用，在未来也必将继续发挥决定性作用，因此中国在新时期发展对非关系仍然应当坚持基本原则不动摇。

首先，继续坚持不干涉内政及和平解决争端原则。这是联合国宪章规定的国际关系准则，已被国际社会普遍认同和接受。但是在现实的国际交往中，国际政治的现实主义色彩依旧浓厚，大国的霸权主义和强权政治行为屡见不鲜，对国家之间的和平共处构成了威胁。中国积极实践国际公认的国家交往原则，强调国家不分大小一律平等、反对干涉他国内政、反对以大欺小，在国际舞台上树立了大国外交的新形象。非洲国家对中国坚持国际关系准则的做法表示支持和赞赏，在未来发展对非关系时中国应当继续坚持之，尽管当前西方国家经常对中国在非洲坚持不干涉内政原则的做法进行批评。不过需要特别指出的是，坚持不干涉内政原则并不意味着中国不关心非洲国家的热点问题，事实上中国在联合国的框架下积极推动非洲热点问题的解决，只是与西方国家相比中国更重视程序的合法性以及和平方式的运用，达尔富尔问题的解决就是一个典型的例子。在未来的中非关系中，中国应当在坚持不干涉原则的前提下灵活运用各种对话和磋商机制，为非洲的和平与稳定做出更大的贡献。

其次，继续坚持平等和援助不附加条件原则。西方国家向非洲提供的发展援助附加各种政治和经济条件，迫使接受援助的国家在观念和制度上向西方靠拢。从援助项目的确定到项目的实施，非洲国家都必须接受西方援助国的监督，并且按照他们的标准行事。当援助附件条件未能落实时，西方常常会凭借非洲对援助的依赖实施惩罚性制裁，显示了有条件援助的单方面强制性，援助国和受援国实际上构成了不平等的关系。非洲国家在经历了长期的西方试验之后开始感到厌倦，它们纷纷把目光转向中国。中国不附加条件的援助不但为它们提供了新的援助源，而且还满足了其身份平等的精神需求。

再次，继续坚持诚信原则。诚和信是中华民族的传统美德，中国在同非洲交

往中始终做到真诚以待、"言必信行必果"。即便是在自身面临困难的时刻,中国对非洲的援助也未曾中断过。在援助的过程中,中国少承诺多援助的行为风格与西方国家多承诺少援助的行为方式形成强烈的对比,给非洲国家留下深刻的印象,任何时候我们都不能放弃诚信原则。

最后,继续坚持互利共赢原则。西方国家"以我为主"的对非援助方式由于过分注重民主和良治,往往忽视了非洲的实际需要,使得援助的效果大打折扣。与之不同的是,中国对非援助是以非洲为主,援助与非洲的发展规划能有效地协调一致,有力地推动非洲经济的发展。因此,即使中国的援助额远不及西方国家,但是中国援助的口碑却胜于西方国家。对于中西方对非援助的效果,卢旺达总统保罗·卡加梅(Paul Kagame)曾作出这样的评价:"西方国家在对非洲援助方面投入了一大笔资金。结果是养活了一大批驻外人员,走后除了一大堆垃圾,别的什么也没有留下。与此同时,中国带来了非洲需要的东西,不管对于政府还是私人企业,中国在诸如修路等基础设施领域的投资具有重要意义,这种新的竞争对非洲来讲是健康的,非洲从这种竞争中受益良多。"①在未来的合作中,中国应继续在互利的基础上根据非洲的现实需求发展经济往来,促进双方共同发展。

(二)有限参与国际对非多边合作

推动中国参与国际对非多边合作的因素除了西方国家的外部压力之外,还包括中非关系发展的内在要求。当前中非合作的内容几乎涵盖了非洲社会的方方面面,但是许多复杂的问题仅靠中国一己之力难以得到有效的解决,需要新的平台和机制整合多方的力量才能解决。换言之,对非多边合作已经是全球治理的重要内涵之一,它成为一国树立良好的国际形象及其与国际社会保持良好互动的重要平台。中国如果成功参与国际对非多边合作不仅有助于中非关系的发展,还有利于中国在国际舞台树立负责任的大国形象。此外,参与国际对非多边合作能够为中国提升自身在多边合作舞台上的话语权创造条件。2008 年金融危机以来,西方国家实力相对削弱,中国与西方国家的力量对比朝着有利于中国的方向发展。西方社会在对非合作,尤其是对非援助方面显得力不从心,经常出现未能兑现援助承诺的现象。非洲国家因此对西方国家及其主导的对非多边合作机制多少有些失望,它们希望能与中国进行更多的合作。在这种情况下,中国完全可以借助本国日益增长的硬实力和中非互相支持的传统友谊在多边合作中发挥更大的作用,提出彰显自身特色的政策规划、合作方式以及规则和议程等等。从上面的论述上看,对中国而言,参与对非多边合作是一把双刃剑,它既带来了制约中国行动

---

① 刘中伟:《国际社会对非洲发展援助的比较研究——中国社科院西亚非洲研究所卢旺达考察纪行》,《西亚非洲》,2011 年第 3 期,第 70 页。

的挑战也带来了提升中国影响力的机遇。因此,问题不在于中国参不参与国际对非多边合作,而在于中国如何参与这些活动。

长期以来,中国开展对外活动基本上以双边外交为主、多边外交为辅,近年来尽管多边外交在中国外交中的地位在上升,但是相对于双边外交而言,中国多边外交经验总体有待提高。在缺乏话语权和参与多边合作战略的情况下,中国应当以有限参与为宜。在具体的操作中,中国可以先尝试着与非洲区域组织、联合国多边组织在一些较为容易入手的领域展开合作。事实上,近年来中国已经与联合国粮农组织和世界银行在农业、环保、减贫和人员培训等领域进行了合作,并且取得了一定的成效。例如,截至2012年年底,中国在粮农组织的"粮食安全特别计划"框架下,向埃塞俄比亚、毛里塔尼亚、马里等国派遣农业专家和技术人员,在农田水利、农作物生产、畜牧水产养殖和农产品加工等多个领域提供农业技术援助,为提高其农业生产能力和粮食安全水平发挥了积极作用。[①] 今后中国与这类机构的合作规模应当根据现实的需要适当扩大,合作的范围可以进一步拓宽至债务减免、紧急人道主义救援、环境保护、医疗援助等领域,因为有关各方在这些领域的合作更容易达成共识,并且较少牵涉到敏感的国家政治利益。

对于西方国家提出的对非多边合作要求,中国则需要谨慎地研究参与其中的得失利弊,在坚持自身的立场和原则不动摇的同时结合边缘策略应对之。例如,双方可以在对非援助的领域加强沟通和对话,实现双方援助的互补以提高援助的效果;在重大国际场合就涉非问题互相交换意见,定期举办学术会议交流对非合作心得等。当然,在可以预见的未来,西方国家对中国坚持独特外交风格的行为的批评和指责之声仍将不绝于耳。因而,中国需要制定长远的对非多边合作战略,明确其在中国对非合作中的地位以及具体的实施细则,使之与中国对非外交战略协调一致,服务于中非合作全局。中国制定一套成熟且具备可操作性的多边合作战略能够产生两个方面的积极意义。一方面,有助于防止中国在消极对待西方合作要求后陷入被动。原因在于该战略的提出和实践向国际社会表明,中国并不是对非多边合作的抵制者,而是积极的倡导者,只是由于文化的差异对多边合作的方式存在不同的理解而已。另一方面,对非多边合作是未来中非合作的重要方式之一,制定相关的战略符合中非双方的利益,有助于中国在未来的合作中把握主动权。另外,中国应当加强同印度、巴西等新兴国家的沟通与合作,以共同应对西方国家施加的压力。这些国家因为担心加入以西方为主导的国际对非对边合作机制将令自身的自主权受到严重削弱,所以对西方的合作倡议同样持保留态度。

---

① 国务院新闻办公室:《中国与非洲的经贸合作(2013)》,《人民日报》,2013年8月30日,第23版。

至于相关国家或组织希望在中非合作论坛的框架下引入第三方合作,中国应当充分考虑非洲国家的态度和要求。中国驻卢旺达大使舒展曾就三方合作问题征求过非洲多国的意见,他表示非洲国家的反应比较冷淡,他们认为"既然叫中非合作论坛,还是首先集中精力搞好中国和非洲自己的事情"。他们不喜欢美国前助理国务卿弗雷泽所谓的"关起门来说服中国支持美方立场。"①非洲国家的态度是可以理解的,分别与不同的合作伙伴打交道有助于提升它们选择的空间,甚至可以利用各方的竞争提高自身的战略地位。对此,中国对非合作应以中非合作论坛为最主要的机制,同时在不违背非洲意愿的情况下,适当加强同非盟等非洲区域组织的合作。

(三)打造对非援助品牌效应

对非援助是大国树立负责任形象提升自身在非洲文化软实力的有效途径,必须认真加以对待,使之产生良好的品牌效应。一直以来,中国坚持在力所能及的范围内向非洲国家提供各类援助,对非洲经济和社会的发展产生了重大的影响,深受非洲国家一致好评。然而,与西方人的高调宣传相比,中国受传统注重实效观念的影响,对非洲的援助一直都是多做少说,很少将其作为一个品牌去经营,这在当今信息化时代不得不说是一个不足。为了全面提升中国对非外交政策的吸引力,未来中国应当从以下几个方面经营对非援助,以便收到更好的软实力效应。

首先,在不断增加对非无息贷款和优惠贷款的同时,适当提高无偿援助的比例。无偿援助因为不直接谋取本国的经济利益,往往更能够体现援助国的人道主义精神。对于这类援助,我们应当尽可能实施一些花钱少、受益人群广的小项目,这对于提高中国援助在非洲民众中的知名度具有十分重要的意义。

其次,加强与非洲底层社会的互动。西方国家在实施对非援助时经常借助其非政府组织的力量,加强同非洲社会的接触,向其介绍西方的援助情况和价值观,使本国的援助广为非洲民众所知。中国的国情与西方有所不同,非政府组织的力量较为弱小,在中非关系中所扮演的角色相当有限。中国对非洲的援助一般都是双方政府间的行为,中国政府与非洲民众的互动往往是通过非洲国家政府进行的,这种间接互动方式的效果自然难以与直接互动的效果相提并论。对此,中国在条件许可的情况下可以在驻外机构设立专门负责底层对话的援助机构,向非洲民众介绍中国政府援助的情况及援助观。

再次,重视援助领域的合理分布。中西方对非洲的援助除了理念不同外,各自援助领域的侧重点也存在着差异。西方国家对非援助更加侧重于"软件"领域,例如对非政府组织进行培训,促进公民社会和民主良治的形成。而中国的援助则

---

① 中非合作论坛网:http://www.focac.org/chn/ltda/dsjbzjhy/bzhyzyjh/t679118.htm。

主要集中于"硬件"领域,包括援建公共建筑物、公路和桥梁等公共设施以及生产性项目等等。两者的本质区别在于,前者是从价值观层面去影响受援国,后者则是从物质层面去改变受援国的经济社会状况。这两种方式各有优势和不足,西方援助方式的经济效果不明显,但对非洲人观念的影响却很大,中国援助方式的经济效果较为显著,但对非洲人思想层面的影响却很小。物质和思想两个层面的影响对援助产生文化软实力具有同等重要的地位。尽管近年来中国逐步增加对非能力建设的投入,未来促进援助领域的合理分布仍有很大的作为空间。

最后,长期推广彰显人道主义精神的标志性援助项目或计划。在这方面,西方国家尤为擅长,值得中国认真学习。它们不但相当重视援助的长远规划,而且还赋予各种援助计划以充满人文关怀的名称,使之听起来更具道德感召力。例如,美国实施的"总统疟疾倡议"和"美国总统艾滋病救助紧急计划"等。事实上,中国在减贫、疟疾和艾滋病防治等领域的贡献并不亚于美国,但由于缺乏品牌意识一直未能形成良好的品牌效应。今后,中国在对援助作出长远规划的同时,可考虑用"共同发展援助""大爱无疆计划"等诸如此类体现中国文化精髓的名称命名中国对非洲的经济和人道主义援助。

(四)与时俱进开拓中非合作新领域

中国对非外交政策长期以来保持较强文化软实力的要诀之一就是紧贴时代主题,根据双方的现实需要确定合作领域。在战争与革命年代,中国积极支持非洲国家的民族独立运动,坚决反对西方殖民主义和帝国主义。在非洲迫切需要发展经济以摆脱西方新殖民主义束缚的时代,中国在自身经济也面临困难的情况下尽力向非洲提供经济援助,发展多种形式的经济合作。进入新世纪之后,非洲局部地区的和平受到威胁,于是维护非洲和平与稳定成为双方新的合作领域。未来中非合作应当秉持与时俱进的精神,依据形势的变化不断开拓合作新领域。

首先,加强对非洲中小企业的扶持,促进双方中小企业的合作。中小企业能够为社会吸纳大量的劳动力,是国民经济发展的重要支柱之一,对社会的稳定具有不可代替的作用。在实现民族自强的道路上,非洲日益意识到发展中小企业,促进企业家阶层的形成对于非洲经济的快速发展意义非凡。莫桑比克前总统若阿金·希萨诺在参加援助研讨会时对西方不理会非洲私营部门的发展要求的做法表示批评,同时强调"我们应该设计新的方法来平衡援助,以此吸引私营部门的资源,从而培育和扶持一个健全的企业家阶层出现,因为他们与国民经济利害攸关"。[①] 这一认识在中非关系中得到了体现,非洲热切希望能与中国就中小企业的

---

① 〔美〕黛博拉·布罗蒂加姆、沈晓雷著,高明秀译:《龙的礼物——中国在非洲的真实故事》,社会科学文献出版社,2012年,第10—11页。

发展进行合作。在 2012 年 7 月于北京举行的非洲进出口银行第 19 届股东大会新闻发布会上,行长让·路易·埃克拉表示加强中国和非洲私人企业、或中小企业之间的合作是此次大会的重要目的之一,他强调非洲进出口银行已设立"出口发展融资"项目,并将为中国中小企业提供包括国别、商业风险在内的风险分析服务,帮助中国企业更好地了解非洲,为双方扩大交流提供条件。① 目前,中国正在为非洲中小企业的发展提供专项贷款,首期资金为 10 亿美元,覆盖面广且社会效益良好。接下来中国应根据自身的财力以及非洲的实际需要,适当提高专项贷款额度。与此同时,中国应当鼓励本国中小企业加强与非洲同行的合作,在制度和政策上为其提供保障。

其次,开拓金融合作领域。融资能力较弱一直是制约非洲经济发展的重要因素之一,加强中非金融合作能够满足非洲对资金的迫切需求。在 2010 年发布的《中国与非洲的经贸合作》中,金融领域被视为中非合作的新领域和新亮点。当前,中国与非洲在银行业、保险市场、资本市场等三个方面的合作已经初具规模,但总体而言现阶段的合作带有明显的双边特性、非制度性、松散性、单一功能性,缺乏统一、完善的组织架构和制度安排,而且合作仅限于简单的信息交流、沟通、磋商,以及为促进贸易和经济发展建立支付清算体系和开放性金融机构等。② 非洲对双方的金融合作寄予厚望,希望加强银行之间的合作,提高中国的银行在非洲银行持股的比例。让·路易·埃克拉在新闻发布会上指出,"现在中国的银行在非洲银行持股的比例虽然有所增长,但还是很低。"③今后中国除了要完善相关合作机制、扩大合作规模外,还应适时增添合作的新内容。20 世纪 90 年代以来,中国曾经有过两次成功战胜国际金融危机的经历,在防范和抵御金融危机方面积累了丰富的经验。中国可以将这些经验与非洲国家共享,帮助其培训金融管理人才,提升非洲抗击金融危机的能力。

再次,中非联手反对恐怖主义。恐怖主义是全人类的共同敌人,对 21 世纪的和平与稳定构成严重的威胁。近年来,恐怖主义在非洲大陆呈现快速蔓延的态势,而且各股恐怖主义势力由分散走向联合,由零星袭击转向连环袭击,目标和影响比以往更大。2013 年非洲的恐怖袭击引起国际社会的高度关注,美国《大西洋月刊》杂志发表文章指出,"非洲已成为全球恐怖主义的新中心,2013 年成为非洲恐怖主义井喷年。"④中国加强同非洲国家的反恐合作不仅有助于实现非洲的和平

---

① 中国新闻网:http://finance.chinanews.com/fortune/2012/07-09/4018699.shtml.
② 张小峰:《新时期中非金融合作——现状、影响因素及发展趋势》,《国际展望》,2013 年第 6 期,第 89 页.
③ 中国新闻网:http://finance.chinanews.com/fortune/2012/07-09/4018699.shtml.
④ 苑基荣:《2013 成非洲恐怖主义井喷年》,《人民日报》,2014 年 1 月 6 日,第 21 版.

与稳定、维护自身在非洲的利益,也有助于中国在国际社会树立负责任、热爱和平的大国形象。未来中国与非洲的反恐合作可以包含以下几个方面:一、根据联合国的相关决议及合法程序,同时在征得非洲国家同意的情况下,向对象国派遣维和部队。二、为非洲提供反恐资金及各类反恐装备援助。三、共享反恐经验,为非洲培训反恐安全人员。四、积极参与国际多边对非反恐合作。

最后,共同应对气候挑战。人类的工业文明给地球的环境带来了巨大的挑战,新世纪以来,气候变化问题引起各国的重视。非洲特殊的自然环境及其以农业为主的经济发展模式使之对气候变化的影响更为敏感。非洲国家热切希望国际社会能够在减排、温控和新能源技术转让等方面达成共识,这为中非合作带来了新的契机。第一,中国应当在国际气候大会上加强与非洲协调立场,共同应对西方国家的压力。第二,加强与非洲在新能源技术领域的合作。第三,适当增加援助,帮助非洲解决因气候变化而产生的问题。

(五)规范企业行为

20世纪90年代中期以来,在"走出去"战略的鼓励和推动下,大批国有大中型企业、民营企业以及个体从业者纷纷进入非洲从事经济活动。随着数量的不断增多,中国企业在非洲的活动引起外界的广泛关注,当前许多关于中国的指责和批评就与中方企业的行为密切相关。从本质上讲,政府和企业是两个不同的行为体,企业的行为不能代表政府的行为,二者不能混为一谈。但一个不可否认的事实是,在非中国企业的某些不端行为已经成为西方攻击中国在非洲实行"新殖民主义"的口实,严重影响了中国在非洲的形象,这一情况使得如何规范在非企业行为变得越来越迫切且重要。今后中国规范企业的海外行为应当从国内和国外两个层面着手,对此有五个方面的措施值得我们去尝试和落实。

第一,对走出去参与经济合作的企业实施严格把关,同时进一步完善与产品质量、对外投资和环境保护等相关的国内法律法规。新世纪以来,中国政府对参与对外经济合作的大中型企业的资格提出了较高的要求。例如,2004年颁布的《对外援助成套项目施工任务实施企业资格认定办法》(试行)将参与援外项目的企业分为A、B两个等级,国内企业必须按照相关的程序顺利完成资格认证方能参与其中。商务部每两年会对获得援外项目建设资格的企业进行资格核验,对不符合标准的企业进行降级或取消资格处理。然而,对于许多中小型企业赴非洲展开商业活动,政府尚未形成系统的管理体系,相关的法律法规也有待健全。未来政府规范企业行为的重点工作之一就是完善法律法规,以法治国家的建设推动中国企业走出去的战略。

第二,相关政府部门应加强对"走出去"企业的管理,采取多种措施帮助它们更快更好地融入当地社会。一些企业由于对非洲社会、文化和风俗习惯缺乏必要的了解,在开展经济活动时与非洲当地人产生了误解和矛盾。对此,政府应向赴非洲的企业提供各种信息咨询,通过相关规定使其增加对当地的法律法规,尤其是当地的工会、劳工、税收和环保等方面的法律法规的了解,并自觉遵守这些法律法规。此外,建立应急管理机制处理各种突发情况。

第三,加强与非洲国家合作共同监督在非中国企业的行为。在这方面,中方在非洲设立的行业协会和商会可以发挥重要的作用。二者应加强与非洲工会组织的联系,及时了解本国企业在非洲的行为动态以及非洲人的观感,将存在的问题及时通知有关部门进行处理。对于存在非法行为的企业,政府应当采取警告或者惩罚性措施,甚至可以考虑建立诚信档案规范企业行为,对多次违规且影响较大者应当采取强制措施终止其参与经济合作资格。总而言之,我们不能因为少数企业的短期利益而置民族的长远利益于不顾。

第四,规范和鼓励企业积极履行社会责任以树立良好的形象。政府应研究制定在非企业特别是大中型企业履行社会责任的具体规定。例如,规定承担资源开发等重大项目的企业应拿出一定比例的利润用于实施受益面广的惠民项目,以提高自身在非洲普通群众中的正面存在感。

第五,鼓励在非企业依据现实的需要适当雇用当地人。在市场经济条件下,包括劳动力在内的一切生产要素的流动都是由自由市场来决定的。相对于非洲工人而言,中国工人因掌握的劳动技能较高而且能够吃苦耐劳在竞争中更具优势,许多中国公司更倾向于雇佣本国人。对于追求利润最大化的公司而言,这当然是可以理解的,不过从企业的长远利益看,我们应鼓励在非企业雇佣更多的当地人。其意义在于,一方面有利于企业与当地人的沟通,为企业树立良好形象创造条件,另一方面,有助于企业融入当地社会,把握更多的商机。

(六) 加强对非文化交流

文化交流有助于国际关系的良性互动,其意义早已为中非双方所熟知。在1955年万隆会议通过的《亚非会议公报》中,与会国认为"发展文化合作是促进各国之间了解的最有力的方式之一。"①半个多世纪以来,在平等互鉴原则的指导下,中国对非文化交流取得了喜人的发展,有力地促进中非双方的相互理解及友谊的深化。新时期中国除了应实现现有文化交流量的增加之外,还应当从以下几个方面加强对非文化交流,以提升中国对非外交政策的文化软实力。

第一,完善对非文化交流的制度建设。自中非合作论坛成立以来,中非合作的机制化特征越来越明显,在部长级会议机制下,双方还建立了教育部长论坛和

---

① 外交部档案馆编:《中华人民共和国外交档案选编(第二集)》,世界知识出版社,2007年,第100—101页。

文化部长论坛，分别负责落实部长级会议达成的教育和文化交流计划，这是中非文化交流的重要机制。未来中国应当加强和非洲磋商，进一步完善教育部长论坛和文化部长论坛的相关制度配套，使中国对非文化交流具备一套完整且行之有效的制度。

第二，进一步加强双方的新闻媒体合作。西方国家在非洲媒体中具有较大的影响力，许多非洲新闻媒体的主办方为接受西方资助的非政府组织，另有一些媒体由于自身实力所限所刊文章多数援引自西方媒体，这一状况使西方的自由、民主和人权等价值观在非洲媒体占据优势地位。当前中非关系发展面临的负面舆论有相当一部分就来自这些媒体。对此，中国应当积极发展对非新闻媒体合作，加大力度在非洲传播自己的声音，使非洲民众能够听到不同于西方的观点，了解真实的中国和中非关系以进一步消除误解和隔阂。目前，中非的新闻媒体交流与合作有了一定的基础，双方媒体主管单位的互动不断增多，记者交流采访日益频繁，中方还为非洲举办了新闻培训班等活动。今后，中国应在互相援引对方稿件方面加强与非洲合作，同时支持和鼓励非洲媒体对中国进行实地的采访报道，为非洲提供与新闻相关的技术和知识援助，甚至可以考虑设立非洲媒体发展基金，用于资助缺乏资金运作的非洲媒体。当然，如果政府认为设立官方性质的非洲媒体发展基金过于敏感的话，可以一个公司或多个大公司联合的名义设立之，而且这类公司所从事的业务应当与新闻媒体领域密切相关。

第三，扩大学术交流面，加强双方知识分子之间的联系。知识分子的价值取向对社会舆论的形成和发展具有重要的影响，中国和非洲的文化交流应通过多种渠道加强双方知识界的沟通与联系。这种联系不但要存在于官方学者之间，还应存在于民间学者之间，尤其应将非洲非政府组织列为沟通的主要对象之一。长期以来，中国与非洲非政府组织的沟通甚少，这不利于非政府组织正确认识中非关系的实质。在未来的学术交流中，中国应注重向其介绍自身的政治文化，使其对中国的对非外交政策有更深的认识，而不是仅从现实主义的角度予以解读。对于它们的批评和指责，中国应以大国应有的自信直面之，毕竟中非合作引人注目的成就并不是一些负面舆论所能抹杀掉的。当然，我们欢迎非政府组织提出具有建设性的建议。此外，中国要重视青年学者之间的交流，使未来双方的精英分子在年轻时就相互了解并培育了感情，为中非关系的长远发展奠定社会基础。

第四，加强教育合作，培养更多"非洲通"和"中国通"。中国和非洲属于两大不同的文明体系，由于地理空间距离的阻隔彼此的理解并不深，中非之间的一些矛盾因此而产生。今后中国除了不断增加来华学习的非洲留学生名额外，还应派遣更多的中国学生赴非洲学习。高等院校是中非教育合作的重要阵地，中非高校20＋20合作计划为双方的教育合作创造了新的平台，使双方在科学研究、教师培训、课程开发、研究生人才培养等方面的合作进一步深化。考虑到非洲国家数量较多,未来双方应在已有的合作基础之上,按照实际需要适当增加参与合作的高校数量。同时,中国应当经营好孔子学院这一多功能的文化传播媒介,在制度和政策配套等方面加以完善,使其成为中国在非洲传播语言和文化的交流基地。

(七)加强高层政治对话

中国与非洲国家在政治价值观方面存在着一定的差异,加强高层政治对话有助于减少分歧与误解,增进双方的互信和友谊。新世纪以来,中非高层政治对话与过去相比更为频繁,呈现常态化的特征。高层互访是双方政治对话的主要方式之一。近十几年来,除了外交部长新年首访非洲之外,中方每年至少有一名政治局常委访问非洲,而非洲国家领导人对中国的访问可称得上络绎不绝,平均每年约达18人次。在联合国及其他国际重要场合上,中非领导人之间也存在着广泛的对话。此外,在中非合作论坛和中非外长政治磋商机制的框架下,双方政治对话的频率不断上升。当然,双方的政治互动仍有很大的发展空间,未来中国需要从以下几个方面加强与非洲的政治对话。

首先,完善政治对话机制。当前中非政治对话虽然取得很大的发展,但是总体而言机制化的程度不够高。中非合作论坛是目前双方最大的对话机制,尽管每届合作论坛会议都有不少非洲国家领导人参加,但就其性质而言合作论坛会议属于部长级会议,与国家最高领导级会议仍有差距。非洲国家与欧洲国家已经建立了首脑对话机制——非洲欧洲首脑会议,重点探讨欧非两个大陆在政治、经济和社会等领域的合作。中国与非洲有着传统的友谊,而且双方的合作关系在新世纪取得快速的发展,在加强与非洲的政治对话方面自然不应落后于其他国家或地区。事实上,非洲国家一直都希望将合作论坛升级为中非首脑级会议机制,2006年的北京峰会正是在非洲国家的建议下作为特例举办为中非领导人峰会的。未来中国有必要建立一个平台或者利用已有的平台加强中非双方领导人的集体对话,使双方的政治对话迈向高级别、机制化阶段。

其次,继续加强与非洲国家政党的交往。中国与非洲国家政党的联系始于20世纪50年代,受社会主义意识形态的影响,80年代以前,中国与非洲国家政党的联系仅限于马克思主义政党。改革开放以来,中国与非洲政党的联系扩展至共产党以外的其他各类政党和组织。截至2012年年初,中国共产党与非洲近50个国家的100多个政党和政治组织保持着党际往来关系,这些政党包括执政党、参政党、在野党、反对党等。① 在发展与非洲各类政党的交往中,中国始终坚持不干涉

---

① 张宏明编:《非洲发展报告 No.14(2011—2012)——新世纪中非合作关系的回顾与展望》,社会科学文献出版社,2012年,第79页。

内政原则，这不仅避免了给外界留下中国在非洲寻求政治控制力的印象，而且有助于减少非洲国家政权更迭或政府换届给双边关系所带来的负面影响。未来中国仍应秉持平等、互信、不干涉内政等原则，继续发展同非洲国家各类政党的联系，使它们对中国共产党及其政治理念有较深的了解，从而避免因为执政党执政理念的不同而产生隔阂。

改革开放背景下中国演艺对外贸易发展研究报告

李嘉珊[*]

摘要：演艺对外贸易主要是演艺的服务贸易，核心是商业演出和演艺版权贸易。演艺有其特殊性，包括其贸易模式多样，商业运作与文化交流并存，与其他产业的强烈交融互动等等。这些特殊性使得演艺外贸在提升国家软实力方面起着重要的作用。中国的演艺对外贸易正在快速发展与成熟，不仅有日益完善的政策支持，演艺企业和团体自身的实力也不断壮大，贸易覆盖区域也在扩大，辐射到了欧洲美洲等地区和国家。在投融资方面，更加趋于理性，投融资渠道也更加多元化。中国的演艺对外贸易有其自身独特的特点，我们借助各类节庆会展平台，如上海国际艺术节等，积累经验，再逐渐走出国门。除此之外，贸易模式呈现多元化趋势，国内演出商在引进经典剧目的同时，也在学习国外演出商的营销模式。中国演出市场也正在积极从事业单位转向企业单位，演出市场的种类也在多元化，有舞蹈、话剧、杂技等。但是除了这些可喜的进步之外，目前存在的问题也不少，如缺乏有竞争力的产品和品牌，与西方发达国家相比，我们的产品输出地区过于集中，文化精神也没有得到充分传播。这些问题的根源都是因为专业管理人才的缺乏。对这些问题，我们也提出了一些建议，涉及了演艺机制的改革创新，人才培养模式，再到文化管理体制的改革。

---

[*] 李嘉珊，北京第二外国语学院国家文化发展国际战略研究院常务副院长，国际服务贸易暨国际文化贸易研究中心执行主任，教授。

党的十七届六中全会《决定》指出,"改革开放特别是党的十六大以来,我们党始终把文化建设放在党和国家全局工作重要战略地位,坚持物质文明和精神文明两手抓,实行依法治国和以德治国相结合,促进文化事业和文化产业同步发展,推动文化建设不断取得新成就,走出了中国特色社会主义文化发展道路",进而提出要"坚持中国特色社会主义文化发展道路,努力建设社会主义文化强国"。党的十八届三中全会则进一步发出了"要紧紧围绕建设社会主义核心价值体系、社会主义文化强国深化文化体制改革"的战略号召。2014年3月5日,中共中央政治局常委、国务院总理、党组书记李克强在十二届全国人大二次会议上发表了有关"加快文化走出去,发展文化贸易"的讲话,第一次将发展对外文化贸易提升至国家战略高度;2014年3月17日,国务院出台《关于加快发展对外文化贸易的意见》,《意见》明确了推动对外文化贸易工作的指导思想,并提出了"四个坚持"的基本原则。中国发展对外文化贸易正处于最优的政策环境中。

发展文化贸易是提升国家软实力的现实手段和有效途径,发展文化贸易是对国家软实力的最好体现和印证,发展文化贸易因应全球化挑战,提升国家软实力的国际影响力,发展文化贸易承接文化体制改革的溢出效应,提升国家软实力的国际竞争力,发展文化贸易强化核心价值取向,提升国家软实力的国际亲和力。

文化贸易是指国际间文化产品与服务的输入与输出,涉及货物贸易、服务贸易及知识产权,是国际贸易的重要内容。较之一般货物贸易,文化贸易更加涉及人类的精神领域、意识形态,与民族、政治等诸多方面有着千丝万缕的联系,其贸易标的自然也具有不同于一般货物贸易标的的特殊性。而在文化贸易核心领域的诸多行业中,演艺产品与服务与广播影视、图书出版等产品与服务相比最具独特性。在我国演艺领域深化改革、蓬勃发展的今天,亟待从理论上厘清演艺产品与服务贸易标的属性,理性看待演艺文化贸易,以促进其健康持续发展。现梳理2013年中国演艺业对外贸易相关情况,分析并阐释发展演艺对外贸易切不可简单以交易价值额、交易项目数量等评价其贸易效果,同时也不可强求演艺行业企业全部承担完全市场主体责任。

一、中国演艺外贸在提高国家文化软实力中的地位和作用

随着经济全球化带来媒体与文化全球化,文化安全与文化主权问题的研究显得非常迫切。从根本上来说,文化主权与文化安全问题实质上考量的是一个国家的文化软实力问题。一个国家存在两种实力,一种是硬实力,一种是软实力。硬实力通常指国家的 GDP、硬件设施等,而文化、制度、传媒等被称为软实力。20 世纪 90 年代初,哈佛大学教授约瑟夫·奈首创"软实力"(Soft Power)概念,从此启动了"软实力"研究与应用的潮流。按照他的观点,软实力是一种能力,它能通过

吸引力而非威逼或利诱达到目的,是一国综合实力中除传统的、基于军事和经济实力的硬实力之外的另一组成部分。这一概念的提出,明确了软实力的重要价值,将它提高到了与传统的"硬实力"同等甚至比其更为重要的位置——正如约瑟夫·奈所言,"硬实力和软实力同样重要,但是在信息时代,软实力正变得比以往更为突出"。围绕"软实力"的一系列研究,明示人们以一种新型、全面和平衡的发展路径,在提升各级主体综合实力问题上启迪着人们的新思维。

英国前首相撒切尔夫人在担任首相时曾说:中国不会成为世界大国,因为中国出口的是电视机,而不是思想观念。此话提醒我们:中国文化不走出去,就不能对世界产生更大的影响力,就永远不能成为文化强国。党的十八大报告在增强文化整体实力和竞争力时强调,要"提高文化产业规模化、集约化、专业化水平,扩大文化领域对外开放,积极吸收借鉴国外优秀文化成果"。只有实现不同文化之间的良性互动,才能获得更广泛的理解、信任和支持,才能提升国家文化影响力。改革开放30年来,我国引进吸收了大量的国外学术成果和先进技术,对于推动我国解放思想、转变观念、创新理论、夯实实践基础和文化大发展大繁荣起到了重要作用。但我们必须清醒地认识到,这种互动与交流还是流入的多,流出的少;单边的多,多元的少。这种巨大的文化"逆差",迫切需要我们的文化走出去,走向世界,走向未来。随着我国文化体制改革的不断深入,经济建设和综合国力的提高,推动中华文化走出去的步伐更加坚定,实现由"逆差"到"顺差"的转变,已经成为国家文化发展战略的重要内容,成为全党全国人民促进文化软实力提升的普遍共识。现在我们距离党的十七届六中全会提出的"要推动中华文化走向世界,开展多渠道多形式多层次对外文化交流,广泛参与世界文明对话,促进文化相互借鉴,增强中华文化在世界上的感召力和影响力"目标越来越近了。中国文化实施的"引进来"同时也要"走出去"的发展战略,标志着中国不但可以很好地从国外吸收、借鉴优秀文化成果,而且中华文化也可以更好地走向世界,并成为影响世界文化格局的一支重要力量。

社会主义中国的发展必须把中国特色的社会主义文化与民族传统文化结合起来,共同构建社会主义中国的民族意识与思想,通过民族文化这个载体,传播自己的执政理念与政治意识形态,通过文化贸易,积极输出文化产品,使世界各国人民认同我们的价值观,接受我们的文化产品,增强文化产品的世界影响力,壮大国家文化软实力,维护本国文化主权与文化安全。从这个意义上来说,不参加世界文化贸易,就无法扩大自己文化的影响力,文化软实力与文化主权也无从谈起。拥有5000年丰富文化资源的中国,在经济实力日益强大的同时,积极开展对外文化贸易,也是其必然的历史选择。

以舞台艺术为基础的演艺业极具再开发能力和产品衍生潜力,是文化百业的基本业态、基础行业和核心产业,无论是对于丰富文化生活、传播文明风尚,还是对于促进经济转型、增进民生福祉,都具有不可替代的独特作用。

(一)演艺外贸在提高国家文化软实力中的地位

现在,我国正走在历史机遇的十字路口上,传播中华文化已经同发展中华硬实力一样摆在十分重要的位置。积极加强中华文化的对外传播,是增强国家文化影响力和感召力的必然选择,这将极大地促进我国文化软实力的发展。

演艺对外贸易因演艺的特殊性而使其在文化贸易中格外与众不同。演艺对外贸易主要是演艺的服务贸易,核心是商业演出和演艺版权贸易。①

1. 贸易模式的多样性

要素输出模式。演艺对外贸易以资本与劳务输出模式为主。随着中国近年来文化产业的蓬勃发展,国际商务活动日益增加,造就了许多文化产品和服务成功实现"走出去",《云南映像》就是其中的优秀典范。《云南映像》历经5年锤炼,在国内近40个城市纯商业化演出近1500场;在海外48个国家和地区演出了1540多场,在海外市场曾开出每场3万美元的报价,上座率100%,不仅创下了云南省舞台艺术作品商业演出的最高票房纪录,更为关键的是,它对于更多的中国演艺产品"走出去"起到很好的典型示范作用,在全面展示中国文化感动世界的同时获得了巨大的经济效益。

驻场演出模式。演出不出国带动多方受益,属于境外消费模式。《时空之旅》是由中国对外文化集团公司联合改革试点省区的上海文广新闻传媒集团、上海杂技团马戏城创意、发起的一部多媒体梦幻剧,以中国传统杂技为主体,融合中国文化底蕴和国际先进多媒体技术,开创了令人耳目一新的多媒体梦幻剧的表演形式,深受中外观众的喜爱。《时空之旅》从创新的角度入手,选择了每年数百万入境上海的商务、旅游人群,使项目天天上演成为可能。它的推出获得了良好的市场反响和品牌效应,真正实现了文化艺术不出国的出口。

巡回演出模式。2011年11月19日,重庆杂技剧《木兰传奇》在法国巴黎成功首演,欧洲巡演已售96场门票。大型历史杂技剧《木兰传奇》是由重庆演艺集团杂技艺术团创作演出,巧妙地将杂技与舞蹈、武术及中国民间艺术进行有机的结合,用杂技剧的艺术形式,分5幕剧讲述了木兰替父从军的故事。该剧自2009年上演以来,得到了市场的高度认可,短短3年时间,先后赴美国、澳大利亚、英国、法国、比利时、瑞士等地演出,目前已成功突破1000场演出大关,观众近170万人次。该剧以良好的经济效益和社会效益成功入选了"2010—2011年度国家舞台艺术精品工程资助剧目"。特别是2011年11月至2012年4月赴法国、瑞士、比利时

---

① 李嘉珊:《演艺进出口:贸易标的独特属性及发展趋势》,《国际贸易》,2014年第1期,第59—60页。

巡回商演150场,观众达90万人次,上座率居同期在法国演出的包括太阳马戏团在内的16个世界各国艺术团体之最,创造了中国杂技民族题材剧目在海外商业性连续演出场次的最高纪录。

版权交易模式。英国作家阿加莎·克里斯蒂作品在中国上海话剧演艺市场占有一席之地。以演出话剧为主的上海捕鼠器戏剧工作室和上海现代人剧社,找准英国阿加莎作品版权方,通过对方的版权授予与合作排演等方式,获得制作和演出阿加莎作品华语戏剧版权的独有权限,以获取版权贸易利益最大化。2011年7月8日,历史上最为成功的音乐剧之一的《妈妈咪呀!》在上海首演。此次中文版的《妈妈咪呀!》是由中国对外文化集团公司、上海东方传媒集团有限公司、韩国CJ集团共同组建的亚洲联创(上海)文化发展有限公司,以国际版权合作为基础,购买《妈妈咪呀!》中文版版权,让世界经典音乐剧又多了一个"中国面孔,中国声音",预示着中国音乐剧产业将从引进西方原版音乐剧演出的阶段,进入大量开展经典音乐剧版权合作的新阶段。这次版权的购买也被称为中国演出版权贸易史上的一个里程碑。中国通过2011年中文版的《妈妈咪呀!》为中国音乐剧产业在全国乃至全球范围内的生产要素配置重组拓宽了渠道。引进制作经典产品的同时,更重要的是学习和掌握以《妈妈咪呀!》为代表的欧美音乐剧百年成功经验、运作模式、生产营销流程,以及剧组制的人才资源聘用管理机制。有了《妈妈咪呀!》作为参考范本,中国意识到了保证产品的质量,学习国际管理经验,培育广阔市场对于国内音乐剧产业发展的重要意义。演艺市场需要更优秀的作品,这将是中国演艺产业面临的机会,同时更是挑战。

2. 贸易结构呈现垂直型分工

演艺文化贸易在发达国家和发展中国家间表现出严重的不平衡性,这与各国在演艺生产和服务能力、技术和资源差异、演艺市场的成熟度、各国历史文化特点、区域位置及文化背景等多种因素影响有关。因此,演艺文化贸易市场具有高度的垄断性,表现为少数发达国家对演艺文化贸易的垄断优势,与发展中国家的相对劣势。演艺产品与服务贸易呈现出垂直型的国际分工。

3. 商业运作与文化交流并存

长期以来艺术演出在促进外交和国家之间交往方面被认为是重要的方式之一,是文化交流的典型形式。然而随着文化市场的繁荣和文化经济的发展,以市场为主导的商业性运作逐渐成为趋势,特别是新兴发展中国家更为重视,由此推进全球文化贸易的兴起。但是商业模式的演艺模式不会取代传统演艺交流模式。一方面演艺对外贸易既有商业运作,也有文化交流的成分在内,形成商业运作为主,并与文化交流并存的特征,同时实现了经济效益与社会效益目标;另一方面,演艺对外交流仍旧被视为国家和地区间友好交往的重要功能,在未来较长时期内,仍将成为演艺国际交流的发展形态。

4. 文化例外强化贸易的意识形态特征

"文化例外"是为保护本国的文化独特性,不被其他外来文化所干扰而提出的主张,为世界贸易组织绝对多数成员国所接受,并广泛运用于文化对外贸易政策中。由于演艺对外贸易标的物的特点,各国无法通过统一的国际标准或关税进行限制,而更多地采用国内的政策、法令的修改进行限制,如市场准入制度、非国民待遇等非关税壁垒形式。加之涉及国家主权、国家安全和意识形态等敏感领域,因此,各国在演艺文化贸易的开放方面都十分谨慎,这在一定程度上阻碍了演艺对外贸易的发展。

5. 与其他产业的强烈交融互动

演艺对外贸易发展的前提基础是演艺产业的成熟。文化产业具有无限的发展潜力和发展空间,是发展中国家未来一段时期内共同选定的发展方向。演艺产业的成熟,体现在形成完整的产业链。一般而言,演艺产业是多产业交叉融合的领域,印度歌舞演艺与电影业的完美融合,中国黄梅戏与电视剧产业的联姻,最大限度地使演艺产业自身得到放大发展。"印象刘三姐"等一批印象类大型实景演出,也以强大的票房号召力,使当地的旅游业、餐饮业、酒店业等一系列服务业得到共同发展,进一步优化了产业结构,带动了本地就业,促进了当地经济发展。

基于以上特殊性,可见中国演艺文化产品走出去符合中国国情的对外传播战略,这也是扩大中国文化国际影响力的重要举措。

(二) 演艺外贸在提高国家文化软实力中的作用

演艺产品与服务具有独特的情感特征。21世纪是感知的时代、接触的时代,也是"人机对话"的时代,科学技术迅猛发展,新知识、新技术层出不穷,资本充斥产业界,规模化的生产时代,人类的情感启蒙、情感自生、情感成长与现实环境相比之下显得弱不禁风。美国未来学学者曾说:"21世纪需要高科技与高情感相平衡。"而艺术让人成为人,演艺产品与服务是艺术的直接体现,充盈情感、深化感性体验。演艺产品与服务可以最大限度地缓解人们的情感焦虑,平衡人们的情感。演艺产品与服务对人类处于高科技时代的情感平衡起到无可替代的重要作用,主要在以下三个维度体现:

1. 传承中国特色文化艺术

文化艺术是演艺产品与服务的母体,是创新与生产的基础要素和生命之源;演艺产品与服务是核心文化艺术价值的最直接而生动的承载物,世界众多民族与国家都拥有特色鲜明的文化艺术资源,并将丰富优秀的文化艺术资源转化为可观赏、可感知、可贸易的文化产品与服务。演艺作品有利于营造艺术审美环境,养成观者艺术审美习惯,丰富文化艺术情趣,提升艺术审美品位。在培育演艺观众群及演艺市场的同时,更传承了中国特色文化艺术。

2. 演艺产品与服务潜移默化人们的情感[①]

文化艺术注重审美的无功利性对个体人格塑造的作用,注重解放人性中的自由与个性元素,同时最大限度地解放美的生产力。丰厚的、美的文化产品和服务的提供,"滋补"着文化市场,给予观众充分的选择空间和选择可能,使观众自发地热爱、需求文化艺术,在文化消费理念上实现转变。国内文化市场的培育使受众懂得欣赏、愿意欣赏,欣赏水平不断提升,从而提高国民艺术修养,这也是塑造未来的文化艺术遗产。国际文化市场着力于培育不同国家、民族观众的审美情感,从对中国文化艺术的好奇、感知,到喜爱、愿意花钱、花时间购买、享受这些文化产品与服务带来的愉悦,无不需要生动而感性的呈现。全球化时代文化艺术多样性促进了不同文化间的互动与借鉴、碰撞与交融,为突破文化隔阂提供了可能性,这其中,演艺领域能够最直接、最生动地拓展国际受众群,提升其对中国演艺产品与服务的接受程度,有如柔化剂,推动着国内、国际两个市场环境的培育和发展。

3. 构建现代产业体系

演艺产业本身既是内容产品,又是技术产品,与其他产业产品有着很高的融合度,在优化提升产业层次、提高经济发展质量中发挥着重要的作用。一是资源消耗低,环境污染小,经济回报高,受益时间长,具有资源集聚、集约、集群和多次利用的优势;二是市场需求强、发展潜力大,能够由适应市场需求向创造供给需求转化;三是有较强的创新应变能力,容易与传统产业的新技术结合,推动产业层次向高技术化发展;四是既有意识形态属性,也有产业经济属性,能够促进产业发展由单一效益目标向多重效益目标转化。因此,大力发展演艺产业对于提高现代产业的技术化和文化水平,具有不可替代的拉动和促进作用。

4. 增强国家文化竞争力,实现文化传播

演艺对外贸易在塑造人的情感、传承并发展中国独有的文化气质,造就中国亲切的文化形象方面作用独特,使世界亲近中国文化,是实现文化传播的智慧路径。演艺文化产品和服务具有一般商品和文化特殊商品的双重属性,既有一般难以估量的文化价值,也有每个消费者都承认的商品交换价值。通过市场和贸易方式在国际贸易规则下平等交易,具有市场广泛性的商品交换价值的演艺产品与服务,往往也是最具有群众基础的文化产品与服务。演艺文化产品和服务的输出,可以增强进口国对中国文化的亲近感,提升中国的文化形象。早在20世纪70年代,日本学者就指出"创造文化、输出文化并使世界文明喜爱它",要让世界全面了解中国,进一步发展演艺对外贸易,可以更好地实现其在外交和文化传播方面的

[①] 李嘉珊:《演艺进出口:贸易标的独特属性及发展趋势》,《国际贸易》,2014年第1期,第59—60页。

辐射效果,因此,应加速将文化艺术资源转变为可交易的演艺文化产品和服务,通过可感知的演艺产品与服务将中国文化生动化、形象化和艺术化,建立起可亲可敬的中国文化形象,吸引更多的贸易伙伴和国际朋友,进而认同和接受中国文化。

演艺业是极具再开发能力和产品衍生潜力的核心文化产业,演艺企业和演艺市场的发展对推动文化产业成为国民经济支柱性产业具有重要作用。演艺对外贸易将中国优秀文化艺术产品呈现在国际舞台,通过可感知的演艺产品与服务将中国文化生动化、形象化和艺术化,建立起可亲可敬的中国文化形象,是文化对外传播战略的重要方式,在塑造人的情感、传承并发展中国独有的文化气质,造就中国亲切的文化形象方面作用独特,有利于提升中国的文化形象,增强国家软实力。

二、中国演艺对外贸易概况

随着中国经济的快速发展、城市居民文化娱乐消费的不断提升和我国改革开放的深入发展,广大人民群众的文化消费需求呈现多层次、多样性、多元化的趋势。观看文艺演出、欣赏音乐舞蹈已成为人们精神文化生活不可缺少的内容。在当前国家大力发展文化产业的背景下,演艺产业焕发出勃勃生机,并越来越为世界各国所关注,中国演艺对外贸易处于稳步提升的态势。

(一)演艺对外贸易政策日益完善

政府进一步加大对演艺业的支持力度,从各类文化重点关注名单的发布、到扶持资金的拨付,再到新政策规定的出台,为演艺业的繁荣发展创造了良好的环境,做出了有效的引导。作为对外贸易核心领域的演艺对外贸易在财税支持和金融服务支持的保证下,拥有更加广阔的发展空间。

1. 推动文化体制改革,突出企业主体和市场运作

对于中国,2013年是未来五到十年文化发展的关键之年,全国宣传思想工作会议和十八届三中全会是文化工作的两个重要会议,会议精神和形成的文件是新一届政府关于文化的性质和职能、文化发展的重要性和必要性、文化建设的思路和目标指导性意见。自2003年中央号召开展文化体制改革综合性试点工作以来,我国文化体制改革已走过10个年头,已从过去的"破冰期"挺进"深水区",通过10年的努力,文化体制改革已取得显著成效,并顺利完成了经营性文化单位的转企改制、保留事业性质文化单位的内部机制改革、文化市场的综合执法改革、政府文化行政部门的文化职能转变四项改革内容。同时,为文化产业振兴搭建的6个平台(政策平台、投融资平台、公共技术平台、文化交易平台、人才培养平台、文化走出去平台)也日臻完善。演艺业作为文化体制改革重要的行业领域,改革成效显著。时至今日,演艺业已经形成了繁荣的演艺市场,不仅保持着平稳的发展势头,也向着多元化发展,为演艺对外贸易创造了较好的发展条件。

贯彻十八届三中全会的精神,尊重和符合市场规律,突出企业主体和市场运作,两个文件大量通过财税、金融等经济手段释放市场信号、引导产业发展,打出了从信贷、债券、保险、担保、外汇管理的金融支持"组合拳"来发展对外文化贸易;为了加快深度融合,则巧用税收杠杆,"企业发生的符合条件的创意和设计费用,执行税前加计扣除政策,抵扣所得税应纳税所得额",鼓励其他企业加大对创意和设计的投入力度,主动购买设计服务,真心接纳文化产业。市场的发展和市场的问题,都将交由市场去解决,体现市场经济的方法和规律。

2. 规范和强化演艺业运营和经纪人员管理

为使文化市场行政审批工作更加规范、运行更加高效,方便行政相对人和审批工作人员掌握项目审批的全部流程,文化部依据有关法规,分别编订了14个文化市场行政审批项目的办事指南和业务手册,于2013年8月发布。办事指南用于为行政相对人申请审批提供指导,对歌舞娱乐场所、文艺表演团体、演艺经纪机构、演艺场所经营单位、个体演员、个体演艺经纪人、营业性演出、涉外及涉港澳台营业性演出等的申请和办理程序进行了规范。业务手册则用于为文化行政部门开展审批业务提供参考,对歌舞娱乐场所、文艺表演团体、演艺经纪机构、演艺场所经营单位、个体演员、个体演艺经纪人、营业性演出、涉外及涉港澳台营业性演出等业务的各项工作程序和作业要求,以及相关审批的咨询、申请和办理做出了详细说明。同时文化部还发布了通用文书,其中明列了文化市场行政许可审批需要使用的各相关文书的范本。

2013年3月《演出经纪人员管理办法》正式实施,《办法》对演艺经纪人员进行了界定,即包括在演艺经纪机构中从事演艺组织、制作、营销,演艺居间、代理、行纪,演员签约、推广、代理等活动的从业人员;在县级文化主管部门备案的个体演艺经纪人。在资格认证方面,对演艺经纪资格证书的核发与管理、证书考试的内容与时间进行了规定。此外《演出经纪人员管理办法》还对演艺经纪人员从业规范给予了明确规定,加强对演艺经纪人员的服务,健全继续教育制度,提高演艺经纪人员素质与水平。

3. 取消和下放演艺审批权限

2013年6月,文化部发布《关于做好取消和下放营业性演出审批项目工作的通知》,下放审批权限,简化审批程序,取消演艺经营主体变更审批。文件规定外国文艺表演团体、个人来华在非歌舞娱乐场所进行营业性演出的审批,下放至省级文化主管部门。已经文化主管部门批准的营业性演艺活动,国内文艺表演团体、个人参加的营业性演艺活动,在演出增加地县级文化主管部门进行备案;外国及香港特别行政区、澳门特别行政区、台湾地区的文艺表演团体、个人参加的营业性演出,在演出增加地省级文化主管部门进行备案。同时文艺表演团体、演出经纪机构、演出场所经营单位变更名称、住所、法定代表人或者主要负责人等事项，可直接到原发证机关换领许可证或备案证明，文化主管部门不再履行变更审批手续。

营业性演出审批的下放和取消提高了行政管理效率，降低了演艺成本，极大促进了首都演艺业的市场化运作。

（二）演艺企业或团体实力不断壮大

2013年，全国承担改革任务的2103家国有文艺表演团体已完成改制任务，其中转企文艺表演团体1283家，占承担改革任务团体总数的61%，其余820家原国有文艺表演团体经改制后撤销或划转为其他机构。除此之外，未承担改革任务保留事业编制院团共139家。全国国有文艺表演团体总数为1422家，这标志着国有院团转化为市场主体，以企业为主体、事业为补充，面向市场的新型演艺体制格局已经形成。随着文化体制改革的纵深推进，对体现民族特色和国家水准的艺术院团，加大了扶持力度；对国办艺术研究机构、艺术学校等公益性文化事业单位增加投入，改善服务增强活力；对国办的演出中介机构和一般性的艺术院团等经营性文化事业单位，进行机制和体制创新，通过资源整合，强强联手，培育了一批代表国家艺术水平的文艺团体和中介机构，如文化部直属的中央实验话剧院和中国青年艺术剧院合并为国家话剧院，将中国对外演出公司与中国对外展览中心合并为中国对外文化集团等，极大地提升了我国演艺机构的整体实力和市场竞争力，有利于演艺产品的生产和演艺人才的培养，通过对演出经纪人的资格提出要求，规范演艺经纪机构的经营，使中国演艺市场出现了一批资信可靠、运作专业、有能力经营涉外演出业务的演艺经纪机构。

（三）演艺对外贸易覆盖区域不断拓展

欧美、亚洲市场仍是中国演艺对外贸易的主要目标市场，比较2013年数据，南美等地区的国际演艺市场也有了很好的开拓。2013年北京交响乐团成功实现了欧洲、美洲巡演，在奥地利、瑞士、捷克、墨西哥、美国5国举办11场高水平音乐会，将中国音乐带入欧洲主流音乐市场；北京京剧院一行67人在巴西里约热内卢、彼得罗佩雷斯、圣保罗3个城市，用15天时间进行了12场演出及4次京剧知识的讲座、宣传活动，观众达1.5万余人，而且基本都是巴西人。中国演艺对外贸易当前稳定的规模和演出成功进驻主流市场的事实，说明中国文化在全球演艺市场已经建立了一定的受众基础；而每年不断扩展的演艺对外贸易地区则说明全球演艺市场对于中国演艺产品与服务还有很大的需求空间。

（四）演艺对外贸易投融资日趋成熟

通过直接投资、间接投资等方式，中国演艺业在对外贸易投融资方面不断进行着尝试和调整，投融资更趋成熟。2013年国际演艺市场投融资已罕有为了"国际化"而一味"走出去"的现象,而是更多地理性考虑成本、市场、长远发展等综合因素,投融资趋于理性。同时国际演出交易会等平台也为国内外演艺院团、企业和投资方洽谈投融资意向提供了良好的契机。

逐渐成长起来的中国演艺市场已经开始成为国际顶级演出的"必争之地"。民营文化演出企业北京九维文化传媒有限公司在成功运作《大河之舞》后,凭借自身在项目落地、运作推广过程中的实力又参与了续集《舞起狂澜》的制作和发行,对该剧进行了 200 万美元的投资——占投资总额的 20%——为《舞起狂澜》开拓中国市场。民营剧社三拓旗剧团 2013 年受邀参加了法国的阿维尼翁戏剧节、阿维尼翁舞蹈节、英国爱丁堡戏剧节和伦敦戏剧季,并携《水生》、《署雷公》两出戏在欧洲进行了为期三个月的巡演。得益于一家生产精油产品的民营企业为三拓旗剧团设立的专项基金提供的 160 万元资金支助,以及海报设计、活动策划等人力财力支持,剧团能够持续演出数十场。而有实力的演艺院团如中国东方演艺集团已着手计划在欧洲及美国、日本分别成立海外分公司,推动出品剧目走进国外主流市场。

三、中国演艺对外贸易特点

(一)节庆会展助推中国演艺业进入国际市场

通过采取商业化运作模式,给承办商和举办省份或城市带来可观的经济效益和社会效益,又为各类优秀艺术演出项目和演艺经纪机构提供了展示和交易平台,从而带动了中国演出市场的繁荣与发展,比如通过举办上海国际艺术节、北京国际音乐节、南宁国际民歌节、吴桥杂技艺术节、武汉杂技艺术节等,积累了丰富的经验和成功做法,为更好地走向国际市场奠定了坚实的基础,此外,中国演艺产品,在参与国际双边、多边事务时发挥着越来越重要的作用。中国的演艺机构通过官方或民间渠道,走出国门,积极参与海外各类艺术节、艺术比赛和演艺交易会,使中国演出团体和演艺经纪机构的国际竞争力不断增强。

(二)演艺对外贸易服务平台建设初现成效

演艺国际服务平台就像是一个活动、立体的大图书馆,参与国需要任何方面的演出相关资源,都可以方便查找。从广泛性的角度来看,演艺国际服务平台在演艺行业生态链条的每一个环节,对于同类资源的展示、呈现、联络以及比较都达到充分科学和详尽的水平;从国际化的角度来看,平台可实现与国际一流的演艺资源无障碍对接,促进国内外优秀资源双向有效交流和交易,形成一个覆盖整个演艺行业市场生态从前端到后端全链条的服务平台,也就是说该行业从上游到下游的各类客户资源都会在该平台中寻找到对其最有效的需求。

2013 年我国不乏演艺国际服务平台。从 6 月中国(兰州)国际演出交易会、10

月中国(山东)演艺产品交易会再到11月中国广州国际演艺交易会,这一系列演艺交易会展示了精品创作的最新成果,搭建了文化演艺博览交易平台,加强了国内外知名演艺机构之间的交流合作,有利于培育良性演艺市场,推动中国优秀演艺产品及服务走进市场、走出国门。

(三)演艺对外贸易模式趋向多元

2013年的中国演艺市场不缺国外顶尖演艺团队的身影,来华演出的国外演艺团队数量和质量较2012年都有了大幅提升,尤其是岁末年初,来自欧美国家的交响乐团和芭蕾舞团几乎充斥各大剧院。国内各院积极学习并借鉴国外演艺院团、企业的成功经验,不断探索符合自身发展的经营模式,涌现了一些成功进入国际市场的成功案例。

引进模式:《极限震撼》是来自百老汇的驻场演出秀,连续在北京工体西门驻场演出1个多月。综观2013年来华的演出,呈现出多场次、密集度高等特点。一方面这是演出商出于降低运营成本考虑的安排,另一方面也可见国外院团、明星对中国市场的重视。

中外合作模式:国内的演出商在引进经典剧目的同时,也在积极地参与国际顶级演出的制作,学习借鉴他们的营销模式,在国际合作中深度开发国际演艺市场,拓宽演出渠道。中国儿童艺术剧院(以下简称"中国儿艺")与国际一流团队深度合作制作、演出了最新作品——全新视觉舞台剧《十二生肖》。该剧由澳大利亚著名导演彼得执导,剧中既有体现中华传统民俗文化的十二生肖,又有世界环保理念,并将真人表演与二维三维动画相结合,人偶同台展示剧情。目前该剧已赴澳大利亚、墨西哥、美国、日本等多国演出,赢得广泛赞誉。中国儿艺和日本、韩国联合创作的动漫舞台剧《想变成龙的金鱼》,首次让三国语言同台对话,并到日本、韩国进行巡演;与日本道化剧团合作的中文版《小吉普·变变变》《三只小猪》,已在中国国内巡演数百场。此外,瑞典授权中国儿艺排演世界著名儿童文学作家阿·林格伦的经典之作《皮皮·长袜子》,同时派出整个创作团队与中国儿艺开展深度合作。这些合作不仅使剧院得到了新剧目,培养了团队,学习借鉴到国外先进的创作和管理理念,而且开拓了国际市场,传播了中国优秀文化。

四、中国演出市场概况

2013年国际演出市场发展呈现稳步增长的趋势,其中商业性的演出表现比较突出,特别是以音乐类为代表的巡演活动非常受人瞩目。与电影、电视以及网络文化市场相比较,国际演出市场在整个文化经济中的比重和产值都略低。从国际地域市场看,美国和英国在整个国际演出市场中的综合比重比较突出,非洲和南美洲的比重相当,以日本、韩国和中国为代表的亚洲发展潜力十足。从国际细分市场看,以伦敦西区和纽约百老汇为代表的演艺集聚区的细分市场规模比较强势,依旧以大型舞台剧和音乐剧为主要剧目,另外就是大量结合旅游、庆典以及主题乐园的演出节事成为诸多国家细化演出市场的重要选择。在对外演出方面,巡回演出和传统剧目输出依旧是大部分国家参与国际演出市场竞争的重要选择。在对外演出方面,巡回演出和传统剧目输出依旧是大部分国家参与国际演出市场竞争的主要方式。

根据中国演出行业协会发布的《2013中国演出市场年度报告》(以下简称《报告》)①,2013年我国演出市场总经济规模为463.00亿元,与2012年同项指标统计收入相比下降9.0%,其中票房收入为131.08亿元,同比下降2.9%,政府补贴、广告赞助、衍生产品、主体配套设施及其他服务性收入同比下降9.6%,我国演出市场步入转型升级轨道。2013年各地贯彻落实中央八项规定和中宣部等五部委发布的《关于制止豪华铺张、提倡节俭办晚会的通知》等政策,政府举办演出、演出要价虚高以及演出舞美搭建攀比等行业奢靡之风得到有效遏制。同时,文化部门积极简政放权,进一步取消和下放演出审批,为演出市场繁荣创造政策环境。在节俭办晚会和简政放权双重政策下,我国演出市场转型升级,部分演出经营者逐步更弦易辙,从依靠政府转而面向市场。

(一) 演出市场主体积极转型

2013年全国国有文艺表演团体1422家,收入78.54亿元,其中转企国有文艺表演团体1283家,未承担改革任务保留事业编制院团共139家;民营文艺表演团体10953家,收入111.06亿元,占全国文艺表演团体总收入的58.6%;全国演出经纪机构总数增加到4046家,但从业人数同比下降15%,民营演出经纪机构收入占全国演出经纪机构总收入的88.6%。在2013年简政放权政策大背景下,民营演出企业积极打造自主项目,塑造企业品牌形象,逐步由传统依赖项目一次性收入的粗放型经营方式,向以品牌带动的集约型经营发展方向转变,并呈现专业化、连锁化、国际化发展态势。

(二) 演出营销方式多样

2013年演出市场出现的O2O票务销售和演出营销众筹打破了传统演出运营方式,O2O票务销售模式推动互联网成为线下交易的前台,为观众与演出商建立线上支付平台,众筹模式与演出营销的结合开启了演出定制服务的新渠道;同时演员与企业的合作模式也逐步从单一的广告代言、出席活动等线下营销逐步转变为集微博营销、广告代言一体的线上线下全面合作。

---

① 《北京演出行业协会:2013年北京市演出市场统计与分析》,2014年第一期,http://www.ccdy.cn/cehua/2013ch/gaige/wenhuabu/201311/t20131126_811281.htm。

(三) 演出市场产业附加值增加

2013年全国新建、改建和在建的演出场所50个，总投资超60亿元，拉动建筑、设计及灯光、音响、机械等设施设备行业的发展。全年文艺表演团体新创或新编剧目5700个，带动服装及道具制造业产值超过6亿元。旅游演出观众5000万人次，带动景区、餐饮、酒店等旅游相关行业新增产值超过164亿元。大型演唱会和音乐节等大型演出活动观众达1500万人次，带动交通、衍生品、餐饮及其他配套服务产值超44亿元。同时，演出行业与金融、保险、咨询等行业间的互动、渗透，产生演艺保险、演艺投资等新型的服务业态和商业模式。

(四) 演出市场种类多元化

2013年国内音乐类演出总场次1.65万场，票房总收入达43.06亿，占演出市场票房总收入的32.8%，居各类型演出票房收入首位。在专业剧场举办的演出中，舞蹈类演出共6200余场，票房总收入为7.18亿，与上年相比，舞蹈类演出呈下滑趋势，总场次及上座率均有所下降；话剧演出总场次为1.12万场，占专业剧场演出总场次的15.1%，票房收入15.94亿元，平均票价和上座率均比上年有所上升；戏曲演出1.53万场，票房收入9.08亿元；曲艺、杂技类演出总场次8500场，票房收入6.22亿元。

五、中国演艺对外贸易存在的问题

中国是文化艺术资源大国，演艺产品和服务小国，这与中国有最悠久、最丰富历史文化资源的国家地位不相宜。中国杂技对外演出可以算是中国对外演出贸易的先驱，中国的杂技团体年演出收入大致为每个团体300万元人民币左右，按全国200个杂技团体计算，全国的演出收入不超过人民币6亿元，约相当于太阳马戏团一个剧目一年演出收入的十分之一。中国文化贸易出口长期逆差，从最具代表性的演出业可以鲜见一斑，这意味着中国文化在世界范围内传播的被动、文化影响力效率低下。

现实的困境还显现在演艺产业基础薄弱，相关产业关联度严重不足；创意创新体制缺乏，文化企业的市场活力不足；国际化经营水平严重滞后，由于观念上的滞后，导致作为市场参与主体的各文化企业的视野局限，市场主体不成熟，在经营规则、法律制度、财税政策等方面缺少对国际细分市场的充分认识和把握，使得演艺企业难以真正参与国际市场的竞争。文化的国际传播效果低下，计划体制主导的传播方式只讲对外传播，而不追求传播效果，多年以来的对外文化交流使中国能够吸收多国优秀文明成果，也使中国文化在世界范围内得到广泛传播，但未能使中华文化在更大范围内扎根、发芽、开花、结果。

中国对外演出贸易与发达国家相比，最突出的问题就是贸易的严重不平衡，集中表现在引进的演艺产品和服务的数量远大于输出。具体到演艺企业面临三个关键问题,即"拿什么走出去?""往哪里走?"以及"如何走出去?"

(一)有竞争力的演艺产品和品牌缺失

"有资源没产品"的现实制约着演艺产业的国际化发展,可贸易的演艺文化产品和服务极端匮乏,文化资源不能合理地利用,浪费严重;演艺贸易品种内容较为单一。多年来,中国演艺贸易出口主要集中于杂技、舞蹈等形式,并且演艺贸易效益低廉。贸易追求的目标是利润,文化贸易不能因为文化的特殊性而只强化其社会效益而忽略其经济效益,这两方面效益是紧密关联,事实上,在对外贸易中的经济效益可以最大限度地彰显其社会效益。对外演出业普遍存在的单打独斗式的简单经营模式,导致单个演艺节目获得的利润低廉,缺乏与国际演出经纪机构进行抗衡的意识和能力,始终不能进入国际演出高端市场。演艺生产与国际演艺市场以及不同层次需求难以实现对接。

2013年中国演艺市场新创剧目众多,其中不乏诸多票房成功的演出新剧目,也产生了一定的品牌效应,但统观中国演艺市场,演艺对于明星效应的依赖性依旧明显,仍然没有具有国际影响力和持久演艺活力的院团或剧目品牌。以旅游演艺为例,2013年旅游演艺场次占全年场次近四分之一却少有品牌。北京作为全国驻场演出最多的城市,旅游驻场的上座率和票房在2013年都受到了不小的冲击。主要针对游客的杂技类演出场次比同期下降了11.8%,观众人数同比下降了18.8%。虽然旅游人数减少对驻场演出造成了不小的影响,但是数量多、体量小、内容雷同、层次偏低等内在因素不容忽视。

品牌的树立不仅取决于演艺作品创作这一核心环节,还受管理、宣传推广、营销等诸多环节的影响。运作资金不足、管理失衡、定位不准确都会阻碍演艺品牌的产生。资金不足将无法支撑从创作、排演到宣传、销售的整个产业链条;管理的缺失则会降低剧院的运营效率增大运营风险,甚至导致优秀创作、演艺人才的流失;如果对于市场定位不准确,则会难以实现优秀的演出剧目与有观演需求的市场受众的有效对接,造成资源的浪费。国际演艺市场长期被欧美国家把持,主要原因就是这些国家已经形成具有国际知名度、影响力的高质量演艺品牌,首都演艺院团、企业建立自己的有持续生命力的演艺品牌是与欧美成熟演艺院团、企业竞争的最直接、最有效的途径。

在驻场演出模式中,部分二、三线城市剧场空巢现象明显。目前,全国剧场总数为2132个,其中以艺术类演出为主的专业剧场1279个,约占剧场总数的60%,其余约40%的剧场中约20%改为旅游演出剧场或娱乐演艺场馆,20%转作其他用途或闲置。在全国1279家专业剧场中,2003年之后新建或改建的约占46%。除北京、上海、广州等一线城市之外,全国其他地区专业剧场年平均演出场次约为58

场,其中年演出场次达到50场以上剧场的占总数的35%。优秀原创作品的缺乏制约演出产品与服务的对外贸易,2013年上座率第一位的话剧演出主要以复排与改编为主,话剧创作面临院团编剧锐减、编剧岗位虚设、编剧人员老化等诸多问题。

(二) 国际演艺营销渠道不够畅通

西方发达国家文化产品和服务形式种类繁多,输出地域几乎遍布全球。通过文化贸易方式,他们在获得巨额经济利益的同时,也在全球范围内使其文化精神得以广泛传播。中国文化产品输出国家和地区过于集中,港澳台地区和日韩等汉文化圈是中国主要的文化产品输出地,这与中国文化有极大的相似性和关联性有关。而中国向包括美国、英国、德国、法国、加拿大等国家在内的发达国家输出的文化产品平均每年占中国主要输出文化产品总数的不足10%。同时,中国的文化产品进口渠道是畅通的,而出口渠道却显狭窄。国内的文化产品出口主要是通过国内国外的博览会或通过国外公司代理。这两个渠道都有一定的效果,但其局限性明显,主要体现在市场、资本、人才、体制不完善,未形成常态化的模式。中国已经建成的十家对外文化中心尚未发挥作用。

相比外国演艺团体或者节目进入中国的畅通,国内演艺节目在输出渠道方面存在着诸多问题而最终导致我国国际演艺渠道不够畅通。马年春晚上,来自韩国的人气偶像李敏镐凭借一曲《情非得已》给中国观众留下了深刻印象。如今类似于李敏镐这样的外国演艺人员或者团体来华演出较以前更加频繁,渠道也越发通畅。但是国内的演出团体或者艺人在海外的境遇就不如这般,其中部分原因就在于我国国际演艺渠道的不畅通。同类似韩国这样的海外演出业发达的国家相比,总结我国演艺渠道不畅的原因可以总结为"不对路渠道窄","往哪里走"成为亟待解决的现实问题。

第一,国内、国外演艺机构缺乏有效合作。国内各级院团的主要任务是服务国内,偶尔有国外演出安排,主要是官方或民间交流性质,商业性演出很少,也缺乏国际演出市场的营销运作能力。所以在当前条件下,国内演艺机构就应该更多的寻求与国外特别是当地实力较强的演艺团体合作,如果不能做好这一点而试图通过一己之力打开海外市场,势必将会事倍功半,最后得到不如愿的结果。

第二,国内演艺团体不懂国际惯例,由于对国际演出市场、对国际惯例缺乏了解,内地的许多做法与国际操作规程并不契合,这给交流带来了障碍,也延缓了我国优秀的传统文化走出国门的步伐。

(三) 外向型演艺经营管理人才匮乏

以上问题都源自专业人才的匮乏。有不少外国专业人士表示,中国有许多世界一流水准的演出团体,却太缺少世界水准的经纪人。经纪人是沟通市场与产品的桥梁，只有那些拥有国际视野的经纪人才能让中国演艺节目更好的走出国门，中国演艺业的发展依然缺乏大量创作人才和经营管理人才。演艺创作人才的缺乏主要由于合理的鼓励机制和版权保护机制的缺失，而演艺经营管理人才尤其是外向型经营管理人才的匮乏则是演艺业人才培养的空白。"缺人才少动力"直接导致"如何走出去"的问题。

国内演艺市场的繁荣仍基于传统计划体制下的运行，市场运行动力不足。在演艺行业的创作人才、演艺人才和营销人才中，呈现两头小、中间大。相比较而言，创作人才和高级经营管理人才极度匮乏。特别是极度缺乏外向型、复合型高级经营管理人才。知晓文化艺术、懂得经营销售、精通国际演艺贸易业务、熟悉世贸规则、熟练应用外语、擅长跨文化沟通等是演艺对外贸易人才必备的素质。相关人才的严重匮乏，制约着中国演艺产品和服务的出口效率与效益。

在人才培养方面，相比英美等著名的国际化演艺大国，演艺人才的培养与演艺市场的应用与实践严重脱节，高校对于演艺经营管理人才的培养仍处于"闭门造车"阶段，有的只关注演艺作品的生产环节，有的只局限于演艺产品的推广营销，更多的则是拘泥于理论研究层面，因而缺少对于整个演艺业发展现状的清晰认识以及对整个产业链全局观的把握，不能对演艺市场的需求做出及时地反应与调整，从而无法实现人才供需的有效对接。应用型、复合型、外向型经营管理人才的培养越发急迫。

（四）演艺场馆配套设施不够完善

国内演艺市场是演艺对外贸易开展的前提和基础，只有国内市场的繁荣才能够吸引国际演艺院团、企业的入驻，才能为首都院团、企业的演艺出口创造可能。演出的持续吸引力，不仅仅需要演出本身有足够的吸引力和稳定的质量，还要求很多相关配套设施的跟进。大部分剧场仍采用专营演出的单一发展模式，演艺收入是院团主要的甚至是唯一的收入来源，导致剧场对于衍生产品的开发与销售投入有限，即使有条件自主运营餐饮、购物的剧场，由于场地限制而不能同时容纳过多人次，其所提供的服务质量也并不如人意。观众往往需要在远离剧院的地方就餐、购物，待到演出开始前匆匆到达，演出结束后又不得不匆匆离去。剧院在满足人们的观演需求之余，并没有满足观众在娱乐、社交方面的需求，导致观众停留的时间短，剧院没有释放观众的消费能力，发挥应有的潜在功能。因此高质量的剧场若无法成功地与周围商圈建设相融合，便不能有效地吸引剧场周围的潜在消费市场。

此外演艺场馆配套的餐饮、停车等设施并不完善，配套设施的不便利性也打消了观众观演的积极性，相比影院与餐饮、购物有机共生的模式明显缺乏优势，这就导致演艺消费人群中的偶然性消费居多，周期性消费占少数，在跨行业的竞争当中,消费者容易被电影等产业链成熟的行业分流。

六、建议与对策

演艺业一直是政府大力支持却仍收效甚微的行业,庞大的国内演艺市场并没有孕育出可以引致国际市场需求的高质量演艺院团,尚未形成应有的国际竞争力。面对这样的形势,中国演艺企业应立足国内市场,利用好各项文化支持政策,在提升演艺产品与服务质量的同时对接国际演艺市场需求,开辟演艺业发展的国际路径。

(一)发展国内演艺市场,夯实国际市场基础

1. 完善商业圈建设,增强集聚性

以演艺带动周边服务,以服务反哺演艺,分散运营风险,有利于剧场持续发展与良性循环。剧院由于自身的规模、建设需要以及成本的考虑,不能像影院一样直接落地商场、购物中心,但是可以仿照影院配套设施的发展经验,充分利用剧院内部及周围空间,合理规划吸引商业资源的进入。

具备服务空间和设施的剧院可以与成熟的餐饮、休闲连锁店合作,以较低的租金吸引其入驻;条件有限的剧院则可以吸引成熟的商业中心落地剧院附近,剧院与普通商业中心所销售产品并不存在直接竞争关系,更容易实现业务融合,联合推出优惠活动吸引更多消费人群,共享消费市场。临近剧院之间也可以实现剧院联动,在二者共同毗邻的地区合作建设配套设施,发挥区位优势。有实力的剧院更可以以剧院为中心,紧邻剧院自主发展商业圈,建成集演艺、娱乐、社交于一体的多功能演艺综合体,更能实现多种服务的无缝对接。

许多剧院交通便利,若能实现与其他休闲娱乐社交服务的完美对接,必然会延长剧场的收益链,并且随着观演环境和服务质量的提高,将会有更多的消费者参与到演艺消费市场,而现有的观演人群将转变成更为固定的具有一定忠诚度的观演人群。优质的服务会更能刺激人们的观演欲望和需求。

2. 实施多元化市场细分与营销策略

前瞻国内外演艺市场,找准市场定位,按照市场规律科学运作,实施多元化、多阶位市场细分。一方面,为大众提供多样化的兼容并蓄的演艺产品:展示传统民族艺术——地方戏曲、杂技魔术、民俗技艺、竞技等,吸引中老年文化消费者群体;同时引入现代时尚元素——现代剧目与艺术形式、都市文化以及各种新兴娱乐方式吸引青年文化消费群体,既可以欣赏我国传统的百戏杂陈的演艺表现形式和传统优秀文化,又可了解现代文化精华,享受现代娱乐文化气息。另一方面,应以市场化方式把国内外演艺市场有机联接起来。既要积极推行无国界的网络销售,又需通过主题活动策划、演艺旅游市场进行事件营销。例如,可以学习百老汇

市场化的一个表现"植入广告",需注意的是,只是在剧院街头的广告牌或者现场节目单等印刷品中"嵌入广告",而不是国内目前许多演出节目所采用的将广告硬生生地融入到剧情视听之中(商业模式的拓展),应不涉及艺术内涵。

3. 实现各院团间资源的均等化与共享

公有制、私有制和混合所有制是我国三种基本所有制形式,它们分别对应着国有企业、民营企业、混合所有制企业,这些企业在演艺市场中都发挥着不可替代的作用。公共演艺资源是演艺市场存在的基础,应逐步改变高质量的公共演艺资源过度集中于国有院团、利用不合理、使用效率低下的现状,依据企业业务范围、承载能力、运营需求均衡分配全市公共演艺资源,将演艺资源投入到演艺产品与服务的产出和影响力最大的院团当中,平等对待国有演艺院团和民营演艺院团,让二者都能在市场环境中作为独立经济个体健康自由地发展。为避免重复建设、演艺资源浪费,建立高效的演艺设备资源统合平台,促进在京的一流演艺设备和空间等资源共享。

4. 结合演艺业实际,建立适当的市场退出机制

在转企改制院团当中,部分院团并不具备适应市场机制自主运营的能力,这些院团一方面无法通过市场运作实现盈亏平衡,另一方面又不能从政府那里获得足够支持其长期发展的资金,生存相当困难。应当明确院团生存与发展的不同层次,削减仅能勉强维持生存的院团,整合有发展前景的院团,鼓励、支持自主盈利院团的发展,盘活演艺市场。对于不具备自我"造血"能力的院团,应建立一套系统的市场退出机制,其中包括:完善的评估体系,综合评估院团营运能力、文化影响力、发展难度,以建立院团退出市场的审核标准;完备的院团处置措施,对于需要退出演艺市场的院团,采取恢复事业单位、合并入其他院团、直接解散等措施,退出市场后人员妥善安置等,为院团推出市场提供健康的推出渠道。市场退出机制的建立在一定程度上可以减少演艺资源和支持资金的浪费,为优势院团创造更大的发展空间和动力。

(二)改革创新演艺机制,开拓对接国际市场

1. 深化演艺、旅游国际市场融合

30年来,中国旅游演艺已从"一台戏",演变成为一个具有竞争力的"新兴产业",在政府主导、政策支持和国企民营资本竞相涌入的背景下,旅游演艺业进入了高速成长期,并向主题化、专业化、规模化、品牌化发展。源自于旅游演艺市场所形成的一种内生力量,演艺经济已成为旅游文化产业的"终端",其多元化的核心价值,预示着这一领域将成为新型经济与资本市场的一股新能源。以北京市为例,2013年全市的13家以旅游演出为主的剧场共演出5604场,观众人数246万人次,总收入1.73亿元,占2013年北京演艺总收入的12%。文化创造价值,产业

驱动发展。旅游演艺已成为带动旅游业和演艺市场共同发展的不容忽视的文化产业类型。通过演艺所带来的经济效益和社会效益，已实现了由演艺品牌向产业品牌的转化，单向经营向综合经营的转化。

  国家政策扶持和文化旅游产业发展，让旅游演艺市场日益繁荣，合作与交流逐渐成为行业发展关键，中国旅游演艺联盟也因此应运而生，以"联动合作、共同繁荣"为核心理念，促进了各会员之间的交流与合作，为中国旅游演艺及相关行业提供各种配套服务，为中国演艺对外贸易创造了一个信息交流与产业合作的平台。通过联盟可以及时了解国内外旅游演艺及相关行业的发展动向，交流行业发展信息，组织专业观摩考察等团体活动，实现国内外业界深度交流、共同提升。同时联盟成立专家顾问委员会，为成员提供项目运作、营销推广、投融资及运营管理顾问等一条龙服务，并根据市场和行业发展需要，组织举办国内外行业联展、单体项目展示等活动，促进与国内外旅游演艺及相关行业的互动交流；开展法律咨询服务，依法维护会员的合法权益。全国演艺院团应充分利用中国旅游演艺联盟这一平台，利用联盟内信息交流、管理与培训等相关专业配套服务，打通演艺与旅游市场，建立会员之间互惠机制，共塑市场；对旅游演艺项目进行价值判断和项目评估，建立合作开发项目，建立投资商的横向联合的对接渠道；在条件成熟的情况下成立基金进行直接投资或联合投资，实现演艺旅游高品质的长效发展。将国际演艺市场与国际旅游市场相嵌套，吸收旅游市场的广大旅游消费者成为演艺消费者，形成文化市场与旅游市场的良性循环和互补，为中国演艺对外贸易创造可持续的消费需求。

  2. 着眼企业、院团长远发展，实现演艺贸易的良性循环

  实施项目化管理方式，鼓励国有院团深化改革，创新体制机制管理模式，激发企业、院团实施对外贸易的活力。过去十余年，在十八大的推动下，中国文化产业获得了大发展，但是追求政绩的冲动、匆忙上马、摊大求速、短期效应也是不少地区文化产业发展的基本态势，尤其是地产为本的观念在一定程度上阻碍了文化产业的发展。新建剧院中不乏一些大规模、高规格的，但由于缺乏优秀的演出剧目和演艺团体，有些剧院利用率并不高。同时有些院团急于将创作的新剧目投入市场赚取利润，企图一劳永逸而不经过反复打磨，一旦发现市场不接受就立刻转而创作其他剧目。西方发达国家文化消费的市场机制比较完善，国民的文化消费习惯也已经形成，产业链比较完整，而且欧美流行文化在全球范围内也有巨大影响力，相比发达国家，中国演艺市场的培育则需要更加长期的过程，好的演艺作品的产生需要经过市场的反复检验，依据市场的需求不断调整、更新才能实现。院团也应着眼于自身长远发展，不过分囿于个别剧目、场次的盈亏，及时从不为市场接受的剧目中总结经验，以长期可持续性的收益为目标，打造演艺精品，形成属于院

团自己的系列演艺品牌。

此外在设备上,通常各演艺院团根据演艺需要,用大量资金购买设备设施、舞美灯光、演艺服装等,演出几场后,其灯光、服装、道具等基本闲置。应充分利用演艺联盟建立高效的演艺设备资源统合平台,将已有的大型设备设施、舞美灯光、演艺服装等汇聚,避免重复建设、演艺资源浪费,促进全国一流演艺设备和空间等资源共享。

3. 官方与民间协同创新打通国际市场

由于各国对于本国文化都存在着不同程度的保护,演艺对外贸易在国际市场中会遇到更多的进入壁垒,加之对于中国文化缺乏深入的了解和认识,演艺产品与服务也不容易为初次接触的国外消费者所接受和喜爱。这就需要利用政府间文化往来与文化交流活动的契机,从官方角度帮助推广演艺院团、企业,签署演艺贸易相关的合作协议,列定长期合作的演艺院团、企业名单,提高院团、企业信誉,增加国际市场对中国演艺院团、企业的认可度,为中国演艺长期开展对外贸易创造稳定的环境;积极为国外市场需求和国内演艺供给搭建桥梁,支持国际演艺交易会等活动,为演艺院团、企业搭建会展、洽谈、交易平台,创造、提供和维护更多演艺信息交流的渠道。

(三) 政产学研联动创新,改革文化人才培养模式

高校在演艺贸易人才的培养和输送当中发挥了部分作用,但与英国高校在英国文化创意产业中发挥的独特的、不可替代的作用相比几乎可以忽略不计。要改善演艺产品与服务相关的创作人才、演艺人才和营销人才"两头小、中间大"的不合理结构,继续加强创作人才特别是外向型、复合型高级经营管理人才的培养,以高校为主阵地,以市场为导向,建立高校文化贸易专业人才联动机制。应积极鼓励、扶持高校开设文化贸易专业,聚焦专业课程,形成特色化的课程体系,牢牢把握经济学核心,形成独具特色的专业风格;充分利用高校资源优势,奠定厚实的专业发展基础;坚持产学研一体化的办学模式,打造开放的专业课程体系;同时通过科研项目强化人才培养质量,并利用政、产、学、研各方资源为推动文化贸易人才的合作培养模式建立平台,加大实践课程的培养力度,充分发挥教学实践基地的作用,以包括企业实习等在内的综合形式实现校园教育和演艺行业实践的无缝对接。以应用型人才为目标,以国际化的视野努力推进专业人才的培养,力求打造熟悉国内外演艺市场和对外演艺贸易的全能型人才。

(四) 深化文化管理体制改革,构建成熟的演艺市场体系

充分发挥市场配置资源的基础性作用,坚持以市场为导向,在改革中贯彻"创新体制、转换机制、面向市场、壮大实力"的方针,鼓励社会多元资本进入演艺业,在市场激烈竞争中谋取差异性的发展空间。推动各种所有制市场主体之间的联

合、兼并、重组,提高市场化程度,积极培植和扶植演艺市场主体的成长,推动演艺市场主体质的提升和量的扩张。对于政府而言,务必从战略高度重视演艺产业,切实理顺政府和演艺企业的关系,优化文化管理体制:一方面,实现管理理念从"办文化"为主向"管文化"为主的转变,破除人为割裂文化事业和文化产业关系的"二分"观念,正确认识公益性文化事业作为人民群众文化权益的基本文化需求与经营性文化产业是互相促进、互相支撑的,这是客观认识演艺产业双重属性的基础,在此基础上推行分类管理思路,对于演艺企业能够进行市场化运作的应由市场主导其发展;对于处于濒危状态的优秀民族文化和传统民俗文化、公众亟需的公共群文演艺活动应给予重点扶持。另一方面,演艺产业的发展需要依托成熟的演艺市场体系,应从政策上引导演艺企业将主要精力放到品牌打造、文化消费者和经营管理层面,积极培育强大的市场主体、建立良好的运行机制,推动演艺产业的市场化进程。

演出艺术承载着特定国家和地区的核心文化价值,在愉悦的欣赏与体验中,使人们潜移默化地感知与认同,并接受情感教育、舒缓压力,因此演艺文化贸易是实现文化对外传播的智慧路径。而演艺对外贸易的发展须基于演艺产业的繁荣,发展演艺产业是促进演艺对外贸易的关键基础和前提条件,创作更多符合受众偏好内容和创意的演艺产品与服务,培育国内国际演艺文化市场,在世界文化经济生态圈中找到中国演艺应有的位置,培育起更多民众对中国文化的认同感,最大限度地保护和传承中国优秀文化艺术资源,才能使中国特色社会主义意识形态和核心价值在演艺文化产品和服务中得到充分显现。未来中国演艺业的发展,也将沿着这样的方向,在国内成熟的演艺市场基础上,在文化"走出去"战略的引领下,逐步向外拓展,进入国际演艺市场,最终在世界树立中国独有的演艺品牌,在世界演艺市场占据重要一席。